제3판

베이지안 계량경제학
Bayesian Econometrics

강규호

박영사

To everyone who has supported me

서 문

집필 동기

저자는 2013년 12월 미국 듀크대에서 개최된 Bayes250이라는 베이지안 통계학회에 참석한 적이 있다. Thomas Bayes의 기념비적인 논문, An Essay towards Solving a Problem in the Doctrine of Chances (1763) 발표 250주년을 기념하는 학회였다. 이 학회의 경제·경영 세션 모임에 미국이나 유럽 학자 외에도 중국과 일본 베이지안 계량경제학자들이 다수를 차지한 반면, 아쉽게도 다른 한국인 학자는 만날 수 없었다. 비록 이 학회에 참가하지 않은 한국인 베이지안 계량경제학자들이 다수 있긴 하지만 확실히 우리나라가 중국이나 일본에 비해서 베이지안 계량경제학의 저변이 약하다는 인상을 지울 수 없었다. 결국 2014년 가을, 우리나라에 베이지안 계량경제학의 철학과 분석 방법을 보다 널리 알려야 한다는 어쭙잖은 사명감에 책을 쓰기로 마음을 굳혔다. 원고는 본 저자가 2014년 봄 대학원에서 처음으로 베이지안 계량경제학 강의를 하면서 정리한 강의노트를 기반으로 하였다.

대상

이 교과서는 경제학과 4학년이나 대학원생들을 대상으로 작성하였다. 매틀랩(Matlab) 프로그래밍에 대한 기초가 있고, 학부 계량경제학을 수강한 학생이라면 어렵지 않게 읽을 수 있는 수준이라고 믿는다.

매틀랩 코드와 강의동영상

하지만 저자의 믿음과 달리 학생들 입장에서는 계량경제학이라는 과목이 혼자 공부하기에는 쉽지 않은 과목이다. 독자의 이해를 돕기 위해 네이버카페(https://cafe.naver.com/bluegraynrh8c)에 교과서 내용과 관련된 모든 매틀랩 코드와 통계자료를 올려놓았다. 더불어 강의를 녹화하여 동영상을 YouTube에 올려놓았으니 검색창에서 '베이지안 계량경제학'을 검색하면 chapter별 강의 동영상을 볼 수 있다.

책의 구성

이 책은 베이지안 통계분석에 대한 직관적인 소개로 시작해서 선형회귀모형 추정을 통해 기초적인 베이지안 분석 기법인 깁스 샘플링을 구체적으로 설명한다. 그런 다음, 가장 일반적이고 표준적인 추정방법인 Metropolis-Hastings (M-H) 샘플링을 설명하고, 구조변화모형, 프라빗, 구조 VAR, 마코프-스위칭, 상태-공간, GARCH, 확률적 변동성 모형 등 여러 계량경제학 모형 추정 과정을 실제 사례와 함께 구체적으로 소개한다. 더불어 모형선택 방법과 추정의 효율성을 측정하거나 표본 외 예측력을 평가하는 방법들에 대해서도 기술하였다.

개정판에는 최근 빅데이터 분석기법에 대한 수요를 반영해서 혼합 분포 모형을 이용한 군집분석과 베이지안 변수선택 기법을 추가하였고, M-H를 통한 주변 우도 함수 계산법도 새롭게 소개하였다.

제3판의 주요 변경 사항은 고차원 베이지안 벡터자기회귀(Large Bayesian VAR, LBVAR) 모형과 장기제약 구조벡터자기회귀 모형의 추가이다. 특히, 2000년대 후반 이후 고차원 VAR 모형을 베이지안 축소 사전 분포(shrinkage prior)를 적용하여 추정하면 거시변수들의 예측정확도 크게 향상된다는 연구결과들이 해외 저명저널에 다수 그리고 지속적으로 발표되고 있다. 이러한 베이지안 계량경제학계의 최신 경향을 반영하고 LBVAR 모형이 앞으로도 하나의 정립된 연구방법론으로 자리잡을 것으로 예상되어 LBVAR 모형을 제3판에 소개한다.

도움주신 분들

본 교과서 작성에 직접적인 도움을 주신 분은 미국 박사 과정시 여러모로 많이 부족했던 저자를 인내심을 갖고 지도하셨던 미국 Washington University in St. Louis 경영대 Siddhartha Chib 교수님이다. 동 대학 경제학과 Edward Greenberg 교수님의 쉽고 자세한 베이지안 계량경제학 수업을 통해서도 많은 도움을 받았다. 한국에서의 석사 과정 중 김창진, 신관호, 전병헌 교수님은 강의실 안팎에서 학문의 가치와 즐거움을 일깨워 주셨고, 본 저자는 이 분들 덕분에 공부를 즐거운 업으로 삼을 수 있게 되었다. 한치록 교수님은 직접 제작하신 한글 Latex template을 제공해주시어 초판의 조판 작업에 절대적인 도움을 주셨다. 이 책의 집필을 가능케 해준 여러 학생들의 헌신적인 노고에도 진심으로 감사한다. 이창훈, 최아진, 김영민, 김윤정, 김동환은 저자의 강의를 성실히 강의노트로 정리하여 초고 작성에 큰 도움이 되었다. 특히, 이창훈 군은 일년 여에 걸친 원고의 전반적인 교정을 도와주었다. 이선호, 김기탁, 최희종은 새로운 내용을 추가하거나 초판의 오류를 수정하는 등 개정판 작업에 많은 기여를 하였으며, 박영사전채린 차장님은 꼼꼼한 교정작업으로 개정판의 완성도를 높여 주셨다. 제3판의 추가내용 초고 작성에는 홍찬우와 김유준의 많은 도움을 얻었다.

마지막으로 항상 산과 같은 마음으로 크고 변함없는 지지와 격려를 보내주신 가족들과 주변 지인분들께 깊은 감사의 마음을 전한다. 이 책에 있는 모든 내용상의 오류는 본 저자의 책임이다.

초판: 2016년 봄 우당교양관 연구실에서
개정판: 2021년 여름 정경관 3층 연구실에서
제3판: 2024년 가을 정경관 5층 연구실에서

차 례

6.7	고차원 베이지안 VAR 모형	. . . .	164
6.7.1	미네소타 사전 분포	. . . .	165
6.7.2	사후 예측 분포 샘플링	. . . .	167
6.7.3	하이퍼-파라미터 튜닝	. . . .	167
6.8	혼합 모형을 이용한 군집 분석	. . . .	168
6.8.1	모형 설정	. . . .	168
6.8.2	사후 샘플링	. . . .	169
6.8.3	예: 주식 종목 분류	. . . .	171
6.9	GARCH	. . . .	173
6.9.1	모형 설정	. . . .	173
6.9.2	사후 샘플링	. . . .	174
6.9.3	변동성과 예측분포	. . . .	177
6.9.4	예: 주가변동성 추정과 예측	. . . . . .	178
7	**모형선택과 주변 우도 계산**		**181**
7.1	해석적인 방법	. . . .	184
7.2	사전 분포 시뮬레이션	. . . .	185
7.3	라플라스 기법	. . . .	186
7.4	베이지안 정보기준	. . . .	187
7.4.1	베이지안 정보기준의 유도	. . . . . .	187
7.5	조화평균 기법	. . . .	189
7.6	Chib 기법: 깁스 샘플링을 이용한 주변 우도 계산	. . . .	191
7.6.1	단블록인 경우	. . . .	191
7.6.2	블록이 두 개인 경우	. . . .	192
7.6.3	블록이 세 개인 경우	. . . .	193
7.6.4	모형에 은닉 인자가 존재하는 경우	. . . .	195
7.7	Metropolis-Hastings 샘플링과 주변 우도	. . . .	197
7.8	Savage-Dickey Density Ratio	. . . .	198
7.9	예: 유가의 우리나라 물가상승률 예측력 검증	. . . .	200
7.9.1	라플라스 기법	. . . .	201
7.9.2	Chib 기법	. . . .	201
7.9.3	조화평균 기법	. . . .	201
7.9.4	Savage-Dickey density ratio	. . . . . .	202
7.9.5	주변 우도 추정결과	. . . .	203

제 1 장

베이지안 계량경제학의 이해

우리는 통계분석(statistical analysis)을 왜 하는가? 통계분석의 목적은 전적으로 합리적인 '의사결정(decision-making)'을 위한 정보를 제공하는 것이다.

- '대통령 선거 때 누구를 찍어야 하나?'

- '한국은행이 금리를 내려야 하나, 말아야 하나?'

- '오늘 주식을 팔아야 하나 아니면 더 사야 하나?'

- '학교갈 때 버스를 탈까 아니면 지하철을 탈까?'

- '오늘 점심에는 뭘 먹을까?', '올해 집을 살까 아니면 좀 더 기다려볼까?'

위와 같이 개인부터 정부기관에 이르기까지 모든 경제주체는 하루에도 수십 번씩 의사결정 상황에 직면하며 살아간다. 그렇다면 우리가 의사결정을 하는 이유는 무엇일까? 그건 각 경제주체들이 '효용극대화(utility maximization)'를 추구하기 때문이다. 잘못된 의사결정을 하게 되면 본인의 효용이 감소하게 되므로 모든 사람들은 시간적, 물질적 제약하에서 최선의 선택을 하고자 노력한다. 이때, 보다 나은 의사결정을 위해서 사람들은 본능적으로 정보를 수집하고 분석한다. 왜냐하면 대부분의 의사결정은 불확실성하에서 이루어지며, 정보를 수집하고 분석하는 작업이 불확실성의 크기를 감소시킬 뿐만 아니라 불확실성의 크기를 수치적으로 보여주기 때문이다.

이렇게 정보를 수집하고 분석하는 통계기법 중 하나가 베이지안 통계학(Bayesian statistics)이다. 베이지안 통계학의 한 부류로서 경제와 관련된 의사결정을 중점적으로 다루는 학문분야가 바로 이 책의 주제인 베이지안 계량경제학(Bayesian econometrics)이다.

베이지안 통계학을 이용한 의사결정이 어떻게 이루어지는지는 유명한 이솝 우화인 양치기 소년을 통해서 쉽게 이해할 수 있다. 이 이솝 우화에서 양치기 소년은 어느 날 무료함에 늑대가 나타났다고 마을 사람들에게 거짓으로 소리친다. 양치기 소년의 소리를 들은 마을 사람들이 양들을 구하기 위해서 달려왔지만 양치기 소년의 장난임을 알고 마을로 돌아간다. 장난으로 재미를 느낀 소년이 얼마 뒤 다시 거짓으로 늑대가 나타났다고 소리를 치고, 마을 사람들은 한 번 더 속게 된다. 하지만 며칠 뒤 정말 늑대가 나타났을 때, 양치기 소년은 소리를 쳤지만 마을 사람들은 이번에도 장난인 줄 알고 양들을 구하러 오지 않는다.

이 이야기에서 의사결정의 주체는 마을 사람들이다. 마을 사람들은 첫 도움요청 시에는 늑대가 정말로 나타났을 확률이 높다고 판단하여 양들을 구하기 위해 시간과 노력을 들여 달려왔다. 왜냐하면 양들은 마을의 공동재산이고, 양들이 늑대에게 먹히면 마을 사람들의 효용이 크게 감소하기 때문이다. 다시 말해, 소년의 말이 진실일 것이라는 믿음을 바탕으로 마을 사람들이 양들을 구하러 달려가기로 의사결정을 한 것이다. 두 번째 도움요청 때도 마을 사람들이 달려왔다. 물론 소년이 과거에 한 번 거짓말을 한 적이 있다는 통계적 정보 때문에 두 번째 도움요청이 진실일 확률이 첫 번째 도움요청에 비해 낮아졌을 것이다. 그럼에도 마을 사람들은 여전히 진실일 확률이 충분히 높은 수준이라고 판단하고 달려갔다. 세 번째 구조 요청이 들렸을 때, 과거 두 번의 거짓 요청을 경험한 마을사람들이 세 번째 도움요청은 진실일 확률이 현저히 낮다고 판단하여 달려가지 않았다.

위와 같이 사람은 누구나 새로운 정보가 얻어지면 기존 정보에 근거한 믿음을 수정하게 된다. 기존의 믿음에 새로운 정보를 반영하여 믿음을 수정하는 행위 또는 그 과정을 베이지안 업데이트(Bayesian update)라고 한다. 이때 기존의 믿음을 베이지안 통계학에서는 사전적 믿음(prior belief)이라고 하고, 새로운 정보가 주어진 후에 이를 반영하여 업데이트된 믿음을 사후적 믿음(posterior belief)이라고 한다. 양치기 소년의 예에서와 같이 이 사후적 믿음이 의사결정의 근거가 된다.

사실 극히 개인적이고 일상적인 것부터 국가정책상 중요한 것까지 대부분의 의사 결정은 베이지안 업데이트를 통해 이루어진다. 예를 들면,

- 사람들은 취직하기 전과 이후의 직장생활에 대한 생각이 달라지며, 그 달라진 생각에 따라서 어떤 이는 직장생활을 유지하고 또 어떤 이는 이직을 하는 경우.

- 암 판정을 받은 환자가 치료를 위해 병원을 선택해야 하는 상황에서 처음에는 특정 병원에 대한 선호가 없지만, 주변의 권유를 받은 후에 특정 병원에 대한 선호가 생겨 지인이 추천한 병원에서 치료를 받는 경우.

- 경제학자가 꿈인 고등학생이 실제로 대학에 진학해서 경제학 수업을 듣고 나서는 진로를 공무원으로 변경하는 경우.

- 공무원으로 취직한 사람이 몇 년간 직장 생활을 한 후 개인사업을 하는 경우.

- 특정 모델의 자동차를 살까 말까 고민하다가 주변 사람들과 인터넷상의 사용 후기를 본 후 그 모델의 차를 사기로 결심을 굳힌 경우. 혹은 구입하지 않기로 결심한 경우.

- 암 선고 이후 본인의 기대 수명이 바뀌는 경우.

- 한국은행이 경기가 과열될 수 있다는 판단에 금리를 올리려고 계획했다가도 갑작스런 금융위기로 인해 성장률이 떨어졌다는 새로운 정보가 들어오자 경기 부양을 위해 금리를 오히려 떨어뜨리는 경우.

- 지역구 국회의원 선거 출마를 고심하던 한 정치인이 같은 지역구에 자신보다 훨씬 높은 지명도를 가진 정치인이 출마한다는 사실을 알고 출마를 포기하거나 지역구를 바꾸는 경우.

이와 같이 우리는 항상 새로운 경험을 하기 전에 그 경험에 대한 선입관 혹은 기대 같은 것들이 있다. 그리고 실제로 경험하거나 그 경험에 대한 정보를 취득한 후에는 그 경험에 대한 생각이 수정되며, 수정된 생각은 이후 우리의 행동이나 선택을 좌우한다. 사실상 우리는 본능적으로 매 순간 베이지안 업데이트를 통해서 의사결정을 하며 살아가는 것이다.

베이지안 통계분석은 의사결정의 근거가 되는 베이지안 업데이트의 과학적인 틀을 제공하는 학문분야이다. 그리고 그 과정은 크게 세 단계로 이루어진다.

1 단계: 의사결정 주체의 사전적 믿음을 확률분포를 통해 수식화한다.

2 단계: 새로운 통계적 정보와 사전적 믿음으로부터 사후적 믿음을 확률분포의 형태로 도출한다.

3 단계: 도출된 사후적 믿음에 근거해서 통계적으로 추론한다.

이 세 단계로 이루어진 베이지안 통계분석이 완료되면 그 결과를 바탕으로 효용극대화를 위한 의사결정이 행해진다. 위의 이솝 우화의 예에서 첫 번째 단계는 소년이 소리치기 전 소년에 대한 평판만을 바탕으로 마을 사람들이 소년이 진실을 말할 확률을 가늠하는 것이다. 두 번째 단계는 소년이 두 번에 걸쳐서 거짓을 말한 전력이 있다는 사실을 사전적 믿음과 결합해서 소년의 도움요청이 진실일 확률을 계산하는 것이다. 두 번째 단계에서 계산된 진실일 확률을 바탕으로 앞으로 또 소년이 구조요청을 해온다면 그 구조요청이 진실일 확률을 예측하는 것이 마지막 단계인 추론에 해당한다. 실제로 소년이 세 번째 도움요청을 했을 때 마을사람들은 추론결과에 근거하여 양들을 구하러 가지 않겠다고 의사결정한 것이다.

1단계를 베이지안 모델링(Bayesian modeling)이라고 하고, 2단계를 사후 분포 분석 (Posterior analysis), 3단계를 베이지안 추론(Bayesian inference)이라고 한다. 1.1장에서 1, 2단계에 관해 구체적으로 설명하고, 1.2장에서 3단계에 대해 다룰 것이다.

1.1 베이지안 통계분석의 기본 개념

1.1.1 사전 분포, 우도함수 그리고 사후 분포

지금부터는 보다 구체적인 예를 통해 베이지안 통계분석과정을 설명하고자 한다. 하나의 찌그러진 동전이 있다고 하자. 우리의 관심은 이 동전을 던졌을 때, 앞면이 나올 확률을 알아내는 것이며, 이 앞면의 확률을 θ라고 표기하도록 한다. 앞면이 나올 확률, θ는 당연히 0 과 1 사이의 값을 가질 것이다. 여기서 앞면과 뒷면은 확률사건 (random event)이지 확률변수(random variable)는 아니다. 확률변수는 정의상 반드시 실수여야 하기 때문이다. 그래서 편의상 앞면이 나오면 1을, 뒷면이 나오면 0을 부여 하도록 하자. t번째 동전던지기의 결과를 $y_t \in \{0, 1\}$라고 했을때, 확률변수 y_t에 대한 계량모형은 아래와 같이 표현될 수 있다.

$$\Pr[y_t = 1] = \theta \text{ and } \Pr[y_t = 0] = 1 - \theta$$

참고로 이때 y_t의 기댓값은 $\theta(= 0 \times \Pr[y_t = 0] + 1 \times \Pr[y_t = 1])$이다.

10번의 동전던지기 실험 결과, 앞면이 2회, 뒷면이 8회가 나왔다는 관측치가 주어져 있다. 다시 말해, 표본의 크기는 10이고, 10개의 관측치 중 1이 두 개, 0이 여덟 개이다.

$$Y = \{y_t\}_{t=1}^{10} = (1, 0, 0, 0, 0, 1, 0, 0, 0, 0)$$

빈도주의 접근법

θ를 베이지안 접근법으로 추정하기 전에 우선 θ를 빈도주의 접근법의 대표적인 추정 방법인 최우추정법(maximum likelihood estimation, MLE)을 이용하여 추정해보자. 최우추정법을 실시하기 위해서는 먼저 주어진 자료를 통해 우도함수(Likelihood function)를 설정해야 한다. 정의에 의해 우도함수($L(\theta|Y)$)는 Y의 결합확률밀도함수($p(Y|\theta)$)와 동일한 형태를 취하며, 각각의 동전던지기는 독립인 사건이므로 Y의 결합확률밀도함수는 개별 y_t에 대한 확률밀도함수들의 곱으로 유도된다.

$$\begin{aligned} p(Y|\theta) &= p(y_1 = 1|\theta) \times p(y_2 = 0|\theta) \times \cdots \times p(y_{10} = 0|\theta) \\ &= \theta \times (1 - \theta) \times \cdots \times (1 - \theta) \\ &= \theta^2 (1 - \theta)^8 \end{aligned} \tag{1.1}$$

이때 우도함수 또는 로그 우도함수를 극대화 시켜주는 θ가 바로 최우추정치(Maximum Likelihood Estimates)가 되며, 10번 중 두 번이 1이므로 1이 나올 확률인 θ의 최우추정치 $\hat{\theta}_{ML}$는 당연히 0.2가 된다.

$$\hat{\theta}_{ML} = \arg\max_{\theta} \theta^2 (1-\theta)^8$$
$$= \arg\max_{\theta} 2\log\theta + 8\log(1-\theta)$$
$$= 0.2$$

베이지안 접근법

이제 동일한 자료를 가지고 베이지안 접근법으로 추정하는 과정에 대해서 살펴보도록 하자. 빈도주의 관점에서는 Y가 관측되기 전에는 확률변수인 반면, θ는 확률변수가 아닌 알려지지 않은 상수(unknown constant)로 취급된다. 하지만 베이지안의 관점에서는 θ가 설사 감춰진 상수라고 하더라도 우리에게 알려져 있지 않은 이상 확률변수로 다루어진다.

여기서 우리는 두 가지를 반드시 주목해야 한다. 첫째, 동전던지기 실험결과가 관측되기 전에 사전적으로 Y와 θ가 모두 확률변수라는 것이다. 이는 실제로 동전을 던지기 전에는 던지기 결과가 앞면이 나올지 뒷면이 나올지 모를 뿐더러, 앞면의 확률이 얼마나 높은지 조차도 정확히 모른다는 것이다. 둘째, 동전던지기의 결과 y_t가 θ의 값에 의존한다는 것이다. θ가 1에 가까울수록 앞면, 즉 1이 나올 가능성이 높고, 0에 가까울수록 y_t가 0일 가능성이 높아진다. 따라서 θ값이 변하면 y_t의 분포가 달라진다.

동전던지기 실험결과를 보기 전에는 Y와 θ가 모두 확률변수인 상황이다. 실험이 끝난 후, 실험결과가 주어지면 두 확률변수 중 Y만 관측된 것으로 받아들인다. 그리고 y_t가 θ의 값에 의존하므로, y_t의 정보로부터 θ에 대한 믿음을 업데이트한다. 이러한 결과물을 θ의 사후 분포라고 한다. 사전적으로 관련있는 두 확률변수 중 하나의 변수가 관측이 되면 다른 확률변수에 대한 추론을 보다 정확하게 할 수 있다는 것이 베이지안의 기본적인 아이디어이다.

θ에 대한 사전적인 믿음을 분포의 형태로 표현한 것을 θ의 사전 분포(prior distribution)라고 하며 사전확률밀도함수는 $\pi(\theta)$로 표기된다. θ는 앞면의 확률이기 때문에 0과 1 사이여야만 한다. 이 예시의 경우, θ에 대한 사전 분포로서 베타 분포(Beta Distribution)를 가정하는 것이 일반적이다.

$$\theta \sim \text{Beta}(a_0, b_0) \text{ or } \pi(\theta) = \frac{\Gamma(a_0 + b_0)}{\Gamma(a_0)\Gamma(b_0)} \theta^{a_0 - 1}(1-\theta)^{b_0 - 1} \tag{1.2}$$

사전적으로 우리가 강한 자신감을 갖고 θ의 값이 0.5정도라고 생각한다면 사전 밀도함수는 그림 1.1의 (a)와 같이 0.5를 중심으로 폭이 좁은 형태를 가질 것이다 ($a_0 =$

그림 1.1: θ의 사전분포

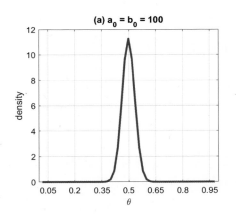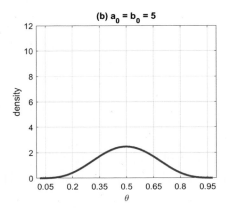

$b_0 = 100$). 반대로 θ의 값은 0.5 정도라고 생각하지만 전혀 확신이 없다면 그림 1.1의 (b) 와 같이 분포의 꼬리가 두터운 사전 분포를 가지게 된다($a_0 = b_0 = 5$).

NOTE 1.1 베타 분포, Beta(a, b)

- $\theta \sim B(a, b), 0 \leq \theta \leq 1$

- 밀도함수, $f(\theta|a, b)$

$$\frac{\Gamma(a+b)}{\Gamma(a)\Gamma(b)}\theta^{a-1}(1-\theta)^{b-1}$$

- 평균과 분산

$$\mathbb{E}(\theta) = \frac{a}{a+b}, \ Var(\theta) = \frac{ab}{(a+b)^2(a+b+1)}$$

주어진 사전 분포에 관측된 자료(Y)의 정보를 결합함으로써 우리가 가지고 있던 θ에 대한 믿음을 조정한다. 이렇게 조정된 결과를 분포의 형태로 표현한 것을 사후 분포(posterior distribution)라고 한다. 결국 우리가 얻고자 하는 것은 바로 Y가 주어졌을 때 θ의 조건부 분포(conditional distribution)이며 그 분포의 이름이 바로 사후 분포인 것이다.

$$\theta|Y$$

그리고 사후 분포의 밀도함수, $\pi(\theta|Y)$를 도출해서 θ의 사후 평균(posterior mean)을 계산하면 그 값을 추정치로 사용한다.

그러면 지금부터 본격적으로 $\pi(\theta|Y)$를 계산해보도록 하자. 이 사후 확률은 베이즈 법칙(Bayes' rule)에 의해서 다음과 같이 표현될 수 있다.

$$\pi(\theta|Y) = \frac{p(Y|\theta)\pi(\theta)}{p(Y)} \tag{1.3}$$

여기서 독자가 반드시 이해해야 할 부분은 분모에 있는 $p(Y)$의 값이 얼마인지는 몰라도 $p(Y)$는 θ가 아닌 Y만의 함수이며 Y가 이미 10개의 숫자로 주어져 있으므로 $p(Y)$도 숫자 또는 상수(constant)에 불과하다는 것이다. 이 때문에 θ의 값이 변하더라도 $p(Y)$는 전혀 변하지 않는다. 따라서 $\pi(\theta|Y)$는 결합 밀도함수(또는 우도함수) $p(Y|\theta)$와 사전확률밀도함수 $\pi(\theta)$의 곱에 비례한다.

$$\pi(\theta|Y) = \frac{p(Y|\theta)\pi(\theta)}{p(Y)} \propto p(Y|\theta)\pi(\theta) \tag{1.4}$$

$p(Y|\theta)$는 이미 식(1.1)에서 계산했으며, $\pi(\theta)$는 식 (1.2)로 주어져 있다.

$$\pi(\theta|Y) \propto \theta^2(1-\theta)^8 \times \frac{\Gamma(a_0+b_0)}{\Gamma(a_0)\Gamma(b_0)}\theta^{a_0-1}(1-\theta)^{b_0-1}$$

이때, $\Gamma(a_0+b_0)/(\Gamma(a_0)\Gamma(b_0))$ 또한 상수에 불과하므로,

$$\pi(\theta|Y) \propto \theta^2(1-\theta)^8 \times \theta^{a_0-1}(1-\theta)^{b_0-1}$$
$$= \theta^{2+a_0-1}(1-\theta)^{8+b_0-1} \tag{1.5}$$

식 (1.5)는 분명 $\pi(\theta|Y)$와는 같지 않다. 하지만 식 (1.5)에 특정 상수를 곱해주면 $\pi(\theta|Y)$와 같게 되며 그러한 상수를 정규화 상수(normalizing constant)라고 한다.[1] 또한 이 정규화 상수를 모르더라도 식 (1.5)만 봤을 때, 사후 분포가 베타 분포임을 추측할 수 있다.

$$\theta|Y \sim \text{Beta}(2+a_0, 8+b_0) \tag{1.6}$$

따라서, 사후 분포의 평균은 $(2+a_0)/(10+a_0+b_0)$이다. 즉,

$$\mathbb{E}(\theta|Y) = \frac{2+a_0}{10+a_0+b_0} \tag{1.7}$$

위에서 설명한 바와 같이 우리는 관측치의 정보($p(Y|\theta)$)와 사전 정보($\pi(\theta)$)의 결합으로부터 θ의 사후 분포를 유도할 수 있다. 사후 분포의 평균은 사전 분포의 파라미터, (a_0, b_0)에 의해서 영향을 받으며, 이 파라미터의 선택은 전적으로 연구자의

---

[1]이와 같은 상수를 정규화 상수라고 부르는 이유는 그 상수가 $\pi(\theta|Y)$를 적분했을 때 1이 되도록 해주는 역할을 하기 때문이다.

사전적인 정보나 믿음에 의해 결정된다. 다음은 독자가 베이지안 추정에 있어 사전 분포의 역할에 대해서 보다 쉽게 이해할 수 있도록 여러 가지 사전 분포의 예를 들어 설명한 것이다.

- Case (i) $a_0 = b_0 = 5$ 인 경우: θ가 대략 0.5정도이고 크면 0.8, 작으면 0.2도 충분히 가능하다는 것이 연구자의 사전적 믿음 또는 정보라고 하자. 이때 사전 평균(prior mean)이 0.5이고 2SD(two standard deviations)가 0.3에 해당하는 a_0와 b_0 값이 $a_0 = b_0 = 5$이다. 앞서 본 바와 같이 관측자료의 정보만을 이용해 도출한 최우추정치는 0.2이다. 그리고 식 (1.7)으로 계산된 사후 평균(posterior mean)은 사전 평균과 최우추정치의 중간값인 $(2+5)/(10+5+5)$=0.35이다. 이 베이지안 추정치는 연구자가 자료를 관측하고나서 연구자의 믿음이 조정된 결과이다.

- Case (ii) $a_0 = b_0 = 0$ 인 경우: 베이지안 추정치와 최우추정치가 0.2로 동일하다. $a_0 = b_0 = 0$이면 사전 분포가 0과 1 사이의 균일 분포(uniform distribution)라는 뜻이다. 이는 연구자가 0과 1 사이의 모든 값들에 동일한 확률을 부여한다는 뜻이므로 θ에 대한 사전적인 정보가 없다는 것을 의미한다. 연구자가 동전던지기의 경험이나 이론적인 지식이 전무한 경우가 이에 해당된다. 이렇게 사전적인 정보가 없으면 사후 분포는 전적으로 관측치에만 의존하므로 최우추정치와 사후 평균이 같은 값을 갖는다.

- Case (iii) $a_0 = b_0 = 100$인 경우: 사전 분포의 평균은 0.5 이며 사후 분포의 평균 또한 거의 0.5에 가깝다. a_0와 b_0의 값이 클수록, 사전 분포의 분산이 작아진다. 분산이 작을수록 사전 정보의 양이 많다는 것을 의미한다. 또는 사전적인 믿음이 강하다고 해석한다. 이런 경우에는 자료가 주어지더라도 정보가 충분치 않으면 사후 분포에 별 영향을 주지 못하게 된다.

- Case (iv) $a_0 = b_0 = 100$ 그리고 표본크기가 10^5인 경우: 100,000개의 표본 중 20,000개가 1이고 나머지 80,000개가 0이라고 해보자. 이 경우에도 최우추정치는 0.2이다. 그리고 사후 평균은 이제 0.5가 아니라 0.2에 가깝다. 사전 분포는 Case (iii)과 동일하지만 이렇게 표본의 크기가 클 경우에는 사전 분포가 사후 분포에 미치는 영향은 작아진다. 사전적인 정보나 믿음이 강하다, 약하다는 상대적인 개념이지 절대적인 개념이 아니다. 자료의 정보가 적을수록 사전적인 정보가 상대적으로 강해지는 것이고, 반대로 자료의 정보가 많을수록 사전적인 정보가 상대적으로 약해지는 것이다. 이 때문에 자료의 정보가 무한대에 가깝다면 베이지안 추정치와 최우추정치가 동일해진다.

위의 네 가지 경우를 통해 살펴봤듯이 베이지안 추정치는 사전 평균과 최우추정치의 가중 평균이다. 여기서 가중치는 사전 분포의 분산과 표본의 크기가 작을수록 사전 평균의 가중치가 커지고, 반대의 경우에는 최우추정치의 가중치가 커지게 된다. 따라서 연구자의 사전 분포의 선택 또는 믿음의 정도가 연구결과에 큰 영향을 미친다. 많은 경우 이 시점에서 독자들이 큰 혼동이나 불편함을 느낀다. '연구자의 사전적인 믿음에 의해서 결과가 달라질 수 있다면 그 결과를 객관적인 분석결과로 받아들일 수 있을까?' 아니면 '이게 정말 신용할 만한 과학적인 접근법일까?'라는 의문이 들기 때문이다.

이 질문에 대한 베이지안의 답은 '모든 통계분석은 연구자의 주관적인 믿음을 반영하며, 베이지안 접근법도 마찬가지다'라는 것이다. 연구자 개인의 주관은 빈도주의 접근법이냐 베이지안 접근법이냐와 상관없이 항상 '계량모형'에 반영되어 있다. 그렇다면 '계량모형'이란 무엇일까?

1.1.2 계량모형이란 무엇인가?

계량모형이란 종속변수의 생성과정(Data Generating Process, DGP)이다.

$$y_t = \beta + e_t, \quad e_t \sim \text{Normal}(0, \sigma^2) \tag{1.8}$$

식 (1.8)에 제시된 단순선형회귀모형을 예로 설명하자면, t 시점의 종속변수 y_t는 평균인 β와 분산이 σ^2인 정규 분포로부터 임의로 추출된 e_t의 합으로 결정된다고 '가정'되었다. 이를 위해서는 먼저 β와 σ^2은 어떻게 결정되는지를 설명할 수 있어야 한다. 즉, 파라미터, β와 σ^2이 먼저 결정되면, 주어진 파라미터하에서 y_t가 확률적으로 결정되는 것이다. 예를 들어, β는 정규 분포 $\text{Normal}(\beta_0, B_0)$에서 추출되고, σ^2은 역감마 분포 $\text{InverseGamma}(v_0/2, \delta_0/2)$에서 생성된다고 가정하면 다음과 같이 모형이 완성된다.

$$\beta \sim \text{Normal}(\beta_0, B_0), \tag{1.9}$$

$$\sigma^2 \sim \text{InverseGamma}(v_0/2, \delta_0/2), \tag{1.10}$$

$$y_t | \beta, \sigma^2 \sim \text{Normal}(\beta, \sigma^2) \tag{1.11}$$

식 (1.9)과 (1.10)이 바로 β와 σ^2에 대한 사전 분포에 해당되고, 식 (1.11)이 y_t에 대한 조건부 분포, 또는 y_t에 대한 조건부 사전 분포가 된다.[2] 위 세 개의 식을 합쳐서 우리는 y_t에 대한 '계량모형'이라고 부른다.[3]

결론적으로 계량모형이란 자료의 생성과정임과 동시에 연구자의 사전 분포이다.

---

[2]y_t에 대한 조건부 분포로부터 우도함수가 도출된다. 본 책에서는 파라미터에 대한 사전 분포와의 혼동을 피하기 위해서 y_t에 대한 조건부 사전 분포를 조건부 분포라고 명명하기로 한다.

[3]빈도주의 관점에서는 β와 σ^2은 확률변수가 아닌 알려져 있지 않은 상수로 취급되기 때문에 y_t에 대한 사전 분포만으로 계량모형이 정의된다.

그림 1.2: [계량모형=자료생성과정=사전 분포]+관측자료=사후 분포

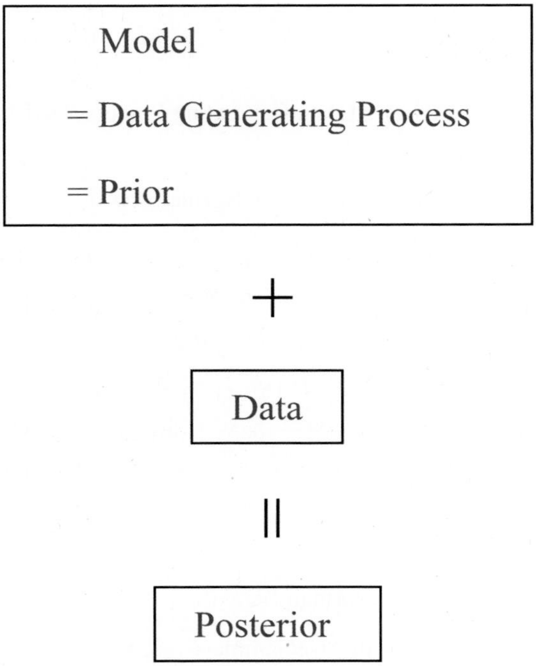

Model

= Data Generating Process

= Prior

$+$

Data

$\|$

Posterior

그리고 계량모형을 통계 자료를 이용해서 추정한다는 것은 곧 종속변수와 파라미터의
결합 사전 분포(즉, 계량모형 또는 DGP)에 종속변수의 관측치 정보를 반영한 파라미
터의 사후 분포를 도출하는 작업을 말한다. 이를 간단히 도식화하여 나타낸 것이 그림
1.2이다.

   참고로, 식 (1.9)과 (1.10)에서 보여진 바와 같이 β와 σ^2의 사전 분포는 (β_0, B_0)
와 (v_0, δ_0)의 조건부로 표현되지 않는다. 즉, 파라미터의 사전 분포가 아래와 같이
표현되지 않는다.

$$\beta|\beta_0, B_0 \sim \text{Normal}(\beta_0, B_0),$$
$$\sigma^2|v_0, \delta_0 \sim \text{InverseGamma}(v_0/2, \delta_0/2)$$

왜냐하면 사전 분포의 형태를 결정하는 파라미터는 연구자에 의해서 선택된 불확실성
이 없는 상수이기 때문이다. 위의 동전던지기의 예도 완전한 계량모형으로 표현하면
아래와 같다.

$$\theta \sim \text{Beta}(a_0, b_0), \tag{1.12}$$
$$\Pr[y_t = 1|\theta] = \theta \text{ and } \Pr[y_t = 0|\theta] = 1 - \theta \tag{1.13}$$

   여기서 우리가 반드시 주목해야 할 점은 파라미터에 대한 사전 분포뿐만 아니라
y_t에 대한 조건부 분포도 연구자의 주관에 의해서 정해진다는 것이다. 그렇지 않다면
하나의 종속변수에 대해서 조건부 분포가 유일하게 존재할 것이다. 하지만 현실적으로
대부분의 경우 하나의 종속변수에 대해서 다양한 조건부 분포가 사용되고 있으며,
분석목적이 예측이냐 경제이론의 검증이냐에 따라서 선택되는 조건부 분포가 달라지
기도 한다. 종속변수의 조건부 분포에만 근거하여 추정하는 빈도주의의 접근법 또한
주관성을 배제한 객관적인 통계분석방법은 결코 아니다.

   이 시점에서 자연스럽게 떠오르는 질문은 '좋은' 계량모형은 무엇이냐?이다. 다
음과 같은 두 가지 조건을 갖춘 계량모형을 '좋은' 계량모형이라고 할 수 있다. 첫째,
연구자가 주관적으로 제시한 계량모형이 경제이론이나 직관에 의해서 충분히 뒷받침
되어야 한다. 둘째, 제시된 계량모형이 다른 경쟁관계에 있는 계량모형과 비교했을 때,
예측력(predictive power)이나 자료 접합도(in-sample fit) 등과 같은 통계적인 기준에
의해 우월하다는 증거가 있어야 한다. 요약하면, 제시된 계량모형이 다른 연구자들에게
논리적으로 설득력이 있고 통계적으로 뒷받침되면 좋은 계량모형으로 간주된다.

사전 분포의 선택과 역할

위의 동전던지기 예로 돌아가서, Case (i), (ii), (iii) 중에서 바람직한 사전 분포(proper prior)란 독자가 추정결과를 볼 때 가장 설득력 있거나 직관적인 사전 분포를 말한다. 이 때문에서 연구자의 사전적인 믿음에는 반드시 근거가 있어야 한다. 물론 바람직한 사전 분포인지 아닌지를 판단할 수 있는 절대적인 기준이 존재하는 것은 아니며, 마치 같은 영화를 보고도 누군가는 다섯 개의 별점을, 누군가는 하나의 별점을 부여하듯이 같은 사전 분포도 독자에 따라 바람직한 사전 분포로 인정될 수도 있고 안 될 수도 있다. 그렇기 때문에 사전 분포의 선택은 종속변수의 조건부 분포의 선택만큼이나 신중히 이루어져야 한다. 바람직한 사전 분포는 자료의 정보가 부족할 경우 이를 보완하는 역할을 하지만, 잘못 설정된 사전 분포는 예측력을 떨어뜨려 잘못된 의사결정을 야기하기 때문이다.

1.2   베이지안 추론

계량 모형을 자료를 통해 베이지안 업데이트함으로써 파라미터의 사후 분포가 얻어진다. 이 절에서는 사후 분포를 추론하는 법 또는 사후 분포에 대한 정보를 보고하는 법에 대해서 설명하고자 한다.

1.2.1   점추정치

베이지안 통계분석에서 점추정치(point estimate)는 사후 평균, 사후 중위값(posterior median), 또는 사후 최빈값(posterior mode)을 의미한다. 사후 분포의 형태가 대칭일 경우에는 사후 평균을, 비대칭적일 경우에는 사후 평균 대신 사후 중위값을 보고하기도 한다. 사후 평균, 사후 중위값, 사후 최빈값 중에 어떤 것을 점추정치로 사용할 것인지는 연구자가 극소화하려는 손실함수(Loss function) 형태에 의해서 결정된다. 즉, 점추정치의 선택은 연구자의 의사결정의 결과물이다.

사후 평균

만약 손실 함수가 2차 함수형태,

$$L_1(\hat{\theta}|\theta) = (\hat{\theta} - \theta)^2$$

라고 하자. 손실의 크기는 통제 변수(control variable)인 $\hat{\theta}$의 값과 외생적인 확률변수 θ에 의해서 결정된다. 이때 기대 손실(Expected loss)을 최소화하는 $\hat{\theta}$이 바로 θ의 사후

평균이다. 기대 손실은

$$\mathbb{E}(L_1(\hat{\theta}|\theta)) = \int (\hat{\theta} - \theta)^2 \pi(\theta|Y) d\theta$$

이고, 기대 손실을 통제 변수, $\hat{\theta}$에 대해서 1차 미분해서 0으로 두면,

$$2\int (\hat{\theta} - \theta)\pi(\theta|Y) d\theta = 0$$

이다. 따라서, $\hat{\theta}$는 사후 평균,

$$\hat{\theta} = \int \theta \pi(\theta|Y) d\theta = \mathbb{E}(\theta|Y)$$

이 된다. 2차 함수 형태의 손실함수를 최소화하기 위한 연구자의 의사결정이란 연구자가 θ의 점추정치를 θ의 사후 평균으로 제시하는 것이다.

사후 중위값

마찬가지로, 손실함수가 θ로부터의 절대값,

$$L_2(\hat{\theta}|\theta) = |\hat{\theta} - \theta| \tag{1.14}$$

이라면, 기대손실을 최소화시키는 $\hat{\theta}$는 사후 중위값으로 도출된다.

사후 최빈값

마지막으로, 손실 함수가 All-or-nothing 손실함수

$$L_3(\hat{\theta}|\theta) = \mathbf{I}(|\hat{\theta} - \theta| > b),\ b > 0$$

로 주어지면, 기대 손실은

$$\int_{-\infty}^{\hat{\theta}-b} \pi(\theta|Y) d\theta + \int_{\hat{\theta}+b}^{\infty} \pi(\theta|Y) d\theta$$

이다. 여기서 b는 0에 가까운 임의의 양수이다. 위 식을 $\hat{\theta}$에 대해서 1차 미분해서 0으로 두면,

$$\pi(\hat{\theta} - b|Y) = \pi(\hat{\theta} + b|Y) \tag{1.15}$$

이 얻어진다. 이때, θ의 사후 분포가 단봉(uni-modal)이라면, 0에 가까운 임의의 모든 양수 b에 대해서 위 조건을 만족하는 $\hat{\theta}$는 사후 최빈값이 유일하다. 끝으로, 독자가 점추정 결과에 내재된 불확실성을 가늠할 수 있도록 점추정치와 더불어 사후 분포의 표준오차(standard error)도 같이 보고되어야 한다.

그림 1.3: 베이지안 점추정치

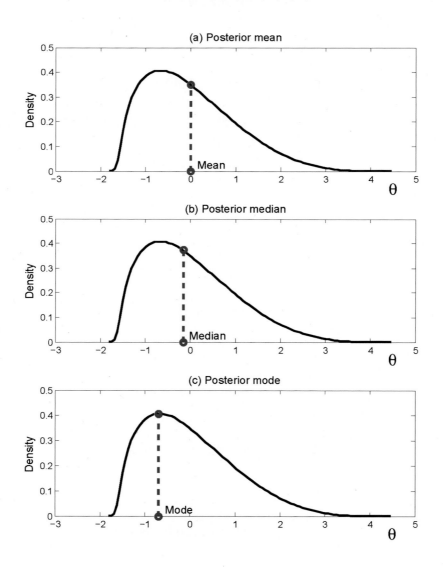

> **연습문제 1.1**
>
> 1. 앞서 언급한 세 손실함수, $L_1(\hat{\theta}|\theta)$, $L_2(\hat{\theta}|\theta)$, $L_3(\hat{\theta}|\theta)$의 차이에 대해서 설명하시오.
>
> 2. 손실함수가 식 (1.14)와 같이 주어지면, 기대손실을 최소화하는 $\hat{\theta}$는 사후 중위값임을 보이시오.
>
> 3. θ의 사후 분포가 단봉(uni-modal)이라면, 임의의 모든 양수 b에 대해서 식 (1.15)을 만족하는 $\hat{\theta}$는 사후 최빈값이 유일함을 보이시오.

1.2.2   신용구간

사후 분포가 비대칭이거나 정규분포와 크게 다를 경우에 표준오차보다는 신용구간(credibility intervals)이 보다 유용한 파라미터 불확실성 척도가 될 수 있다. 신용구간이란 특정 주어진 확률로 파라미터와 같은 확률변수가 속하는 범위를 말한다. 주로 사용되는 신용구간의 종류는 두 가지이다. 첫 번째는 확률변수가 하한(lower bound)보다 작을 확률과 상한(upper bound)보다 클 확률이 같다는 조건을 만족하는 구간인 equal-tailed interval이다. 예를 들어, 하위 5% 퀀타일(quantile)부터 95% 퀀타일에 해당하는 구간이 90% equal-tailed interval에 해당한다. 사후 분포로부터 90% 신용구간이 주어지면 '파라미터가 이 구간 안에 있을 확률이 90%'라고 해석할 수 있다. 대부분의 연구보고서나 논문은 90%, 95%, 또는 99% 신용구간을 보고한다. 두 번째 신용구간은 highest posterior density interval(HPDI)이다. HPDI는 주어진 확률로 확률변수가 속할 가장 좁은 구간을 의미한다. 만약 분포가 단봉(uni-modal)이고 대칭이라면 equal-tailed interval과 HPDI는 동일하다. 하지만 분포가 비대칭이거나 다봉(multi-modal)인 경우에는 두 신용구간이 상이할 수 있다.[4]

> **NOTE 1.2** 신용구간과 신뢰구간의 차이
>
> 신용구간의 해석에서 베이지안 방식과 빈도주의 방식은 상이하다. 빈도주의 관점에서는 신뢰구간(confidence interval)이 확률변수이고 파라미터는 고정된 상수이기 때문에 95% 신용구간은 '신뢰구간이 참값의 파라미터를 포함할 확률이 95%'라고 해석된다. 하지만 베이지안 관점에서는 파라미터가 상수가 아닌 확률변수이기 때문에 '파라미터가 신뢰구간 안에 있을 확률이 95%'라고 해석된다.

---

[4]다봉인 경우 HPDI는 연속된 구간이 아닐 수 있다.

1.2.3 예측

경제주체의 의사결정은 많은 경우 예측에 기반하며 그러한 예측을 위해서 통계분석이
사용된다. 베이지안 접근법하에서 예측은 대단히 직관적으로 이루어진다. 앞서 정의
한 바와 같이 계량모형이란 연구자의 사전적인 정보를 바탕으로 제시된 종속변수의
생성과정이다. 이후 주어진 관측자료로부터 파라미터의 사후 분포가 도출된다. 도출된
사후 분포와 종속변수의 조건부 분포를 사용해서 미래 종속변수 y_f에 대한 예측을
실시한다. 미래의 종속변수는 아직 실현되지 않은 확률변수이며 분석 과정을 통해서
사후 예측 분포(Density forecasts 또는 Posterior predictive distribution)

$$y_f | Y, \mathcal{M}$$

이 얻어진다. 물론 예측 분포가 도출되고 나면 예측치(point forecasts)와 신용구간을
계산할 수 있다. 구체적인 계산과정은 다음 장에서 다루기로 한다.

1.2.4 모형 선택과 가설검정

모형 선택

예를 들어 하나의 종속변수에 대해서 아래와 같이 두 종류의 계량모형이 있다고 하자.
　　모형 1 ($\mathcal{M}_1$):

$$\theta \sim \text{Normal}(0, 1),$$
$$y_t | \theta \sim \text{Normal}(\theta, 1)$$

　　모형 2 ($\mathcal{M}_2$):

$$\theta \sim \text{Normal}(0, 1),$$
$$y_t | \theta \sim \text{Normal}(\theta, \theta^2)$$

두 모형 모두 파라미터는 θ 하나이다. 하지만 모형 1에서는 θ가 y_t의 평균만 결정하는
반면, 모형 2에서는 θ가 평균과 분산을 모두 결정한다. 따라서 $Y = \{y_t\}_{t=1}^{T}$의 결합
밀도함수를 $p(Y|\theta)$로 표현하게 되면 이것이 모형 1과 2 중 어떤 모형의 우도함수를
의미하는 것인지 알 수가 없다. $p(Y|\theta, \mathcal{M}_1)$나 $p(Y|\theta, \mathcal{M}_2)$와 같이 모형에 대한 조건이
추가로 들어가 있어야만 우도함수가 정확하게 표현된다. 따라서 위 두 모형은 엄밀하
게는

모형 1 ($\mathcal{M}_1$):

$$\theta|\mathcal{M}_1 \sim \text{Normal}(0,1),$$
$$y_t|\theta,\mathcal{M}_1 \sim \text{Normal}(\theta,1)$$

모형 2 ($\mathcal{M}_2$):

$$\theta|\mathcal{M}_2 \sim \text{Normal}(0,1),$$
$$y_t|\theta,\mathcal{M}_2 \sim \text{Normal}(\theta,\theta^2)$$

로 표현되어야 한다.

그렇다면 자료가 주어졌을 때, 경쟁관계에 있는 위 두 개의 모형 중 어떤 모형을 선택해야 할까? 앞서 언급한 좋은 계량모형의 조건 중 하나는 통계적인 증거이다. 베이지안 모형선택에서 가장 표준적인 통계적 증거는 각 모형의 사후 확률이다.

$$\text{Pr}[\mathcal{M}_i|Y], \ i=1,2$$

모형 $\mathcal{M}_i$의 사후 확률은 주어진 자료 Y가 모형 $\mathcal{M}_i$으로부터 생성되었을 확률을 나타낸다. 베이지안 접근법에서는 모형도 확률변수로 취급하기 때문에 양자택일을 하는 것이 아니라, 각 모형의 사후 확률을 계산함으로써 모형의 불확실성을 측정한다. 모형의 사후 확률 또한 베이즈 법칙에 의해서 아래와 같이 계산된다.

$$\begin{aligned}\text{Pr}[\mathcal{M}_1|Y] &= \frac{p(\mathcal{M}_1,Y)}{p(Y)} = \frac{p(Y|\mathcal{M}_1)\text{Pr}[\mathcal{M}_1]}{p(Y)}\\ &= \frac{p(Y|\mathcal{M}_1)\text{Pr}[\mathcal{M}_1]}{p(Y|\mathcal{M}_1)\text{Pr}[\mathcal{M}_1]+p(Y|\mathcal{M}_2)\text{Pr}[\mathcal{M}_2]}\\ \text{Pr}[\mathcal{M}_2|Y] &= 1-\text{Pr}[\mathcal{M}_1|Y]\end{aligned} \tag{1.16}$$

$\text{Pr}[\mathcal{M}_1]$과 $\text{Pr}[\mathcal{M}_2]$은 각 모형에 대한 사전확률이다. 일반적으로 두 모형 중에 어떤 모형이 더 적합할지 사전적인 믿음을 갖기는 쉽지 않기 때문에 대부분의 연구에서는 사전확률을 균일하게 부여한다. 즉, $\text{Pr}[\mathcal{M}_1] = \text{Pr}[\mathcal{M}_2] = 0.5$. 식 (1.16)의 분모는 Y가 발생할 확률을 모형 1과 2의 경우로 나누어 계산한 후 합한 것이다. 다시 말해서, Y가 발생할 확률은 모형 1이 생성되고 모형 1이 발생됐다는 조건하에 Y가 생성될 확률에 모형 2가 생성되고 모형 2 하에서 Y의 발생확률을 더한 것이다. 이때 $p(Y|\mathcal{M}_i)$를 모형 i의 주변 우도(Marginal likelihood)라고 하며 모형 i가 주어졌을 때 자료가 생성됐을 확률을 의미한다. 반면 우도함수 $p(Y|\theta,\mathcal{M}_i)$는 모형과 파라미터가 특정한 값으로 주어졌을 때 자료가 생성될 확률을 의미하기 때문에 주변 우도와 구별되는

개념이다. 주변 우도의 보다 자세한 의미와 구체적인 계산방법에 대해서는 7장에서 다루게 된다.

$\Pr[\mathcal{M}_i]$는 모형 i에서 종속변수가 생성됐을 것이라고 생각하는 연구자의 사전적인 믿음이 확률로 표현된 것이다. 만약 연구자가 고려하는 모형이 세 개라면 식 (1.16)의 분모에 $p(Y|\mathcal{M}_3)\Pr[\mathcal{M}_3]$만 추가하고 각 모형의 사전확률을 1/3로 부여할 수 있다. 한편, 현실적으로 널리 사용되는 모형이 세 개임에도 불구하고 어떤 연구자가 모형 1과 2만을 고려하고 모형 3을 배제한다면 그 연구자는 사전적으로 자료가 모형 3에서 생성될 확률이 없다고 믿는 것이다. 즉,

$$\Pr[\mathcal{M}_1] = \Pr[\mathcal{M}_2] = 0.5 \text{ and } \Pr[\mathcal{M}_3] = 0$$

라는 의미이다.

균일한 사전 분포하에서 식 (1.16)을 아래와 같이 다시 쓸 수 있다.

$$\Pr[\mathcal{M}_1|Y] = \frac{p(Y|\mathcal{M}_1)}{p(Y|\mathcal{M}_1) + p(Y|\mathcal{M}_2)} = \frac{1}{1 + \frac{p(Y|\mathcal{M}_2)}{p(Y|\mathcal{M}_1)}} \tag{1.17}$$

결과적으로 모형 1의 사후 확률은 각 모형의 주변 우도의 상대적인 크기에 의해서 결정된다. 모형 1하에서 종속변수의 생성확률이 높을수록 모형 1의 사후 확률이 높아지고, 반대로 모형 2에서의 생성가능성이 높아지면 모형 2의 사후 확률이 높아진다. 여기서 $p(Y|\mathcal{M}_2)/p(Y|\mathcal{M}_1)$을 모형 1과 2 사이의 베이즈 팩터(Bayes factor)라고 하는데, 두 모형간 상대적인 우월성 정도를 판단하는 지표로 널리 사용된다.

가설 검정

빈도주의 접근법에서의 가설 검정은 귀무가설과 유의수준을 설정한 다음, 귀무가설을 '기각한다'와 '기각하지 못한다' 중에 택일하는 것으로 이루어진다. 반면 가설검정에 있어 베이지안 접근법의 관점은 파라미터와 모형의 사후 분포만으로 충분한 정보가 제공된다고 보는 것이다. 베이지안 계량경제학자의 역할은 파라미터와 모형의 사후 분포를 제공하는 것으로 족하며, 어떤 가설을 설정할지, 그리고 그 가설을 채택할지 말지는 독자의 선택과 판단에 맡기도록 한다. 왜냐하면 동일한 통계분석결과가 주어지더라도 독자의 성향에 따라 의사결정이 달라지기 때문이다.

예를 들어, 베이지안 분석결과 내일 주가가 오를 확률은 40%로 추정되었다고 하자. 그리고 검정할 가설은 '내일 주가는 오른다'라고 하자. 위험기피도가 낮아 공격적인 투자성향을 가진 경제주체에게 40%의 확률은 충분히 높은 확률이므로 가설을 받아들이고 오늘 주식을 살 것이다. 반면 위험기피성향이 강한 경제주체는 60%의 확률로 주가가 떨어질 가능성을 중시하여 주식을 사지 않을 것이다. 한편 빈도주의에

서는 연구자가 임의로 유의수준을 설정한 다음, 내일 주가가 오를 것이라는 가설을 '기각한다'와 '기각하지 못한다' 중 하나의 결론을 제시한다.

베이지안 계량경제학자가 경제 이론을 경험적으로 검증하거나 정책적 시사점을 검토하기 위해 직접 가설을 세워 검증하는 연구들이 많다. 이런 경우에도 연구자는 가설을 '맞다' 또는 '틀리다'라는 식의 결론을 제시하는 것이 아니라 가설이 맞을 확률과 맞지 않을 확률을 제시한다. 가설이 맞을 확률이 99% 라고 하더라도 연구결과를 받아보는 독자의 성향에 따라서 충분히 높은 확률이라고 볼 수도 있고, 아직 가설을 받아들이기에는 통계적 증거가 약하다고 판단할 수 있기 때문이다.

구체적으로 베이지안 접근법의 가설 검증은 두 가지 방식으로 이루어진다. 하나는 모형 선택에 기반한 가설 검정 방식이고 나머지 하나는 파라미터의 사후 분포에 기반한 방식이다. 먼저 모형 선택에 기반한 가설 검정 방식에 대해서 설명하겠다. 예를 들어, 어떤 변수의 평균이 1인지 아닌지를 검정하고 싶다고 하자. 그러면 평균이 1이라고 제약을 부여한 모형과 그렇지 않은 모형을 아래와 같이 설정하고 각 모형의 사후 확률을 계산할 수 있다.

모형 1 ($\mathcal{M}_1$):

$$\mu \sim \text{Normal}(0, 1),$$
$$\sigma^2 \sim \text{InverseGamma}(5, 5),$$
$$y_t | \mu, \sigma^2 \sim \text{Normal}(\mu, \sigma^2)$$

모형 2 ($\mathcal{M}_2$):

$$\sigma^2 \sim \text{InverseGamma}(5, 5),$$
$$y_t | \sigma^2 \sim \text{Normal}(1, \sigma^2)$$

만약 모형 1의 사후 확률이 0.9이고 모형 2의 사후 확률이 0.1이라면 '0.1의 확률로 평균이 1이다'라고 결론내릴 수 있다.

두 번째, 파라미터의 사후 분포에 기반한 가설 검정은 파라미터의 신용구간을 통한 것이다. 예를 들어, 검증하고자 하는 귀무가설이

$$\theta = 0.5$$

이고, θ의 95% 사후 신용구간이 $[0.55, 0.65]$로 추정되었다고 하자. 그러면 신용구간이 0.5를 포함하지 않으므로 'θ가 0.5가 아닐 확률이 95% 이상이다'라고 결론내릴 수 있다. 만약 사후 신용구간이 0.45에서 0.65라면 가설이 통계적으로 지지되고 안 되고

를 판단하기보다는 신용구간 자체가 파라미터에 대한 정보를 제공한다고 본다. 이와
같이 가설 검정의 대상이 되는 파라미터 혹은 파라미터의 함수의 사후 신용구간을
추정하여 가설의 값이 신용구간에 포함되는지 여부를 보고 결론을 내릴 수 있다.

한편 'θ가 0.5보다 크다' 라는 가설에 대해서는 θ의 사후 분포로부터

$$\Pr[\theta > 0.5|Y] = 1 - \Pr[\theta \le 0.5|Y]$$

을 계산하면 θ가 0.5보다 클 확률을 쉽게 도출할 수 있으므로 구체적으로 몇 퍼센트의
확률로 가설이 맞다라고 결론 내릴 수 있다.

NOTE 1.3 용어정리

- $\theta|\mathcal{M}$: 파라미터의 사전 분포

- $\pi(\theta|\mathcal{M})$: 파라미터의 사전 밀도

- $\theta|Y, \mathcal{M}$: 파라미터의 사후 분포

- $\pi(\theta|Y, \mathcal{M})$: 파라미터의 사후 밀도

- $Y|\theta, \mathcal{M}$: 종속변수의 조건부 사전 분포

- $f(Y|\theta, \mathcal{M})$: 우도함수, 종속변수의 조건부 사전 밀도

- $f(Y|\mathcal{M})$: 주변 우도함수, 사전 예측 밀도, 사후 분포 정규화 상수의 역수

- $y_f|Y, \mathcal{M}$: 사후 예측 분포

- $f(y_f|Y, \mathcal{M})$: 사후 예측 밀도

- $\Pr[\mathcal{M}]$: 모형의 사전 확률

- $\Pr[\mathcal{M}|Y]$: 모형의 사후 확률

본 교재에서는 특별히 언급이 없는 한 표기의 편의상 $\pi(\theta|\mathcal{M}), \pi(\theta|Y, \mathcal{M}), f(Y|\theta, \mathcal{M})$,
$f(Y_f|Y, \mathcal{M})$ 등은 종종 모형 $\mathcal{M}$을 생략하고 $\pi(\theta), \pi(\theta|Y), f(Y|\theta), f(Y_f|Y)$ 등으로 표
기하기로 한다.

제 2 장

깁스 샘플링

이 장에서는 가장 대표적 계량모형인 선형회귀모형을 베이지안 접근법으로 추정한다. 선형회귀모형을 추정한다는 것은 기본적으로 모형 파라미터의 사후 분포를 도출하는 것을 의미한다. 파라미터의 사후 분포가 우리가 학부 통계학 교과서에서 기본적으로 다뤄지는 분포 중 하나로 유도된다면 교과서 부록에 있는 통계표를 통해 파라미터의 사후 평균, 중위값, 신용구간 등을 쉽게 알 수 있다. 앞서 1 장에서 다룬 동전던지기의 예에서 앞면의 확률이 베타 분포로 추정된 경우가 이에 해당된다.

하지만 파라미터의 사후 분포가 교과서에 없는 분포라면 추론하기가 쉽지 않다. 이런 경우에는 샘플링 기법을 사용해서 파라미터의 사후 분포로부터 파라미터의 샘플을 추출한 다음, 추출된 샘플을 이용해서 평균이나 신용구간 등을 계산한다. 파라미터의 사후 분포 샘플링에 가장 널리 사용되는 기법이 바로 깁스 샘플링이다. 이 장에서는 특히 선형회귀모형을 깁스 샘플링으로 추정하는 과정에 대해서 자세히 다루고자 한다.

2.1 다중선형회귀모형

아래와 같은 전형적인 다중선형회귀식을 고려해보자.

$$Y = X_1\beta_1 + X_2\beta_2 + .. + X_k\beta_k + e,$$
$$e|X_1, X_2, .., X_k \sim \text{Normal}(0, \sigma^2 I_T)$$

T는 표본크기, $Y : T \times 1$는 종속변수이며, $X_1, X_2, .., X_k$는 각각 선형독립인 $T \times 1$ 외생변수이다. $e : T \times 1$는 오차항의 벡터이며 I_T는 $T \times T$ 항등행렬이다. 오차항은 동분산이며 오차항간 상관관계는 없다고 가정한다. $X = (X_1, X_2, .., X_k)$는 설명변수들을 횡으로 연결한 것이며, $\beta = (\beta_1, \beta_2, .., \beta_k)'$를 회귀계수의 벡터라고 하면, 위 회귀식은 아래와 같이 행렬형태로 다시 표현될 수 있다.

$$Y|X, \beta, \sigma^2 \sim \text{Normal}(X\beta, \sigma^2 I_T) \tag{2.1}$$

잘 알려진 바와 같이 고전적 가정(classical assumptions)하에서 빈도주의에 입각한 최소자승추정량(Ordinary Least Squares Estimator)은

$$\hat{\beta}_{OLS} = (X'X)^{-1}X'Y : k \times 1$$

이다.

반면 베이지안 방법론으로 선형 회귀식을 추정하고자 할 때, 위에서 주어진 회귀식만으로는 계량모형이 완성되지 않는다. 내생변수 Y 의 조건부 분포인 식 (2.1)은 Y 에 대한 연구자의 사전 분포이다. 즉, 기존의 다양한 경제이론이나 현상, 또는 기존 문헌들을 통해서 얻어진 사전적 정보를 바탕으로 '종속변수 Y 는 외생적으로 주어진 X 와 확률적 충격에 대한 선형함수형태로 결정된다.'라는 연구자의 믿음을 수식으로 표현한 것이다. 파라미터인 β, σ^2 과 외생변수가 주어지면, 연구자는 Y 가 조건부 평균이 $X\beta$ 이고 조건부 분산-공분산이 $\sigma^2 I_T$ 인 정규 분포를 따른다고 가정한 것이다.

그러나 선형회귀식 (2.1)은 β 와 σ^2 이 어떻게 주어지는지 전혀 설명하고 있지 않다. 하나의 완전한 계량모형이 되기 위해서는 β 와 σ^2 이 어떻게 주어지는지(또는 생성되는지)에 대한 사전 분포가 추가로 제시되어야 한다. 일반적으로 σ^2 에 대한 사전 분포는 $(\alpha_0/2, \delta_0/2)$ 를 파라미터로 가지는 역감마 분포이다. 역감마 분포로부터 추출된 σ^2 이 주어지면, β 에 대한 사전 분포는 β_0 가 평균이고, $\sigma^2 B_0$ 가 분산인 정규 분포를 따른다고 가정한다.[1]

$$\sigma^2 \sim \text{InverseGamma}\left(\frac{\alpha_0}{2}, \frac{\delta_0}{2}\right),$$

$$\beta|\sigma^2 \sim \text{Normal}(\beta_0, \sigma^2 B_0)$$

연구자는 경제학 이론이나 선험적인 직관 등 설득력 있는 근거를 기반으로 $(\alpha_0, \delta_0, \beta_0, B_0)$ 의 구체적인 값들을 설정해야 한다.

여기서 β 에 대한 사전 분산을 B_0 가 아니라 $\sigma^2 B_0$ 라고 한 이유는 두 가지이다. 첫째, β 의 사후 분포의 도출이 보다 용이해지기 때문이다. 이에 대한 내용은 2.1.1에서 구체적으로 다루게 된다. 둘째, 오차항의 크기인 σ^2 이 클수록 연구자가 갖는 β 에 대한 믿음의 강도가 약해질 수 있기 때문이다. $(\alpha_0, \delta_0, \beta_0, B_0)$ 와 같이 사전 분포의 평균이나 분산을 결정하는 파라미터를 (β, σ^2) 과 같은 파라미터와 구별하기 위해서 따로 하이퍼-파라미터(hyper-parameter)라고 한다. 하이퍼-파라미터는 연구자의 사전정보에 의해서 외생적으로 불확실성 없이 주어지기 때문에 (β, σ^2) 과 달리 확률변수가 아니다.

---

[1]파라미터의 사전 분포를 굳이 정규 분포와 역감마 분포로 설정한 이유에 대해서는 다음 장에서 설명한다.

연구자가 사전정보를 바탕으로 모형 설정을 완료하고 나면, 관측된 자료를 이용해서 파라미터에 대한 믿음을 업데이트하게 된다. 사전적으로 Y와 (β, σ^2)은 서로 상관관계가 있는 확률변수이다. Y와 (β, σ^2) 중에서 Y가 통계자료를 통해서 관측되면 (β, σ^2)에 대한 추론을 보다 정확하게 할 수 있다. 우리는 주어진 사전 분포에 관측된 자료의 정보를 결합하여 업데이트된 파라미터의 분포를 사후 분포라고 부른다.

지금부터는 선형회귀 모형에서 파라미터들의 사후 분포가 도출되는 과정에 대해서 구체적으로 알아보도록 하자.

2.1.1   Case 1. σ^2이 알려져 있는 경우

우선 독자의 이해를 돕기 위해 모형을 다소 단순화해서 σ^2이 알려진 경우를 고려해보자. σ^2이 알려져 있다는 것은 σ^2은 확률변수가 아니며, 따라서 더 이상 추정 대상이 아니라는 것이다. 이 경우, 모형은 아래와 같이 수정된다.[2]

$$\beta \sim \text{Normal}(\beta_0, \sigma^2 B_0),$$
$$Y|\beta \sim \text{Normal}(X\beta, \sigma^2 I_T)$$

결과적으로 우리는 β의 사후 분포만을 도출하면 된다. β의 사후 밀도, $\pi(\beta|Y)$는 베이즈 법칙에 의해

$$\pi(\beta|Y) = \frac{f(Y|\beta)\pi(\beta)}{f(Y)}$$

이다. $f(Y)$는 상수이므로 사후 밀도는 우도와 사전 밀도의 곱에 비례한다.

$$\pi(\beta|Y) \propto f(Y|\beta)\pi(\beta)$$
$$= \text{Normal}(Y|X\beta, \sigma^2 I_T) \times \text{Normal}(\beta|\beta_0, \sigma^2 B_0)$$

단, $\text{Normal}(x|\mu, \Sigma)$는 평균과 분산-공분산이 각각 μ와 Σ인 정규 분포의 밀도함수이다. $f(Y|\beta)$는 우도함수이고, $\pi(\beta)$는 β에 대한 사전 밀도이다. $Y|\beta$와 β 모두 다변량 정규 분포를 따르기 때문에 $f(Y|\beta)$와 $\pi(\beta)$는 각각 아래와 같은 다변량 정규 분포(multivariate normal)의 밀도함수이다.[3]

$$f(Y|\beta) = \text{Normal}(Y|X\beta, \sigma^2 I_T) \tag{2.2}$$
$$= \left(\frac{1}{\sqrt{2\pi}}\right)^T \left(\frac{1}{\sigma^2}\right)^{T/2} \exp\left(-\frac{1}{2\sigma^2}(Y - X\beta)'(Y - X\beta)\right)$$

---

[2] σ^2은 확률변수가 아닌 상수 또는 하이퍼파라미터로 취급되기 때문에 종속변수의 조건부 분포는 $Y|\beta, \sigma^2$이 아니라 $Y|\beta$로 표현된다.

[3] σ^2은 확률변수가 아니므로 우도함수를 $f(Y|\beta, \sigma^2)$가 아니라 $f(Y|\beta)$로 표기한다.

$$\pi(\beta) = \text{Normal}(\beta|\beta_0, \sigma^2 B_0)$$

$$= \left(\frac{1}{\sqrt{2\pi}}\right)^k \frac{1}{|B_0|^{\frac{1}{2}}} \left(\frac{1}{\sigma^2}\right)^{k/2} \exp\left(-\frac{1}{2\sigma^2}(\beta - \beta_0)'B_0^{-1}(\beta - \beta_0)\right)$$

따라서 $f(Y|\beta) \times \pi(\beta)$을 계산하면 다음과 같다.

$$f(Y|\beta)\pi(\beta) = \left(\frac{1}{\sqrt{2\pi}}\right)^T \left(\frac{1}{\sigma^2}\right)^{T/2} \exp\left(-\frac{1}{2\sigma^2}(Y - X\beta)'(Y - X\beta)\right)$$

$$\times \left(\frac{1}{\sqrt{2\pi}}\right)^k \frac{1}{|B_0|^{\frac{1}{2}}} \left(\frac{1}{\sigma^2}\right)^{k/2} \exp\left(-\frac{1}{2\sigma^2}(\beta - \beta_0)'B_0^{-1}(\beta - \beta_0)\right) \quad (2.3)$$

여기서 다시 한 번 강조컨대, $\pi(\beta|Y)$는 β의 함수이며 β와 관련없는 항들은 정규화 상수에 불과하다. 따라서 식 (2.3)은 아래 식 (2.4)에 비례한다.

$$\pi(\beta|Y) \propto \exp\left(-\frac{1}{2\sigma^2}\left[(Y - X\beta)'(Y - X\beta) + (\beta - \beta_0)'B_0^{-1}(\beta - \beta_0)\right]\right) \quad (2.4)$$

$\beta'X'Y = Y'X\beta$이고 $\beta'B_0^{-1}\beta_0 = \beta_0'B_0^{-1}\beta$이기 때문에 식 (2.4)을 아래와 같이 정리할 수 있다.

$$\pi(\beta|Y) \quad\quad\quad\quad\quad\quad\quad\quad\quad\quad\quad\quad\quad\quad\quad\quad\quad\quad\quad\quad\quad (2.5)$$

$$\propto \exp\left(-\frac{1}{2\sigma^2}\left(Y'Y - 2\beta'X'Y + \beta'X'X\beta + \beta'B_0^{-1}\beta - 2\beta'B_0^{-1}\beta_0 + \beta_0'B_0^{-1}\beta_0\right)\right)$$

다시 식 (2.5)에서 β와 무관한 $Y'Y$와 $\beta_0'B_0^{-1}\beta_0$를 제외하면 식 (2.6)이 얻어진다. 그런 다음, 식 (2.6)를 β에 대해서 정리하면 식 (2.7)이 얻어진다.

$$\pi(\beta|Y) \propto \exp\left(-\frac{1}{2\sigma^2}\left(-2\beta'X'Y + \beta'X'X\beta + \beta'B_0^{-1}\beta - 2\beta'B_0^{-1}\beta_0\right)\right) \quad (2.6)$$

$$= \exp\left(-\frac{1}{2\sigma^2}\left(\beta'(X'X + B_0^{-1})\beta - 2\beta'(X'Y + B_0^{-1}\beta_0)\right)\right) \quad (2.7)$$

식 (2.7)은 β의 사후 밀도함수에서 정규화 상수가 누락된 것이다. 어떠한 확률 밀도함수에서 정규화상수를 제외한 부분을 커널(kernel)이라고 칭한다. 비록 정규화 상수가 주어져 있지 않더라도 β의 사후 분포가 표준화된 분포라면 식 (2.7)에 주어진 커널을 통해서 β의 분포를 알 수 있다. 특히 식 (2.7)은 전형적인 다변량 정규 분포의 커널의 형태를 가지므로 β의 사후 분포가 다변량 정규 분포임을 알 수 있다(NOTE 2.1 참조).

NOTE 2.1

평균이 β_1 이고 분산-공분산이 $\sigma^2 B_1$ 이 정규 분포를 따르는 β 의 밀도함수로부터 커널을 유도해보고자 한다.

$$\text{Normal}(\beta|\beta_1, \sigma^2 B_1) = \left(\frac{1}{\sqrt{2\sigma^2\pi}}\right)^k \frac{1}{\sqrt{|B_1|}} \exp\left(-\frac{1}{2\sigma^2}(\beta-\beta_1)'B_1^{-1}(\beta-\beta_1)\right) \tag{2.8}$$

$$\propto \exp\left(-\frac{1}{2\sigma^2}(\beta-\beta_1)'B_1^{-1}(\beta-\beta_1)\right) \tag{2.9}$$

$$= \exp\left(-\frac{1}{2\sigma^2}(\beta'B_1^{-1}\beta - \beta'B_1^{-1}\beta_1 - \beta_1'B_1^{-1}\beta + \beta_1'B_1^{-1}\beta_1)\right) \tag{2.10}$$

여기 식 (2.10)에서 $\beta_1'B_1^{-1}\beta_1$ 항은 확률변수 β 와 관련없는 상수항이기 때문에 제거될 수 있으므로,

$$\text{Normal}(\beta|\beta_1, \sigma^2 B_1) \propto \exp\left(-\frac{1}{2\sigma^2}(\beta'B_1^{-1}\beta - \beta'B_1^{-1}\beta_1 - \beta_1'B_1^{-1}\beta)\right) \tag{2.11}$$

$$= \exp\left(-\frac{1}{2\sigma^2}(\beta'B_1^{-1}\beta - 2\beta'B_1^{-1}\beta_1)\right) \tag{2.12}$$

또한 식(2.11)에서 $\beta'B_1^{-1}\beta_1 = \beta_1'B_1^{-1}\beta$ 이기 때문에, β 의 커널이 식 (2.12)과 같이 유도된다.

β 의 사후 분포가 정규 분포라는 사실을 알았으므로 다음 단계는 사후 평균과 분산-공분산을 계산하는 것이다. 식 (2.7)와 (2.12)을 일치시켜서 식 (2.7)에서 β_1 에 해당하는 부분과 B_1 에 해당하는 부분을 찾아내면 β 의 사후 평균과 분산-공분산이 도출된다.

각 식의 지수부분만 정리하면

$$\beta'(X'X + B_0^{-1})\beta - 2\beta'(X'Y + B_0^{-1}\beta_0)$$
$$= \beta'B_1^{-1}\beta - 2\beta'B_1^{-1}\beta_1$$

이 된다. β 의 제곱항이 같아지기 위해서는

$$X'X + B_0^{-1} = B_1^{-1}$$

이어야 한다. 다음으로, β 항이 일치되기 위해서는

$$X'Y + B_0^{-1}\beta_0 = B_1^{-1}\beta_1$$

이 성립해야 한다. 따라서, β_1 과 B_1 은 각각

$$B_1 = \left(X'X + B_0^{-1}\right)^{-1}$$
$$\beta_1 = B_1(X'Y + B_0^{-1}\beta_0)$$
$$= B_1 A$$
$$\text{단, } A = X'Y + B_0^{-1}\beta_0$$

으로 유도된다.

결과적으로 우리는 선형회귀모형에서 σ^2 이 알려져 있을 때 β 의 사후 분포가 평균이 $B_1 A$ 고, 분산-공분산이 $\sigma^2 B_1$ 인 다변량 정규 분포를 따른다는 사실을 알 수 있다.

$$\beta|Y \sim \text{Normal}(B_1 A, \sigma^2 B_1) \tag{2.13}$$
$$\text{단, } B_1 = \left(X'X + B_0^{-1}\right)^{-1},$$
$$A = X'Y + B_0^{-1}\beta_0$$

사후 분포의 특성

식 (2.13)에 주어진 β 의 사후 분포 도출 결과를 직관적으로 해석해보도록 하자. 이를 위해 편의상 설명변수의 수를 하나로 설정하자. 즉, $k = 1$. 그러면 β 의 사후 분포도 단변량 정규 분포가 되며, β 의 사후 평균, $B_1 A$은 다음과 같이 표현될 수 있다.

$$\mathbb{E}(\beta|Y) = B_1 A = \frac{X'Y + B_0^{-1}\beta_0}{X'X + B_0^{-1}} \tag{2.14}$$

우선 연구자의 사전정보가 전무하거나 있다 하더라도 믿음의 강도가 거의 없는 경우를 상정해보자. 이 경우에는 사전 평균, β_0 는 임의의 값을 갖겠지만 B_0 는 무한대에 가까운 값을 가진다. 그렇게 되면, B_0^{-1} 의 값은 거의 0이 된다. 다시 말해, B_0 가 커질수록 사후 평균은 최소자승추정량, $\hat{\beta}_{OLS} = (X'X)^{-1}X'Y$ 으로 수렴하게 된다. 사전정보력이 약할수록 사후 분포는 관측된 자료의 정보에 의해서 결정되기 때문이다.

반대로 연구자의 사전적인 믿음이 대단히 강해서 B_0 의 값이 거의 영에 가까운 경우를 생각해보자. 이 경우에는 반대로 사후 평균, $B_1 A$가 사전 평균, β_0 에 가까워진다는 것을 알 수 있다. 연구자는 자신이 사전에 생각한 β_0 에 대해 너무 강한 확신을 가지고 있기 때문에 어떠한 자료가 주어지더라도 자신의 믿음을 바꾸지 않게 된다.

위 두 가지의 예는 극단적인 경우에 해당된다. 일반적으로 사후 평균은 연구자가 가지고 있는 β의 사전 평균과 자료의 정보에만 의존한 β의 추정치의 가중 평균으로 결정된다. 사전 평균과 최소자승추정량에 대한 가중치 또한 상대적으로 결정되며, 상대적으로 정보력이 더 큰 쪽이 더 큰 가중치를 갖게 된다. 이를 확인하기 위해서 식 (2.14)의 사후 평균을 아래와 같이 다시 표현해보자.

$$B_1 A = \frac{(X'X)^{-1}X'Y + (X'X)^{-1}B_0^{-1}\beta_0}{1 + (X'X)^{-1}B_0^{-1}} \tag{2.15}$$

$$= \frac{\hat{\beta}_{OLS} + \frac{Var(\hat{\beta}_{OLS})}{Var(\beta)}\beta_0}{1 + \frac{Var(\hat{\beta}_{OLS})}{Var(\beta)}}$$

$$= \frac{1}{1 + \frac{Var(\hat{\beta}_{OLS})}{Var(\beta)}}\hat{\beta}_{OLS} + \left(1 - \frac{1}{1 + \frac{Var(\hat{\beta}_{OLS})}{Var(\beta)}}\right)\beta_0$$

$$= \frac{Var(\beta)}{Var(\beta) + Var(\hat{\beta}_{OLS})}\hat{\beta}_{OLS} + \frac{Var(\hat{\beta}_{OLS})}{Var(\beta) + Var(\hat{\beta}_{OLS})}\beta_0$$

$X'X$는 설명변수의 제곱의 합이고, $Var(\hat{\beta}_{OLS}) = \sigma^2(X'X)^{-1}$는 최소자승추정량의 분산이다. 따라서, 표본의 크기가 커질수록 (자료가 가진 정보의 양이 많아질수록) $Var(\hat{\beta}_{OLS})$의 값이 작아진다. $Var(\hat{\beta}_{OLS})$이 작아진다는 것은 관측자료만 이용해서 β를 추정했을 때의 불확실성이 줄어든다는 것이다. 추정치의 불확실성이 줄어든다는 것은 그것을 더 신뢰할 수 있다는 뜻이고, 이는 OLS 추정치에 더 큰 가중치가 부여되고 상대적으로 사전 평균에 대한 가중치는 작아진다. 반대로 자료의 양이 적거나 정보력이 약해서 $Var(\hat{\beta}_{OLS})$이 커지면 $\hat{\beta}_{OLS}$의 가중치는 작아지고 β_0의 가중치는 커진다. 결과적으로 사후 평균은 $\hat{\beta}_{OLS}$보다는 사전 평균에 더 가까운 값을 갖는다.

그림 2.1: 강한 사전 믿음 **vs** 약한 사전 믿음

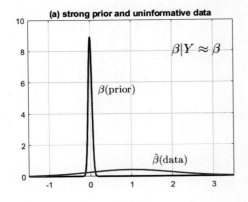
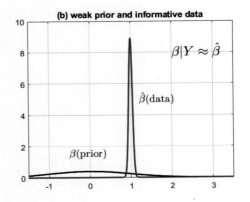

그림 2.1은 사전 믿음이 강한 경우와 약한 경우의 파라미터의 사후 분포 추정결과를 그림으로 설명한 것이다. 그림 2.1(a)에서 보는 바와 같이 사전 믿음이 강하면 사전 분포의 폭이 좁아지며 뾰족한 형태를 가진다. 그러면 자료의 정보보다 사전 분포에 대한 가중치가 더 크고, 사후 분포가 사전 분포와 비슷한 형태를 가진다. 반대로 사전 믿음이 약하면 사전 분포가 넓게 퍼지게 되고, 사후 분포는 자료의 정보를 훨씬 더 많이 반영하게 된다. 따라서 사후 분포 추정결과는 최소자승 추정치 또는 최우추정치와 유사해진다(그림 2.1(b)).

2.1.2 Case 2. β가 알려져 있는 경우

이 경우 β는 주어진 상수이기 때문에 선형회귀모형을 아래와 같이 다시 표현할 수 있다.

$$\sigma^2 \sim \text{InverseGamma} \left(\frac{\alpha_0}{2}, \frac{\delta_0}{2} \right) \text{ and } Y|\sigma^2 \sim \text{Normal}(X\beta, \sigma^2 I_T)$$

우리의 목표는 σ^2의 사후 분포를 도출하는 것이며, σ^2의 사후 밀도는 다음과 같이 정리된다.

$$\pi(\sigma^2|Y) = \frac{f(Y|\sigma^2)\pi(\sigma^2)}{f(Y)}$$
$$\propto f(Y|\sigma^2)\pi(\sigma^2)$$

먼저 우도함수 $f(Y|\sigma^2)$는 식 (2.2)에 주어진 것과 동일하다. 다음으로 σ^2의 사전 분포는 $(\alpha_0/2, \delta_0/2)$를 하이퍼-파라미터로 가지는 역감마 분포이며, σ^2의 사전 밀도함수의 커널은 아래와 같다.

$$\pi(\sigma^2) = \text{InverseGamma} \left(\sigma^2 | \frac{\alpha_0}{2}, \frac{\delta_0}{2} \right) \tag{2.16}$$
$$\propto \left(\frac{1}{\sigma^2} \right)^{\frac{\alpha_0}{2}+1} \exp \left(-\frac{\delta_0}{2\sigma^2} \right)$$

σ^2의 사후 분포는 다음과 같이 계산될 수 있다.

$$\pi(\sigma^2|Y) \propto f(Y|\sigma^2)\pi(\sigma^2)$$
$$= \text{Normal}(Y|X\beta, \sigma^2 I_T) \times \text{InverseGamma} \left(\sigma^2 | \frac{\alpha_0}{2}, \frac{\delta_0}{2} \right)$$
$$\propto \left(\frac{1}{\sigma^2} \right)^{T/2} \exp \left(-\frac{1}{2\sigma^2}(Y - X\beta)'(Y - X\beta) \right)$$
$$\times \left(\frac{1}{\sigma^2} \right)^{\alpha_0/2+1} \exp \left(-\frac{\delta_0}{2\sigma^2} \right)$$

위 식을 $1/\sigma^2$ 항과 $\exp(\cdot)$ 항으로 정리하면,

$$\pi(\sigma^2|Y) \propto \left(\frac{1}{\sigma^2}\right)^{(\alpha_0+T)/2+1} \exp\left(-\frac{1}{2\sigma^2}\left((Y-X\beta)'(Y-X\beta)+\delta_0\right)\right) \quad (2.17)$$

$$= \left(\frac{1}{\sigma^2}\right)^{\alpha_1/2+1} \exp\left(-\frac{1}{2\sigma^2}\delta_1\right)$$

with $a_1 = a_0 + T$ and $\delta_1 = \delta_0 + (Y-X\beta)'(Y-X\beta)$.

이 된다. 이제 식 (2.16)과 비교함으로써 σ^2의 커널인 식 (2.17)이 역감마 분포의 커널임을 쉽게 알 수 있다. 즉,

$$\sigma^2|Y \sim \text{InverseGamma}\left(\frac{\alpha_1}{2}, \frac{\delta_1}{2}\right)$$

with $a_1 = a_0 + T$ and $\delta_1 = \delta_0 + (Y-X\beta)'(Y-X\beta)$

선형회귀모형에서 β가 알려져 있을 때 σ^2의 사후 분포는 InverseGamma$(\alpha_1/2, \delta_1/2)$이며, α_1과 δ_1은 각각 α_0과 δ_0에 표본크기(T)와 잔차항의 제곱의 합$(= (Y-X\beta)'(Y-X\beta))$을 더한 값이다. 참고로, σ^2의 사전 평균은 $(0.5\delta_0)/(0.5\alpha_0 - 1)$, 사후 평균은 $0.5\delta_1/(0.5\alpha_1 - 1)$으로 계산된다.

켤레 사전 분포

Case 1과 2로부터 우리는 β의 사전 분포가 정규 분포로 설정되면 사후 분포도 정규 분포로 도출되며, σ^2의 사전 분포가 역감마 분포로 설정되면, 사후 분포도 역감마 분포로 도출된다는 사실을 확인했다. 더 거슬러 올라가서 동전던지기의 예에서도 앞면의 확률에 대한 사전 분포가 베타 분포일 때 사후 분포도 베타 분포로 도출되었다. 이처럼 파라미터의 사전 분포를 학부 통계학 교과서 수준에서 흔히 다뤄지는 분포 중 하나로 설정했을 때, 사후 분포가 표준적인 분포로 도출이 된다면, 그러한 사전 분포를 켤레 사전 분포(Conjugate prior)라고 한다. 여기서 표준적인 분포라는 것은 학부 통계학 교과서 수준에서 밀도함수, 누적밀도, 평균, 분산 등 분포의 특성이 이미 널리 알려진 분포를 말한다. 켤레 사전 분포가 되기 위해서 반드시 사전 분포와 사후 분포의 종류가 같을 필요는 전혀 없다. 예를 들어, 어떤 특정 계량모형하에서 파라미터의 사전 분포가 정규 분포인데 사후 분포가 카이-스퀘어(Chi-square) 분포라도 그 정규 분포는 켤레 사전 분포가 된다.

위와 같이 선형회귀식으로부터 β의 사후 분포를 추정하는데 있어 켤레 사전 분포가 존재하는 경우에는 β의 사후 분포 도출이 대단히 용이하다. 반면에, 예를 들어, β의 사전 분포를 정규 분포가 아닌 스튜던트-t 분포로 두면 β의 사후 밀도함수의

커널이 얻어지더라도 커널을 보고 사후 분포의 종류를 알 수 없을 뿐더러, β의 사후 평균이나 사후분산도 알기가 어렵다. 사전 분포가 켤레가 아닌 경우에는 상대적으로 복잡한 과정을 거쳐야만 추정이 가능하다. 이 때문에 계량모형 설정시 가능하다면 사전 분포를 켤레 사전 분포로 설정하는 것이 계산의 편의상 바람직한 접근법이다.

2.1.3   Case 3. β와 σ^2이 모두 알려져 있지 않은 경우

이제 본격적으로 선형회귀식을 추정해보도록 하자. 앞서 우리가 설정했던 선형회귀 모형을 다시 한 번 써 보면 다음과 같다.

$$\sigma^2 \sim \text{InverseGamma}\left(\frac{\alpha_0}{2}, \frac{\delta_0}{2}\right),$$
$$\beta|\sigma^2 \sim \text{Normal}(\beta_0, \sigma^2 B_0),$$
$$\text{and } Y|\beta, \sigma^2 \sim \text{Normal}(X\beta, \sigma^2 I_T)$$

우리의 목적은 (β, σ^2)의 결합 사후 분포(joint posterior distribution),

$$\beta, \sigma^2|Y$$

또는 주변 사후 분포(marginal posterior distribution),

$$\beta|Y \text{와 } \sigma^2|Y$$

를 도출하는 것이다.

β와 σ^2의 결합 사후 밀도 $\pi(\beta, \sigma^2|Y)$는 우도 함수와 사전 밀도의 곱에 비례한다:

$$\pi(\beta, \sigma^2|Y) \propto f(Y|\beta, \sigma^2)\pi(\beta|\sigma^2)\pi(\sigma^2) \qquad (2.18)$$
$$= \text{Normal}(Y|X\beta, \sigma^2) \times \text{Normal}(\beta|\beta_0, \sigma^2 B_0) \times \text{InverseGamma}\left(\sigma^2|\frac{\alpha_0}{2}, \frac{\delta_0}{2}\right).$$

우도함수와 사전 밀도를 대입하여 지수함수 항과 나머지 항으로 정리하면 결합 사후 밀도의 커널은

$$\pi(\beta, \sigma^2|Y) \propto \left(\frac{1}{\sigma^2}\right)^{(T+\alpha_0)/2+1} \times \left(\frac{1}{\sigma^2}\right)^{k/2}$$
$$\times \exp\left(-\frac{1}{2\sigma^2}\left[(Y-X\beta)'(Y-X\beta) + (\beta-\beta_0)'B_0^{-1}(\beta-\beta_0) + \delta_0\right]\right).$$

이 된다. 결합 사후 밀도는 더 이상 표준분포로 정리가 되지 않는다. 다시 말해, Case

1과 Case 2와 달리 Case 3에서는 사후 밀도함수, $\pi(\beta, \sigma^2|Y)$의 커널은 알 수 있지만, 이로부터 즉각적으로 결합 사후 분포의 종류는 물론 평균이나 분산도 알 수 없다.

σ^2의 주변 사후 분포

대신 주변 사후 분포는 도출할 수 있는데 그 과정을 지금부터 설명하고자 한다. 우선 위 식을 β와 관련된 항과 그렇지 않은 항으로 정리하여 아래와 같이 표현할 수 있다.

$$\pi(\beta, \sigma^2|Y) \propto \left(\frac{1}{\sigma^2}\right)^{k/2} \times \exp\left(-\frac{1}{2\sigma^2}(\beta - \beta_1)'B_1^{-1}(\beta - \beta_1)\right) \qquad (2.19)$$
$$\times \left(\frac{1}{\sigma^2}\right)^{\alpha_1/2+1} \times \exp\left(-\frac{\delta_1}{2\sigma^2}\right)$$

단,

$$B_1 = (X'X + B_0^{-1})^{-1}, \quad \beta_1 = B_1(X'Y + B_0^{-1}\beta_0),$$
$$\alpha_1 = T + \alpha_0, \quad \delta_1 = \delta_0 + Y'Y + \beta_0'B_0^{-1}\beta_0 - \beta_1'B_1^{-1}\beta_1$$

이다.

다음으로 β와 σ^2의 결합 사후 밀도를 β에 대해서 적분을 하면 σ^2의 주변 사후 밀도 $\pi(\sigma^2|Y)$를 계산할 수 있다:

$$\pi(\sigma^2|Y) = \int \pi(\beta, \sigma^2|Y)d\beta.$$

식 (2.19)에서 β와 무관한 둘째 줄을 적분 밖으로 옮기면,

$$\pi(\sigma^2|Y) \propto \left(\frac{1}{\sigma^2}\right)^{\alpha_1/2+1} \times \exp\left(-\frac{\delta_1}{2\sigma^2}\right)$$
$$\times \int \left(\frac{1}{\sigma^2}\right)^{k/2} \times \exp\left(-\frac{1}{2\sigma^2}(\beta - \beta_1)'B_1^{-1}(\beta - \beta_1)\right) d\beta$$

이 얻어진다.

여기서 밀도함수의 적분값은 1이라는 성질에 의해 위 식의 적분 항은

$$\int \left(\frac{1}{\sigma^2}\right)^{k/2} \times \exp\left(-\frac{1}{2\sigma^2}(\beta - \beta_1)'B_1^{-1}(\beta - \beta_1)\right) d\beta$$
$$= \left(\sqrt{2\pi}\right)^k |B_1|^{1/2}$$
$$\times \int \left(\sqrt{2\pi}\right)^{-k} |B_1|^{-1/2} \left(\frac{1}{\sigma^2}\right)^{k/2} \times \exp\left(-\frac{1}{2\sigma^2}(\beta - \beta_1)'B_1^{-1}(\beta - \beta_1)\right) d\beta$$

$$= \left(\sqrt{2\pi}\right)^k |B_1|^{1/2}$$

이고, B_1는 σ^2과 무관하므로 $\pi(\sigma^2|Y)$는

$$\left(\frac{1}{\sigma^2}\right)^{\alpha_1/2+1} \times \exp\left(-\frac{\delta_1}{2\sigma^2}\right)$$

에 비례한다. 결국 σ^2의 주변 사후 밀도가 역감마 분포의 밀도함수로 도출되므로 σ^2의 주변 사후 분포는

$$\sigma^2|Y \sim \text{InverseGamma}\left(\frac{\alpha_1}{2}, \frac{\delta_1}{2}\right)$$

이다.

β의 주변 사후 분포

이제 β의 주변 사후 분포를 도출하기 위해서 $\pi(\beta, \sigma^2|Y)$을 σ^2에 대해서 적분을 하여 $\pi(\beta|Y)$를 계산하고자 한다. 이를 위해 식 (2.19)을 아래와 같이 다시 표현한다.

$$\pi(\beta, \sigma^2|Y) \tag{2.20}$$
$$\propto \left(\frac{1}{\sigma^2}\right)^{(\alpha_1+k)/2+1} \times \exp\left(-\frac{1}{2\sigma^2}\left[(\beta-\beta_1)'B_1^{-1}(\beta-\beta_1) + \delta_1\right]\right)$$

그런 다음, $\pi(\beta, \sigma^2|Y)$을 σ^2에 대해서 적분하면

$$\pi(\beta|Y) = \int \pi(\beta, \sigma^2|Y)d\sigma^2$$
$$\propto \left[\delta_1 + (\beta-\beta_1)'B_1^{-1}(\beta-\beta_1)\right]^{-(\alpha_1+k)/2}$$

이 유도된다. α_1과 δ_1은 β와 관계가 없으므로 $\pi(\beta|Y)$은

$$\pi(\beta|Y) \propto \left[1 + (\beta-\beta_1)'(\delta_1 B_1)^{-1}(\beta-\beta_1)\right]^{-(\alpha_1+k)/2}$$
$$\propto \left[1 + \frac{1}{\alpha_1}(\beta-\beta_1)'\left(\frac{\delta_1}{\alpha_1}B_1\right)^{-1}(\beta-\beta_1)\right]^{-(\alpha_1+k)/2}$$

에 비례한다. 참고로, 평균이 μ이고 자유도는 ν이며 스케일 파라미터가 Σ인 k차원 다변수 스튜던트-t 분포의 결합 밀도 $f(X=x)$의 커널은

$$\left(1 + \frac{1}{\nu}(x-\mu)'\Sigma^{-1}(x-\mu)\right)^{-(\nu+k)/2}$$

이다. 이로부터 β는 평균이 β_1, 자유도는 α_1, 스케일 파라미터가 $(\delta_1/\alpha_1)B_1$인 스튜던트-t 분포,

$$\beta|Y \sim St(\beta_1, \frac{\delta_1}{\alpha_1}B_1, \alpha_1)$$

를 따른다는 것을 알 수 있다.

지금까지 우리는 사후 분포를 수학적으로 도출하였다. 이 책에서 자세히 다루지는 않지만 위 선형회귀모형의 주변 우도까지도 수학적으로 도출할 수 있다. 하지만 위와 같이 사후 분포가 수학적으로 도출가능한 경우는 대단히 예외적이다. 파라미터의 사후 결합 밀도로부터 적분을 통해 주변 사후 밀도를 계산해야 하는데 대부분의 계량경제 모형 하에서는 적분 계산이 대단히 어렵거나 불가능하기 때문이다.

연습문제 2.1

식 (2.18)으로부터 식 (2.19)을 유도하시오.

2.2 완전 조건부 분포와 깁스 샘플링

앞서 β의 사전 분포, $\beta|\sigma^2 \sim \text{Normal}(\beta_0, \sigma^2 B_0)$는 σ^2에 의존하였다. 사전 분산 $\sigma^2 B_0$이 작을수록 경제이론이나 기존 연구 등에 기반하여 사전적으로 β가 β_0에 가까울 것이라는 연구자의 사전 정보의 양이 많다는 것을 의미한다. 따라서 사전 분산이 작을수록 사전 분포가 자료의 정보에 비해 상대적으로 β의 사후 분포에 강하게 반영된다.

실무적으로 사전 분산을 통해 연구자가 사전 정보의 양을 수치화하고자 할 때, 사전 분산을 σ^2과 독립적으로 설정하는 것이 보다 정밀하거나 설득력있는 경우가 많다. σ^2에 의존하지 않는 β의 사전 분포

$$\beta \sim \text{Normal}(\beta_0, B_0)$$

으로 주어진다. σ^2의 사전 분포는 앞서와 마찬가지로 역감마 분포를 가정하면 선형회귀모형은 아래와 같이 표현할 수 있다.

$$\sigma^2 \sim \text{InverseGamma}\left(\frac{\alpha_0}{2}, \frac{\delta_0}{2}\right),$$

$$\beta \sim \text{Normal}(\beta_0, B_0),$$

$$Y|\beta, \sigma^2 \sim \text{Normal}(X\beta, \sigma^2 I_T).$$

2.2.1 Case A. σ^2이 알려져 있는 경우

이 경우 β의 사후 분포는 분산이 $B_1 = (\sigma^{-2}X'X + B_0^{-1})^{-1}$이고 평균이 $B_1(\sigma^{-2}X'Y + B_0^{-1}\beta_0)$인 정규분포이다. 즉,

$$B_1 = (\sigma^{-2}X'X + B_0^{-1})^{-1},$$
$$A = \sigma^{-2}X'Y + B_0^{-1}\beta_0,$$
$$\beta|Y \sim \text{Normal}(B_1 A, B_1)$$

2.2.2 Case B. β가 알려져 있는 경우

σ^2의 사후 분포는 β의 사전 분포가 σ^2에 의존한 경우와 동일하게

$$\sigma^2|Y \sim \text{InverseGamma}\left(\frac{\alpha_1}{2}, \frac{\delta_1}{2}\right)$$
$$\text{with } a_1 = a_0 + T \text{ and } \delta_1 = \delta_0 + (Y - X\beta)'(Y - X\beta)$$

으로 도출된다.

2.2.3 Case C. β와 σ^2이 모두 알려져 있지 않은 경우

β와 σ^2의 결합 사후 밀도 $\pi(\beta, \sigma^2|Y)$는 우도함수, β의 사전 밀도, σ^2의 사전 밀도의 곱에 비례한다:

$$\pi(\beta, \sigma^2|Y) \propto f(Y|\beta, \sigma^2)\pi(\beta)\pi(\sigma^2)$$
$$= \text{Normal}(Y|X\beta, \sigma^2) \times \text{Normal}(\beta|\beta_0, B_0) \times \text{InverseGamma}\left(\sigma^2|\frac{\alpha_0}{2}, \frac{\delta_0}{2}\right).$$

이때는 (β, σ^2)의 결합 사후 분포뿐만 아니라 주변 사후 분포 또한 표준적인 분포로 도출되지 않는다.

2.2.4 완전 조건부 분포

Case C에서와 같이 수식적으로 (β, σ^2)의 사후 분포를 추론할 수 없을 때에는 컴퓨터를 이용한 시뮬레이션 방법(simulation method)에 의존하여 이를 해결할 수 있다. 베이지안 추론을 위해 사용되는 여러 시뮬레이션 방법 중 가장 대표적이고 대중적인 방법이 바로 깁스 샘플링이다. 지금부터는 깁스 샘플링을 통해 (β, σ^2)의 사후 분포를 추론하는 방법에 대해서 설명하도록 하겠다.

깁스 샘플링은 $(\beta, \sigma^2)|Y$ 의 분포가 표준적이지 않더라도 $\beta|Y, \sigma^2$ 과 $\sigma^2|Y, \beta$ 의 분포는 표준적일 때 적용가능한 시뮬레이션 방법이다. $\beta|Y, \sigma^2$ 과 $\sigma^2|Y, \beta$ 와 같이 특정 파라미터를 제외한 다른 모든 파라미터와 자료가 주어졌을 때의 분포를 완전 조건부 분포(Full conditional distribution)라고 한다. 한편, 완전 조건부 분포는 결합 사후 분포 $(\beta, \sigma^2|Y)$ 및 주변 사후 분포($\beta|Y$ 와 $\sigma^2|Y$)와 구별되는 개념임을 유의해야 한다.

2.2.5 깁스 샘플링 알고리즘

깁스 샘플링의 구체적인 실행방법을 이해하기 위해서는 Case A과 B를 돌이켜 볼 필요가 있다. Case A과 B에서는 β 와 σ^2 중 하나가 주어져 있어서 나머지 하나의 사후 분포 도출이 어렵지 않았다. Case A 에서는 σ^2 이 주어져 있을 때, β 의 사후 분포가 다변량 정규 분포임을 알았다. 한편, Case B 에서는 β 가 알려져 있을 때, σ^2 의 사후 분포가 역감마 분포임을 알았다. 따라서 Case A으로부터는 β 를 $\beta|Y, \sigma^2$ 로부터 추출하는 방법을 알 수 있으며, Case B는 σ^2 를 $\sigma^2|Y, \beta$ 로부터 추출하는 방법을 제공한다. 깁스 샘플링의 핵심적인 아이디어는 $\beta|Y, \sigma^2$ 과 $\sigma^2|Y, \beta$ 을 번갈아가며 추출한 샘플들이 결과적으로 $(\beta, \sigma^2)|Y$ 로부터 추출된 샘플들이라는 것이다. 이렇게 추출된 샘플들만 충분히 많이 있으면 그것들을 이용해서 각 파라미터의 사후 분포의 히스토그램도 그릴 수 있으며, 사후 평균 및 분산-공분산도 쉽게 계산할 수 있을 뿐만 아니라, 신용구간 계산과 예측도 간편하게 실행할 수 있다.

구체적인 알고리즘은 다음과 같다. 먼저 우리는 σ^2 의 초기값을 임의로 정한 다음, 이 임의의 초기값이 주어졌다고 생각하고 β 의 완전 조건부 분포로부터 하나의 값을 추출한다.[4] 그 다음 방금 추출된 β 를 주어진 것으로 간주하고 σ^2 의 완전 조건부 분포로부터 σ^2 을 추출한다. 이러면 한 번의 반복시행(iteration 또는 cycle)이 끝나는 것이다. 다음에는 첫 번째 반복시행에서 추출된 σ^2 을 초기값이라고 간주하고 β 와 σ^2 을 첫 번째 반복시행에서와 같이 순차적으로 추출한다.

이와 같은 과정을 충분히 많이 반복적으로 시행하면서 각 반복시행에서 추출된 샘플들을 저장한다. 이때 반복실행하는 횟수를 시뮬레이션 크기(simulation size)라고 한다. β 처럼 정규 사전 분포를 따르는 파라미터가 정규 완전 조건부 분포로 업데이트되는 경우를 흔히 Normal-Normal 업데이트라고 한다. 그리고 σ^2 처럼 역감마 사전 분포를 따르는 파라미터가 역감마 완전 조건부 분포로 업데이트되는 경우를 본 책에서는 InverseGamma-InverseGamma 업데이트라고 칭한다.

매 반복시행마다 저장된 β 와 σ^2 의 샘플들이 바로 결합 사후 분포 $(\beta, \sigma^2)|Y$ 로부터 추출된 샘플에 해당된다. 이 과정을 도식화하면 알고리즘 2.1 또는 그림 2.2과 같다.

---

[4]일반적으로 파라미터의 초기값은 그 파라미터의 사전 평균으로 설정한다.

그림 2.2: 깁스 샘플링 알고리즘

반복시행 0:	$\sigma^{2(0)}$ 초기화	
반복시행 1:	$\beta^{(1)} \sim \beta\|Y,\sigma^{2(0)}$ $\Rightarrow$	$\sigma^{2(1)} \sim \sigma^2\|Y,\beta^{(1)}$
반복시행 2:	$\beta^{(2)} \sim \beta\|Y,\sigma^{2(1)}$ $\Rightarrow$	$\sigma^{2(2)} \sim \sigma^2\|Y,\beta^{(2)}$
반복시행 3:	$\beta^{(3)} \sim \beta\|Y,\sigma^{2(2)}$ $\Rightarrow$	$\sigma^{2(3)} \sim \sigma^2\|Y,\beta^{(3)}$
$\vdots$	$\vdots$	$\vdots$
반복시행 j:	$\beta^{(j)} \sim \beta\|Y,\sigma^{2(j-1)}$ $\Rightarrow$	$\sigma^{2(j)} \sim \sigma^2\|Y,\beta^{(j)}$
반복시행 $j+1$:	$\beta^{(j+1)} \sim \beta\|Y,\sigma^{2(j)}$ $\Rightarrow$	$\sigma^{2(j+1)} \sim \sigma^2\|Y,\beta^{(j+1)}$
$\vdots$	$\vdots$	$\vdots$
반복시행 n:	$\beta^{(n)} \sim \beta\|Y,\sigma^{2(n-1)}$ $\Rightarrow$	$\sigma^{2(n)} \sim \sigma^2\|Y,\beta^{(n)}$

알고리즘 2.1: 선형회귀모형: 깁스 샘플링

0 단계 : 초기값 $\sigma^2(=\sigma^{2(0)})$를 설정하고, $j=1$로 둔다.

1 단계 : 주어진 $\sigma^{2(j-1)}$ 으로부터

$$B_1 = \left(\frac{1}{\sigma^{2(j-1)}} X'X + B_0^{-1} \right)^{-1}, \ A = \frac{1}{\sigma^{2(j-1)}} X'Y + B_0^{-1}\beta_0$$

을 계산한 다음, $\beta^{(j)}$를

$$\text{Normal}(B_1 A, B_1)$$

에서 샘플링하고 저장한다.

2 단계 : 주어진 $\beta^{(j)}$로부터 $\sigma^{2(j)}$를

$$\text{InverseGamma}\left(\frac{\alpha_0 + T}{2}, \frac{(Y-X\beta^{(j)})'(Y-X\beta^{(j)}) + \delta_0}{2} \right)$$

에서 샘플링한 뒤 저장한다.

3 단계 : $j=j+1$로 설정하고, $j \le n(=$시뮬레이션 크기$)$이면 1 단계로 돌아간다.

β와 σ^2의 조건부 분포,

$$\beta|Y, \sigma^{2(j-1)} \equiv \text{Normal}(B_1 A, B_1)$$

과

$$\sigma^2|Y, \beta^{(j)} \equiv \text{InverseGamma}\left(\frac{\alpha_1}{2}, \frac{(Y - X'\beta^{(j)})'(Y - X'\beta^{(j)}) + \delta_0}{2}\right)$$

는 각각 Case 1과 2에서 도출했던 사후 분포와 수식상으로 동일하다. 그러나 Case 3에서 이 분포들은 β와 σ^2의 사후 분포가 아니라, 완전 조건부 분포이다. 매 반복시행마다 수정되는 완전 조건부 분포로부터 β와 σ^2을 번갈아가며 생성함으로써 (β, σ^2)의 결합 사후 분포로부터의 샘플을 추출할 수 있다는 것이 깁스 샘플링의 핵심이다.

사후 분포 수렴과 번인(**burn-in**)

우리는 샘플링을 시작하기 전에 σ^2의 사전 평균을 σ^2의 초기값으로 사용하였다. 사전 평균과 사후 평균의 차이가 큰 경우에는 초기에 추출된 값들이 결합 사후 분포로부터 추출되지 않았을 가능성이 높다. 이러한 불확실성을 없애주기 위해 처음 n_0번의 반복으로부터 추출된 샘플은 제거한 다음, $(n - n_0)$번의 시뮬레이션 결과만을 이용해서 사후 평균, 표준오차, 신용구간 등을 추론하게 된다. 이렇게 임의의 초기값에서 사후 분포로 수렴하는 데 소요되는 초기 n_0번의 시뮬레이션을 번인(burn-in)이라고 부른다. 번인의 크기는 파라미터의 수가 많을수록 큰 값으로 설정되며 기본적으로 연구자가 판단하기에 샘플들의 분포가 수렴하기 충분한 값으로 보수적으로 설정된다. 예를 들어 시뮬레이션 크기가 15,000 $(=n)$이라면 번인크기를 5,000$(=n_0)$으로 두고, 나머지 10,000개의 샘플들을 사후 분포로부터의 추출된 것으로 간주하면 된다.

그림 2.3: 사후 분포의 수렴

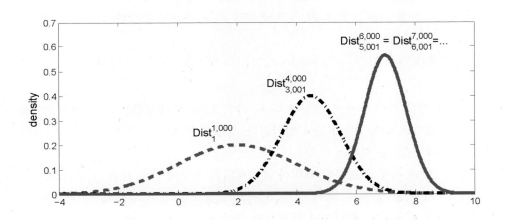

여기서 분포가 수렴한다는 것에 대한 이해를 돕기 위해서 그림 2.3을 참고하길 바란다. 그림의 가장 왼쪽에 위치한 $Dist_1^{1,000}$ 이라고 표시된 분포는 깁스 샘플링으로 추출된 최초 1,000개의 샘플을 가지고 그린 히스토그램을 표현한 것이며, 가운데 $Dist_{3,001}^{4,000}$ 로 표시된 분포는 3,001번째 반복부터 4,000번째 반복까지 추출된 파라미터의 히스토그램을 표현한 것이다. 가장 오른쪽 분포는 5,001번째 이후에 추출된 샘플들을 갖고 그린 것인데, 분포의 변화가 더 이상 없는 것을 알 수 있다. 이렇게 시뮬레이션 크기가 증가하더라도 더 이상 분포의 형태가 변하지 않고 일정할 때 '분포가 수렴했다'라고 표현된다. 이렇게 수렴된 분포가 바로 사후 분포이며, 5,000번째 반복 이전에 추출된 샘플들은 사후 분포로부터 추출되었다고 보기 힘들기 때문에 사후 분포 추론시에 제외시킨다. 사후 분포의 수렴 여부를 판단하는 구체적인 방법에 대해서는 5장에서 자세히 다루기로 한다.

사후 분포 추론

<파라미터의 사후 분포>   번인 이후의 시뮬레이션 크기를 $n_1(= n - n_0)$라고 표기하면, 깁스 샘플링의 결과로부터 우리는 아래와 같이 $n_1 \times (k+1)$ 행렬 형태로 저장된 (β, σ^2)의 사후 샘플들(posterior draws)을 얻게 된다. 편의상 이 행렬을 MHm이라고 표기하기로 한다.

$$MHm = \begin{pmatrix} \beta^{(n_0+1)\prime} & \sigma^{2(n_0+1)} \\ \beta^{(n_0+2)\prime} & \sigma^{2(n_0+2)} \\ \vdots & \vdots \\ \beta^{(n)\prime} & \sigma^{2(n)} \end{pmatrix} = \begin{pmatrix} \beta_1^{(n_0+1)} & \beta_2^{(n_0+1)} & \cdots & \beta_k^{(n_0+1)} & \sigma^{2(n_0+1)} \\ \beta_1^{(n_0+2)} & \beta_2^{(n_0+2)} & \cdots & \beta_k^{(n_0+2)} & \sigma^{2(n_0+2)} \\ \vdots & \vdots & & \vdots & \vdots \\ \beta_1^{(n)} & \beta_2^{(n)} & \cdots & \beta_k^{(n)} & \sigma^{2(n)} \end{pmatrix}$$

MHm 행렬 자체는 (β, σ^2)의 결합 사후샘플들이다. 그리고 첫 번째 열은 β_1의 주변 사후 분포(marginal posterior distribution, $\beta_1|Y$)로부터의 샘플이다. 따라서 첫 번째의 열의 평균과 분산을 계산하면 β_1의 사후 평균과 사후 분산이 추정된다.

$$\mathbb{E}[\beta_1|Y] \approx n_1^{-1} \sum_{j=1}^{n_1} \beta_1^{(j)} \text{ and } Var[\beta_1|Y] \approx n_1^{-1} \sum_{j=1}^{n_1} (\beta_1^{(j)} - \mathbb{E}[\beta_1|Y])^2$$

또한 첫 번째 열을 크기 순서로 정렬한 다음, 하위 2.5%에 해당하는 값과 상위 97.5%에 해당하는 값으로 95% 신용구간이 얻어진다. 동일한 방식으로 나머지 파라미터들의 사후 분포를 추론할 수 있다.

각 파라미터의 사후 분포뿐만 아니라 파라미터의 함수에 대한 추론도 대단히 쉽게 할 수 있다. 예를 들어, $\beta_1 + \beta_2$의 사후 분포도 단순히 MHm 행렬의 첫 번째와 두 번째 열의 합에 해당되며, 평균이나 표준오차, 신용구간도 각 파라미터의 사후 분포의 추론과 동일한 방식으로 하면 된다. 이런 식으로 $\beta_1 \times \exp(\beta_2) - \sqrt{\beta_3}$와 같이 파라미터의 복잡한 함수의 평균, 표준오차, 신용구간 등을 쉽게 도출할 수 있다.

<사후 예측 분포>   다음으로 $(T+1)$ 시점의 종속변수, y_{T+1}을 예측해 보도록 하자. 미래의 종속변수는 현재 시점(T)에서 확률변수로 취급된다. 따라서 y_{T+1}을 예측한다는 것은 T 시점까지의 정보를 이용해서

$$y_{T+1}|Y$$

로 정의되는 y_{T+1}의 사후 예측 분포(Posterior predictive distribution)를 도출하는 것이다. 이때, 사후 예측 밀도함수는

$$f(y_{T+1}|Y) = \int f(y_{T+1}, \beta, \sigma^2|Y)d(\beta, \sigma^2)$$
$$= \int f(y_{T+1}|\beta, \sigma^2, Y)\pi(\beta, \sigma^2|Y)d(\beta, \sigma^2)$$

으로 정의된다.

사후 예측 분포 또한 (β, σ^2)과 마찬가지로 해석적으로 도출되지 않으므로 시뮬레이션 기법에 의존해서 수치적으로 계산된다. 사후 예측 시뮬레이션은 이미 추출된 파라미터의 사후 샘플들을 이용해서 아래와 같이 y_{T+1}의 사후 샘플을 추출하면 된다.

$$y_{T+1}^{(j)}|\beta^{(j)}, \sigma^{2(j)} \sim \text{Normal}(x_{T+1}'\beta^{(j)}, \sigma^{2(j)}) \text{ for } j = n_0 + 1, n_0 + 2, .., n$$

좀 더 구체적으로 설명하자면, j번째 반복시행에서 추출된 사후 샘플, $(\beta^{(j)}, \sigma^{2(j)})$을 이용해서 위 식의 정규분포로부터 하나의 $y_{T+1}^{(j)}$를 임의 추출하여 저장한다. 각각의 파라미터 사후 샘플로부터 그에 대응하는 y_{T+1}의 사후 샘플을 임의 추출하게 되면, 파라미터 (β, σ^2)와 마찬가지로 y_{T+1}의 사후 샘플도 n_1개 저장된다. n_1개의 y_{T+1}의 사후 샘플들의 표본 평균이 사후 평균의 추정치가 되고, 표준 편차(standard deviation)가 표준 오차(standard error)의 추정치가 된다. 또한 사후 샘플들을 이용해서 신용구간을 계산하거나 히스토그램을 그려볼 수도 있다. 예측의 정확도를 평가하는 구체적인 방법은 8장에서 자세히 다루게 된다.

연습문제 2.2

아래와 같이 β의 사전 분포가 아래와 같이 σ^2에 의존하지 않는 모형,

$$\sigma^2 \sim \text{InverseGamma}\left(\frac{\alpha_0}{2}, \frac{\delta_0}{2}\right),$$

$$\beta \sim \text{Normal}(\beta_0, B_0),$$

$$Y|\beta, \sigma^2 \sim \text{Normal}(X\beta, \sigma^2 I_T)$$

에서 β의 완전 조건부 분포가

$$B_1 = (\sigma^{-2}X'X + B_0^{-1})^{-1}, A = \sigma^{-2}X'Y + B_0^{-1}\beta_0,$$

$$\beta|\sigma^2, Y \sim \text{Normal}(B_1 A, B_1)$$

으로 도출됨을 보이시오.

연습문제 2.3

매틀랩을 이용한 시뮬레이션 스터디

1. 표준 정규 분포로부터 50×2 행렬을 임의 추출해서 X라고 저장하시오.

2. 아래와 같이 50×1 행렬 Y을 만드시오.

$$Y = X \times \begin{pmatrix} 1 \\ 2 \end{pmatrix} + 1.5 \times \text{Normal}(0, I_T)$$

3. 주어진 X와 Y를 이용해서 아래 선형회귀모형을 깁스 샘플링으로 추정하고 추정결과를 표로 나타내시오.

$$\sigma^2 \sim \text{InverseGamma}(5, 5),$$

$$\beta : 2 \times 1 \sim \text{Normal}(0, 0.01 \times I_2),$$

$$Y|\beta, \sigma^2 \sim \text{Normal}(X\beta, \sigma^2 I_T)$$

(힌트: 연습문제 2.2.5 참조)

4. 표본의 크기를 10,000개로 증가시킨 후, 다시 추정하고 3번의 추정결과와 비교하시오.

2.2.6 예: 유위험 이자율 평형식 추정

깁스 샘플링에 대한 구체적인 예로 원달러 환율변화율(depreciation rate)을 종속변수로
국내외 이자율 차이를 설명변수로 사용한 선형회귀모형을 추정해보자. 우리의 관심은
추정결과로부터 유위험 이자율 평형식이 이론적으로 성립하는지 보는 것이다. 유위험
이자율 평형식은 이론으로부터 다음과 같이 도출된다.

$$i_t^* + 1 = \frac{S_t \times (i_t + 1)}{\mathbb{E}_t(S_{t+1})} \tag{2.21}$$

i_t^*는 미국의 명목이자율, i_t는 우리나라의 명목이자율, S_t는 t 시점의 원/달러 환율
이다. $\mathbb{E}_t(S_{t+1})$는 t 시점에 예상한 $t+1$시점의 기대환율이다. 위 식의 좌변은 1달러를
만기가 1기인 미국 국채에 투자했을 때 1기 뒤에 달러로 돌려받는 금액이다. 우변은 t
시점에 1달러를 원화로 바꾼 다음 만기가 1기인 한국 국채에 투자했을 때, 1기 이후에
돌려받는 원화를 달러로 다시 환산한 것이다. 만약 모든 예금자들이 위험중립적이고
거래비용이 없다면 재정차익거래에 의해서 좌변과 우변은 같게 된다. 식 (2.21)을
정리해서

$$\frac{\mathbb{E}_t(S_{t+1}) - S_t}{S_t} + 1 = \frac{i_t + 1}{i_t^* + 1}$$

로 다시 표현할 수 있다. 양변에 로그 근사[5]를 적용하면

$$\frac{\mathbb{E}_t(S_{t+1}) - S_t}{S_t} = i_t - i_t^* \tag{2.22}$$

이므로 유위험 평형식은 기대 환율변화율이 국내외 이자율 차이와 같아진다. 이론
으로부터 도출된 유위험 이자율 평형식이 현실적으로 성립하는지 보기 위해 다음과
같이 선형회귀모형을 설정하고 깁스샘플링으로 추정해보자.

$$\frac{S_{t+1} - S_t}{S_t} = a_1 + a_2(i_t - i_t^*) + e_t, \ e_t | i_t - i_t^*, \theta \sim \text{Normal}(0, \sigma^2) \tag{2.23}$$

단, $\theta = (a_1, a_2, \sigma^2)$는 파라미터의 벡터이다. 만약 $a_1 = 0$ 이고 $a_2 = 1$ 이라면 식 (2.23)
의 양변에 기댓값을 취했을 때, 식 (2.22)와 같아진다. 따라서 식 (2.23)을 추정한 결과,
a_1와 a_2이 각각 0, 1에 가깝게 추정된다면 유위험 평형설이 현실에서도 성립한다고
볼 수 있지만, 그렇지 않다면 이론이 현실을 설명하지 못한다고 판단할 수 있다.
   본격적인 추정을 위해서 식 (2.23)의 선형회귀식을 행렬로 표현한다.

$$Y | X, \beta, \sigma^2 \sim \text{Normal}(X\beta, \sigma^2 I_T)$$

---

[5]로그 근사(log approximation)란 x의 절대값이 0에 가까울 때, $\log(x+1)$가 x로 근사될 수 있다는
것이다. 즉, $\log(x+1) \approx x$ 이 성립한다.

단,

$$\beta = \begin{bmatrix} a_1 \\ a_2 \end{bmatrix} : 2 \times 1,$$

$$Y = \begin{bmatrix} (S_1 - S_0)/S_0 \\ (S_2 - S_1)/S_1 \\ \vdots \\ (S_T - S_{T-1})/S_{T-1} \end{bmatrix} : T \times 1,$$

$$X = \begin{bmatrix} 1 & (i_0 - i_0^*) \\ 1 & (i_1 - i_1^*) \\ \vdots & \vdots \\ 1 & (i_{T-1} - i_{T-1}^*) \end{bmatrix} : T \times 2$$

β와 σ^2에 대한 사전 분포는 Case 3의 경우와 동일하게 정규 분포와 역감마 분포를 설정하며 구체적으로 유위험 이자율 평형식이 성립한다는 사전적인 믿음하에서 각 사전 분포의 모수들인 β_0, B_0, α_0, δ_0에 대해 다음과 같은 값을 할당하였다.

$$\sigma^2 \sim \text{InverseGamma}\left(\frac{\alpha_0}{2} = \frac{50}{2}, \frac{\delta_0}{2} = \frac{1000 \times \alpha_0}{2}\right),$$

$$\beta|\sigma^2 \sim \text{Normal}\left(\beta_0 = \begin{bmatrix} 0 \\ 1 \end{bmatrix}, B_0 = 25 \times I_2\right),$$

사전 분포가 켤레이므로 β와 σ^2의 완전 조건부 분포는 Case 3의 경우와 동일하게 유도된다. σ^2의 사전 평균 $(=0.5\delta_0/(0.5\alpha_0 - 1))$은 환율의 높은 변동성을 감안해서 1,000 정도로 설정하였다. β의 사전 평균은 유위험 평형성이 평균적으로는 성립한다는 믿음을 반영해서 $(0, 1)'$로 설정하였으며, 사전 믿음에 대한 강도는 강하지 않아서 사전 분산을 25로 두었다.

자료

환율변화율은 분기별 원/달러 환율 자료를 사용하였다. 설명변수인 국내 이자율 i_t는 CD 유통수익률(91일)을 사용하였으며, 해외 이자율 i_t^*는 만기가 3개월인 미국 국채수익률 자료를 사용하였다. 환율변화율과 금리 자료의 빈도는 분기별이며 단위는 모두 연%이다.[6] 시계열 기간은 2000년 1/4분기부터 2020년 4/4분기까지다.[7] 그림

---

[6]유위험 평형식 추정시에는 이론적으로 자료의 빈도와 동일한 만기의 이자율을 사용해야 한다. 월별 환율변화율 자료를 사용할 때는 만기 1개월 무위험 채권의 만기수익률을 사용하여야 한다.

[7]자료 출처: 한국은행 경제통계 시스템(ECOS), U.S. department of the treasury.

그림 2.4: 환율변화율과 내외 금리차

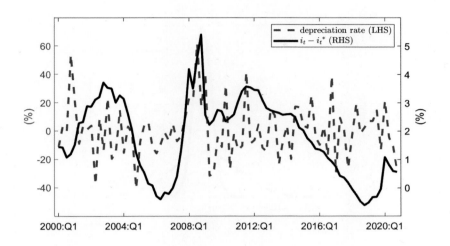

2.4는 표본기간 동안의 환율변화율과 내외금리차를 그림으로 나타낸 것이다.

추정결과

표 2.1은 깁스 샘플링으로 추정된 (a_1, a_2, σ^2)의 사후 평균과 표준오차, 95% 신용구간을 나타낸다. 추정결과 a_1과 a_2의 신용구간이 각각 0과 1을 포함하지만 신용구간의 폭이 대단히 넓어서 유위험 평형설이 통계자료에 의해서 뒷받침된다고 보기는 어렵다. 그림 2.5는 a_2의 사전 분포와 사후 분포를 동시에 나타낸 것인데, a_2의 값이 작게는 -1, 크게는 4 이상의 값도 가질 수 있음을 알 수 있다. 또한 a_2가 0.5보다 크고 1.5보다 작을 사후 확률은 무려 29.1%에 불과한 것으로 추정되었다.[8] 결론적으로 자료에 내포된 정보가 유위험 이자율 평형식을 지지한다고 보기는 힘들다. 이와 같이 유위험 이자율 평형설을 뒷받침하지 않는 통계적인 증거가 많은 연구논문에서 보고되고 있다. 그 이유에 대해서는 선도 프리미엄 퍼즐(forward premium puzzle)이라는 이름으로 학계에서 여전히 논쟁이 진행중이다.

2.2.7 예: 우리나라 물가상승률 예측 모형

다음으로 우리나라 물가상승률 예측을 위한 선형모형을 설정하고 추정해보고자 한다. y_t는 t 시점의 전년동기대비 물가상승률이고 x_t는 전년동기대비 유가상승률이다. 이달의 물가상승률은 지난 달의 물가상승률과 유가상승률의 영향을 받는 것으로 가

---

[8] a_2의 사후 샘플들 중에서 0.5보다 크고 1.5보다 작은 사후 샘플이 차지하는 비중을 계산하면 a_2가 0.5보다 크고 1.5보다 작을 사후 확률이 계산된다.

그림 2.5: a_2의 사전 분포와 사후 분포

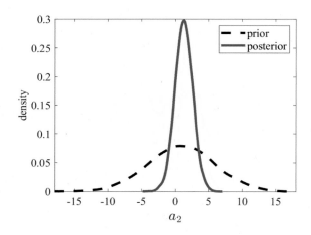

표 2.1: 파라미터의 추정치, 표준오차, 신용구간: 유위험 이자율 평형식

파라미터	평균	표준오차	95% 신용구간
a_1	-1.70	2.82	[-7.20, 3.83]
a_2	1.30	1.33	[-1.29, 3.93]
σ^2	392.30	59.21	[292.12, 527.15]

정하였다.

$$\beta = \begin{pmatrix} c \\ \phi \\ \rho \end{pmatrix} \sim \text{Normal} \left(\beta_0 = \begin{bmatrix} 0.5 \\ 0.5 \\ 0 \end{bmatrix}, B_0 = 0.25 \times I_3 \right),$$

$$\sigma^2 \sim \text{InverseGamma} \left(\frac{\alpha_0}{2} = 10, \frac{\delta_0}{2} = 2 \right),$$

$$y_t | \theta \sim \text{Normal}(c + \phi \times y_{t-1} + \rho \times x_{t-1}, \sigma^2)$$

물가상승률은 가격경직성으로 인해 지속성이 있으므로 지속성을 측정하는 파라미터인 ϕ의 사전 평균을 0.5로 두었다. 상수항 c는 ϕ와 더불어 물가상승률의 평균적인 수준을 결정한다. 만약 유가상승률의 영향이 전혀 없다면 물가상승률의 사전 평균은 $c/(1-\phi)$로 결정되는데, 물가상승률의 사전 평균이 1%가 되도록 c의 사전 평균을 0.5로 두었다. 유가가 물가상승률에 미치는 영향은 사전적으로 불확실하여 평균을 0으로 두었으며,

그림 2.6: 파라미터의 사전 및 사후 분포: 물가상승률 예측 모형

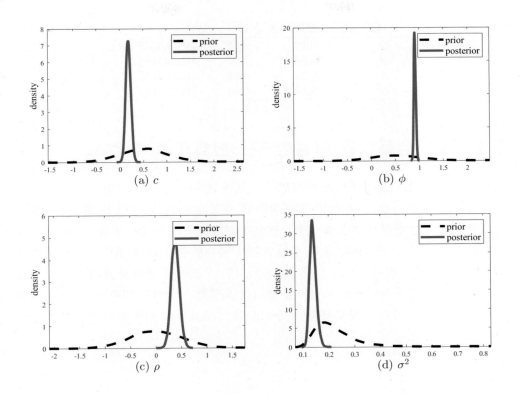

사전 정보의 불확실성을 감안하여 표준편차를 0.5로 설정하였다.

표 (2.2)는 2001년 1월부터 2020년 12월까지의 자료를 대상으로 분석한 파라미터의 사후 분포 추정 결과이다.[9] 이 모형에서 주목할 만한 파라미터는 ϕ와 ρ인데, 두 파라미터의 95% 신용구간이 0을 포함하지 않는 것을 볼 수 있다. 특히 ϕ의 추정치는 0.92이므로 물가상승률이 강한 지속성을 갖는 것으로 나타났다. 유가 상승률 증가 또한 우리나라 물가상승률을 통계적으로 유의미하게 상승시키는 것으로 추정되었다. 그림 2.6는 각 파라미터의 사전과 사후 분포를 동시에 그린 것이다. 모든 파라미터의 사후 분포가 사전 분포에 비해 훨씬 뾰족한 형태를 띠고 있는데, 이는 사후 분포 추정결과가 사전적 정보보다는 관측 자료에 의해서 결정되었음을 의미한다.

---

[9]자료의 출처는 한국은행 경제통계시스템이다. 유가상승률은 스케일(scale)조정을 위해 10으로 나누었다.

표 2.2: 파라미터의 사후 분포: 물가상승률 예측 모형

파라미터	평균	표준오차	95% 신용구간
c	0.19	0.05	$[0.08, 0.29]$
ϕ	0.92	0.02	$[0.88, 0.95]$
ρ	0.39	0.08	$[0.23, 0.55]$
σ^2	0.14	0.01	$[0.12, 0.17]$

2.3 깁스 샘플링을 이용한 구조변화모형 추정

앞서 다룬 선형회귀모형에서는 설명변수가 종속변수에 미치는 영향 β와 오차항의 크기인 σ가 표본기간 전체 동안 일정하다고 가정하고 있다. 하지만 현실적으로는 경제에 구조적인 변화가 발생해서 종속변수와 설명변수 간의 상관관계가 약해지거나 강해지는 경우가 종종 있다. 또한 설명변수의 종속변수에 대한 설명력이 커지면 σ 의 크기는 반대로 작아지기도 한다. 만약 이러한 구조적인 변화를 무시하고 추정할 경우에는 추정된 파라미터도 부정확할 뿐더러 모형의 예측력도 저하된다. 이 절에서 는 구조변화를 반영한 계량모형을 소개하고 깁스 샘플링을 이용해 추정하는 과정을 설명하고자 한다.

2.3.1 모형설정

우선 우리가 분석할 계량모형은 아래와 같다.

$$\Pr[\tau = t] = \begin{cases} \frac{1}{b_0 - a_0} & \text{if } a_0 < t < b_0 \\ 0 & \text{otherwise} \end{cases} \tag{2.24}$$

$$y_t | \beta_1, \sigma_1^2 \sim \text{Normal}(x_t' \beta_1, \sigma_1^2) \ \text{ if } t \leq \tau - 1,$$
$$y_t | \beta_2, \sigma_2^2 \sim \text{Normal}(x_t' \beta_2, \sigma_2^2) \ \text{ if } t \geq \tau,$$
$$\beta_1 \sim \text{Normal}(\beta_0, B_0),$$
$$\beta_2 \sim \text{Normal}(\beta_0, B_0),$$
$$\sigma_1^2, \ \sigma_2^2 \sim \text{InverseGamma}(\alpha_0/2, \delta_0/2)$$

τ는 구조변화시점을 나타내며 확률변수로 취급된다. (β_1, σ_1^2)은 구조변화 이전의 파라미터들이며, (β_2, σ_2^2)은 구조변화 이후의 파라미터들이다. 즉, 구조변화 전후로 설명변수가 종속변수에 미치는 영향의 크기뿐만 아니라 오차항의 분산도 변할 수 있다고

가정한다.

만약 표본크기가 100일 때 $\tau = 40$으로 알려져 있다면 자료를 구조변화 시점 전후로 나누거나 더미변수를 이용해서 선형회귀모형에 적용했던 깁스 샘플링 기법으로 추정하면 된다. 문제는 현실적으로 대부분의 경우에 구조변화시점은 알려져 있지 않다는 것이다. 따라서 τ 또한 추정해야 하는 파라미터이자 확률변수이므로 $\theta = \{\beta_1, \beta_2, \sigma_1^2, \sigma_2^2\}$ 뿐만 아니라 τ의 사후 분포도 샘플링하여야 한다. 만약 구조변화 시점에 대한 사전적인 정보가 주어져 있지 않다면 τ에 대해서 균일 분포(Uniform distribution)를 사전 분포로 설정하고 어느 정도 구조변화 시점에 대한 정보가 있다면 특정 시점에서 확률이 높아지도록 사전 분포를 설정할 수 있다.[10]

추가로 표본의 크기가 너무 작으면 (β_1, σ_1^2) 또는 (β_2, σ_2^2)의 추정이 잘 되지 않는다. 이 때문에 통상적으로 τ에 대해서 사전 분포를 설정할 때, 표본의 처음과 마지막 일정 구간에서는 구조변화가 일어나지 않는다고 가정하고, 발생가능한 구간을 설정하게 된다. 위 모형에서는 구조변화가 발생가능한 구간은 a_0와 b_0 사이이며, 구조변화시점의 사전 분포가 식 (2.24)와 같이 주어진다.

2.3.2 사후 분포 샘플링

구조변화 전(후)의 종속변수와 설명변수를 행렬 형태로 표현한 것을 각각 $Y_1(Y_2)$과 $X_1(X_2)$라고 하자. 이 모형에서 우리가 추정하고자 하는 모수들은 θ, τ이며 결합 사후 분포는 다음과 같다.

$$\begin{aligned}
\pi(\theta, \tau | Y) &\propto f(Y|\theta, \tau)\pi(\theta, \tau) \\
&= \text{Normal}(Y_1 | X_1\beta_1, \sigma_1^2 I_{\tau-1}) \times \text{Normal}(Y_2 | X_2\beta_2, \sigma_2^2 I_{T-\tau+1}) \\
&\quad \times \pi(\beta_1)\pi(\beta_2)\pi(\sigma_1^2)\pi(\sigma_2^2)\pi(\tau)
\end{aligned}$$

그러면 파라미터를 다섯 개의 블럭으로 나누어 순차적으로 깁스 샘플링할 수 있다.

$$\beta_1, \ \sigma_1^2, \ \beta_2, \ \sigma_2^2, \ \tau$$

먼저 β_1 샘플링에서 τ를 포함한 다른 모든 파라미터들이 주어져 있을 때 필요한 자료는 $(\tau - 1)$시점까지의 자료이다. 그리고 나면 실질적으로 β_1 샘플링에서 필요한 파라미터는 유일하게 σ_1^2이다. 마찬가지로 β_1만 주어져 있으면 σ_1^2을 완전 조건부 분포로부터 샘플링할 수 있다. 구체적으로 $\theta_{-\beta_1} = (\beta_2, \sigma_1^2, \sigma_2^2)$을 θ 중에서 β_1을 제외

---

[10] $\tau = 40$으로 설정하고 더미변수를 사용한다는 것은 40번째 시점에서 구조변화가 일어났을 확률이 1 ($\Pr(\tau = 40) = 1$)이고, 나머지는 시점에서는 확률이 0이라는 의미로 사전 분포를 극단적으로 강하게 부여하는 것과 같다.

한 다른 모든 파라미터의 집합이라고 할 때, β_1 의 완전 조건부 분포는 다음과 같이 유도된다.

$$
\begin{aligned}
\pi(\beta_1|\theta_{-\beta_1}, \tau, Y) &= \frac{\pi(\beta_1, \theta_{-\beta_1}, \tau|Y)}{\pi(\theta_{-\beta_1}, \tau|Y)} \\
&\propto \pi(\beta_1, \theta_{-\beta_1}, \tau|Y) = \pi(\theta, \tau|Y) \\
&\propto f(Y|\theta, \tau)\pi(\beta_1)\pi(\theta_{-\beta_1})\pi(\tau) \\
&\propto f(Y|\theta, \tau)\pi(\beta_1) \\
&\propto \text{Normal}(Y_1|X_1\beta_1, \sigma_1^2 I_{\tau-1})\pi(\beta_1)
\end{aligned}
$$

그러면, β_1 의 완전 조건부 분포가 앞서 다뤘던 선형회귀모형에서와 비교해서 관측자료만 다를 뿐 동일하게 유도된다.

$$
\begin{aligned}
&\beta_1|Y, \beta_2, \sigma_1^2, \sigma_2^2, \tau \\
&\equiv \beta_1|Y_1, \sigma_1^2 \\
&\sim \text{Normal}\left(\left(\sigma_1^{-2}X_1'X_1 + B_0^{-1}\right)^{-1}\left(\sigma_1^{-2}X_1'Y_1 + B_0^{-1}\beta_0\right), \left(\sigma_1^{-2}X_1'X_1 + B_0^{-1}\right)^{-1}\right)
\end{aligned}
$$

마찬가지로, σ_1^2 의 완전 조건부 분포는

$$
\begin{aligned}
&\sigma_1^2|Y, \beta_1, \beta_2, \sigma_2^2, \tau \\
&\equiv \sigma_1^2|Y_1, \beta_1, \tau \\
&\sim \text{InverseGamma}\left(\frac{\tau - 1 + \alpha_0}{2}, \frac{(Y_1 - X_1\beta_1)'(Y_1 - X_1\beta_1) + \delta_0}{2}\right)
\end{aligned}
$$

이 된다. 또한 구조변화 이후의 자료를 이용해서 β_2 와 σ_2^2 의 완전 조건부 분포를 각각 유도할 수 있다. 이로써 다섯 개의 블록 중에서 첫 네 개를 샘플링하였다.

$$
\begin{aligned}
&\beta_2|Y_2, \sigma_2^2, \tau \\
&\sim \text{Normal}\left(\left(\sigma_2^{-2}X_2'X_2 + B_0^{-1}\right)^{-1}\left(\sigma_2^{-2}X_2'Y_2 + B_0^{-1}\beta_0\right), \left(\sigma_2^{-2}X_2'X_2 + B_0^{-1}\right)^{-1}\right),
\end{aligned}
$$

$$
\begin{aligned}
&\sigma_2^2|Y_2, \beta_2, \tau \\
&\sim \text{InverseGamma}\left(\frac{T - \tau + 1 + \alpha_0}{2}, \frac{(Y_2 - X_2\beta_2)'(Y_2 - X_2\beta_2) + \delta_0}{2}\right)
\end{aligned}
$$

마지막으로 샘플링할 파라미터는 구조변화 시점인 τ 이다. τ 의 완전 조건부 밀도 함수, $\pi(\theta, \tau|Y)$ 에서 τ 와 관계없는 것들을 제외하면 다음과 같이 $\pi(\tau|\theta, Y)$ 의 커널이

유도된다.

$$\pi(\tau|\theta, Y) \propto \text{Normal}(Y_1|X_1\beta_1, \sigma_1^2 I_{\tau-1}) \times \text{Normal}(Y_2|X_2\beta_2, \sigma_2^2 I_{T-\tau+1}) \qquad (2.25)$$

단, $a_0 < \tau < b_0$

$\pi(\tau)$는 현재 모형에서 균일 분포를 설정했기 때문에 상수라서 식 (2.25)에서 제외되었다. 구체적으로 τ를 완전 조건부 밀도함수로부터 어떻게 샘플링할지 생각해보자. 예를 들어 $a_0 = 20$, $b_0 = 81$이면 우리의 관심은 τ가 21일 확률부터 80일 확률까지 모든 완전 조건부 밀도들을 계산해서 τ를 샘플링하면 된다.[11] 문제는 식 (2.25) 자체가 τ의 완전 조건부 밀도함수가 아니라 그것의 커넬이라는 것이다. 이는 식 (2.25)에 정규화 상수(C)를 곱해주면 양변이 같아진다는 것을 의미한다. 따라서 식(2.25)을 다시 쓰면 다음과 같다.

$$\pi(\tau|\theta, Y) = C \times \text{Normal}(Y_1|X_1\beta_1, \sigma_1^2 I_{\tau-1}) \times \text{Normal}(Y_2|X_2\beta_2, \sigma_2^2 I_{T-\tau+1}) \qquad (2.26)$$

이제 우리는 상수 C만 계산하면 τ가 21일 확률부터 80일 확률까지 모두 계산할 수 있으므로 샘플링할 수 있게 된다. C는 어떻게 계산할 수 있을까? 먼저 우리는 θ가 주어져 있을 때 $\tau = 21, 22, \ldots, 80$에 대해서 $\text{Normal}(Y_1|X_1\beta_1, \sigma_1^2 I_{\tau-1}) \times \text{Normal}(Y_2|X_2\beta_2, \sigma_2^2 I_{T-\tau+1})$를 계산할 수 있다. 여기서 τ가 바뀌면 (Y_1, Y_2, X_1, X_2)도 같이 바뀐다는 점에 주의할 필요가 있다. 또 한 가지 사실은 앞에서 계산된 값들에 상수 C를 곱하면 그 합이 1이 된다는 것이다. 즉, 모든 가능한 τ의 확률의 합은 1이어야 한다.

$$\sum_{\tau=21}^{80} \pi(\tau|\theta, Y)$$

$$= C \times \sum_{\tau=21}^{80} \left(\text{Normal}(Y_1|X_1\beta_1, \sigma_1^2 I_{\tau-1}) \times \text{Normal}(Y_2|X_2\beta_2, \sigma_2^2 I_{T-\tau+1}) \right) = 1$$

따라서 정규화 상수 C는

$$C = \frac{1}{\sum_{\tau=21}^{80} \left(\text{Normal}(Y_1|X_1\beta_1, \sigma_1^2 I_{\tau-1}) \times \text{Normal}(Y_2|X_2\beta_2, \sigma_2^2 I_{T-\tau+1}) \right)}$$

로 계산된다.

---

[11]예를 들어, τ가 1, 2, 3일 확률이 각각 $(0.3, 0.4, 0.3)$으로 계산됐다고 하자. Matlab에서 cumsum 함수(누적으로 벡터를 더하는 함수)를 이용하면 $(0.3, 0.7, 1)$이 계산되는데 0과 1 사이의 균일 분포에서 랜덤샘플을 하나 추출한 다음, 만약 그 값이 0.3보다 작으면 $\tau = 1$이고, 0.7 보다 작고 0.3보다 크면 $\tau = 2$이며, 1보다 작고 0.7보다 크면 $\tau = 3$으로 샘플링된다.

이제 C가 주어지면 식 (2.26)로부터 τ가 21일 확률부터 80일 확률까지 모두 계산할 수 있다. 이렇게 주어진 τ의 분포로부터 매 반복시행마다 동일한 과정을 거쳐 τ를 샘플링할 수 있다. 구조변화모형 추정을 위한 깁스 샘플링 알고리즘을 요약하면 알고리즘 2.2와 같다.

번인 이후 추출된 샘플을 이용해서 τ에 대한 사후 분포를 그려볼 수 있다. 그 분포의 폭이 좁다면 구조변화가 아주 급격히 발생했다고 해석할 수 있으며, 반대로 폭이 넓다면 천천히 발생했다고 볼 수 있다. 하지만 폭이 너무 넓게 나온다면 구조변화가 존재하지 않거나 두 개 이상일 가능성이 있다. 두 개 이상의 구조변화시점을 추정하는 방법에 대해서는 9장에서 다루기로 한다.

알고리즘 2.2: 구조변화모형 깁스 샘플링

0 단계 : 초기값 $(\sigma_1^{2(0)}, \sigma_2^{2(0)}, \tau^{(0)})$을 사전 평균값으로 설정하고, $j = 1$로 둔다.

1 단계 : $\tau^{(j-1)}$이 주어져 있을 때, 자료를 (Y_1, Y_2, X_1, X_2)로 나눈다.

2 단계 : $\beta_1 | Y_1, \sigma_1^{2(j-1)}$에서 $\beta_1^{(j)}$를 샘플링한 뒤 저장한다.

3 단계 : $\sigma_1^2 | Y_1, \beta_1^{(j)}$에서 $\sigma_1^{2(j)}$를 샘플링한 뒤 저장한다.

4 단계 : $\beta_2 | Y_2, \sigma_2^{2(j-1)}$에서 $\beta_2^{(j)}$를 샘플링한 뒤 저장한다.

5 단계 : $\sigma_2^2 | Y_2, \beta_2^{(j)}$에서 $\sigma_2^{2(j)}$를 샘플링한 뒤 저장한다.

6 단계 : $\tau | Y, \beta_1^{(j)}, \beta_2^{(j)}, \sigma_1^{2(j)}, \sigma_2^{2(j)}$에서 $\tau^{(j)}$를 샘플링한 뒤 저장한다.

7 단계 : $j = j + 1$로 설정하고, $j \leq n$이면 1 단계로 돌아간다.

2.3.3   예: 물가상승률 동태성의 구조변화시점 추정

그림 2.7은 2000년 이후 전년동기대비 우리나라 월별 물가상승률을 나타낸 것이다. 2011년 이전 3% 근방에서 변동하던 우리나라 소비자물가상승률은 2012년 2월 이후 2%대로 하락하더니, 같은 해 11월 이후부터는 2% 미만에 머물고 있다. 이후에는 지속적으로 1% 내외의 물가상승률을 보이다 최근 2018년 이후에는 대부분 0% 대의 값을 나타내고 있다. 이로 인해 2008년 글로벌 금융위기 이후 유가하락과 성장률 둔화 등으로 인한 저인플레이션 상태로의 영구적인 경제구조변화 가능성이 높아지고 있다.

앞서 다뤘던 우리나라 물가상승률 예측모형에 구조변화를 고려하여 추정해보도록 한다. 구조변화 전과 후의 파라미터가 동일한 사전 분포를 갖는다고 가정하였는데, 이는 사전적으로 구조변화의 가능성은 고려하지만 구조변화의 원인에 대한 정보가

그림 2.7: 소비자 물가상승률

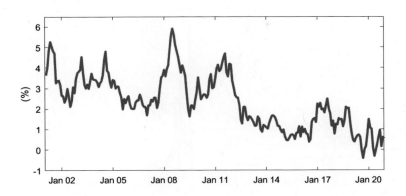

부족한 현실을 반영하기 위함이다.

$$\sigma_1^2 \sim \text{InverseGamma}\left(\frac{\alpha_0}{2} = 10, \frac{\delta_0}{2} = 2\right),$$

$$\sigma_2^2 \sim \text{InverseGamma}\left(\frac{\alpha_0}{2} = 10, \frac{\delta_0}{2} = 2\right),$$

$$\beta_1 = \begin{pmatrix} c_1 \\ \phi_1 \\ \rho_1 \end{pmatrix} \sim \text{Normal}\left(\begin{pmatrix} 0.5 \\ 0.5 \\ 0 \end{pmatrix}, B_0 = 0.25 \times I_3\right),$$

$$\beta_2 = \begin{pmatrix} c_2 \\ \phi_2 \\ \rho_2 \end{pmatrix} \sim \text{Normal}\left(\begin{pmatrix} 0.5 \\ 0.5 \\ 0 \end{pmatrix}, B_0 = 0.25 \times I_3\right)$$

$$y_t|\beta_1, \sigma_1^2 \sim \text{Normal}(c_1 + \phi_1 \times y_{t-1} + \rho_1 \times x_{t-1}, \sigma_1^2) \ \text{ if } t \leq \tau - 1,$$

$$y_t|\beta_2, \sigma_2^2 \sim \text{Normal}(c_2 + \phi_2 \times y_{t-1} + \rho_2 \times x_{t-1}, \sigma_2^2) \ \text{ if } t \geq \tau.$$

그림 2.8과 2.9은 사후 분포의 추정결과이다. 우선 그림 2.8은 구조변화시점의 사후 분포를 그린 것인데, 구조변화가 2008년 전후로 발생한 것을 알 수 있다. 각 시점이 구조변화시점일 확률이 2012년 초반에 오르기 시작해서 2013년 후반 이후에 감소하는 것으로 봐서 구조변화가 2년 여에 걸쳐 발생한 것으로 보인다.

구조변화의 원인은 구조변화 전후 파라미터의 사후 분포를 비교함으로써 파악할 수 있다. 그림 2.9이 나타내듯이 구조변화 전후 상수항(c)의 사후 분포는 거의 차이가

그림 2.8: 물가상승률 동태성의 구조변화시점 사후 분포

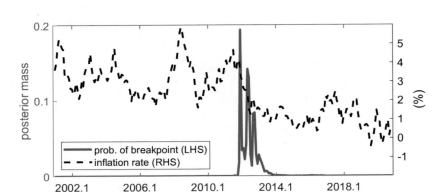

없는 반면, (ϕ, ρ, σ)의 분포는 극명한 상승 변화를 나타낸다. 우선 물가상승률의 전반적인 수준은 $c/(1-\phi)$에 의해서 결정되는데, 물가상승률의 지속성을 나타내는 ϕ가 구조변화 이후 감소하면서 물가상승률의 전반적인 수준도 동시에 낮아진 것으로 보인다. 반면 유가의 영향력 또는 설명력(ρ)은 구조변화 이후 확대되었으며, 변동성(σ)은 감소하였다.

2.4 깁스 샘플링의 한계

깁스 샘플링을 적용하기 위한 필수 조건 중 하나는 사전 분포가 켤레 사전 분포여야 한다는 것이다. 완전 조건부 분포가 표준적인 분포이면 완전 조건부 분포가 'feasible' 또는 'tractable'하다라고 표현한다. 그러나 실제로는 켤레 사전 분포를 찾기가 쉽지 않은 경우가 종종 발생한다. 특히 이러한 경우는 모형이 복잡해지거나 추정해야 할 파라미터가 많을 때 주로 발생한다.

　이를 극복할 수 있는 방법 중 하나가 Markov chain Monte Carlo(MCMC) 시뮬레이션을 도입하는 것이다. MCMC 기법의 장점은 사전 분포가 켤레이든 아니든 상관없이 파라미터의 사후 분포를 추정할 수 있다는 것이다. 이런 면에서 깁스 샘플링은 많은 MCMC 기법 중 하나의 특수한 경우라고 할 수 있다.

그림 2.9: 구조변화 전후 파라미터의 사후 분포

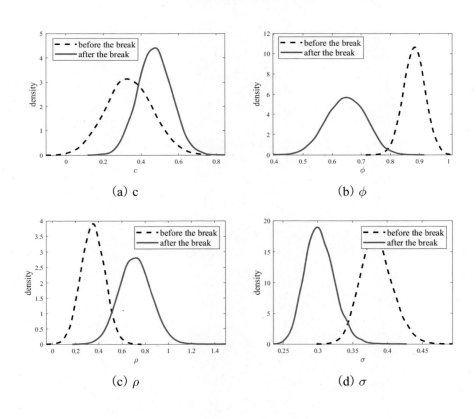

(a) c

(b) ϕ

(c) ρ

(d) σ

제 3 장

몬테 까를로 시뮬레이션

베이지안 접근법에서는 빈도주의 접근법에서와 달리 파라미터를 확률변수로 취급한다. 그래서 계량모형의 파라미터를 추론한다는 것은 곧 파라미터의 사후 분포($\pi(\theta|Y)$)를 추정한다는 것을 의미한다. 사후 밀도함수의 커넬은 우도함수($p(Y|\theta)$)와 사전 밀도 ($\pi(\theta)$)의 곱으로 주어진다. 만약, 사전 분포가 켤레라면 사후 분포는 수식적으로 표준적인 분포로 도출되거나 깁스 샘플링을 통해 시뮬레이션할 수 있다. 하지만 연구자가 켤레 사전 분포가 아닌 사전 분포를 설정하거나 켤레 사전 분포를 찾을 수 없을 경우에는 깁스 샘플링을 적용할 수가 없다.

이 시점에서 '사후 분포를 시뮬레이션(또는 샘플링)한다'라는 것의 의미를 되새겨 볼 필요가 있다. 베이지안 추정과정에서 우리에게 주어진 것은 사후 분포의 밀도함수($\pi(\theta|Y)$) 또는 그것의 커넬($p(Y|\theta) \times \pi(\theta)$)이다. 밀도함수를 알고 있다고 해서 그 분포의 평균과 분산도 바로 알 수 있는 건 결코 아니다. 예를 들어, 확률변수 X의 밀도함수가 $f(x)$라고 하자. 이때, X의 평균과 분산은 각각

$$\mathbb{E}(X) = \int x f(x) dx, \ Var(X) = \int (x - \mathbb{E}(X))^2 f(x) dx$$

로 정의된다. 하지만 $xf(x)$와 $x^2 f(x)$가 적분가능하더라도 이 것들이 계산가능하지 않는 경우가 일반적이다. 오히려 예외적으로 평균과 분산이 계산가능한 분포들 중에서 자주 사용되는 분포들을 따로 표준적인 분포라고 한다. X가 일변수가 아니라 다변수인 경우에는 더더욱 적분을 하기 힘들어진다. 설사 X가 일변수이고 X의 평균과 분산을 계산할 수 있다고 하더라도, X의 임의의 함수 $g(X)$의 기댓값, $\mathbb{E}(g(X))$를 수식으로 계산하기가 불가능한 경우가 대부분이다. 예를 들어, $\mathbb{E}(e^{X^2 + \sin(X)})$를 계산하려면 $\int e^{x^2 + \sin(x)} f(x) dx$의 적분이 해석적으로 가능해야 하는데, 그런 경우는 대단히 예외적이다.

'사후 분포를 시뮬레이션한다'라는 것은 사후 분포의 밀도함수나 커넬을 이용해서 사후 분포의 샘플을 추출해내는 작업을 말한다. 그리고 사후 분포로부터 샘플을 추출할 수 있도록 해주는 기법을 시뮬레이션 기법 또는 사후 샘플링(posterior sampling) 기법이라고 한다. 일단 사후 분포로부터 샘플을 추출하면 사후 평균과 분산, 신용구간

뿐만 아니라 파라미터의 임의의 함수에 대한 통계적인 추론까지 쉽게 할 수가 있다.

사전 분포가 켤레인 경우에는 사후 분포 또는 완전 조건부 분포가 표준적이므로 깁스 샘플링 기법을 사용해서 사후 분포를 샘플링할 수 있다. 하지만 사전 분포가 켤레가 아닌 경우에는 깁스 샘플링을 적용할 수가 없다. 사전 분포가 켤레가 아닌 경우에도 적용가능한 시뮬레이션 기법 중 가장 널리 사용되는 방법이 바로 **Markov chain Monte Carlo(MCMC)** 기법이다. MCMC 기법을 이용하면 사전 분포가 켤레이든 아니든 상관없이 사후 분포를 샘플링할 수 있다. MCMC 기법을 이해하기 위해서는 이 방법의 토대가 되는 몬테 까를로(Monte Carlo) 시뮬레이션 기법에 대한 이해가 선행되어야 한다. 이 장에서는 여러 몬테 까를로 시뮬레이션에 대해 고찰하고, 다음 장에서 MCMC 기법에 대해서 자세히 다루고자 한다.[1]

3.1   Method of Composition

$f_{X,Z}(x,z)$는 확률변수 X와 Z의 결합 밀도함수이며, $f_X(x)$와 $f_Z(z)$는 각각 X와 Z의 주변확률밀도함수라고 하자. 그리고 $f_{X|Z}(x|z)$는 X의 조건부 확률밀도함수이다. 이때, Z가 연속확률변수(continuous random variable)라면

$$
\begin{aligned}
f_X(x) &= \int f_{X,Z}(x,z)dz \\
&= \int f_{X|Z}(x|z)f_Z(z)dz
\end{aligned}
\tag{3.1}
$$

이 성립한다. 그리고 Z가 이산확률변수(discrete random variable)일 경우에는

$$
f_X(x) = \sum_z f_{X|Z}(x|z)f_Z(z)
\tag{3.2}
$$

로 표현된다.

식 (3.1)과 (3.2)은 두 가지 의미가 있다. 첫째, 확률변수 X의 확률밀도함수 $f_X(x)$를 모르더라도, 만약 어떤 확률변수 Z를 샘플링할 수 있고 주어진 Z에 대해서 X의 조건부 확률밀도함수($f_{X|Z}(x|z)$)를 알고 있다면 X의 확률밀도를 아래와 같이 대수의 법칙을 이용해서 수치적으로 근사할 수 있다는 것이다.

$$
f_X(x) \approx \frac{1}{n}\sum_{i=1}^{n} f_{X|Z}(x|z_i)
\tag{3.3}
$$

이 방법은 추후에 계량모형의 예측력을 평가할 때 대단히 유용하게 사용된다.

---

[1]이 장의 구성은 Greenberg(2008)의 5장을 참조하였다.

두 번째 의미는 Z와 $X|Z$를 샘플링할 수 있다면, 아래의 알고리즘을 이용해서 X의 분포를 모르더라도 X를 샘플링할 수 있다는 것이다. 다시 말해, X를 직접적으로 샘플링할 수 없더라도, 어떤 샘플링 가능한 확률변수(Z)가 주어졌을 때의 조건부 분포 ($X|Z$)를 샘플링할 수 있다면, X의 분포로부터 샘플링이 가능하다는 의미다.

식 (3.1) 또는 (3.2)에서 표현된 $f_X(x)$, $f_Z(z)$ 그리고 $f_{X|Z}(x|z)$ 간의 관계를 이용해서 X의 분포를 샘플링하거나 X의 밀도함수를 계산하는 기법을 Method of Composition(이후 MoC)이라고 한다. MoC는 실제 적용이 대단히 쉽다는 장점이 있지만, 사용할 수 있는 조건이 엄격해서 사용범위가 제한적이라는 한계도 있다.

알고리즘 3.1: Method of Composition

1 단계 : $i = 1, 2, \ldots, n$에 대해서 Z의 분포로부터 z_i를 샘플링한 뒤 저장한다.

2 단계 : 각 z_i $(i = 1, 2, .., n)$에 대해서 조건부 분포 $X|z_i$ 로부터 x_i를 샘플링한 뒤 저장한다.

예: **Method of Composition**을 이용한 스튜던트-t 분포 샘플링

자유도가 ν, 평균이 0, 스케일 파라미터가 σ^2인 스튜던트-t 분포 $St(0, \sigma^2, \nu)$을 따르는 확률변수 W를 샘플링하고 싶지만 스튜던트-t 분포로부터 직접적으로 샘플링하는 법을 모른다고 해보자. 한편, 감마 분포, 정규 분포, 스튜던트-t 분포의 확률밀도함수,

$$\Lambda \sim \text{Gamma}\left(\frac{\nu}{2}, \frac{\nu}{2}\right) \text{ and } f_\Lambda(\lambda)= \Lambda\text{의 확률밀도함수}$$

$$W \sim St(0, \sigma^2, \nu) \text{ and } f_W(w)= W\text{의 확률밀도함수}$$

$$W|\lambda \sim \text{Normal}(0, \lambda^{-1}\sigma^2) \text{ and } f_{W|\Lambda}(w|\lambda)= \Lambda\text{가 }\lambda\text{일 때, }W\text{의 조건부 확률밀도함수}$$

간에는

$$f_W(w) = \int f_{W|\Lambda}(w|\lambda) f_\Lambda(\lambda) d\lambda \tag{3.4}$$

이 성립한다. 식 (3.4)에 대한 증명은 NOTE 3.1을 참조하길 바란다. 감마 분포와 정규 분포로부터 샘플링하는 법을 알고 있을 때, MoC에 근거한 아래의 알고리즘을 이용해서 조건부 분포로부터 W를 샘플링하면 그 샘플들은 스튜던트-t 분포로부터의 샘플들이 된다.

알고리즘 3.2: 스튜던트-t 분포 샘플링

1 단계 : $i = 1, 2, \ldots, n$에 대해서 $\mathrm{Gamma}(v/2, v/2)$로부터 λ_i를 샘플링한 뒤 저장한다.

2 단계 : 각 λ_i $(i = 1, 2, .., n)$에 대해서 $\mathrm{Normal}(0, \lambda_i^{-1}\sigma^2)$로부터 w_i를 샘플링 한 뒤 저장한다.

위 두 단계에 걸쳐서 추출된 n개의 샘플 $\{w_i\}_{i=1}^{n}$은 $St(0, \sigma^2, \nu)$에서 추출된 것이다. 따라서 이 샘플들을 이용해서 히스토그램을 그리거나, 평균, 분산을 계산할 수 있을 뿐만 아니라, $\exp(W + \sqrt{W})$와 같은 W의 임의의 함수 분포를 추론할 수도 있다.[2]

NOTE 3.1 식 **(3.4)** 증명

$W|\Lambda = \lambda \sim \mathrm{Normal}(0, \lambda^{-1}\sigma^2)$이고, $\Lambda \sim \mathrm{Gamma}(v/2, v/2)$일 때, W의 주변 분포가

$$St(0, \sigma^2, \nu)$$

임을 보이고자 한다. 이는 식 (3.4)의 우변을 계산하면 스튜던트-t 분포의 밀도 함수의 커넬과 비례한다는 것을 보임으로써 증명될 수 있다.

먼저 식 (3.4)의 우변에 W의 조건부 밀도함수와 Λ의 주변 밀도함수를 넣어서 계산하면,

$$f_W(w) = \int f_{W|\Lambda}(w|\lambda) f_\Lambda(\lambda) d\lambda$$

$$\propto \int \lambda^{\frac{1}{2}} \exp\left(-\frac{\lambda}{2\sigma^2}w^2\right) \times \lambda^{\frac{\nu}{2}-1} \exp\left(-\frac{\nu}{2}\lambda\right) d\lambda$$

$$= \int \lambda^{\frac{(\nu+1)}{2}-1} \exp\left(-\frac{(w^2 + \nu\sigma^2)\lambda}{2\sigma^2}\right) d\lambda$$

여기서 $a = (v+1)/2$, $b = (w^2 + v\sigma^2)/2\sigma^2$이라고 두면, 위 적분기호 안의 함수는 감마 분포 $\mathrm{Gamma}(a, b)$의 밀도함수, $\mathrm{Gamma}(\lambda|a, b)$으로 표현된다. 따라서,

$$\int f_{W|\Lambda}(w|\lambda) f_\Lambda(\lambda) d\lambda \propto \int \mathrm{Gamma}(\lambda|a, b) d\lambda$$

---

[2] i번째 시뮬레이션 반복시행에서 샘플링된 w_i를 이용해서 $\exp(w_i + \sqrt{w_i})$를 계산하고 저장한다. 저장된 n개의 값들의 평균과 표준편차 또는 신용구간을 계산함으로써 $\exp(W + \sqrt{W})$를 추론할 수 있다.

$$= \frac{\Gamma(a)}{b^a} \int \frac{b^a}{\Gamma(a)} \lambda^{a-1} e^{-b\lambda} d\lambda \qquad (3.5)$$

확률밀도함수의 정의상,

$$\int \frac{b^a}{\Gamma(a)} \lambda^{a-1} e^{-b\lambda} d\lambda = 1$$

이므로, 식 (3.5)은 아래와 같이 다시 쓸 수 있다.

$$\int f_{W|\Lambda}(w|\lambda) f_\Lambda(\lambda) d\lambda \propto \frac{\Gamma(a)}{b^a} = \Gamma\left(\frac{\nu+1}{2}\right) \Big/ \left(\frac{w^2 + \nu\sigma^2}{2\sigma^2}\right)^{\frac{\nu+1}{2}}$$

$$\propto (w^2 + \nu\sigma^2)^{-\frac{\nu+1}{2}}$$

$$\propto \left(1 + \frac{w^2}{\nu\sigma^2}\right)^{-\frac{\nu+1}{2}}$$

따라서 식 (3.5)의 좌변이 스튜던트-t 분포의 커넬과 비례하므로 $f_W(w)$은 스튜던트-t 분포의 밀도함수가 된다.

3.2 Probability Integral Transformation

X라는 확률변수의 누적확률밀도함수(또는 분포함수, $F(x)$)가 강증가(strictly increasing) 함수이고 역함수 ($F^{-1}(x)$)가 알려져 있다고 하자. 이러한 조건이 만족될 때, X를 샘플링하기 위해 적용가능한 샘플링 기법이 Probability Integral Transformation(PIT)이다.

   PIT를 이용한 샘플링 알고리즘은 아래와 같이 두 단계로 이루어진다. 첫 단계는 균일 분포에서 샘플(u_i)을 추출하는 것이고, 두 번째 단계는 추출된 샘플과 F의 역함수를 이용해서 계산된 $F^{-1}(u_i)$를 확률변수 X의 샘플로 취급하여 저장하는 것이다.

알고리즘 3.3: PIT

1 단계 : $i = 1, 2, \ldots, n$에 대해서 $Unif(0,1)$에서 u_i를 샘플링한 뒤 저장한다.

2 단계 : 각 u_i $(i = 1, 2, .., n)$에 대해서 $F^{-1}(u_i)$를 계산한 뒤 저장한다.

이론적 배경

PIT 기법을 통한 샘플링의 이론적 근거를 설명하도록 하겠다. 먼저 균일 분포, $Unif(0,1)$ 을 따르는 확률변수 U가 있다고 하자. 그러면 $Z = F^{-1}(U)$는 확률변수 U의 함수이기 때문에 Z도 확률변수가 된다. 확률변수 Z의 누적확률밀도가 X의 누적확률밀도와 동일하다는 것을 보이면 PIT 기법이 증명된다. Z의 누적확률밀도는

$$\Pr(Z \leq z) = \Pr(F^{-1}(U) \leq z)$$

이다. $F(\cdot)$는 강증가함수이기 때문에 역함수가 존재하므로

$$\Pr(F^{-1}(U) \leq z) = \Pr(F(F^{-1}(U)) \leq F(z))$$

이다. $F(F^{-1}(U)) = U$ 이므로,

$$\Pr(F(F^{-1}(U)) \leq F(z)) = \Pr(U \leq F(z)).$$

마지막으로, U는 균일 분포를 따르므로, $\Pr(U \leq F(z)) = F(z)$가 된다. 결과적으로,

$$\Pr(Z \leq z) = F(z)$$

이고 $F(\cdot)$는 X의 누적밀도이므로 증명이 완료된다.

    균일 분포를 따르는 확률변수 U가 확률변수 X의 분포 함수(F)의 역함수의 변수로 들어가게 되면 $F^{-1}(U)$라는 새로운 확률변수(Z)가 만들어진다. 이 새로운 확률변수 Z의 분포 함수는 확률변수 X의 분포 함수($F(\cdot)$)와 같다는 것을 확인하였다. 두 확률변수가 같은 분포 함수를 가진다는 것은 두 확률변수는 같은 분포를 따른다는 것을 의미하므로, 다음과 같은 결론을 얻을 수 있다.

$$X = Z = F^{-1}(U)$$

    PIT도 MoC만큼이나 실제 적용이 대단히 쉽다. 하지만 확률변수가 다변수인 경우에는 적용하기 힘들다는 단점이 있다. 심지어 일변수인 경우에도 분포함수의 역함수를 구하기 힘든 경우가 많기 때문에 광범위하게 사용되기는 힘든 샘플링 기법이다.

3.2.1 예: 절단된 정규 분포 샘플링

PIT 기법의 대표적인 응용 사례가 바로 절단된 정규 분포 샘플링이다. 우선 $\Phi(x)$는 표준 정규 분포의 누적밀도함수라고 하자. 이때 서포트(support)가 $[-2, 3]$으로 절단된

표준 정규 분포 TruncatedNormal$_{[-2,3]}(0,1)$를 샘플링하고자 한다. 이렇게 절단된 표준
정규 분포의 누적밀도함수 $F(x)$는

$$F(x) = \frac{\Phi(x) - \Phi(-2)}{\Phi(3) - \Phi(-2)}, \quad -2 \leq x \leq 3$$

이다.

PIT 기법 적용을 위한 첫 번째 단계는 $F(x)$의 역함수를 계산하는 것이다. $F(x)$의
역함수는 아래 식

$$u = F(x) = \frac{\Phi(x) - \Phi(-2)}{\Phi(3) - \Phi(-2)}$$

을 x에 대해서 풀게 되면

$$x = \Phi^{-1}\left(\Phi(-2) + u \times [\Phi(3) - \Phi(-2)]\right)$$

으로 도출된다. 따라서 균일분포 $Unif(0,1)$에서 n개의 샘플 $\{u_i\}_{i=1}^{n}$을 추출한 뒤에,
각각의 u_i에 대해서

$$x_i = \Phi^{-1}\left(\Phi(-2) + u_i \times [\Phi(3) - \Phi(-2)]\right)$$

을 계산하여 저장하면, $[-2, 3]$의 범위에서 절단된 표준 정규 분포로부터 생성된 샘플
$\{x_i\}_{i=1}^{n}$을 얻게 된다. 보다 일반적으로, $[a, b]$의 범위에서 절단된 표준 정규 분포의
샘플링을 위한 알고리즘은 아래와 같다.

알고리즘 3.4: 절단된 정규 분포 샘플링

1 단계: $i = 1, 2, \ldots, n$에 대해서 $Unif(0,1)$에서 u_i를 샘플링한 뒤 저장한다.

2 단계: 각 u_i $(i = 1, 2, .., n)$에 대해서

$$F^{-1}(u_i) = \Phi^{-1}\left(\Phi(a) + u_i \times [\Phi(b) - \Phi(a)]\right)$$

를 계산한 뒤 저장한다.

연습문제 **3.1**

PIT 기법을 활용하여 $\text{TruncatedNormal}_{[-\infty,0]}(0,1)$ 과 $\text{TruncatedNormal}_{[0,\infty]}(0,1)$ 을 샘플링한 다음, 히스토그램을 그리시오.

연습문제 **3.2**

서포트(support)가 $[0, 2]$ 이고 확률밀도가 $f(x) = x/2$ 인 확률변수 X 가 있다.

1. PIT 기법을 이용해서 X 의 기댓값 $\mathbb{E}(X)$ 을 계산하시오.

2. PIT 기법을 통해 수치적으로 얻어진 X 의 기댓값과 해석적으로 계산된 X 의 기댓값

$$\int_0^2 xf(x)dx$$

을 비교하시오.

연습문제 **3.3**

확률밀도가 $f(x) = \exp(-x)$, $x > 0$ 인 지수(exponetial) 분포를 PIT 기법으로 샘플링하고 히스토그램을 그리시오.

연습문제 **3.4**

확률밀도가 $f(x) = 0.5 \times \exp(-|x|)$ 인 라플라스(Laplace) 분포를 PIT 기법으로 샘플링하고 히스토그램을 그리시오.

3.3   Acceptance-Rejection Method

이번 절에서 설명하고자 하는 샘플링 기법은 Acceptance-Rejection 샘플링 기법(이후 A-R 기법)이다. A-R 기법은 우리가 샘플링하고자 하는 확률변수 X 의 밀도함수 $f(x)$ 의 커넬을 알고 있으면 적용가능한 샘플링 기법이다. 이때 샘플링 대상인 확률변수 X 의 분포를 타깃 분포(target distribution)라고 한다. 베이지안 추정을 위한 샘플링에서 타깃 분포는 곧 사후 분포를 의미한다.

3.3.1 시뮬레이션 방법

먼저 기술적으로 **A-R** 기법의 시뮬레이션 방법을 설명하고 나서, 이론적 근거를 제시하고자 한다. 다시 한 번 강조컨대, 우리의 목표는 우도함수와 사전 밀도함수의 곱으로 주어진 타깃 밀도함수($f(x)$)의 커널만 알고 있을 때, 타깃 분포(즉, 사후 분포)를 샘플링하는 것이다. 이때, 모든 x에 대해서 다음의 조건을 만족하는 상수 c와 확률밀도함수 $g(x)$가 존재한다고 하자.

$$f(x) \leq cg(x) \tag{3.6}$$

위 식에서 $g(x)$는 샘플링이 가능한 임의의 분포의 밀도함수 또는 그것의 커널이다. 이 임의의 분포를 따로 후보 생성 분포(candidate-generating distribution 또는 proposal distribution)라고 한다. 즉, 후보 생성 분포로부터 샘플링할 수 있고, 모든 x에 대해 $cg(x)$가 $f(x)$보다 크거나 같도록 만들어 주는 상수 c를 찾을 수 있다는 조건이 만족이 되면 **A-R** 기법을 사용할 수 있다. 예를 들어 후보 생성 분포가 균일 분포, $Unif(0,1)$이고 확률변수 X의 서포트(support) 또한 0과 1 사이라면, 모든 x에 대해서 $g(x) = 1$이기 때문에 $f(x)$의 극대값으로 c를 설정하면 모든 x에 대해서 위 식이 만족된다.

위와 같은 조건을 만족하는 상수 c와 $g(x)$가 주어져 있거나 혹은 우리가 찾을 수 있다면 다음과 같이 **A-R** 알고리즘을 통해서 타깃 분포를 샘플링할 수 있다.

알고리즘 3.5: Acceptance-Rejection Method

1 단계 : $j = 1, 2, \ldots, n$에 대해 후보 생성 분포로부터 $x^{(j)}$를 샘플링한 뒤 저장한다.

2 단계 : $j = 1, 2, \ldots, n$에 대해 $u^{(j)} \sim Unif(0,1)$를 샘플링한 뒤 저장한다.

3 단계 : 각각의 j에 대해서 만약 $u^{(j)} < f(x^{(j)}) / [cg(x^{(j)})]$이 만족되면, $x^{(j)}$를 수용한 뒤 저장한다. 만족되지 않는 경우엔 $x^{(j)}$를 기각한다.

첫 번째 단계에서 후보 생성 분포로부터 하나의 샘플(프로포절, **proposal**, x)을 추출한 다음, 두 번째 단계에서는 독립적으로 $Unif(0,1)$로부터 u를 샘플링한다. 마지막 단계에서 만약 샘플링된 u가 $f(x) / [cg(x)]$보다 작으면 후보 생성 분포로부터 추출된 x를 타깃 분포로부터 샘플링된 것으로 간주하고 저장한다. 하지만, u가 $f(x) / [cg(x)]$보다 크면 x를 기각하고 버린다. 식 (3.6)이 의미하는 바와 같이, $f(x) / [cg(x)]$는 항상 1 보다 작거나 같기 때문에 후보 생성 분포에서 추출된 샘플들 중에서 $f(x) / [cg(x)]$의

확률로 일부는 X 의 분포로부터 추출된 것으로 취급되고 나머지는 제외되는 것이다.[3] 기본적으로 $f(x) / [cg(x)]$ 의 값이 클수록 높은 확률로 프로포절(x)이 수용(accept) 된다. 이때 $f(x) / [cg(x)]$ 를 따로 프로포절 x 의 수용률(acceptance rate)이라고 한다.

A-R 기법이 작용하는 원리를 먼저 직관적으로 이해해보자.

그림 3.1 (a)의 후보 생성 분포에서 a 가 샘플링되었다고 하자. 이 그림의 예에서 상수 c 는 2라고 계산되었다고 하자. a 는 타깃 분포와 후보 생성 분포에서 모두 생성 가능성이 높은 값이다. 하지만 빈도에 있어서 상대적으로 후보 생성 분포보다는 타깃 분포에서 생성될 가능성이 더 높다. 이 경우 수용률, $f(a) / [2 \times g(a)]$ 은 1에 가깝게 되고 따라서 수용될 확률이 높다.

반면 b 는 상대적으로 타깃 분포보다는 후보 생성 분포에서 생성 가능성이 높은 값이라서 a 에 비해서 수용률이 낮다. 따라서 빈도상으로 a 근처의 값들이 b 근처의 값들보다 더 자주 수용되어서 저장된다. 결과적으로 높은 $f(x)$ 의 값을 주는 포로포절은 빈번하게, 반대로 낮은 $f(x)$ 의 값을 갖는 프로포절은 드물게 저장된다.

여기서 독자가 반드시 주목해야 할 부분은 b 보다 a 의 수용률이 높은 이유는 $f(a)$ 은 $f(b)$ 에 비해서 아주 큰 반면, $g(a)$ 은 $g(b)$ 에 비해 크지 않기 때문이다. 즉, $f(x)$ 의 값이 클수록 수용률이 커지지만, 동시에 $g(x)$ 가 작아도 수용률은 커진다. 예를 들어,

$$f(x_1) = f(x_2) \text{ and } g(x_1) > g(x_2)$$

인 경우를 생각해보자. 이 경우에

$$\frac{f(x_1)}{cg(x_1)} < \frac{f(x_2)}{cg(x_2)}$$

이므로 x_2 의 수용률이 더 높다. 분모에 있는 $g(x_2)$ 가 크지 않다는 것은 그만큼 x_1 에 비해서 x_2 의 값이 후보 생성 분포에서 드물게 제시된다는 것이다. 따라서 x_1 에 비해서 상대적으로 x_2 를 소중한 기회로 간주할 필요가 있으므로 x_2 의 수용률이 x_1 의 수용률보다 높은 것이다.

우리의 목표는 타깃 분포를 최대한 정확하게 샘플링하는 것이다. 그래야만 평균이나 분산 등을 통해 타깃 분포를 정확하게 추론할 수 있기 때문이다. 타깃 분포가 얼마나 정확하게 샘플링되냐는 실질적으로 후보 생성 분포의 선택에 달려있다. 그래서 지금부터는 후보 생성 분포의 밀도함수인 $g(x)$ 의 선택과 관련된 문제에 대해 설명하고자 한다. 그림 3.1의 (b)와 (c)는 바람직하지 못한 후보 생성 분포의 예를 나타낸다. 먼저 그림 3.1 (b)에 주어진 타깃 밀도함수와 후보 생성밀도함수를 살펴보자. 타깃 분포의 꼬리가 후보 생성 분포의 꼬리보다 훨씬 더 두꺼운 것을 알 수 있다.

---

[3]참고로, u 가 균일분포를 따르므로 $\Pr[u < f(x) / [cg(x)] \,|x] = f(x) / [cg(x)]$ 이다.

그림 3.1: **Accept-Reject Method:** 후보 생성 분포의 선택과 효율성

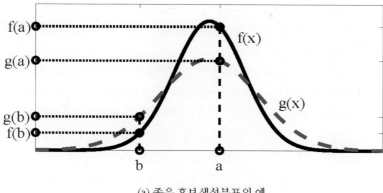

(a) 좋은 후보생성분포의 예

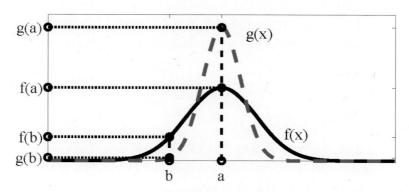

(b) 좋지 않은 후보생성분포의 예 1

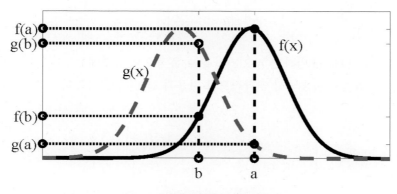

(c) 좋지 않은 후보생성분포의 예 2

이 경우에 a 주변의 값들은 쉽게 추출할 수 있겠지만, b 주변의 값들은 추출하기가 상대적으로 대단히 힘들다. 비록 $f(b)$가 $f(a)$보다 작기는 하지만 충분히 실현가능한 값에 해당한다. 하지만 후보 생성 분포로부터 b 주변의 값들이 거의 제시되지 않기 때문에 수용되서 저장되는 빈도가 너무 낮아지고, 결과적으로 타깃 분포가 정확하게 샘플링되지 않는다. 다시 말해, 수용된 프로포절들을 갖고 히스토그램을 그리면 $f(x)$와 상이한 형태를 띠게 된다.

다음으로 타깃 밀도함수 $f(x)$에 대해서 그림 3.1 (c)와 같은 $g(x)$를 설정했다고 하자. 이 경우 $g(x)$의 분포에서 제시되는 값들의 대부분이 낮은 $f(x)$ 값을 갖는 타깃 분포의 분포 좌측 꼬리구간에서 실현될 것이다. 따라서 수용률이 대단히 낮을 것이다. 반면, 후보 생성 분포의 오른쪽 꼬리에서 제시되는 프로포절들은 큰 $f(x)$ 값을 갖기 때문에 높은 확률로 수용될 것이다. 하지만 후보 생성 분포로부터 생성 자체가 빈번하지 않기 때문에 우리가 원하는 수 만큼의 샘플링을 하기 위해서는 많은 계산시간을 요구하게 된다.

결론적으로 바람직하지 못한 후보 생성 분포를 사용할 경우에도 A-R 기법을 통해 타깃 분포를 샘플링할 수는 있지만 비효율성의 문제가 발생한다. 반대로 우리가 적합한 후보 생성 분포를 선택하면 많은 계산시간을 들이지 않고도 타깃 분포를 정확하게 샘플링할 수 있다.

3.3.2 이론적 배경

A-R 기법하의 샘플링 과정에서 우리는 후보 생성 분포로부터 추출된 확률변수 x에 대해 만약 균일 분포로부터 샘플링한 u가 $\frac{f(x)}{cg(x)}$ 보다 작으면 그때의 x를 타깃 분포에서 샘플링한 것으로 간주한다고 하였다. 다시 말해, $u < \frac{f(x)}{cg(x)}$ 라는 조건을 만족하는 후보 생성 분포의 밀도가 타깃 분포의 밀도와 동일하다는 의미이다. 따라서

$$\Pr\left[x \middle| u < \frac{f(x)}{cg(x)}\right]$$

가 $f(x)$와 같다는 것을 증명하면 A-R 기법을 이론적으로 증명하는 것이 된다.

이는 베이즈 법칙을 이용해서 수학적으로 다음과 같이 증명 가능하다. 먼저, 베이즈 법칙에 의해서,

$$\Pr\left[x \middle| u < \frac{f(x)}{cg(x)}\right] = \frac{\Pr\left[x, u < \frac{f(x)}{cg(x)}\right]}{\Pr\left[u < \frac{f(x)}{cg(x)}\right]}$$

$$= \frac{\Pr(x)\Pr\left[u < \frac{f(x)}{cg(x)}\middle| x\right]}{\Pr\left[u < \frac{f(x)}{cg(x)}\right]} \tag{3.7}$$

이다. u가 균일 분포를 따르므로 $\Pr\left[u < f(x)/[cg(x)]|x\right] = f(x)/[cg(x)]$이다. 그리고 $\Pr(x) = g(x)$이므로 위 식 (3.7)의 분자는

$$g(x)\frac{f(x)}{cg(x)} = \frac{f(x)}{c}$$

이다. 반면 분모는 MoC에 의해서 아래와 같이 다시 표현될 수 있다.

$$\begin{aligned}\Pr\left(u < \frac{f(x)}{cg(x)}\right) &= \int \Pr\left(u < \frac{f(x)}{cg(x)}, x\right)dx \\ &= \int \Pr\left(u < \frac{f(x)}{cg(x)}|x\right)g(x)dx \\ &= \int \frac{f(x)}{cg(x)}g(x)dx = \int \frac{f(x)}{c}dx = \frac{1}{c}\end{aligned}$$

위 식에서 x가 주어지지 않았으므로 x가 확률변수임을 주의해야 한다. 결국,

$$\Pr\left[x|u < \frac{f(x)}{cg(x)}\right] = f(x)$$

가 증명된다.

3.3.3 예: 베타 분포 샘플링

A-R 알고리즘을 적용하여 Beta$(3,3)$ 분포에서 500개의 관측치를 샘플링하고 추출된 값들의 평균과 분산을 계산하여 실제 Beta$(3,3)$ 분포의 평균과 분산을 비교해보자. 먼저 타깃 분포 $f(x)$는 Beta$(3,3)$ 분포의 밀도함수이므로 다음과 같다.

$$f(x) = \frac{\Gamma(6)}{\Gamma(3)\Gamma(3)}x^2(1-x)^2$$

후보 생성 분포 $g(x)$는 베타 분포와 서포트가 동일한 균일 분포 $Unif(0,1)$로 설정한다. 이 경우 앞서 설명하였듯이 모든 x에 대해 $g(x) = 1$이므로 상수 c는 $f(x)$의 극대값으로 결정된다. 현재 베타 분포의 하이퍼-파라미터는 $\alpha = 3$, $\beta = 3$이므로 $x = 1/2$에서 극대화되고 따라서 $c = 1.8750$으로 할당한다.

타깃 분포 샘플링을 위해 먼저 후보 생성 분포인 $Unif(0,1)$으로부터 u_1을 샘플링하고 $f(u_1)$을 계산한다. 다음으로 다시 $Unif(0,1)$에서 u_2를 샘플링한 뒤 수용률 $f(u_1)/1.8750$보다 작으면 u_1을 타깃 분포에서 추출된 것으로 수용하고 크면 기각한다. 이 과정을 관측치가 1,000개가 될 때까지 반복한다. 일련의 과정을 요약하면 다음과 같다.

알고리즘 3.6: 베타 분포 샘플링

1 단계: $Unif(0, 1)$에서 u_1과 u_2를 추출한다.

2 단계: 만약 $u_2 < f(u_1)/1.8750$이 만족되면 $u_1 = x$로 간주하여 저장하고, 만족되지 않으면 기각한 뒤 1 단계로 돌아간다.

위의 알고리즘으로 추출된 1,000개의 값들로 평균과 분산을 계산하여 실제 Beta(3, 3) 분포의 평균, 분산값과 비교해보자. 먼저 Beta(α, β) 분포를 따르는 확률변수 X의 평균과 분산은 각각

$$\mathbb{E}(X) = \frac{\alpha}{\alpha + \beta} = 0.5,$$

$$Var(X) = \frac{\alpha\beta}{(\alpha + \beta)^2(\alpha + \beta + 1)} = 0.0357$$

이다. A-R 기법으로 추출된 표본의 평균과 분산은 각각 0.5003과 0.0355로 계산되었다. 이론값과 시뮬레이션 결과 간의 차이가 근소하므로 A-R 기법이 제대로 작동했다고 볼 수 있다. 이론값과 시뮬레이션 결과 간의 차이는 시뮬레이션 크기가 클수록 감소한다.

연습문제 3.5

균일 분포 대신 절단된 정규 분포 TruncatedNormal$_{[0,1]}$(0.5, 1)를 후보 생성 분포로 사용해서 Beta(3, 3) 분포 샘플링하기.

1. 식 (3.6)를 만족하는 상수 c를 구하시오. 단, 후보 생성 분포의 확률밀도함수 $g(x)$는 다음과 같이 주어진다.

$$g(x) = \left(\frac{1}{\Phi(-0.5) - \Phi(0.5)}\right)\left(\frac{1}{\sqrt{2\pi\sigma^2}}\right)\exp\left(-\frac{(x - 0.5)^2}{2\sigma^2}\right),\ 0 \le x \le 1.$$

여기서 $\Phi(\cdot)$는 표준 정규 분포의 누적밀도함수이다.

2. A-R기법을 적용하여 Beta(3, 3) 분포에서 1,000개의 샘플들을 추출한 뒤 평균과 분산을 계산하여 실제 평균 분산과 비교하시오.

연습문제 3.6

확률밀도가 $g(x) = 0.5 \times \exp(-|x|)$인 라플라스(Laplace) 분포를 후보 생성 분포로 사용해서 표준 정규 분포 샘플링하기.

1. 식 (3.6)를 만족하는 상수 c가

$$c = \sqrt{2e/\pi}$$

   임을 보이시오.

2. <연습문제 3.2.1> 의 결과로부터 얻은 라플라스 분포의 샘플과 A-R 기법을 활용하여 표준 정규 분포를 샘플링한 다음, 히스토그램을 그리시오. 그리고 A-R 기법으로 생성된 샘플들의 평균과 분산이 각각 0과 1에 비슷한 값을 갖는지 확인하시오.

3.4   Importance 샘플링

어떤 확률변수 X의 밀도함수, $f(x)$는 알고 있지만, 확률변수 X를 직접적으로 샘플링할 수 없을 때, X의 평균, 분산 등을 구하고 싶다면 이때 사용할 수 있는 방법이 Importance 샘플링이다.

우선 확률변수 X가 연속이고 밀도함수가 $f(x)$라면 X의 평균은 다음과 같이 정의된다.

$$\mathbb{E}_X[X] = \int x f(x) dx \tag{3.8}$$

식 (3.8)을 수식으로 계산되지 않는다면 Importance 샘플링을 통해 근사할 수 있다. 만약 확률변수 X를 직접 샘플링할 수 있다면 다음과 같이 X의 평균을 구할 수 있다.

$$\mathbb{E}_X[X] = \int x f(x) dx \approx \frac{1}{n} \sum_{i=1}^{n} x^{(i)} \tag{3.9}$$

여기서 n은 샘플링의 크기이고 $x^{(i)}$는 X의 확률분포로부터 랜덤 추출된 샘플들이다. 위 식 (3.9)와 같이 적분을 랜덤 샘플링 기법을 이용해서 근사하는 작업을 몬테 까를로 적분(Monte Carlo integration)이라고 하고, 몬테 까를로 적분을 통해 추정된 확률변수 혹은 확률변수의 함수의 기댓값을 몬테 까를로 추정치(Monte Carlo estimates)라고 한다.

3.4.1   시뮬레이션 방법

그러나 지금 다루고 있는 경우는 확률변수 X를 직접 샘플링할 수 없는 경우이다. Importance 샘플링의 아이디어는 샘플링이 가능한 새로운 확률분포를 도입하는 것으로 시작한다. 그러한 새로운 확률변수를 Z라고 하고 그 밀도함수를 $h(z)$라고 하자. 여기서 $h(z)$를 Importance 샘플링 함수라고 부른다. 그러면 X의 평균은 아래와 같은 간단한 알고리즘을 통해 추정할 수 있다.

알고리즘 3.7: Importance 샘플링

1 단계 : $i = 1, 2, \ldots, n$에 대해 Z의 분포에서 $z^{(i)}$를 샘플링한 뒤 저장한다.

2 단계 : 각 $z^{(i)}$에 대해서 $z^{(i)} \times f(z^{(i)})/h(z^{(i)})$를 계산한 뒤 저장한다.

3.4.2   이론적 배경

X의 평균은 Importance 샘플링 함수를 식 (3.8)에 있는 피적분함수(integrand)의 분자와 분모에 각각 곱함으로써 아래와 같이 다시 표현될 수 있다.

$$\mathbb{E}_X[X] = \int x f(x) dx = \int \left[x \frac{f(x)}{h(x)} \right] h(x) dx \tag{3.10}$$

$$= \int \left[z \frac{f(z)}{h(z)} \right] h(z) dz \tag{3.11}$$

위 식의 두 번째 줄을 유심히 살펴보면, $h(z)$ 또한 확률밀도함수이기 때문에 식 (3.11) 은 $h(z)$를 확률밀도함수로 갖는 새로운 확률 변수 $Z \times f(Z)/h(Z)$의 평균에 해당한다는 것을 알 수 있다. 따라서,

$$\mathbb{E}_X[X] = \int \left[z \frac{f(z)}{h(z)} \right] h(z) dz = \mathbb{E}_Z \left[Z \frac{f(Z)}{h(Z)} \right] \approx \frac{1}{n} \sum_{i=1}^{n} z^{(i)} \frac{f(z^{(i)})}{h(z^{(i)})} \tag{3.12}$$

여기서 주의 할 점은 식 (3.9)의 $x^{(i)}$는 X의 분포에서 추출된 것이며 식 (3.12)의 $z^{(i)}$ 는 Z의 분포에서 추출된 것이다.

　　Importance 샘플링 기법을 통해 X의 평균뿐만 아니라 X^2의 평균 등 X의 다양한 함수 형태의 기댓값을 구할 수 있다. 예를 들어, $\exp(X + \sqrt{|X|})$의 기댓값은

$$\mathbb{E}_X[\exp(X + \sqrt{|X|})] \approx \frac{1}{n} \sum_{i=1}^{n} \exp(z^{(i)} + \sqrt{|z^{(i)}|}) \frac{f(z^{(i)})}{h(z^{(i)})}$$

로 몬테 까를로 적분을 통해 근사할 수 있다.

기법의 작동원리를 좀 더 깊이 이해하기 위해서 $f(z^{(i)})/h(z^{(i)})$의 역할에 대해서 생각해보도록 하자. 식 (3.12)를 보면 X의 기댓값이 $z^{(i)}$의 가중 평균을 계산됨을 알 수 있다. 그때 $f(z^{(i)})/h(z^{(i)})$가 $z^{(i)}$에 부여된 가중치 역할을 한다. 우리가 원하는 것은 식 (3.9)와 같이 타깃 분포(즉, X의 분포)로부터 샘플링된 $x^{(i)}$들의 평균이다. 그러나 타깃 분포를 바로 샘플링하는 것이 불가능하기 때문에 샘플링이 가능한 $h(z)$로부터 추출된 $z^{(i)}$를 이용하여 Z의 임의의 함수인 $Z\frac{f(Z)}{h(Z)}$의 평균을 구하게 된다. $z^{(i)} \times f(z^{(i)})/h(z^{(i)})$에서 $f(z^{(i)})/h(z^{(i)})$는 Z의 분포로부터 추출된 $z^{(i)}$의 중요성을 나타낸다고 할 수 있다. $f(z^{(i)})/h(z^{(i)})$값이 작다는 것은 $f(z^{(i)})$값이 작거나 $h(z^{(i)})$값이 크다는 것을 의미한다. 이는 Z의 분포로부터 추출된 $z^{(i)}$는 상대적으로 타깃 분포에서 자주 추출되는 값이 아님을 의미한다. 따라서 상대적 중요성이 낮다고 볼 수 있다. 상대적으로 Z의 분포로부터는 자주 생성되지만 타깃 분포에서는 확률적으로 생성되기 쉽지 않은 값이기 때문에 낮은 가중치가 부여된다.

반대로 $f(z^{(i)})/h(z^{(i)})$값이 크다는 것은 $f(z^{(i)})$값이 크거나 $h(z^{(i)})$값이 작다는 것을 의미한다. 이는 Z의 분포로부터 추출된 $z^{(i)}$는 타깃 분포에서 잘 나오는 값임을 의미하며 상대적 중요성이 크다고 볼 수 있다. Z의 분포로부터 잘 추출되지 않지만 X의 분포에서는 잘 나오는 값이기 때문에 한번 나오게 되면 상대적으로 큰 가중치가 부여된다.

그렇다면 어떤 확률변수를 Z로 선택해야 될까? 이때 바람직한 Importance 샘플링 함수의 조건은 A-R 기법의 좋은 후보 생성확률분포가 갖춰야 할 조건과 같다. 기본적으로 Z의 분포의 서포트(support)는 X의 분포의 서포트를 포함해야 한다. 그리고 $f(x)$보다 꼬리가 조금 더 두꺼우면서 전반적으로 $f(x)$와 비슷한 형태의 확률밀도함수가 좋은 Importance 샘플링 함수라고 할 수 있다. 실제로 우리가 계산하는 것은 n개의 $z^{(i)} \times f(z^{(i)})/h(z^{(i)})$의 표본평균을 구하는 것이다. 선택된 $h(z)$의 꼬리가 $f(z)$의 꼬리보다 더 얇다면, $h(z)$의 꼬리 부분에서 추출된 $z^{(i)}$는 0에 가까운 $h(z^{(i)})$값을 가질 것이다. 그러면 $f(z^{(i)})/h(z^{(i)})$은 지나치게 커져서 특이값(outlier)이 될 가능성이 있다. 이 때문에 $z^{(i)} \times f(z^{(i)})/h(z^{(i)})$의 표본평균이 부정확해진다. $z^{(i)}$가 $h(z)$의 꼬리 부분에서 추출될 경우는 드물겠지만, 수천번의 반복 추출과정에서 서너 번만이라도 꼬리 부분에서 추출이 된다면 소수의 특이값이 몬테 까를로 추정치를 대단히 부정확하게 만들 수 있다.

반대로 $h(z)$의 꼬리가 $f(z)$에 비해 터무니 없이 두껍다면 $z^{(i)}$가 $h(z)$의 꼬리 부분에서 추출되는 경우는 빈번해짐과 동시에 $f(z^{(i)})/h(z^{(i)})$의 값을 매우 작게 만든다. 결과적으로 Importance 샘플링 함수를 제대로 선택하지 못하면 정확한 몬테 까를로 추정치를 얻기 위해서 시뮬레이션 크기(n)를 적절한 Importance 샘플링 함수를 선택했을 때에 비해서 훨씬 더 크게 설정해야 하므로 그만큼 긴 계산시간이 요구된다.

A-R 기법과 Importance 샘플링은 다변수일 때, 특히 타깃 분포의 차원이 클 때는

적용하기 힘든 기법이다. 타깃 분포의 차원이 크면, 즉 파라미터의 수가 많을 때, A-R 기법의 경우에는 상수 c를 구하기가 어렵다. 실제로 우리가 시뮬레이션할 계량모형의 사후 분포는 대부분의 경우 다차원이기 때문에 계량모형 추정에 지금까지 다뤄왔던 몬테 까를로 시뮬레이션 기법을 적용하는 데 한계가 있다. 이를 극복할 수 있는 방법 중 하나가 바로 마코프 체인 몬테 까를로(MCMC) 시뮬레이션 기법이다. 다양한 MCMC 기법 중에서도 베이지안 통계학에서 가장 널리 사용되는 방법은 Metropolis-Hastings 알고리즘이다. 다음 장에서는 앞서 설명된 몬테 까를로 기법에 대한 이해를 바탕으로 Metropolis-Hastings 알고리즘에 대해서 알아보고자 한다.

연습문제 3.7

어떤 확률변수의 커널만 알고 있을 때 Importance 샘플링을 이용해서 정규화 상수를 추정하는 방법을 설명하시오.

3.4.3 예: Importance 샘플링으로 $\mathbb{E}_X[g(X)]$ 근사하기

확률변수 X가 표준 정규 분포 Normal$(0,1)$을 따른다고 하자. $g(X) = 1/(1+X^2)$일 때 표준 정규 분포에서 샘플링이 불가능하다고 가정하고 기댓값 $\mathbb{E}_X[g(X)]$를 Importance 샘플링기법으로 근사하고자 한다. 우리가 근사하고자 하는 적분식은

$$\mathbb{E}_X[g(X)] = \int g(x)f(x)dx \tag{3.13}$$

이다. $f(x)$는 표준 정규 분포의 확률밀도함수이다. Importance 샘플링을 적용하기 위해선 먼저 Importance 샘플링 함수를 설정해야 한다. 이 예에서는 $f(x)$가 표준 정규 분포의 밀도함수이기 때문에 X의 서포트를 포함하면서 꼬리가 좀 더 두꺼운 스튜던트-t 분포가 적절한 Importance 샘플링 함수가 된다. 구체적으로 자유도가 5인 스튜던트-t 분포의 확률밀도함수를 Importance 샘플링 함수 $h(z)$로 설정한다.

Importance 샘플링 알고리즘에 따라 $\mathbb{E}_X[g(X)]$는 다음과 같이 근사 가능하다.

$$\mathbb{E}_X[1/(1+X^2)] \approx \frac{1}{n}\sum_{i=1}^{n}[1/(1+z^{(i)^2})]\frac{f(z^{(i)})}{h(z^{(i)})}$$

샘플링 크기 $n = 10,000$일 때, 알고리즘에 따라 첫 번째 단계에서 자유도가 5인 스튜던트 t-분포에서 10,000개, $\{z^{(i)}\}_{i=1}^{10,000}$를 샘플링한다. 두 번째 단계에서 모든 $i = 1, 2, \ldots, n$에 대해서 $[1/(1+z^{(i)^2})]f(z^{(i)})/h(z^{(i)})$를 계산하고 저장한다. 저장이 완료되면 간단하게 표본평균을 계산함으로써 $\mathbb{E}_X[g(X)]$에 대한 근사가 완료된다. 이 경우 Importance 샘플링으로 근사된 $\mathbb{E}_X[1/(1+X^2)]$의 값은 0.6575이며 식 (3.13)을

수치적으로 계산한 적분값은 0.6557이다. 또한, 표준 정규 분포에서 샘플링해서 식 (3.9)의 방법으로 근사한 값은 0.6565이다.

제 **4** 장

Metropolis-Hastings 알고리즘

우리의 관심은 추론하고자 하는 모형 파라미터들을 사후 분포로부터 샘플링하는 것이다. 사전 분포가 켤레라면 사후 분포가 표준적이거나 완전 조건부 분포가 표준적이다. 만약 사후 분포가 표준적이라면 더 이상 시뮬레이션에 의존하여 파라미터를 샘플링할 필요는 없다. 사후 분포는 표준적이 아니더라도 완전 조건부 분포가 표준적이라면 깁스 샘플링을 적용하여 사후 분포를 샘플링할 수 있다. 하지만 사전 분포가 켤레가 아니라면 파라미터를 깁스 샘플링할 수 없다. 이런 경우에는 MCMC 시뮬레이션 기법, 특히 Metropolis-Hastings (M-H) 알고리즘을 이용해서 사후 분포를 샘플링할 수 있다. 먼저 기술적으로 M-H 기법을 통해 샘플링하는 방법을 설명한 다음, M-H 알고리즘이 작동하는 원리에 대해서 기술하고자 한다.

4.1 Metropolis-Hastings 알고리즘의 소개

우리가 시뮬레이션의 대상으로 삼는 타깃 분포는 파라미터(θ)의 사후 분포이다. 사후 분포의 밀도함수는 $\pi(\theta|Y)$이지만 실제로 주어진 것은 우도함수와 사전 밀도함수의 곱인 사후 분포의 커널,

$$\pi(\theta|Y) = \frac{f(Y|\theta) \times \pi(\theta)}{f(Y)} \propto f(Y|\theta) \times \pi(\theta)$$

$$= L(\theta|Y) \times \pi(\theta)$$

$$= p(\theta|Y)$$

이다. 지금부터는 편의상 사후 분포의 커널을 $p(\theta|Y)$로 표기하기로 한다. 그리고 $\theta^{(j)}$는 j번째 반복시행에서 추출된 사후 샘플을 나타낸다.

한편 앞서 다뤘던 몬테 까를로 기법들은 반복 샘플링 과정이 독립적으로 이루어진다. 예를 들어 A-R 기법을 이용해서 타깃 분포로부터 1,000개의 샘플을 추출할 때, 120번째 반복시행에서 추출된 $x^{(120)}$은 119번째 반복시행에서 추출된 $x^{(119)}$에 전혀 의존하지 않는다. 즉, $x^{(120)}$는 $x^{(119)}$와 독립적으로 후보 생성 분포로부터 생성되었으며,

$x^{(120)}$의 수용률에도 $x^{(119)}$가 아무런 영향을 미치지 않았다. 반면, 지금부터 설명할 M-H 알고리즘에서는 120번째 샘플의 수용률이 119번째 반복시행에서 이미 추출된 샘플의 값에 의존한다. 이 점이 몬테 까를로 시뮬레이션과 MCMC 시뮬레이션의 가장 큰 차이점이다.

M-H 알고리즘의 j번째 반복시행에서 첫 번째 단계는 A-R 기법에서와 같이 후보 생성 분포로부터 $\theta^{(j)}$에 대한 프로포절을 생성해내는 것이다. 이때 생성된 프로포절을 $\theta^{\dagger}$이라고 표기하겠다. 이 과정에서 A-R 기법과 다른 점은 후보 생성 분포가 $\theta^{(j-1)}$에 의존할 수 있다는 것이다. 따라서 $\theta^{(j)}$의 후보 생성 분포는 $\theta^{(j-1)}$이 주어졌을 때의 조건부 분포이다. 또한 프로포절 생성 시점에 자료의 정보를 사용할 수도 있기 때문에 결과적으로 $\theta^{(j)}$의 후보 생성 분포는 $(\theta^{(j-1)}, Y)$의 조건부 분포이다. 따라서 $\theta^{\dagger}$의 후보 생성밀도는

$$q(\theta^{\dagger}|\theta^{(j-1)}, Y)$$

으로 표기된다.

알고리즘 4.1: Metropolis-Hastings 알고리즘

0 단계 : 초기값 $\theta^{(0)}$를 사전 평균으로 설정하고, $j = 1$로 둔다.

1 단계 : 프로포절 $\theta^{\dagger}$을 후보 생성 분포 $\theta|\theta^{(j-1)}, Y$로부터 샘플링한다.

2 단계 : M-H 비

$$\alpha(\theta^{(j-1)}, \theta^{\dagger}) = \min\left\{\frac{p(\theta^{\dagger}|Y)q(\theta^{(j-1)}|\theta^{\dagger}, Y)}{p(\theta^{(j-1)}|Y)q(\theta^{\dagger}|\theta^{(j-1)}, Y)}, 1\right\}$$

을 계산한다.

3 단계 : $Unif(0,1)$에서 u를 샘플링한다.

4 단계 : 만약 $u < \alpha(\theta^{\dagger}, \theta^{(j-1)})$이면

$$\theta^{(j)} = \theta^{\dagger}$$

반대로 $u \geq \alpha(\theta^{\dagger}, \theta^{(j-1)})$면

$$\theta^{(j)} = \theta^{(j-1)}$$

5 단계 : $j = j + 1$로 설정하고, $j \leq n$이면 1 단계로 돌아간다.

다음 단계는 아래와 같이 M-H 비(M-H rate)를 계산하는 것이다.

$$\alpha(\theta^{(j-1)}, \theta^{\dagger}) = \min\left\{ \frac{p(\theta^{\dagger}|Y)q(\theta^{(j-1)}|\theta^{\dagger}, Y)}{p(\theta^{(j-1)}|Y)q(\theta^{\dagger}|\theta^{(j-1)}, Y)}, 1 \right\} \tag{4.1}$$

그러고 나서 Unif(0,1)로부터 임의의 값(u)을 하나 추출한 다음, 그 값이 $\alpha(\theta^{\dagger}, \theta^{(j-1)})$ 보다 작으면 $\theta^{\dagger}$을 $\theta^{(j)}$로 저장한다. 만약 u가 $\alpha(\theta^{\dagger}, \theta^{(j-1)})$ 보다 크면 $\theta^{\dagger}$을 거절하고 $\theta^{(j-1)}$를 $\theta^{(j)}$로 한 번 더 저장한다. 다시 말해, M-H 비의 확률로 프로포절을 수용한다. 각 반복시행마다 위의 단계들이 반복되면 시뮬레이션 크기만큼의 사후 샘플이 저장된다. 알고리즘 4.1은 M-H 알고리즘을 단계별로 정리한 것이다(그림 4.1 참조).

그림 4.1: 파라미터의 마코프 체인 과정

반복시행 0: $\theta^{(0)}$ 초기화

반복시행 1: $\theta^{(1)} \sim \theta|\theta^{(0)}, Y$

반복시행 2: $\theta^{(2)} \sim \theta|\theta^{(1)}, Y$

반복시행 3: $\theta^{(3)} \sim \theta|\theta^{(2)}, Y$
$\vdots$

반복시행 n: $\theta^{(n)} \sim \theta|\theta^{(n-1)}, Y$

지금부터는 M-H 비를 결정하는

$$\frac{p(\theta^{\dagger}|Y)q(\theta^{(j-1)}|\theta^{\dagger}, Y)}{p(\theta^{(j-1)}|Y)q(\theta^{\dagger}|\theta^{(j-1)}, Y)}$$

는 어떻게 해석할 것인지 생각해보자.

우선 M-H 비가 크다는 것은 $p(\theta^{\dagger}|Y)/p(\theta^{(j-1)}|Y)$이 크거나 $q(\theta^{(j-1)}|\theta^{\dagger}, Y)/q(\theta^{\dagger}|\theta^{(j-1)}, Y)$이 크다는 것을 의미한다. $p(\theta^{\dagger}|Y)/p(\theta^{(j-1)}|Y)$가 크다는 것은 상대적으로 $\theta^{\dagger}$이 $\theta^{(j-1)}$보다 사후 분포 $\theta|Y$로부터 생성될 가능성이 높다는 것을 의미하므로 $\theta^{(j-1)}$보다는 $\theta^{\dagger}$이 $\theta^{(j)}$로 저장되는 것이 당연할 것이다. 만약 $p(\theta^{\dagger}|Y) = p(\theta^{(j-1)}|Y)$인 상태에서 $q(\theta^{(j-1)}|\theta^{\dagger}, Y)/q(\theta^{\dagger}|\theta^{(j-1)}, Y)$이 큰 값을 갖는다는 것은

$$q(\theta^{(j-1)}|\theta^{\dagger}, Y) > q(\theta^{\dagger}|\theta^{(j-1)}, Y)$$

을 의미한다. 이는 타깃 밀도 측면에서는 θ와 $\theta^{\dagger}$이 비슷한 중요성을 갖지만, $\theta^{(j-1)}$에 비해 $\theta^{\dagger}$이 상대적으로 후보 생성 분포로부터 드물게 생성된다는 것을 의미한다. 따라서 $\theta^{\dagger}$이 일단 제시되면 상대적으로 흔치 않은 샘플이므로 높은 확률로 수용하는 것이 바람직하다.

후보 생성 분포로부터 프로포절을 생성한 다음, 프로포절을 확률적으로 수용 또는 기각한다는 점에서 M-H 기법과 A-R 기법은 대단히 유사하다. 두 방법의 가장 큰 차이점은 A-R 방법은 각각 반복시행에서의 샘플링 과정이 독립적으로 시행되는 반면, M-H 방법은 j번째 반복시행의 샘플링이 직전 반복시행에서 추출된 샘플($\theta^{(j-1)}$)에 의존하여 시행된다는 것이다. 또한 이때 주의할 점은 j번째 반복시행의 샘플링은 $(j-2)$번째 또는 그 이전 반복시행에서 추출된 샘플에는 의존하지 않는다는 것이다. 이 때문에 M-H 기법이 Markov chain의 특성을 갖게 되고, MCMC 기법의 한 종류로 분류된다.

M-H 방법의 장점 중 하나는 A-R 기법과 같이 타깃 밀도함수의 정규화 상수를 몰라도 사용할 수 있다는 것이다. M-H 비를 계산할 때, $p(\theta^{\dagger}|Y)$ 대신에 사후 밀도함수 $\pi(\theta^{\dagger}|Y)$를 넣어서 계산해보자.

$$\frac{\pi(\theta^{\dagger}|Y)q(\theta^{(j-1)}|\theta^{\dagger},Y)}{\pi(\theta^{(j-1)}|Y)q(\theta^{\dagger}|\theta^{(j-1)},Y)}$$

$\pi(\theta|Y) = p(\theta|Y)/f(Y)$이고 사후 밀도함수의 정규화 상수의 역수 $f(Y)$는 분자와 분모에 공통으로 들어가기 때문에 약분되어 사라진다. 따라서 M-H 비 계산 시에는 타깃 밀도함수를 모르더라도 타깃 밀도함수의 커넬을 알면 타깃 밀도함수로부터 시뮬레이션을 할 수 있다.

A-R 기법에 대한 설명에서도 강조하였듯이, 후보 생성 분포 $q(\cdot)$의 선택이 M-H 알고리즘을 통한 샘플링의 효율성을 좌우한다. 바람직한 $q(\cdot)$의 선택에 대해서는 다음 장에서 자세히 다루고자 한다. 이 장에서는 적당한 $q(\cdot)$가 주어져 있다고 가정한다.

4.2 Metropolis-Hastings 알고리즘의 이해

4.2.1 마코프 체인 측면에서의 이해

$\alpha(\theta^{(j-1)}, \theta^{\dagger})$은 $\theta^{(j-1)}$이 주어져 있을 때 $\theta^{\dagger}$이 수용될 조건부 확률이다. 만약 $\theta^{\dagger}$이 거절되는 경우에는 $\theta^{(j-1)}$를 $\theta^{(j)}$로 다시 저장한다. 직관적으로, 후보 생성밀도가 비슷할 때, $p(\theta^{(j-1)}|Y)$가 $p(\theta^{\dagger}|Y)$보다 클 경우에는 M-H 비가 낮아지고 따라서 $\theta^{(j-1)}$가 연달아 저장될 가능성이 높아진다. 물론 M-H 비가 낮더라도 프로포절이 수용되어서 $\theta^{(j)}$로 저장될 수도 있다. 하지만 타깃 밀도가 낮은 $\theta^{(j)}$가 다음 $(j+1)$번째 반복시행에서

다시 저장될 확률은 낮을 것이다. 이런 과정을 통해서 상대적으로 높은 타깃 밀도를 갖는 값들이 연속해서 또는 더욱 빈번히 저장되고, 밀도가 낮은 값들은 낮은 빈도로 저장된다.

그런데, 여기서 우리가 샘플링해서 저장한 파라미터 $\theta^{(j)}$는 $\theta^{(j-1)}$이 주어졌을 때의 조건부 분포이다. 후보 생성 분포도 $\theta^{(j-1)}$에 의존할 뿐만 아니라, 수용확률도 $\theta^{(j-1)}$에 의존한다. 하지만 우리가 샘플링하고자 하는 분포는 사후 분포이다. 그리고 사후 분포 $\pi(\theta|Y)$는 $\theta^{(j-1)}$에 의존하지 않는다. 그렇다면 어떻게 해서 $\theta^{(j-1)}$에 의존해서 샘플링한 $\theta^{(j)}$를 $\theta^{(j-1)}$에 의존하지 않는 사후 분포에서 샘플링된 것으로 받아들일 수 있을까?

지금부터는 이에 대한 답을 직관적으로 설명하고자 한다. 아래와 같은 1차 자기상관 (이후 AR(1)) 과정을 고려해 보도록 하자.

$$z_t = 1 + 0.5 \times z_{t-1} + e_t, \ e_t \sim \text{Normal}(0,1)$$

이 자기상관과정의 조건부 분포는

$$z_t|z_{t-1} \sim \text{Normal}(1 + 0.5 \times z_{t-1}, 1) \tag{4.2}$$

이고 비조건부 분포(unconditional distribution)는

$$z_t \sim \text{Normal}\left(\frac{1}{1-0.5}, \frac{1}{1-(0.5)^2}\right)$$
$$\equiv \text{Normal}\left(2, \frac{4}{3}\right) \tag{4.3}$$

이다. 우리의 목표는 z_t를 식 (4.3)으로 표현되는 비조건부 분포에서 샘플링하는 것이다. 그런데, 우리는 식 (4.2)의 z_t의 조건부 분포만 샘플링할 줄 안다고 가정하자.

5000개의 샘플 $\{z_t\}_{t=1}^{5000}$를 조건부 분포로부터 시간의 순서에 따라 순차적으로 샘플링하면 그림 4.2와 같은 시계열을 그릴 수 있다. 이 5,000개의 값을 가지고 히스토그램을 그려보면 평균이 2인 분포가 되는 것을 확인할 수 있다. 즉, 조건부 분포에서 시계열을 추출한 다음, 추출된 값들의 추출된 시점을 무시하고 히스토그램을 그려보면 z_t의 비조건부 분포의 히스토그램과 같아진다. 따라서 비조건부 분포를 직접적으로 샘플링할 수 없다 하더라도, 조건부 분포로부터 샘플링할 수 있다면 비조건부 분포를 간접적으로 샘플링할 수 있다.

여기서 AR(1)과정의 z_t에 해당하는 것이 $\theta^{(j)}$, 비조건부 분포에 해당하는 것이 사후 분포, 조건부 분포에 해당하는 것이 M-H 샘플링 과정에서 주어진 $\theta^{(j-1)}$에 대한 $\theta^{(j)}$의 조건부 분포이다. M-H 기법에서 $\theta^{(j)}$가 $\theta^{(j-1)}$에만 의존하여 확률적으로 샘플링된다는

그림 4.2: $\mathbf{AR(1)}$ 시계열

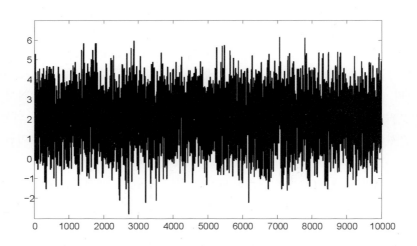

측면에서 $\theta^{(j)}$가 마코프 체인 과정을 따른다고 하며, 실제 위의 AR(1)과정도 마코프 체인 과정에 해당한다. y_t를 조건부 분포에서 순차적으로 샘플링하다 보면, 결과적으로 비조건부 분포에서 샘플링하는 것과 동일한 것처럼, M-H 기법에서 파라미터를 각각 반복시행에서 순차적으로 샘플링하게 되면 사후 분포에서 샘플링하는 것과 동일한 결과를 얻게 되는 것이다.

하지만 조건부 분포에서 순차적으로 샘플링한다고 해서 무조건적으로 비조건부 분포로부터 샘플링되는 것은 아니다. 무엇보다도 비조건부 분포가 존재해야 하며, 조건부 분포로부터의 샘플들이 비조건부 분포로 수렴해야 한다. 그러기 위해서는 어떤 조건이 필요하다. 예를 들어, 위의 AR(1)과정의 경우에는 시계열 과정이 안정적 (stationary)이어야 하듯이, M-H 샘플링은 가역성(reversibility)이라는 조건이 요구된다. 이는 다음 절에서 보다 자세히 설명된다.

4.2.2 Acceptance-Rejection 측면에서의 이해

이 장에서는 표기의 편의상 $p(\theta|Y)$와 $q(\theta|\theta^{(j-1)}, Y)$를 각각 Y를 생략하여 $p(\theta)$와 $q(\theta|\theta^{(j-1)})$로 표기하기로 한다.

$q(\theta^{(j)}|\theta^{(j-1)})$은 $j-1$ 시점에 $\theta = \theta^{(j-1)}$이었을 때, j 시점에 $\theta = \theta^{(j)}$로 전환될 확률이다. 이때, θ에 대한 마코프 체인이 기약적(irreducible)이고 가역적(reversible) 이면 마코프 체인에 따라 생성된 샘플들을 θ의 비조건부 분포 (즉, 사후 분포) $p(\theta)$ 로부터 추출된 샘플로 간주할 수 있다. 이 두 조건 중 기약적이라는 조건은 후보 생성 분포가 연속이고 후보 생성 분포의 서포트(support)가 타깃 분포의 서포트를 포함하 기만 하면 만족이 된다. 다음으로 마코프 체인이 가역적이기 위해서는 모든 $\theta^{(j)}$와

$\theta^{(j-1)}$에 대해서

$$p(\theta^{(j-1)})q(\theta^{(j)}|\theta^{(j-1)}) = p(\theta^{(j)})q(\theta^{(j-1)}|\theta^{(j)}) \tag{4.4}$$

을 만족해야 한다.

지금부터 이 가역성 조건의 의미를 살펴보도록 하자. 식 (4.4)의 좌변은 현재 $\theta^{(j-1)}$ 일 확률 ($p(\theta^{(j-1)})$)에 $\theta^{(j-1)}$에서 $\theta^{(j)}$으로 갈 확률($q(\theta^{(j)}|\theta^{(j-1)})$)을 곱한 것이다. 즉 $\theta^{(j-1)}$에서 $\theta^{(j)}$으로 이동하려면 일단 $\theta^{(j-1)}$이 $p(\theta^{(j-1)})$의 확률로 발생하고, 발생된 $\theta^{(j-1)}$로부터 $\theta^{(j)}$로 $q(\theta^{(j)}|\theta^{(j-1)})$의 확률로 이동해야 한다. 좌변은 마코프 체인에 의한 θ의 샘플링 과정에서 $\theta^{(j-1)}$에서 $\theta^{(j)}$로 이동하는 빈도를 의미한다. 우변은 좌변과 반대로 현재 $\theta^{(j)}$일 확률 ($p(\theta^{(j)})$)에 $\theta^{(j)}$에서 $\theta^{(j-1)}$으로 갈 확률($q(\theta^{(j-1)}|\theta^{(j)})$)을 곱한 것이다. 따라서 마코프 체인 과정에서 $\theta^{(j)}$에서 $\theta^{(j-1)}$로 이동하는 빈도를 의미한다. 이 조건은 모든 $(\theta^{(j-1)}, \theta^{(j)})$의 조합에 대해서 $\theta^{(j-1)}$에서 $\theta^{(j)}$으로 전환되는 빈도와 $\theta^{(j)}$에서 $\theta^{(j-1)}$로 전환되는 빈도가 같다는 것을 의미한다.

예를 들어, $\theta \in \{1, 2, .., 5\}$의 분포가 이산적이고 $\theta^{(j-1)} = 3$, $\theta^{(j)} = 5$라고 하자. 그때, 가역적인 마코프 체인에 따라 무한개의 θ를 샘플링했다고 하자. 그러면 3에서 5로 전환되는 빈도와 5에서 3으로 전환되는 빈도가 동일하다는 것이다. 즉, $(\theta^{(j-1)} = 3, \theta^{(j)} = 5)$의 빈도와 $(\theta^{(j-1)} = 5, \theta^{(j)} = 3)$의 빈도가 같다는 것이다.

그러나 M-H 샘플링을 위해 우리가 임의로 선택하는 후보 생성밀도함수 $q(\cdot)$는 일반적으로 마코프 체인의 가역성을 만족시키지 못한다.

$$p(\theta^{(j-1)})q(\theta^{(j)}|\theta^{(j-1)}) \neq p(\theta^{(j)})q(\theta^{(j-1)}|\theta^{(j)})$$

따라서 가역성을 만족시키지 못하는 후보 생성밀도를 전환확률로 사용하면 마코프 체인에 의한 파라미터 샘플은 사후 분포로 수렴하지 않는다. 그러나 Chib and Greenberg(1995)는 임의의 후보 생성밀도 $q(\cdot)$를 선택하더라도 M-H 기법하에서는 $q(\cdot)$가 자동적으로 변형되어 θ에 대한 마코프 체인이 가역성 조건을 만족할 수 있도록 해준다는 사실을 발견하였다. 후보 생성밀도가 가역성을 만족하는 전환확률로 변형시켜주는 역할을 $\alpha(\theta^{\dagger}, \theta^{(j-1)})$가 담당한다. 지금부터는 어떻게 해서 $\alpha(\theta^{\dagger}, \theta^{(j-1)})$가 그 역할을 수행하는 지를 설명하고자 한다.

다시 한 번 강조컨대, $q(\cdot)$는 우리가 임의로 선택한 후보 생성 확률밀도함수이기 때문에 마코프 체인의 가역성을 만족시키는 전환확률은 아니다. 가역성을 만족시키기 위해서는 $\theta^{(j-1)}$과 $\theta^{(j)}$의 조합에 대해서 식 (4.4)을 만족시켜야 하는데 일반적으로 이를 만족하는 후보 생성 분포를 찾는 것은 거의 불가능하다. 여기서 식 (4.4)이 성립

하지 않는다면 분명

$$p(\theta^{(j-1)})q(\theta^{(j)}|\theta^{(j-1)}) > p(\theta^{(j)})q(\theta^{(j-1)}|\theta^{(j)})$$

아니면

$$p(\theta^{(j-1)})q(\theta^{(j)}|\theta^{(j-1)}) < p(\theta^{(j)})q(\theta^{(j-1)}|\theta^{(j)})$$

이다.

$p(\theta^{(j-1)})q(\theta^{(j)}|\theta^{(j-1)}) > p(\theta^{(j)})q(\theta^{(j-1)}|\theta^{(j)})$인 경우:

우선 $p(\theta^{(j-1)})q(\theta^{(j)}|\theta^{(j-1)}) > p(\theta^{(j)})q(\theta^{(j-1)}|\theta^{(j)})$인 경우를 살펴보자. 부등호를 등호로 바꾸기 위해서 임의의 값 $\alpha(\theta^{(j-1)},\theta^{(j)})$과 $\alpha(\theta^{(j)},\theta^{(j-1)})$을 좌변과 우변에 각각 곱할 수 있다.

$$p(\theta^{(j-1)})q(\theta^{(j)}|\theta^{(j-1)})\alpha(\theta^{(j-1)},\theta^{(j)}) = p(\theta^{(j)})q(\theta^{(j-1)}|\theta^{(j)}))\alpha(\theta^{(j)},\theta^{(j-1)}) \quad (4.5)$$

당연히 애초에 좌변이 더 컸으므로 $\alpha(\theta^{(j-1)},\theta^{(j)}) < \alpha(\theta^{(j)},\theta^{(j-1)})$가 되어야 위 식의 등호가 성립한다.

이 상황에서 우리가 직면한 문제는 가역성을 만족시켜주는 $q(\cdot)$를 찾는 것이 아니라, 우리가 임의로 선택한 $q(\cdot)$가 주어진 상태에서 식 (4.5)를 만족시키는 $\alpha(\cdot)$를 찾는 것으로 바뀌게 된다. $\alpha(\cdot)$의 식별을 위해서 우변에 곱해진 $\alpha(\theta^{(j)},\theta^{(j-1)})$를 1로 둘 수 있다. $\alpha(\theta^{(j)},\theta^{(j-1)}) = 1$이므로 자동적으로 좌변에 곱해진 $\alpha(\theta^{(j-1)},\theta^{(j)})$은 다음과 같이 식별된다.

$$\alpha(\theta^{(j-1)},\theta^{(j)}) = \frac{p(\theta^{(j)})q(\theta^{(j-1)}|\theta^{(j)}))}{p(\theta^{(j-1)})q(\theta^{(j)}|\theta^{(j-1)})} < 1 \text{ and } \alpha(\theta^{(j)},\theta^{(j-1)}) = 1 \quad (4.6)$$

$p(\theta^{(j-1)})q(\theta^{(j)}|\theta^{(j-1)}) < p(\theta^{(j)})q(\theta^{(j-1)}|\theta^{(j)})$인 경우:

다음으로 $p(\theta^{(j-1)})q(\theta^{(j)}|\theta^{(j-1)}) < p(\theta^{(j)})q(\theta^{(j-1)}|\theta^{(j)})$인 경우를 살펴보자. 이 경우 식 (4.5)을 만족시키기 위해서는 $\alpha(\theta^{(j-1)},\theta^{(j)}) > \alpha(\theta^{(j)},\theta^{(j-1)})$이어야 한다. 따라서 $\alpha(\theta^{(j)},\theta^{(j-1)})$ 대신 $\alpha(\theta^{(j-1)},\theta^{(j)})$을 1로 고정시켜야 한다. 그러면 자동적으로 우변에 곱해진 $\alpha(\theta^{(j)},\theta^{(j-1)})$이 1보다 작은 값으로 식별된다.

$$p(\theta^{(j-1)})q(\theta^{(j)}|\theta^{(j-1)}) = p(\theta^{(j)})q(\theta^{(j-1)}|\theta^{(j)}))\alpha(\theta^{(j)},\theta^{(j-1)}) \quad (4.7)$$

$$\alpha(\theta^{(j-1)},\theta^{(j)}) = 1 \text{ and } \alpha(\theta^{(j)},\theta^{(j-1)}) = \frac{p(\theta^{(j-1)})q(\theta^{(j)}|\theta^{(j-1)})}{p(\theta^{(j)})q(\theta^{(j-1)}|\theta^{(j)}))} < 1 \quad (4.8)$$

위 두 경우를 종합해서 간단히 정리하자면, 식 (4.4) 가 만족되지 않을 때, 등호가 성립할 수 있도록 양변에 $\alpha(\theta^{(j-1)}, \theta^{(j)})$ 와 $\alpha(\theta^{(j)}, \theta^{(j-1)})$ 를 곱해줄 수 있다. 이때 등호를 성립하게 해주는 $\alpha(\theta^{(j-1)}, \theta^{(j)})$ 는 식 (4.4)의 좌변이 우변보다 클 때와 반대로 우변이 좌변보다 클 때에 다른 값을 가지는데, $\alpha(\theta^{(j-1)}, \theta^{(j)})$ 의 값을 일반적으로 표현하면

$$\alpha(\theta^{(j-1)}, \theta^{(j)}) = \min \left\{ \frac{p(\theta^{(j)})q(\theta^{(j-1)}|\theta^{(j)})}{p(\theta^{(j-1)})q(\theta^{(j)}|\theta^{(j-1)})}, 1 \right\}$$

가 되는 것이다. 결과적으로 우리가 임의로 선택한 후보 생성밀도 $q(\theta^{(j)}|\theta^{(j-1)})$ 이 가역성을 만족하지 않더라도 $q(\theta^{(j)}|\theta^{(j-1)})\alpha(\theta^{(j-1)}, \theta^{(j)})$ 는 우리가 선택한 $q(\theta^{(j)}|\theta^{(j-1)})$ 에 관계없이 마코프 체인의 가역성을 만족시켜주는 전환확률이 된다.

그렇다면 $q(\theta^{(j)}|\theta^{(j-1)})\alpha(\theta^{(j-1)}, \theta^{(j)})$ 를 어떻게 해석할 것인가? $\theta^{(j-1)}$ 이 주어진 상태에서 임의로 선택된 후보 생성 분포로부터 프로포절을 생성한다. 이 프로포절을 무조건 $\theta^{(j)}$ 로 받아들이는 것이 아니라, $\alpha(\theta^{(j-1)}, \theta^{(j)})$ 의 확률로 받아들인다는 것이다. 따라서 $q(\theta^{(j)}|\theta^{(j-1)})$ 와 $\alpha(\theta^{(j-1)}, \theta^{(j)})$ 의 곱이 바로 $\theta^{(j-1)}$ 에서 $\theta^{(j)}$ 로 전환될 확률이 된다.

4.3 임의보행 Metropolis-Hastings 알고리즘

구체적인 후보 생성 분포의 예를 들어 M-H 샘플링 기법에 대해서 설명하고자 한다. 이 절에서 우리가 다룰 M-H 샘플링 기법은 임의보행(random-walk) M-H 샘플링 기법이다. 이 기법은 모형이 단순하고 파라미터의 수가 많지 않은 경우에 널리 사용되는 샘플링 기법이다. 임의보행 M-H 샘플링이라는 이름은 이 기법에서 사용되는 후보 생성 분포가 아래와 같은 임의보행 확률과정을 따르기 때문에 붙여진 것이다.

$$\theta^{\dagger}|\theta^{(j-1)}, Y \equiv \theta^{\dagger}|\theta^{(j-1)} \sim \text{Normal}(\theta^{(j-1)}, V) \tag{4.9}$$

j 번째 반복시행에서 $\theta^{\dagger}$ 은 $\theta^{(j)}$ 에 대한 프로포절이며 평균이 $(j-1)$ 번째 반복시행에서 저장된 $\theta^{(j-1)}$ 이고, 분산-공분산 행렬이 V 인 정규 분포에서 생성된다. 분산 V 는 임의보행의 보행폭을 결정한다. 일단 $\theta^{\dagger}$ 이 생성되는 아래의 M-H 비를 계산한 다음, M-H 비의 확률로 프로포절이 수용된다. 기각시에는 $\theta^{(j-1)}$ 가 $\theta^{(j)}$ 로 다시 저장된다.

$$\alpha(\theta^{(j-1)}, \theta^{\dagger}) = \min \left\{ \frac{p(\theta^{\dagger}|Y)q(\theta^{(j-1)}|\theta^{\dagger}, Y)}{p(\theta^{(j-1)}|Y)q(\theta^{\dagger}|\theta^{(j-1)}, Y)}, 1 \right\}$$

이 임의보행 M-H 기법의 특징은

$$q(\theta^{(j-1)}|\theta^{\dagger}, Y) = q(\theta^{\dagger}|\theta^{(j-1)}, Y)$$

이기 때문에 M-H 비가 $p(\theta^\dagger|Y)/p(\theta^{(j-1)}|Y)$에 의해서 결정된다는 것이다. 즉, M-H 비는

$$\alpha(\theta^{(j-1)}, \theta^\dagger) = \min\left\{\frac{p(\theta^\dagger|Y)}{p(\theta^{(j-1)}|Y)}, 1\right\}$$

로 계산된다. 이를 확인하기 위해 우선 식 (4.9)로부터 $q(\theta^\dagger|\theta^{(j-1)}, Y)$는 쉽게 계산된다.

$$q(\theta^\dagger|\theta^{(j-1)}, Y) = \text{Normal}(\theta^\dagger|\theta^{(j-1)}, V) \tag{4.10}$$
$$= \frac{1}{\sqrt{2\pi V}} \exp\left[-\frac{1}{2V}\left(\theta^\dagger - \theta^{(j-1)}\right)^2\right]$$

다음으로, 식 (4.9)이

$$\theta^\dagger = \theta^{(j-1)} + \text{Normal}(0, V)$$

을 의미하므로 정규 분포의 대칭성에 의해

$$\theta^{(j-1)} = \theta^\dagger - \text{Normal}(0, V)$$
$$= \theta^\dagger + \text{Normal}(0, V)$$

로 다시 표현될 수 있다. 따라서 $\theta^\dagger$이 주어졌을 때 $\theta^{(j-1)}$의 조건부 분포는 아래와 같다.

$$\theta^{(j-1)}|\theta^\dagger \sim \text{Normal}(\theta^\dagger, V)$$

따라서 $q(\theta^{(j-1)}|\theta^\dagger, Y)$도 조건부 정규 분포의 밀도함수로 계산된다.

$$q(\theta^{(j-1)}|\theta^\dagger, Y) = \text{Normal}(\theta^{(j-1)}|\theta^\dagger, V) \tag{4.11}$$
$$= \frac{1}{\sqrt{2\pi V}} \exp\left[-\frac{1}{2V}\left(\theta^{(j-1)} - \theta^\dagger\right)^2\right]$$

결과적으로, 식 (4.10)과 (4.11)에 의해 $q(\theta^{(j-1)}|\theta^\dagger, Y) = q(\theta^\dagger|\theta^{(j-1)}, Y)$이 성립함을 알 수 있다.

이 임의보행 M-H 샘플링 기법의 효율성은 전적으로 임의보행 후보 생성 분포의 분산의 크기(V)에 의존한다. 특히, 임의보행 분산이 지나치게 작거나 클 경우에는 효율성이 저하된다. 지금부터는 그 이유를 살펴보고 적절한 임의보행 분산의 크기를 선택하는 과정에 대해서 설명하고자 한다.

그림 4.3: 임의보행 분산과 임의보행 **M-H** 샘플링의 효율성

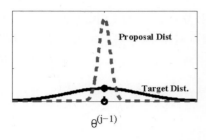 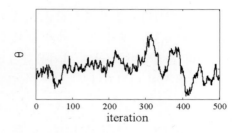

(a) 임의보행 분산이 지나치게 작은 경우

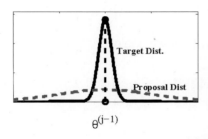 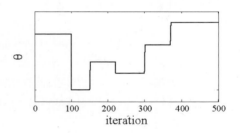

(b) 임의보행 분산이 지나치게 큰 경우

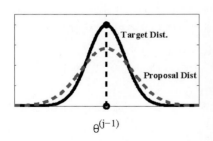 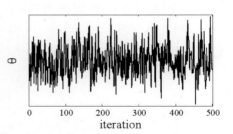

(c) 임의보행 분산이 적당한 경우

4.3.1   임의보행 분산이 지나치게 작은 경우

V_θ가 너무 작으면 프로포절($\theta^\dagger$)되는 값과 기존 값($\theta^{(j-1)}$)의 차이가 크지 않기 때문에 비슷한 크기의 타깃 밀도값을 갖는다.

$$p(\theta^\dagger|Y) \approx p(\theta^{(j-1)}|Y) \text{ and } \alpha(\theta^\dagger, \theta^{(j-1)}) \approx 1$$

따라서 $\alpha(\theta^\dagger, \theta^{(j-1)})$이 1에 가까운 값을 갖게 되서, 수용률이 90% 이상으로 높아진다. 이런 경우, 그림 4.3 (a)에서 보는 바와 같이 임의보행의 폭이 좁아지기 때문에 저장되는 θ 값들의 움직임이 느리고 자기상관이 커지게 된다. 높은 자기상관으로 인해 샘플링의 비효율성이 야기된다.

4.3.2   임의보행 분산이 지나치게 큰 경우

반대로 그림 4.3 (b)에서와 같이 임의보행의 폭이 너무 크면 타깃 밀도가 낮은 프로포절들이 제시될 가능성이 높다.

$$p(\theta^\dagger|Y) << p(\theta^{(j-1)}|Y) \text{ and } \alpha(\theta^\dagger, \theta^{(j-1)}) \approx 0$$

이런 값들은 웬만해서는 수용이 되지 않으므로 기존의 샘플이 지속적으로 저장된다. 이런 경우에도 마코프 체인의 자기상관이 커지게 된다.

4.3.3   임의보행 분산이 적절한 경우

우선 적절한 임의보행 분산을 얻기 위해서는 사후 밀도의 로그 커넬($\log p(\theta|Y)$)를 θ에 대해서 극대화한 후에, 그 극대값에서 음의 헤시안(hessian)의 역행렬을 사용하는 것이 가장 일반적이다.

$$\hat{\theta} = \arg\max_\theta \log p(\theta|Y)$$

$$V = \left(-\frac{\partial^2 \log p(\hat{\theta}|Y)}{\partial\theta\partial\theta'} \right)^{-1}$$

우도함수 대신 $p(\theta|Y)$를 극대화한다는 것만 제외하면 최우추정법에서의 분산-공분산 행렬을 계산하는 것과 정확히 일치한다. 이 방법이 적절한 이유는 후보 생성 분포의 분산이 타깃 분포의 분산을 2차 근사(second-order approximation)하기 때문이다. 따라서 타깃 분포와 비슷한 형태의 분포를 후보 생성 분포로 사용하므로 앞서 제기했던 V가 너무 크거나 작아서 발생하는 문제가 해결된다. 결국 그림 4.3 (c)처럼 상대적으로

그림 4.4: 다봉(**multi-modal**)인 사후 밀도와 임의보행 **M-H** 샘플링의 효율성

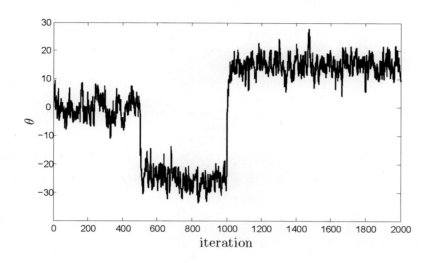

자기상관이 낮은 마코프 체인으로부터 θ를 샘플링할 수 있다. 그리고 $\hat{\theta}$은 임의보행 **M-H** 샘플링의 초기값 $\theta^{(0)}$로 사용된다.

비록 임의보행 **M-H** 기법이 적용하기가 어렵지 않아 널리 사용되고는 있으나 어디까지나 파라미터의 차원이 낮은 간단한 모형에서 선호되는 기법이다. 파라미터의 수가 많거나 모형이 파라미터에 대해서 심각한 비선형인 경우에는 효율성이 크게 저하되는 경향이 있다. 왜냐하면 모형이 복잡할수록 로그 사후 밀도함수가 다봉(**multi-modal**)일 가능성이 높은데, 임의보행 **M-H**기법은 그 중 하나의 봉우리 주위 파라미터만 생성하는 경우가 많고 다른 봉우리로의 전환이 드물게 이루어지기 때문이다. 이런 경우에 임의보행 **M-H** 기법에서 추출된 파라미터를 그려보면 그림 4.4과 같이 높은 자기상관이 나타난다.

4.4 다블록 **Metropolis-Hastings** 알고리즘

지금까지의 기본적인 **M-H** 기법은 모든 파라미터를 θ라는 하나의 벡터로 정의하고 사후 샘플링을 진행하였다. 계량모형의 파라미터 수가 많고 비선형일 경우에는 기본적인 **M-H** 기법을 통한 샘플링의 효율성이 저하되는 경향이 있다. 이를 극복하기 위해 자주 도입되는 기법이 다블록(Multiple-block) **M-H** 알고리즘이다. 이 샘플링 기법의 기본 아이디어는 파라미터의 벡터인 θ를 한 번에 추출하는 것이 아니라, 여러 개의 그룹으로 나누어 순차적으로 추출하는 것이다. 우선 이 기법의 구체적인 사용방법에 대해서 먼저 설명한 다음, 이 기법이 어떤 경우에 그리고 어떻게 샘플링의 효율성을

증대시키는지에 대해서 설명하도록 하겠다. 그런 다음, 블럭의 설정 방법에 대해서 논의한다.

4.4.1 다블록 M-H 기법의 소개

우선 설명의 단순화를 위해서 파라미터의 벡터 θ를 두 개의 블록(block)으로 나누도록 한다.

$$\theta = (\theta_1, \theta_2)$$

이때 θ_1과 θ_2에 속한 파라미터의 수가 같을 필요는 없다. $(j-1)$ 번째 반복시행에서 샘플링된 $\theta^{(j-1)}$과 j 번째 반복시행에서 추출된 프로포절 $\theta^\dagger$도 두 개의 블록으로 나누어진다. j 번째 반복시행의 첫 번째 단계는 $\theta^{(j-1)}$가 주어졌을 때, $\theta_1^{(j)}$을 샘플링하는 것이다. 그런 다음, $(\theta_1^{(j)}, \theta_2^{(j-1)})$가 주어지면 $\theta_2^{(j)}$를 샘플링하는 것으로 마무리된다.

첫 번째 단계에서 $\theta_1^{(j)}$를 샘플링하기 위해서는 θ_1의 완전 조건부 분포를 도출해야 한다.

$$\pi(\theta_1|\theta_2, Y) = \frac{f(Y, \theta_1, \theta_2)}{f(\theta_2, Y)} = \frac{f(Y|\theta) \times \pi(\theta)}{f(\theta_2, Y)}$$

$\pi(\theta_1|\theta_2, Y)$는 θ_1의 함수이며 (θ_2, Y)는 상수로 취급되므로,

$$\pi(\theta_1|\theta_2, Y) \propto f(Y|\theta) \times \pi(\theta)$$

만약에 사전적으로 θ_1과 θ_2이 독립이라면 $\pi(\theta) = \pi(\theta_1) \times \pi(\theta_2)$이므로 θ_1의 완전 조건부 밀도는 우도함수와 θ_1의 사전 밀도의 곱에 비례하며 이를 $p(\theta_1|\theta_2, Y)$로 표기하기로 한다.

$$\pi(\theta_1|\theta_2, Y) \propto f(Y|\theta) \times \pi(\theta_1)$$
$$= L(\theta|Y) \times \pi(\theta_1) = p(\theta_1|\theta_2, Y)$$

마찬가지로 θ_2의 완전 조건부 밀도 $\pi(\theta_2|\theta_1, Y)$는

$$L(\theta|Y) \times \pi(\theta_2) = p(\theta_2|\theta_1, Y)$$

에 비례한다.

임의의 후보 생성 분포 $q_1(\theta_1|\theta_1^{(j-1)}, \theta_2^{(j-1)}, Y)$로부터 $\theta_1^{(j)}$의 프로포절 $\theta_1^\dagger$을 생성한 후, 아래와 같이 M-H 비를 계산할 수 있다.

$$\alpha(\theta_1^{(j-1)}, \theta_1^\dagger) = \min\left\{ \frac{p(\theta_1^\dagger|\theta_2^{(j-1)}, Y)q_1(\theta_1^{(j-1)}|\theta_1^\dagger, \theta_2^{(j-1)}, Y)}{p(\theta_1^{(j-1)}|\theta_2^{(j-1)}, Y)q_1(\theta_1^\dagger|\theta_1^{(j-1)}, \theta_2^{(j-1)}, Y)}, 1 \right\} \tag{4.12}$$

알고리즘 4.2: 다블록 M-H 알고리즘

0 단계 : 초기값 $(\theta_1^{(0)}, \theta_2^{(0)}, \theta_3^{(0)})$ 를 사전 평균으로 설정하고, $j = 1$ 로 둔다.

1 단계 : 프로포절 $\theta_1^\dagger$ 을 후보 생성 분포,

$$\theta_1 | \theta_1^{(j-1)}, \theta_2^{(j-1)}, \theta_3^{(j-1)}, Y,$$

로부터 샘플링하고 M-H 비,

$$\alpha(\theta_1^{(j-1)}, \theta_1^\dagger)$$
$$= \min \left\{ \frac{p(\theta_1^\dagger | \theta_2^{(j-1)}, \theta_3^{(j-1)}, Y) q_1(\theta_1^{(j-1)} | \theta_1^\dagger, \theta_2^{(j-1)}, \theta_3^{(j-1)}, Y)}{p(\theta_1^{(j-1)} | \theta_2^{(j-1)}, \theta_3^{(j-1)}, Y) q_1(\theta_1^\dagger | \theta_1^{(j-1)}, \theta_2^{(j-1)}, \theta_3^{(j-1)}, Y)}, 1 \right\}$$

의 확률로 수용한다.

2 단계 : 프로포절 $\theta_2^\dagger$ 을 후보 생성 분포,

$$\theta_2 | \theta_1^{(j)}, \theta_2^{(j-1)}, \theta_3^{(j-1)}, Y,$$

로부터 샘플링하고 M-H 비,

$$\alpha(\theta_2^{(j-1)}, \theta_2^\dagger)$$
$$= \min \left\{ \frac{p(\theta_2^\dagger | \theta_1^{(j)}, \theta_3^{(j-1)}, Y) q_2(\theta_2^{(j-1)} | \theta_1^{(j)}, \theta_2^\dagger, \theta_3^{(j-1)}, Y)}{p(\theta_2^{(j-1)} | \theta_1^{(j)}, \theta_3^{(j-1)}, Y) q_2(\theta_2^\dagger | \theta_1^{(j)}, \theta_2^{(j-1)}, \theta_3^{(j-1)}, Y)}, 1 \right\}$$

의 확률로 수용한다.

3 단계 : 프로포절 $\theta_3^\dagger$ 을 후보 생성 분포,

$$\theta_3 | \theta_1^{(j)}, \theta_2^{(j)}, \theta_3^{(j-1)}, Y,$$

로부터 샘플링하고 M-H 비,

$$\alpha(\theta_3^{(j-1)}, \theta_3^\dagger) = \min \left\{ \frac{p(\theta_3^\dagger | \theta_1^{(j)}, \theta_2^{(j)}, Y) q_3(\theta_3^{(j-1)} | \theta_1^{(j)}, \theta_2^{(j)}, \theta_3^\dagger, Y)}{p(\theta_3^{(j-1)} | \theta_1^{(j)}, \theta_2^{(j)}, Y) q_3(\theta_3^\dagger | \theta_1^{(j)}, \theta_2^{(j)}, \theta_3^{(j-1)}, Y)}, 1 \right\}$$

의 확률로 수용한다.

4 단계 : $j = j + 1$ 로 설정하고, $j \le n$ 이면 1 단계로 돌아간다.

그러면 $\alpha(\theta_1^{(j-1)}, \theta_1^{\dagger})$의 확률로 $\theta_1^{\dagger}$이 $\theta_1^{(j)}$로 수용된다. $\theta_1^{\dagger}$이 거절되면 $\theta_1^{(j-1)}$이 $\theta_1^{(j)}$으로 저장된다.

두 번째 단계에서 $\theta_1^{(j)}$와 $\theta_2^{(j-1)}$이 주어져 있고 $\theta_2^{(j)}$의 프로포절 $\theta_2^{\dagger}$를 밀도가 $q_2(\theta_2|\theta_1^{(j)}, \theta_2^{(j-1)}, Y)$인 임의의 후보생성분포에서 생성되면 $\theta_2^{\dagger}$는 M-H 비,

$$\alpha(\theta_2^{(j-1)}, \theta_2^{\dagger}) = \min \left\{ \frac{p(\theta_2^{\dagger}|\theta_1^{(j)}, Y) q_2(\theta_2^{(j-1)}|\theta_1^{(j)}, \theta_2^{\dagger}, Y)}{p(\theta_2^{(j-1)}|\theta_1^{(j)}, Y) q_2(\theta_2^{\dagger}|\theta_1^{(j)}, \theta_2^{(j-1)}, Y)}, 1 \right\} \tag{4.13}$$

의 확률로 수용된다. 거절되면 $\theta_2^{(j-1)}$가 $\theta_2^{(j)}$로 저장된다. 두 번째 단계에서 $\theta_2^{(j)}$를 샘플링할 때는 이전 반복시행에서 추출된 $\theta_1^{(j-1)}$는 사용하지 않는다. 대신 첫 번째 단계에서 샘플링된 $\theta_1^{(j)}$을 조건부로 $\theta_2^{(j)}$을 샘플링한다. 선형회귀모형을 깁스 샘플링으로 추정할 때, 주어진 $\sigma^{2(j-1)}$에서 $\beta^{(j)}$를 샘플링하고 나서, $\sigma^{2(j)}$을 샘플링할 때는 $\beta^{(j-1)}$이 아니라 $\beta^{(j)}$를 주어진 것으로 두는 것과 같다.

한 번의 반복시행은 위의 두 단계의 샘플링으로 구성된다. 만약 블록의 수가 세 개라면 세 번의 샘플링으로 구성된다. 따라서 파라미터를 두 개의 블록으로 나눠서 샘플링하는 법만 이해하면 어렵지 않게 세 개 이상의 블록으로 확장할 수 있다. 알고리즘 4.2는 블록이 세 개인 경우의 다블록 M-H 알고리즘이다.

4.4.2 다블록 임의보행 M-H 기법

다블록 M-H 기법을 다블록 임의보행 M-H 기법을 통해 보다 구체적으로 설명하고자 한다. 앞서와 마찬가지로 파라미터의 벡터 θ를 두 개의 블록(block)으로 나누도록 한다.

$$\theta = (\theta_1, \theta_2)$$

각 반복시행에서 θ_1과 θ_2가 순차적으로 샘플링된다. 먼저 θ_1의 샘플링을 위해서 θ_1의 후보 생성 분포를 도출해야 한다. θ_1의 후보 생성 분포는 θ의 후보 생성 분포

$$\theta \sim \text{Normal}(\theta^{(j-1)}, V)$$

로부터 유도된다. 위의 분포는 (θ_1, θ_2)의 결합 정규 분포이다. j번째 반복시행에서 θ_1의 후보 생성 분포는 $\theta_2^{(j-1)}$가 주어졌다는 조건이 추가되므로

$$\theta_1|\theta_2^{(j-1)}$$

이어야 한다.

다변량 정규 분포의 경우 결합 정규 분포로부터 아래와 같이 조건부 분포를 쉽게

유도할 수 있는데, 보다 구체적인 내용은 부록 A.2.9 장을 참조하길 바란다.

$$\theta_1|\theta_2^{(j-1)} \sim \text{Normal}(\theta_1^{(j-1)}, V_{1|2})$$

단, $V_{1,1}$는 분산-공분산 행렬 V 중에 θ_1의 분산-공분산, $V_{1,2}$는 θ_1과 θ_2 간의 공분산, $V_{2,2}$는 θ_2의 분산-공분산이다. 그리고

$$V_{1|2} = V_{1,1} - V_{1,2}V_{2,2}^{-1}V_{2,1}$$

는 $\theta_2^{(j-1)}$가 주어졌을 때 θ_1의 조건부 분산-공분산 행렬이다.

θ_1의 프로포절 $\theta_1^{\dagger}$가 평균이 $\theta_1^{(j-1)}$, 분산-공분산이 $V_{1|2}$인 정규 분포로부터 생성되면 $\theta_1^{\dagger}$는

$$\alpha(\theta_1^{(j-1)}, \theta_1^{\dagger}) = \min\left\{\frac{p(\theta_1^{\dagger}|\theta_2^{(j-1)}, Y)}{p(\theta_1^{(j-1)}|\theta_2^{(j-1)}, Y)}, 1\right\}$$

의 확률로 수용이 된다. 단블록 임의보행 M-H 알고리즘에서와 마찬가지로 분자, 분모의 후보 생성밀도는 소거되어 사라진다.

두 번째 블록 θ_2도 동일한 방식으로 샘플링된다. 우선 후보 생성 분포는

$$\theta_2^{\dagger} \sim \text{Normal}(\theta_2^{(j-1)}, V_{2|1} = V_{2,2} - V_{2,1}V_{1,1}^{-1}V_{1,2})$$

이고, $\theta_2^{\dagger}$는

$$\alpha(\theta_2^{(j-1)}, \theta_2^{\dagger}) = \min\left\{\frac{p(\theta_2^{\dagger}|\theta_1^{(j)}, Y)}{p(\theta_2^{(j-1)}|\theta_1^{(j)}, Y)}, 1\right\}$$

의 확률로 수용된다.

4.4.3 다블록 M-H 기법이 유용한 경우와 이유

그렇다면 어떤 경우에 단블록(Single block)이 아닌 다블록 M-H 기법을 사용해야 하는 이유는 무엇일까?

첫 번째는 모형이 복잡하여 사후 분포의 최빈값(mode)이 여러 개인 경우이다. 이때는 다블록 M-H 기법을 사용함으로써 샘플링의 효율성을 상승시킬 수 있다. 직관적인 이해를 돕기 위해 그림 4.5을 통해 설명하고자 한다. 추정해야 하는 파라미터가 θ_1과 θ_2, 두 개라고 하자. 그림 4.5의 점선은 θ_1과 θ_2의 결합 타깃 밀도함수를 등고선으로 나타낸 것이다. 이 그림에 나타나 있듯이 두 파라미터의 결합 사후 분포는 두 개의 최빈값, ★와 ▲를 가지고 있다고 하자. 점 A는 j 번째 반복시행에서 θ_1의 샘플링이 완료되고 나서, θ_2의 샘플링이 시행되기 전의 상태를 나타낸다. j 번째 반복시행에서

θ_2의 완전 조건부 분포는 그림 4.5(a)에 나타난 실선이다. 이 완전 조건부 분포로부터 $\theta_2^{(j)}$가 샘플링이 되고 나면 마코프 체인이 점 B로 이동한다(그림 4.5(b)). 다음으로 $j+1$ 번째 반복시행에서 그림 4.5(c)의 실선으로 표현된 θ_1의 완전 조건부 분포로부터 $\theta_1^{(j+1)}$가 추출되면서 마코프 체인이 점 C로 옮겨간다. 이런 식으로 수시로 하나의 봉우리에서 다른 봉우리로 마코프 체인이 전환될 수 있다. 이처럼 최빈값이 다수 개인 경우에는 최빈값 사이를 빈번하게 왕래해야 효율적인 샘플링이 가능하다.

하지만 단블록 M-H를 쓰면 점 A가 속한 최빈값 주위에서만 샘플링될 확률이 크다. 즉, 시작점의 위치에 따라서 한쪽 최빈값에만 머물 가능성이 높다. 설령 다른 쪽 최빈값으로 넘어간다고 하더라도 다시 원래 최빈값으로 돌아오려면 긴 계산시간이 요구된다. 많은 계산시간이 필요하다는 것은 사후 분포의 정확한 히스토그램을 얻기 위해서 시뮬레이션의 크기가 커야 한다는 것을 의미한다.

두 번째는 깁스 샘플링과 M-H 기법을 혼용해서 적용할 수 있는 경우이다. 켤레 사전 분포가 존재하는 일부 파라미터에 대해서는 깁스 샘플링을 적용하고, 나머지 파라미터에 대해서는 M-H 기법을 적용하는 경우가 종종 있다. 이는 깁스 샘플링이 M-H 기법의 한 종류에 해당되기 때문에 가능한 것인데, 자세한 설명은 4.5장에서 다룬다. 상대적으로 깁스 샘플링의 적용이 용이하므로 완전 조건부 분포가 표준적인 파라미터들을 하나의 블록으로 깁스 샘플링을 적용하는 것이 계산시간을 줄이는 데 큰 도움이 된다.

세 번째로 파라미터의 수는 많은데 제약은 일부 파라미터에만 강하게 부여되는 경우다. 예를 들어 어떤 모형에서 추정해야 하는 파라미터가 10개이고 그 중 9개의 파라미터에는 제약이 없고, 한 개에 대해서만 강한 제약이 부여된다고 하자. 이런 경우에 단블록으로 샘플링하면 강한 제약이 부여된 하나의 파라미터 때문에 거절 (rejection)되는 빈도가 높아진다. 그러면 마코프 체인의 움직임이 너무 지속적이어서 샘플링의 비효율성이 야기된다. 하지만 제약이 강한 파라미터를 따로 하나의 블록으로 구성하고, 나머지 파라미터들을 다른 하나의 블록으로 설정해서 샘플링하면 효율성을 증대시킬 수 있다.

4.4.4 블록을 나누는 기준

그렇다면 일반적으로 θ를 몇 개의 블록으로 나누고, 또 각각의 블록은 어떤 파라미터로 구성해야 할까? 여기에는 크게 두 가지의 기준이 있다. 첫 번째 기준은 앞서 언급한 바와 같이 깁스 샘플링이 가능한 파라미터와 그렇지 않은 파라미터로 블록을 구성하는 것이다.

여전히 깁스 샘플링이 불가능한 파라미터의 수가 많다면 상관관계가 높은 파라미터끼리 모아서 블록을 구성한다는 것이 두 번째 기준이다. 이 이유에 대해서는 그림 4.6을 가지고 설명하겠다.

그림 4.5: 다봉 사후 분포와 **multiple-block M-H** 기법

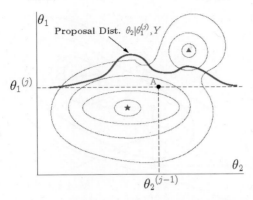

(a) $\theta_1^{(j)}$가 주어졌을 때, θ_2 의 후보생성분포: j 번째 반복시행

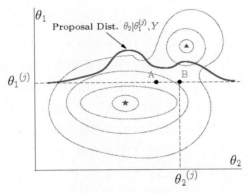

(b) $\theta_2^{(j)}$ 가 제시되어 수용됐을 때: j 번째 반복시행

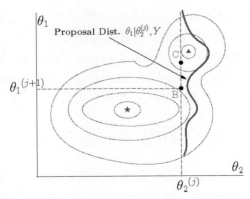

(c) $\theta_2^{(j)}$가 주어졌을 때, θ_1 의 후보생성분포: j+1 번째 반복시행

그림 4.6: 파라미터의 상관관계와 블록킹(**Blocking**)

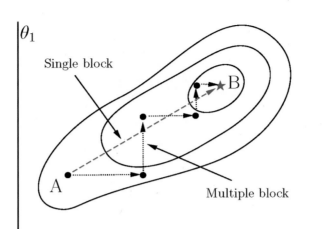

그림 4.6는 θ_1 과 θ_2 은 사후 분포를 나타낸 것으로 사후적으로 두 파라미터 간에 상관관계가 높다는 것을 알 수 있다. 효율적인 샘플링이 되려면 마코프 체인이 현재 점 A에서 점 B로 빠르게 이동할 수 있어야 한다. 즉, 결합 밀도가 높은 곳에서 좀 더 오래 머물고 결합 밀도가 낮은 곳에도 중간중간 갔다가 밀도가 높은 곳으로 빠르게 다시 돌아올 수 있어야 한다. 샘플링이 효율적이려면 샘플링되는 값들이 빠른 보폭으로 사후 분포 전체에 발자국을 남겨야 한다. 마코프 체인의 보폭이 좁아서 움직임들이 너무 느리면 시뮬레이션의 반복횟수를 크게 늘려야 하기 때문에 그만큼 많은 계산시간이 필요하고 비효율적이다.

다블록의 경우에는 각 반복시행이 두 단계로 이루어져 있고, 각 단계에서 블록의 완전 조건부 분포로부터 샘플링이 되기 때문에 꺾은선 형태로 여러 반복시행에 걸쳐 마코프 체인이 점 A에서 점 B로 이동한다. 하지만 단블록으로 샘플링하면 두 파라미터를 동시에 이동시킬 수 있으므로 마코프 체인이 한번에 점 A에서 점 B로 이동할 수 있다. 따라서, 가급적 높은 상관관계를 갖는 파라미터들끼리 하나의 블록으로 구성하고 다른 블록이 있는 파라미터들 간에는 상관관계가 낮을수록 바람직하다.

4.5   깁스 샘플링과 **M-H** 알고리즘의 관계

선형회귀모형에 깁스 샘플링을 적용하여 추정한 예를 돌이켜보자. 우리는 j 번째 반복시행에서 $\sigma^{2(j-1)}$ 이 주어져 있을 때, 표준적인 β 의 완전 조건부 분포로부터 하나의 β 값을 추출하여 $\beta^{(j)}$ 로 저장하였다. 이를 조금 다르게 표현하면, β 의 완전 조건부 분포를 후보 생성 분포로 설정한 다음, 1의 확률로 프로포절을 수용한다고 볼 수 있다. 그리고 β의 완전 조건부 분포는 타깃 분포이기도 한다. 따라서 M-H 기법의 관점에서 보면 후보 생성 분포와 타깃 분포가 같은 경우에 해당하고 1의 확률로 프로포절을 수용하는 것을 의미한다. 결론적으로 깁스 샘플링은 M-H 샘플링의 특수한 경우에 해당한다.

이를 확인하기 위해서 일단 깁스 샘플링의 경우에는 타깃 분포의 밀도

$$p(\beta^{\dagger}|\sigma^{2(j-1)}, Y)$$

는 β의 완전 조건부 밀도

$$\mathcal{N}(\beta^{\dagger}|\beta_1, B_1)$$

와 같다. 그런데 β의 완전 조건부 분포는 β의 후보생성분포이기도 하다. 따라서

$$p(\beta^{\dagger}|\sigma^{2(j-1)}, Y) = \mathcal{N}(\beta^{\dagger}|\beta_1, B_1) = q(\beta^{\dagger}|\sigma^{2(j-1)}, Y)$$

이 성립한다. 마찬가지로 $\beta^{(j-1)}$에 대해서도

$$p(\beta^{(j-1)}|\sigma^{2(j-1)}, Y) = \mathcal{N}(\beta^{(j-1)}|\beta_1, B_1) = q(\beta^{(j-1)}|\sigma^{2(j-1)}, Y)$$

이 성립한다. 그러면 타깃 분포와 완전 조건부 분포가 같으므로 M-H 비는 1로 계산된다.

$$\alpha(\beta^{(j-1)}, \beta^{\dagger}) = \min\left\{\frac{p(\beta^{\dagger}|\sigma^{2(j-1)}, Y)q(\beta^{(j-1)}|\sigma^{2(j-1)}, Y)}{p(\beta^{(j-1)}|\sigma^{2(j-1)}, Y)q(\beta^{\dagger}|\sigma^{2(j-1)}, Y)}, 1\right\}$$
$$= 1.$$

4.6   고급 Metropolis-Hastings 알고리즘: Tailored M-H 기법

1980년대 M-H 샘플링 알고리즘이 본격적으로 사용되면서 초기에 흔히 사용되던 임의보행 M-H 기법이 다소 복잡한 모형에서는 효율적이지 않다는 지적이 많았다. 이를 개선하기 위한 하나의 방법이 앞서 언급했던 다블록 M-H 기법이다. 이와 더불어 임의보행 M-H 기법의 대안으로써 널리 사용되는 방법이 Tailored M-H 알고리즘이라고 불리는 접근법이다. Tailored M-H 알고리즘은 크게 두 종류로 세분화된다. 하나는 반복시행마다 동일한 후보 생성 분포가 사용되는 Tailored Independent M-H 기법이고 나머지 하나는 이전 반복시행의 결과에 의존하는 후보 생성 분포가 사용되는 Tailored

Dependent M-H 기법이다.

4.6.1 Tailored Independent M-H method

Tailored Independent M-H 기법은 임의보행 M-H 기법과 다르게 후보 생성 분포로 다변량 스튜던트-t 분포를 사용한다. 이 기법을 'Tailored'라고 부르는 이유는 스튜던트-t 분포인 후보 생성 분포의 꼬리가 정규 분포에 비해 두껍기 때문이다.

단블록인 경우

θ가 단블록인 경우, 시뮬레이션 초기에 로그 사후 밀도함수를 극대화하는 $\hat{\theta}$을 후보 생성 분포의 평균으로 $\hat{\theta}$에서의 음의 헤시안의 역행렬($V = V_\theta$)을 분산으로 사용하는 것은 임의보행 M-H 기법과 동일하다. 다만 임의보행 M-H는 시뮬레이션 초기에만 $\hat{\theta}$을 평균으로 사용하고 이후에는 이전의 반복시행에서 저장된 값을 평균으로 사용하는 반면, Tailored Independent M-H 기법은 일반적으로 전체 반복시행에서 평균이 $\hat{\theta}$에서 바뀌지 않는다는 차이가 있다.

$\hat{\theta}$과 V이 주어져 있을 때, Tailored Independent M-H 기법의 후보 생성 분포는 다음과 같다.

$$\theta^\dagger \sim St\left(\hat{\theta}, V, \nu\right)$$

St는 다변량 스튜던트-t 분포를 나타내며 v는 자유도로 $v = 15$로 설정하는 것이 일반적이다. 또한,

$$V = \left(-\frac{\partial^2 \log p(\hat{\theta}|Y)}{\partial\theta\partial\theta'}\right)^{-1}$$

이다. 단, $\log p(\theta|Y)$는 로그 우도 $\log f(Y|\theta)$와 로그 사전 밀도 $\log \pi(\theta)$의 합이다.

임의보행 M-H와 Tailored Independent M-H 기법 간 후보 생성 분포의 차이로 인해서 M-H 비가 달리 계산된다. 임의보행 M-H에서는 분모, 분자의 후보 생성 밀도가 소거되어 사라지지만 Tailored Independent M-H 기법에서는 아래와 같이 소거되지 않는다.

$$\begin{aligned}\alpha(\theta^{(j-1)}, \theta^\dagger) &= \min\left\{\frac{p(\theta^\dagger|Y) \times q(\theta^{(j-1)}|\theta^\dagger, Y)}{p(\theta^{(j-1)}|Y) \times q(\theta^\dagger|\theta^{(j-1)}, Y)}, 1\right\} \\ &= \min\left\{\frac{p(\theta^\dagger|Y) \times St(\theta^{(j-1)}|\hat{\theta}, V, \nu)}{p(\theta^{(j-1)}|Y) \times St(\theta^\dagger|\hat{\theta}, V, \nu)}, 1\right\}\end{aligned}$$

다블록인 경우

추정하고자 하는 모형의 파라미터들이 다음과 같이 B개의 다블록으로 나뉘어 있다고
가정하자.

$$\theta_1, \theta_2, ..., \theta_B.$$

l 번째 블록을 θ_l 이라고 하고 θ_l 에 포함되지 않는 모든 나머지 파라미터들의 벡터를
θ_{-l} 이라고 하자.

시뮬레이션의 j 번째 반복시행에서 θ_{-l} 이 주어져 있을 때 θ_l 의 후보 생성 분포
$q\left(\theta_l|\theta_{-l}\right)$는 다변량 스튜던트 t-분포의 특성에 의해 다음과 같이 유도된다.

$$q\left(\theta_l|\theta_{-l}\right) = St\left(\theta_l|\hat{\theta}_{l|-l}, h\left(\theta_{-l}\right)V_{l|-l}, \nu + d_{-l}\right)$$

단,

$$\hat{\theta}_{l|-l} = \hat{\theta}_l + V_{l,-l}\left(V_{-l}\right)^{-1}\left(\theta_{-l} - \hat{\theta}_{-l}\right)$$

$$V_{l|-l} = V_l - V_{l,-l}\left(V_{-l}\right)^{-1}V_{-l,l}$$

$$h\left(\theta_{-l}\right) = \left[\frac{\nu}{\nu + d_{-l}}\right]\left[1 + \left(\theta_{-l} - \hat{\theta}_{-l}\right)'\left(V_{-l}\right)^{-1}\left(\theta_{-l} - \hat{\theta}_{-l}\right)/\nu\right] : 1 \times 1$$

이며, $d_{-l} = \dim\left(\theta_{-l}\right)$은 θ_{-l} 에 속한 파라미터의 수이다. $\hat{\theta}_l$ 은 시뮬레이션 초기에
모든 파라미터들에 대해 극대화한 $\hat{\theta}$ 에서 l 번째 블록에 해당하는 값이며, $V_{l,-l}$ 은 l
번째 블록의 파라미터들과 l 번째 블록을 제외한 나머지 파라미터들의 분산-공분산
행렬이다.

후보 생성 분포 $q\left(\theta_l|\theta_{-l}\right)$에서 새롭게 추출된 값(proposal value)을 $\theta_l^{\dagger}$ 이라고 하면
다음의 M-H 비

$$\alpha\left(\theta_l, \theta_l^{\dagger}|\mathbf{y}, \theta_{-l}\right) = \min\left\{\frac{\pi\left(\theta_l^{\dagger}, \theta_{-l}|Y\right) \times q\left(\theta_l|\theta_{-l}\right)}{\pi\left(\theta_l, \theta_{-l}|Y\right) \times q\left(\theta_l^{\dagger}|\theta_{-l}\right)}, 1\right\}$$

$$= \min\left\{\frac{f(Y|\theta_l^{\dagger}, \theta_{-l}) \times \pi(\theta_l^{\dagger}, \theta_{-l}) \times q\left(\theta_l|\theta_{-l}\right)}{f(Y|\theta_l, \theta_{-l}) \times \pi(\theta_l, \theta_{-l}) \times q\left(\theta_l^{\dagger}|\theta_{-l}\right)}, 1\right\}$$

의 확률로 수용한다. 단, 여기서 θ_l 은 $j - 1$ 번째 반복시행에서 추출된 값이다. 보다
자세한 시뮬레이션 방법은 다음 절의 예시에서 설명한다. 알고리즘 4.3은 다블록
Tailored Independent M-H 알고리즘을 정리한 것이다.

알고리즘 4.3: 다블록 Tailored Independent M-H

0 단계 : 초기 값 $\theta^{(0)}$ 와 블록의 수 B, 그리고 각 블록을 구성하는 파라미터를 결정한다.

$$\theta_1, \theta_2, ..., \theta_B$$

1 단계 : j 번째 반복시행에서 $\theta | \mathbf{y}, \theta^{(j-1)}$ 로부터 $\theta^{(j)}$ 를 다음과 같이 추출한다:

   1 단계 (a) : $l = 1$ 로 설정한다.

   1 단계 (b) : 다음의 후보 생성 분포인 조건부 다변량 스튜던트-t 분포에서 $\theta_l^{(j)}$ 에 대한 후보 값인 $\theta_l^\dagger$ 을 추출한다

   $$\theta_l^\dagger \sim St\left(\hat{\theta}_{l|-l}, h\left(\theta_{-l}\right) V_{l|-l}, \nu + d_{-l}\right)$$

   1 단계 (c) : 균일 분포 $Unif(0,1)$ 에서 u 를 샘플링하고 다음의 조건에 따라 $\theta_l^{(j)}$ 을 저장한다.

   $$\theta_l^{(j)} = \theta_l^\dagger \qquad \text{if } u < \alpha\left(\theta_l^{(j-1)}, \theta_l^\dagger | Y, \theta_{-l}\right)$$
   $$\theta_l^{(j)} = \theta_l^{(j-1)} \qquad \text{if } u \geq \alpha\left(\theta_l^{(j-1)}, \theta_l^\dagger | Y, \theta_{-l}\right)$$

   1 단계 (d) : $l = l + 1$ 로 설정하고 $l \leq B$ 이면 1 단계 (b)로 돌아간다.

2 단계 : $j = j + 1$ 로 설정하고, $j \leq n$ 이면 1 단계로 돌아간다.

4.6.2   Tailored Dependent M-H method

단블록인 경우

Tailored Independent M-H method은 사후 분포가 단봉일 때 대단히 유용하다. 하지만 사후 분포가 다봉인 경우에는 다블록 Tailored Independent M-H method을 사용하더라도 봉우리 간의 거리가 멀면 사후 분포로의 수렴이 잘 되지 않는 경우가 있다. 이런 경우에 사용될 수 있는 방법이 바로 Tailored Dependent M-H method 기법이다. 이 기본 아이디어는 프로포절 $\theta^{(j)}$ 의 후보 생성 분포의 평균을 $\hat{\theta}$ 으로 고정하는 것이 아니라, $\theta^{(j-1)}$ 와 $\theta^{(j-1)}$ 에서의 그래디언트(gradient)

$$\frac{\partial \log p(\theta^{(j-1)}|Y)}{\partial \theta}$$

의 합으로 두는 것이다. 그리고 새로운 후보 생성 분포의 평균에서 사후 분포 커널의 헤시안을 다시 계산해서 후보 생성 분포의 분산-공분산 행렬로 사용한다. 후보 생성 분포의 평균이 이동하면서 마코프 체인이 한 봉우리에서 다른 봉우리로 넘어갈 가능성이 높아진다. 이 때문에 Tailored Dependent M-H method 기법이 Tailored Independent M-H method에 비해 상대적으로 다봉 사후 분포 샘플링에 효율성 측면에서 우월할 수 있다. 대신 매 반복시행마다 로그 사후 밀도 커널 $\log p(\theta|Y)$의 그래디언트와 헤시안을 계산해야 하므로 계산 시간이 더 길다는 단점이 있다. 임의 보행 M-H와 Tailored M-H 기법의 후보 생성 분포를 아래와 같이 간단히 정리할 수 있다.

- 임의보행 M-H:

$$\theta^\dagger \sim \text{Normal}(\theta^{(j-1)}, V)$$

- Tailored Independent M-H:

$$\theta^\dagger \sim St(\hat{\theta}, V, \nu)$$

- Tailored Dependent M-H:

$$\theta^\dagger \sim St(\bar{\theta}^\dagger, V^\dagger, \nu) \tag{4.14}$$

$$\text{단, } V^{(j-1)} = \left(-\frac{\partial^2 \log p(\theta^{(j-1)}|Y)}{\partial\theta\partial\theta'} \right)^{-1},$$

$$\bar{\theta}^\dagger = \theta^{(j-1)} + V^{(j-1)} \times \frac{\partial \log p(\theta^{(j-1)}|Y)}{\partial\theta} \times ss,$$

$$V^\dagger = \left(-\frac{\partial^2 \log p(\bar{\theta}^\dagger|Y)}{\partial\theta\partial\theta'} \right)^{-1}$$

식 (4.14)에서 나타난 바와 같이 Tailored Dependent M-H 기법에 후보 생성 분포의 평균은 $\theta^{(j-1)}$에 $\theta^{(j-1)}$에서의 그래디언트를 더한 것이다. 이때 그래디언트는 마코프 체인이 현재 $\theta^{(j-1)}$ 값에서 사후 분포의 최빈값을 향하기 위해서 어느 방향으로 움직여야 하는지에 대한 정보를 담고 있다. 또한 그래디언트가 그냥 더해지는 것이 아니라 $V^{(j-1)}$만큼의 가중치가 부여된다. $V^{(j-1)}$는 $\theta^{(j-1)}$에서 로그 사후 분포의 정보력을 나타낸다. $V^{(j-1)}$가 크다는 것은 사후 밀도 함수가 완만해서 로그 사후 분포의 정보력이 약하다는 것을 의미한다. 이는 곧 파라미터가 가질 수 있는 값의 범위가 넓다는 뜻이므로 후보 생성 분포의 이동폭

$$\left| V^{(j-1)} \times \frac{\partial \log p(\theta^{(j-1)}|Y)}{\partial\theta} \times ss \right|$$

이 커야 한다.

반대로 $V^{(j-1)}$가 작다는 것은 로그 사후 밀도가 뾰족해서 사후 분포의 정보력이 크다는 것을 의미한다. 따라서 파라미터가 가질 수 있는 값의 범위가 작아서 정확하게 추정될 수 있다. 그래서 후보 생성 분포의 평균의 이동폭도 작아지는 것이다.

ss는 stepsize를 나타내는 것인데, 기본적으로는 $ss = 1$로 주어진다. 하지만 $\theta^\dagger$가

$$\sigma^2 > 0$$

와 같이 파라미터에 부여되는 제약을 만족하지 못하면 stepsize는 1/2로 줄어든다. 이렇게 이동폭을 반으로 줄인 다음, 다시 계산된 $\theta^\dagger$가 제약을 만족하지는지를 확인한다. 만약 $\theta^\dagger$가 제약을 만족하면 후보 생성 분포의 평균으로 사용되고, 그렇지 않으면 다시 stepsize를 $ss = 1/4$로 줄인다. 이 과정을 $\theta^\dagger$가 제약을 만족할 때까지 반복한다.

뿐만 아니라, 매 반복시행마다 마코프 체인의 현재 위치에 대한 정보를 반영하여 후보 생성 분포의 평균과 분산이 결정되므로 사후 밀도가 낮은 곳에서 높은 곳으로의 전환이 빠르게 이루어진다. 이 때문에 사후 분포가 다봉이 아니라 단봉인 경우에도 사후 분포 샘플링의 효율성이 향상될 수 있다(그림 4.7 참조). 결과적으로 M-H 비는

$$\alpha(\theta^{(j-1)}, \theta^\dagger) = \min\left\{ \frac{p(\theta^\dagger|Y) \times St(\theta^{(j-1)}|\bar{\theta}^\dagger, V^\dagger, \nu)}{p(\theta^{(j-1)}|Y) \times St(\theta^\dagger|\bar{\theta}^\dagger, V^\dagger, \nu)}, 1 \right\}$$

와 같이 계산된다.

그림 4.7: **Tailored Dependent M-H**

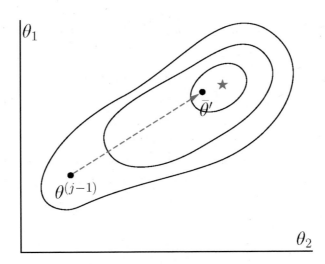

다블록인 경우

Tailored Dependent M-H 기법도 Tailored Independent M-H 기법처럼 다블록으로 확장할
수 있다. 모형 내의 파라미터의 수가 많고 모형의 비선형성이 강해 사후 분포의 봉우
리가 많을수록 효율성 측면에서의 이득이 커지게 된다. 특히 파라미터의 수가 너무
많아지면 최적화 알고리즘을 통해 사후 분포의 최빈값 $\hat{\theta}$을 찾을 수 있더라도 V가
정양부호로 계산이 안 되는 경우가 많다. 그러면 후보 생성 분포로부터 프로포절 샘플
링이 적절히 이루어지지 않을 뿐만 아니라, 후보 생성 밀도 자체가 계산되지 않는다.
이럴 때도 다블록 Tailored Dependent M-H 기법이 대단히 유용할 수 있다.

그 이유는 다블록 Tailored Dependent M-H 기법에서 l번째 블록 θ_l의 후보 생성
분포의 분산은

$$V = \left(-\frac{\partial^2 \log p(\bar{\theta}^{\dagger}|Y)}{\partial\theta\partial\theta'} \right)^{-1}$$

로부터 얻어지는 것이 아니라,

$$V_{l|-l}^{\dagger} = \left(-\frac{\partial^2 \log p(\bar{\theta}_l^{\dagger}|Y,\theta_{-l})}{\partial\theta_l\partial\theta_l'} \right)^{-1}$$

로 계산되기 때문이다. 단,

$$\text{with } V_{l|-l}^{(j-1)} = \left(-\frac{\partial^2 \log p(\theta_l^{(j-1)}|Y,\theta_{-l})}{\partial\theta_l\partial\theta_l'} \right)^{-1},$$

$$\bar{\theta}_l^{\dagger} = \theta_l^{(j-1)} + V_{l|-l}^{(j-1)} \times \frac{\partial \log p(\theta_l^{(j-1)}|Y,\theta_{-l})}{\partial\theta_l} \times ss$$

이다.

컴퓨터를 통한 계산과정에서 모든 파라미터 θ에 대한 음의 헤시안은 정양부호
(positive definite)로 얻어지지 않지만, 일부 파라미터 θ_{-l}를 고정시킨 상태에서 특정
블록 θ_l에 대한 음의 헤시안은 정양부호이기 때문이다. 결과적으로 다블록인 경우,
블록 θ_l의 후보 생성 분포는

$$\theta^{\dagger} \sim St(\bar{\theta}_l^{\dagger}, V_{l|-l}^{\dagger}, \nu)$$

이다.

4.7 예: M-H 기법을 이용한 선형회귀식 추정

앞서 설명한 여러 가지 사후 샘플링 기법들을 이용해서 선형회귀 모형을 추정해보고
그 결과를 비교해보고자 한다. 먼저 추정하고자 하는 모형은 전형적인 다중선형회귀

모형이다. 표본의 크기는 100이고 설명변수의 수는 세 개이다.

$$\beta : 3 \times 1 \sim \text{Normal}(0, I_3),$$
$$\sigma^2 \sim \text{InverseGamma}(5, 5),$$
$$Y|\beta, \sigma^2 \sim \text{Normal}(X\beta, \sigma^2 I_T)$$

4.7.1 임의보행 M-H 기법

먼저 위 선형회귀식을 임의보행 M-H 기법으로 추정하는 과정에 대해 설명한다.

$\theta = (\beta, \sigma^2)$는 4×1 벡터이며, 시뮬레이션은 크게 두 단계로 구성된다. 첫 번째 단계는 로그 사후 밀도의 커넬($\log p(\theta|Y)$)를 θ에 대해서 극대화함으로써 사후 분포의 최빈값 $\hat{\theta}$와 $\theta = \hat{\theta}$에서 계산된 음의 헤시안(hessian)의 역행렬을 계산하는 것이다. 우선 로그 사후 밀도는 로그 우도 $\log f(Y|\theta)$와 로그 사전 밀도 $\log \pi(\theta)$의 합이다.

$$\log p(\theta|Y) = \log f(Y|\theta) + \log \pi(\theta)$$

로그 우도와 로그 사전 밀도는 각각

$$\log f(Y|\theta) = \log \text{Normal}(Y|X\beta, \sigma^2 I_T),$$
$$\log \pi(\theta) = \log \text{Normal}(\beta|0, I_3) + \log \text{InverseGamma}(\sigma^2|5, 5)$$

로 계산된다.

그러면 매틀랩에 내장된 최적화 알고리즘을 통해서

$$\hat{\theta} = \arg \max_{\theta} \log p(\theta|Y)$$
$$V = \left(-\frac{\partial^2 \log p(\hat{\theta}|Y)}{\partial \theta \partial \theta'} \right)^{-1}$$

을 도출할 수 있다. 이때의 최적화는 제약하의 최적화 (constrained optimization)임에 유의해야 한다. 오차항의 분산 σ^2은 양수여야 하기 때문이다.

$$\sigma^2 > 0 \tag{4.15}$$

두 번째 단계는 아래의 단블록 임의 보행 M-H 알고리즘을 이용해서 θ의 사후 분포를 샘플링하는 것이다.

알고리즘 4.4: 임의보행 M-H 알고리즘

0 단계 : $j = 1$로 둔다. 초기값 $\theta^{(0)} = \hat{\theta}$ 로 설정한다.

1 단계 : $\theta^{(j-1)}$ 이 주어져 있을 때, 후보 생성 분포

$$\theta^{\dagger} \sim \text{Normal}(\theta^{(j-1)}, V)$$

로부터 프로포절 $\theta^{\dagger}$ 를 추출한다.

2 단계 : 만약 $\theta^{\dagger}$ 가 식 (4.15)와 같이 파라미터에 부여된 제약을 만족하지 않으면, M-H 비를 계산할 필요없이 즉각적으로 $\theta^{\dagger}$ 를 기각하고 $\theta^{(j)} = \theta^{(j-1)}$ 로 저장한다. 그리고 4 단계로 넘어간다. 만약 $\theta^{\dagger}$ 가 제약을 만족하면 3 단계로 넘어간다.

3 단계 : M-H 비

$$\alpha\left(\theta^{(j-1)}, \theta^{\dagger}\right) = \min\left\{\frac{f(Y|\theta^{\dagger})\pi(\theta^{\dagger})}{f(Y|\theta^{(j-1)})\pi(\theta^{(j-1)})}, 1\right\}$$

의 확률로 수용 또는 기각여부를 결정한다. 만약 $\theta^{\dagger}$ 이 수용되면 $\theta^{(j)} = \theta^{\dagger}$ 으로 저장하고, 그렇지 않으면 $\theta^{(j)} = \theta^{(j-1)}$ 로 저장한다.

4 단계 : $j = j + 1$로 설정하고, $j \leq n$이면 1 단계로 돌아간다.

4.7.2 단블록 Tailored Independent M-H 기법

동일한 선형모형을 단블록 Tailored Independent M-H 기법으로 추정해보도록 하자. 임의보행 M-H와 차이점은 후보 생성 분포가 이전 반복시행의 결과와 무관하게 매 반복시행마다 동일하게 스튜던트-t 분포로 주어진다는 것이다.

$$\theta^{\dagger} \sim St\left(\hat{\theta}, V, \nu\right)$$

이 때문에 M-H 비 또한

$$\alpha\left(\theta^{(j-1)}, \theta^{\dagger}\right) = \min\left\{\frac{p(\theta^{\dagger}|Y) \times St\left(\theta^{(j-1)}|\hat{\theta}, V, \nu\right)}{p(\theta^{(j-1)}|Y) \times St\left(\theta^{\dagger}|\hat{\theta}, V, \nu\right)}, 1\right\}$$

으로 계산된다. 만약 프로포절 $\theta^{\dagger}$ 가 식 (4.15)의 제약을 만족하지 않으면, 사전 밀도가 0이라는 뜻이므로 M-H 비도 0이 된다. 따라서 M-H 비를 계산할 필요없이 $\theta^{\dagger}$ 를 바로

기각하고 이전 반복시행 결과를 한 번 더 저장한다.

4.7.3 라플라스 근사 기법

지금까지는 시뮬레이션 기법에 의존한 사후 샘플링 기법에 대해서 설명하였다. 여기서는 샘플링에 의존하지 않고 라플라스 근사(Laplace approximation)를 통해 사후 분포를 추론하는 방법에 대해서 간단히 설명하고자 한다. 자료의 수가 무한대로 가면서 그에 비례해서 자료의 정보력이 커지면 사후 분포의 평균과 분산은 결국 최우추정법의 결과와 동일해진다. 이러한 성질을 이용해서 앞서 제약하의 최적화를 통해서 계산하였던 $\hat{\theta}$ 과 V을 사후 분포의 평균과 분산으로 간주할 수 있다. 또한 자료의 수가 무한대로 가게 되면 최우추정량과 마찬가지로 사후 분포가 정규 분포로 수렴한다. 따라서 라플라스 근사 기법에 의하면 θ의 사후 분포는

$$\text{Normal}(\hat{\theta}, V)$$

으로 도출된다.

4.7.4 추정결과

표 4.1는 깁스 샘플링, 임의보행 M-H, 단블록 Tailored M-H 그리고 라플라스 근사의 결과를 나타낸 것이다. 표의 결과로부터 알 수 있듯이, 추정방법과 무관하게 사후 분포 추정결과가 대단히 유사함을 알 수 있다. 단, 여기서 라플라스 근사를 통한 σ^2 의 추정결과는 여타 기법을 통한 추정결과와 다소 차이가 발생한다. 그 이유는 σ^2의 사후 분포가 비대칭이라서 사후 분포의 최빈값과 평균이 다름에도 불구하고 라플라스 근사는 최빈값과 평균을 같은 것으로 간주하기 때문이다.

그렇다면 어떤 기법을 사용하는 것이 가장 바람직할까? 기본적으로 추정방법과 무관하게 동일한 결과가 얻어지므로 어떤 기법을 사용하든 상관은 없다. 그러나 추정기법마다 계산시간에는 차이가 많이 날 수 있으므로 이왕이면 계산시간이 짧은 것을 사용하는 것이 바람직하다. 이런 측면에서는 깁스 샘플링이나 단블록 Tailored Independent M-H가 좋을 수 있다. 또한 샘플링의 효율성이 낮을수록 시뮬레이션의 크기가 커야 하므로 샘플링의 효율성이 높은 기법이 선호된다. 샘플링의 효율성은 비효율성 계수에 의해서 흔히 측정이 되는데, 1에 가까운 값을 가질수록 효율적인 샘플링을 의미한다. 비효율성 계수에 대한 구체적인 설명은 5장의 내용을 참조하길 바란다. 표에서 볼 수 있듯이, 샘플링의 효율성 측면에서도 깁스 샘플링이 가장 유용한 기법이라고 할 수 있다.

결론적으로 깁스 샘플링이 적용가능한 모형은 M-H 기법보다는 깁스 샘플링을

표 4.1: 선형회귀식 추정결과: 깁스 샘플링, 임의보행 **M-H, Tailored Independent M-H,** 라플라스 근사

	평균	표준오차	2.50%	97.50%	비효율성 계수	수용률(%)
β_1	-1.05	0.16	-1.37	-0.73	1.02	100
β_2	0.47	0.17	0.12	0.80	1.04	100
β_3	1.15	0.17	0.82	1.49	1.08	100
σ^2	1.47	0.21	1.12	1.93	1.08	100

(a) Gibbs Sampling

	평균	표준오차	2.50%	97.50%	비효율성 계수	수용률(%)
β_1	-1.05	0.16	-1.36	-0.73	13.44	38.09
β_2	0.46	0.17	0.13	0.80	15.14	38.09
β_3	1.16	0.17	0.83	1.49	13.57	38.09
σ^2	1.47	0.20	1.12	1.92	16.31	38.09

(b) 임의보행 M-H

	평균	표준오차	2.50%	97.50%	비효율성 계수	수용률(%)
β_1	-1.04	0.17	-1.38	-0.72	2.50	74.75
β_2	0.46	0.17	0.12	0.81	2.20	74.75
β_3	1.15	0.17	0.81	1.49	2.25	74.75
σ^2	1.47	0.20	1.12	1.93	3.75	74.75

(c) Tailored Independent M-H

	평균	표준오차
β_1	-1.05	0.16
β_2	0.46	0.17
β_3	1.15	0.16
σ^2	1.38	0.18

(d) 라플라스 근사

사용하는 것이 계산시간이나 효율성 측면에서 바람직하다. 깁스 샘플링이 적용이 불가능한 모형의 경우, 만약 파라미터의 수가 적고 사후 분포도 단봉이라면 임의보행 M-H 기법보다는 단블록 Tailored Independent M-H 기법이 선호된다. 하지만 파라미터의 수가 많고 모형이 비선형성이 강해 사후 분포가 다봉일 가능성이 높다면 임의보행 M-H 기법의 상대적인 성능이 좋을 수도 있다.

> ### 연습문제 **4.1**
> 위에서 다룬 선형회귀모형을 다블록 임의보행 M-H 기법으로 추정해보시오. 단, 블록은 $\theta_1 = \beta$와 $\theta_2 = \sigma^2$로 나누시오.

4.8   예: **M-H** 기법을 이용한 통화정책반응함수 추정

4.8.1   모형 설정

다음으로 깁스 샘플링으로 추정이 용이치 않은 비선형 모형을 임의보행 M-H 기법과 Tailored M-H 기법을 적용하여 추정해보자. 비선형 모형의 한 예로 통화정책반응함수 모형이 있다. 중앙은행이 설정하는 최적금리(i_t^*)가 다음의 식과 같이 지난 기의 인플레이션(π_{t-1})과 실업률(un_{t-1})에 근거하여 결정된다고 가정하자.

$$i_t^* = c + \beta_1\pi_{t-1} + \beta_2 un_{t-1} \tag{4.16}$$

식 (4.16)에 의해 최적금리가 결정되었다고 하자. 예를 들어 지난 기의 기준금리가 4%이고, 이번 기의 최적금리는 2%라고 하자. 이러한 경우 일반적으로 중앙은행은 경기변동을 고려해서 기준금리를 바로 최적금리로 변동시키지 않고 지난 기의 금리와 최적금리 사이로 점차적으로 하락시킨다. 즉, 이번 기의 실제 기준금리는 다음의 식과 같이 지난기의 기준금리와 최적금리의 가중 평균으로 결정된다. 이러한 중앙은행의 의사결정 행위를 smoothing operation이라고 한다.

$$i_t = (1-\rho)i_t^* + \rho i_{t-1} + e_t, \quad e_t|\sigma^2 \sim \text{Normal}(0, \sigma^2) \tag{4.17}$$

식 (4.17)에 오차항(e_t)은 통화정책 충격으로 위의 예에서 $\rho = 0.5$일 때, 이번 기의 기준금리는 3%이지만 통화정책 충격에 의해 더 커질 수도 있고 작아질 수도 있다.

추정을 위해 식 (4.16)을 식 (4.17)에 대입하면 다음과 같은 비선형 모형이 유도된다.

$$i_t = (1-\rho)c + (1-\rho)\beta_1\pi_{t-1} + (1-\rho)\beta_2 un_{t-1} + \rho i_{t-1} + e_t \tag{4.18}$$

모형화를 위해 식 (4.18)를 i_t의 조건부 분포로 표현하면 다음과 같다.

$$i_{t-1}|\mathcal{F}_{t-1}, \gamma, \sigma^2 \sim \text{Normal}(x'_{t-1}\gamma, \sigma^2)$$

또는

$$Y|\gamma, \sigma^2 \sim \text{Normal}(X\gamma, \sigma^2 I_{T-1}) \tag{4.19}$$

단, $x_{t-1} = (1 \ \pi_{t-1} \ un_{t-1} \ i_{t-1})'$이며 $\gamma = [(1-\rho)c \ (1-\rho)\beta_1 \ (1-\rho)\beta_2 \ \rho]'$이고, $Y = (i_2, i_3, \ldots, i_T)'$, $X = (x_1, x_2, \ldots, x_{T-1})'$이다. $\mathcal{F}_{t-1}$은 $t-1$시점까지의 모든 정보를 의미한다. 모형으로부터 로그 우도 함수는

$$\log f(Y|\theta) = \log \text{Normal}(Y|X\gamma, \sigma^2 I_{T-1})$$

으로 주어진다.

식 (4.19)에서 추정해야 하는 파라미터들의 집합 θ는

$$\theta = (\rho, c, \beta_1, \beta_2, \sigma^2)$$

이다. 모형을 완성하기 위해서 사전 분포에 대한 가정이 필요하다. 먼저 ρ는 지난 기 금리와 타깃금리에 대한 가중치이므로 항상 0보다 크고 1보다 작아야 한다. 따라서 이 예에서는 서포트가 0과 1 사이인 베타 분포를 ρ의 사전 분포로 가정하였다. c 는 금리의 평균적인 수준을 나타내므로 평균이 5이고 표준편차가 3인 정규 분포로 설정하였다. β_1과 β_2는 각각 인플레이션과 실업률에 대한 금리의 반응이다. 이론상 금리는 인플레이션에 대해서 양의 반응을, 실업률에 대해서는 음의 반응을 나타낸다. 특히 β_1이 1보다 크면 적극적인 통화정책, 1보다 작으면 소극적인 통화정책이라고 평가한다. 따라서 β_1과 β_2는 각각 평균이 1과 -1이고 표준편차가 0.5인 정규 분포로 가정하였다.

마지막으로 σ^2에 대해서는 선형회귀모형의 예에서와 같이 역감마 분포를 가정한다.

$$\rho \sim \text{Beta}(10, 10), \quad c \sim \text{Normal}(5, 9), \quad \beta_1 \sim \text{Normal}(1, 0.25)$$
$$\beta_2 \sim \text{Normal}(-1, 0.25), \quad \sigma^2 \sim \text{InverseGamma}(4, 12).$$

따라서 로그 사전 밀도는

$$\log \pi(\theta) = \log \text{Beta}(\rho|5, 5) + \log \text{Normal}(c|6, 1) + \log \text{Normal}(\beta_1|1, 0.25)$$
$$+ \log \text{Normal}(\beta_2|-1, 0.25) + \log \text{InverseGamma}(\sigma^2|4, 12)$$

그림 4.8: β_1의 사전 및 사후 분포

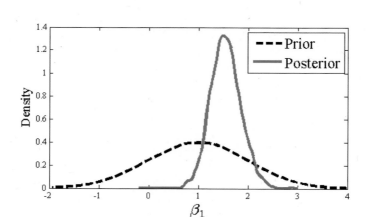

이다. 사후 분포의 최빈값 $\hat{\theta}$을 찾기 위한 최적화 과정에

$$0 < \rho < 1, \ \sigma^2 > 0 \qquad\qquad (4.20)$$

라는 제약이 부여된다. ρ는 0과 1 사이의 값을 가져야 되고, σ^2은 양수여야 하기 때문이다.

4.8.2 추정결과

자료는 1980년 1/4분기부터 2001년 3/4분기까지 분기별 미국 금리, 실업률, 인플레이션율을 사용하였다. 표 4.2는 동일한 통화정책반응함수를 세 가지 다른 방식의 M-H 기법으로 추정한 결과를 나타낸다. 번인은 2,000이고 번인 이후의 시뮬레이션 크기는 20,000이다. 그림 4.8은 인플레이션에 대한 금리의 반응인 β_1의 사전, 사후 분포를 나타낸 것이다. 사후 평균은 1보다 크게 추정돼서 적극적인 통화정책이 집행되었다고 볼 수도 있다. 또한 표 4.2에 있는 β_1의 신용구간이 1보다 크므로 통화정책이 통계적으로 유의하게 적극적이었다고 해석할 수 있다.

한편 실업률에 대한 최적금리의 반응인 β_2는 -0.37로 추정되었다. 이는 실업률이 1%p 상승하면 최적금리는 평균적으로 -0.37% 낮아진다는 것이다. 하지만 95% 신용구간이 양의 값을 일부 포함하므로 통계적 유의성은 강하지 않다고 볼 수 있다. 이런 경우에는 β_2가 음수일 사후 확률을 보고하는 것도 결과를 해석하거나 나타내는 좋은 방법일 수 있다.

다음으로 표 4.2로부터 파라미터의 사후 분포 추정결과가 추정방식에 따라서 아주 조금씩의 차이가 발생함을 알 수 있다. 이러한 차이는 각각의 시뮬레이션 기법이 상이한 효율성을 갖기 때문이다. 통화정책반응함수의 추정결과상으로 Tailored Independent M-H 기법이 가장 효율적이므로 가장 신뢰할 만하다. 반면 임의보행 M-H 기법은 20 에 가까운 비효율성 계수를 나타내므로 보다 정확한 추정을 위해 시뮬레이션 크기를 50,000 정도로 늘릴 필요가 있다.

표 4.2: 통화정책 반응함수 추정결과

	평균	표준오차	2.50%	97.50%	비효율성 계수	수용률(%)
ρ	0.74	0.05	0.63	0.84	16.02	32.96
c	4.58	1.55	1.72	7.88	17.58	32.96
β_1	1.47	0.23	1.01	1.94	19.46	32.96
β_2	-0.37	0.26	-0.94	0.11	17.09	32.96
σ^2	1.23	0.18	0.93	1.63	17.55	32.96

(a) 임의보행 M-H

	평균	표준오차	2.50%	97.50%	비효율성 계수	수용률(%)
ρ	0.74	0.05	0.63	0.83	3.33	63.74
c	4.53	1.56	1.62	7.73	3.42	63.74
β_1	1.48	0.23	1.03	1.95	4.44	63.74
β_2	-0.37	0.27	-0.93	0.13	3.32	63.74
σ^2	1.23	0.19	0.92	1.67	6.16	63.74

(b) Tailored Independent M-H

	평균	표준오차
ρ	0.72	0.05
c	4.30	1.46
β_1	1.48	0.21
β_2	-0.33	0.25
σ^2	1.15	0.17

(c) 라플라스 근사

제 5 장

수렴여부 및 효율성 측정

3장과 4장에서 우리는 깁스 샘플링, 임의보행 M-H 알고리즘, Tailored M-H 알고리즘 등 사후 분포 샘플링을 위한 여러 가지 MCMC 기법에 대해서 공부하였다. 이 중 어떤 MCMC 기법을 사용하든 사후 시뮬레이션(posterior simulation)을 하고 나면 반드시 마코프 체인이 타깃 분포로 수렴하였는지 그리고 얼마나 효율적으로 샘플링이 이루어졌는지를 점검해야 한다. 왜냐하면 마코프 체인이 수렴하고, 충분한 크기의 시뮬레이션이 이루어져야만 사후 분포를 정확하게 추론할 수 있기 때문이다. 충분한 시뮬레이션의 크기는 전적으로 샘플링의 효율성에 의존하는데 샘플링이 비효율적일수록 더 큰 시뮬레이션 크기가 요구된다.

사후 분포 시뮬레이션의 정확도를 점검하기 위해 마코프 체인의 수렴 여부 및 효율성을 평가하는 작업을 사후 샘플링 진단(Diagnostics) 또는 수렴 진단(Convergence diagnostics)이라고 한다. 사후 샘플링 진단에는 두 가지 평가지표:

- 비효율성 계수(inefficiency factor, Chib(2001))

- Geweke's p-값

이 자주 사용된다.

5.1 비효율성 계수

MCMC 기법으로 사후 샘플링을 하게 되면 파라미터별 사후 샘플들을 얻을 수 있다. 비효율성 계수는 파라미터별로 계산되는데, 예를 들어 특정 파라미터의 사후 샘플의 k차 자기상관 계수(the k-th order autocorrelation coefficient)를 $\rho(k)$라고 표기하면, 비효율성 계수는

$$1 + 2\sum_{k=1}^{\infty} \rho(k)$$

로 정의되고, 실증적으로

$$1 + \frac{2 \times B}{B-1} \sum_{j=1}^{B} K(j/B)\hat{\rho}(j)$$

로 추정된다. 여기서 $\hat{\rho}(j)$는 사후샘플의 j차 표본 자기상관 계수(the j-th order sample autocorrelation coefficient)이고 $K(\cdot)$는 파젠 커널(Parzen kernel)이다.[1] 통상적으로 B는 200 이상으로 설정된다. 비효율성 계수가 클수록 사후 샘플링이 비효율적임을 의미한다. 가장 이상적인 샘플링은 매 반복시행이 독립인 경우이며 그때의 자기상관은 0이므로 비효율성 계수는 1이 된다. 기본적으로 이 지표는 사후샘플의 자기상관이 높을수록 비효율적인 샘플링으로 간주하는 진단기법이다.

지금부터는 그 이유를 직관적으로 이해하기 위해 파라미터의 마코프 체인 과정을 1차 자기상관 (AR(1)) 확률과정에 빗대어 보자. 우선 아래와 같이 세 개의 AR(1) 과정을 고려해보자.

(i) $\theta_t | \theta_{t-1} \sim \text{Normal}(0, 1)$

(ii) $\theta_t | \theta_{t-1} \sim \text{Normal}(0.8 \times \theta_{t-1}, 1 - (0.8)^2)$

(iii) $\theta_t | \theta_{t-1} \sim \text{Normal}(0.99 \times \theta_{t-1}, 1 - (0.99)^2)$

위 세 AR(1) 확률과정의 조건부 분포 $\theta_t | \theta_{t-1}$는 서로 다른 자기상관계수를 갖지만 비조건부 분포는 동일하다. 즉, 위 세 과정은 모두 표준 정규 분포

$$\theta_t \sim \text{Normal}(0, 1)$$

를 비조건부 분포로 갖는다.

우리는 깁스 샘플링 알고리즘에서 어떤 파라미터의 완전 조건부 분포에서 추출된 값들을 그 파라미터의 사후 분포에서 추출된 것으로 간주하였다. 이 예에서도 세 확률과정 모두 안정적(stationary)이므로 조건부 분포로부터 추출된 샘플들은 비조건부 분포인 표준 정규 분포의 샘플로 취급된다. 그림 5.1은 각각의 AR(1) 과정에서 2,000개의 샘플을 추출한 다음, 시계열과 히스토그램을 그린 것이다. 여기서 히스토그램은 비조건부 분포의 추정결과이다. 자기상관 계수가 클수록 시계열의 지속성(persistence)이 커지고 히스토그램이 표준 정규 분포의 밀도함수와 상이한 형태를 띤다는 것을 쉽게 볼 수 있다. 자기상관이 0인 경우에는 히스토그램이 표준 정규 분포와 유사하지만 0.99인 경우는 전혀 그렇지가 않다.

---

[1] 파젠 커널의 계산 방법은 전혀 복잡하지 않지만 지면의 효율적인 활용을 위해 본문에 설명하지 않는다. 구체적인 계산 방법이 궁금하다면 본 교재의 웹사이트에서 제공되는 매틀랩 라이브러리 폴더 안에 있는

그림 5.1: 자기상관과 비효율성 (**n=2,000**)

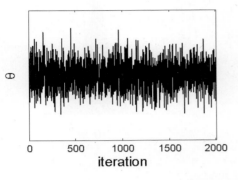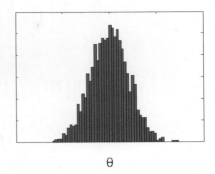

(a) 자기상관계수 = 0

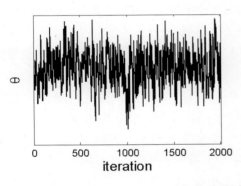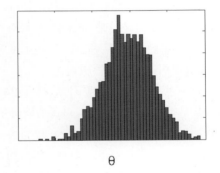

(b) 자기상관계수 = 0.8

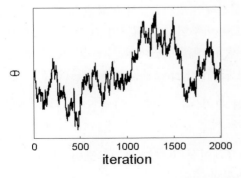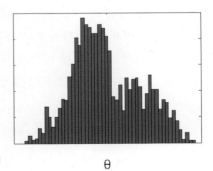

(c) 자기상관계수 = 0.99

그림 5.2: 자기상관과 비효율성 (**n=200,000**), 자기상관계수 = **0.99**

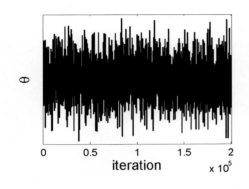 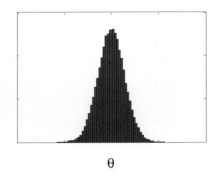

자기상관이 0.99일 때 자기상관이 0일 때와 동등한 수준의 결과를 얻기 위해서는 시뮬레이션 크기를 더욱 늘려야 한다. 그림 5.2은 200,000개의 샘플을 추출해서 그린 것으로 샘플이 2,000개일 때와 달리 히스토그램이 표준 정규 분포의 형태를 띤다. 결론적으로, 비조건부 분포를 정확하게 추정하기 위해서는 샘플의 자기상관이 높을 수록 더 많은 조건부 분포 샘플이 요구된다. 샘플의 자기상관이 높을수록 샘플링이 비효율적이라고 할 수 있다.

마코프 체인에 의해 사후 샘플링되는 파라미터의 효율성을 평가할 때도 동일한 논리가 적용된다. 추출된 파라미터의 샘플들이 반복시행에 따라서 자기상관계수가 0 이나 0.8인 AR(1) 과정처럼 어떤 값을 중심으로 빠르게 진동을 하며 움직인다면 사후 샘플링이 효율적이라고 판단할 수 있다. 하지만 자기상관계수가 0.99인 AR(1) 과정 처럼 어떤 값을 중심으로 상대적으로 매우 느리게 진동하며 움직인다면 비효율적인 사후 샘플링으로 간주된다. 샘플링이 비효율적인 경우에는 시뮬레이션 크기를 충분히 크게 설정해야 사후 분포를 정확하게 추론할 수 있다.

그렇다면 시뮬레이션의 크기는 어떻게 설정해야 할까? 앞서 언급한 바와 같이 가장 이상적인 샘플링은 각 반복시행이 독립적으로 이루어졌을 때이며 그때의 비효율성계 수는 1이다. 적어도 1,000개 이상의 독립 추출된 샘플이 있어야 사후 분포를 정확하게 추론할 수 있다고 본다면, 실효 시뮬레이션 크기(effective simulation size)인

$$\frac{\text{시뮬레이션 크기}(n)}{\text{비효율성 계수}}$$

가 1,000 이상이어야 한다. 여기서 실효 시뮬레이션 크기는 자기상관이 있는 샘플의 수를 자기상관이 없는 독립 샘플의 수로 변환한 것이다. 예를 들어, 시뮬레이션 크기 가 1,000이고 비효율성 계수가 1이라면 1,000개의 샘플 모두 자기상관이 없는 독립

ParzenK.m 파일을 참조하길 바란다.

샘플이고, 비효율성 계수가 10이라면 1,000개 중 100개만이 독립샘플이다. 이 경우 1,000개의 독립 샘플을 얻고자 한다면 시뮬레이션 크기를 10,000번 이상으로 해야 한다. 참고로 비효율성 계수는 시뮬레이션 크기가 커짐에 따라서 어떤 특정한 값으로 수렴한다. 따라서 시뮬레이션 크기가 어느 수준 이상이 되면 실효 시뮬레이션 크기는 지속적으로 증가하게 된다.

동일한 계량모형에 대해서 M-H 샘플링의 효율성을 결정짓는 요소는 무엇일까? 그것은 블록킹(Blocking)과 후보 생성 분포의 선택에 의존한다. 블록의 수를 하나로 할 것이냐 아니면 여러 개로 할 것이냐? 만약 다블록으로 한다면 블록의 수와 구성은 어떻게 할 것이냐?가 효율성에 중요한 영향을 미친다. 뿐만 아니라, 단블록과 다블록 모두 후보 생성 분포를 임의보행으로 할 것이냐 아니면 Tailored M-H로 할 것이냐에도 크게 의존한다. 블록킹과 후보 생성 분포에 대한 선택 또한 주어진 계량모형에 의존한다. 즉 파라미터의 수가 많고 복잡할수록 계산적인 부담(computational burden)이 높은 다블록-Tailored M-H 기법의 이득이 커질 것이고, 반대의 경우라면 단블록-임의보행 M-H 기법만으로도 충분히 효율적인 사후샘플링이 가능하다.

5.2 Geweke's p-값

만약 사후 분포를 추론하는 데 있어 시뮬레이션의 크기가 충분히 크다면 즉, 샘플의 분포가 사후 분포로 수렴했다면 n개의 샘플은 모두 같은 분포에서 추출된 것이기 때문에 첫 번째 절반의 표본평균과 나머지 절반의 표본평균이 같아야 할 것이다. 만약 두 개의 표본평균이 크게 다르다면 샘플링이 비효율적이거나 마코프 체인이 타깃 분포로 수렴하지 않은 것으로 간주할 수 있다.

Geweke's p-값은 이러한 직관에 기반한 진단기법인데 구체적으로 어떻게 계산되는 지 알아보자. 먼저 시뮬레이션 크기가 $n = n_0 + n_1$ 일 때, 번인 크기 n_0 만큼의 샘플을 제외한 n_1 개의 샘플을 다시 세 부분으로 나눈다. 첫 부분의 크기를 n_A 개, 중간 부분의 크기를 n_B 개, 마지막 부분의 크기를 n_C 개라고 하자. 예를 들어, $n_1 = 10,000$ 이면 $n_A = 0.3 \times n_1 = 3,000$, $n_B = 0.4 \times n_1 = 4,000$ 이며 $n_C = 0.3 \times n_1 = 3,000$ 로 할 수 있다. 중간의 n_B 개를 제외한 첫 번째 n_A 개의 샘플로부터 계산된 표본평균을 $\hat{\theta}_{n_A}$ 라고 하고, 마지막 n_C 개의 샘플로부터 계산된 표본평균을 $\hat{\theta}_{n_C}$ 라고 하자. 마지막으로 $\hat{\sigma}_A / \sqrt{n_A}$ 와 $\hat{\sigma}_C / \sqrt{n_C}$ 를 각각 $\hat{\theta}_{n_A}$ 와 $\hat{\theta}_{n_C}$ 의 표준오차로 정의하면 아래와 같이 정의되는 CD(convergence diagnostic)값이 계산된다.

$$CD = \left(\hat{\theta}_{n_A} - \hat{\theta}_{n_c} \right) \div \left(\frac{\hat{\sigma}_A}{\sqrt{n_A}} + \frac{\hat{\sigma}_C}{\sqrt{n_C}} \right)$$

CD는 중심극한정리에 의해 표준 정규 분포로 수렴하므로 주어진 CD값에 대해 표준 정규 분포의 누적분포밀도를 이용해서 아래와 같이 Geweke's p-값을 계산할 수 있다.

$$\text{Geweke's } p = 2 \times [1 - \Phi(|CD|)]$$

단, $\Phi(\cdot)$는 표준 정규 분포의 누적밀도함수이다.

그렇다면 계산된 Geweke's p-값을 통해 MCMC 시뮬레이션이 얼마나 효율적인지 비효율적인지 또는 샘플의 분포가 사후 분포로 수렴했는지 안 했는지를 어떻게 판단할 수 있을까? 먼저 유의수준 α를 임의로 선택한다. 통상적으로 0.01 또는 0.05로 유의수준이 설정된다. 그런 다음, 만약 Geweke's p-값이 유의수준 α보다 작으면 샘플링이 비효율적이거나 시뮬레이션의 크기가 충분히 크지 않은 것으로 해석된다. 반대로 Geweke's p-값이 1에 가까울수록 효율적인 샘플링을 의미한다. 즉, 귀무가설이 '시뮬레이션의 크기가 충분히 크다.' 또는 '샘플의 분포가 사후 분포로 수렴했다.'일 때, CD값이 유의수준 α에 해당하는 임계치를 벗어나거나 Geweke's p-값이 α보다 작으면 귀무가설을 기각하는 것이다.

예를 들어, 5% 유의수준에서 Geweke's p-값이 0.05보다 작으면 번인의 크기가 작아서 번인 이후의 사후 샘플들이 사후 분포로부터 임의 추출됐다고 볼 수 없다고 판단한다. 이런 경우에는 번인의 크기를 늘려서 다시 사후 샘플링을 한 다음, 수렴 진단을 재차 시행해야 한다.

제 6 장

응용

우리는 4장에서 사후 샘플링을 위한 M-H 알고리즘을 배웠다. 그런 다음, 5장에서는 사후 샘플링이 제대로 이루어졌는지를 판단하기 위한 진단방법들에 대해서 공부하였다. 이 장에서는 앞서 배운 샘플링 기법과 진단 방법들을 활용하여 여러 구체적인 계량모형을 추정하고자 한다.

6.1 오차항이 스튜던트-t 분포인 다중선형회귀모형

6.1.1 모형 설정

선형회귀모형의 오차항이 정규 분포가 아니라 자유도가 ν인 스튜던트-t 분포를 따른다는 가정하에서 모형을 추정해보고자 한다. 정규 분포 대신에 스튜던트-t 분포를 가정하는 이유는 자료의 성격에 따라 오차항 분포의 꼬리가 두꺼운 현상(fat tail)이 자주 발견되기 때문이다. 특히 이러한 현상은 금융시계열자료에서 많이 나타난다. 이런 경우, 오차항의 분포를 스튜던트-t 분포로 가정하면 파라미터 추정의 정확도를 향상시킬 수 있을 뿐만 아니라, 보다 효율적으로 금융자산의 위험을 측정할 수 있다. β와 σ^2의 사전 분포는 앞서 다룬 정규 분포 오차항의 경우와 동일하다.

$$\beta \sim \text{Normal}(\beta_0, B_0), \tag{6.1}$$
$$\sigma^2 \sim \text{InverseGamma}\left(\frac{\alpha_0}{2}, \frac{\delta_0}{2}\right),$$
$$Y = X\beta + e, \quad e|\sigma^2 \sim St(0, \sigma^2 I_T, v)$$

일단 오차항의 분포를 정규 분포가 아닌 스튜던트-t 분포로 가정하면 β와 σ^2의 완전 조건부 분포가 표준적이지 않기 때문에 깁스 샘플링을 적용하기 힘들다. 이런 경우 통상적으로 M-H 알고리즘을 사용하지만, 스튜던트-t 분포의 특성을 이용하여 위 계량모형을 깁스 샘플링이 적용가능한 모형으로 변환할 수 있다.

식 (6.1)을 벡터와 스칼라(scalar)로 표현하면 다음과 같다.

$$y_t = x_t'\beta + e_t, \quad e_t|\sigma^2 \sim St(0, \sigma^2, \nu) \tag{6.2}$$

이미 제3장 1절에서 본 바와 같이 스튜던트-t 분포는 정규 분포와 감마 분포의 결합과 동일하다. 따라서, 식 (6.2)는

$$\lambda_t \sim \text{Gamma}\left(\frac{\nu}{2}, \frac{\nu}{2}\right),$$

$$y_t = x_t'\beta + e_t, \quad e_t|\sigma^2, \lambda_t \sim \text{Normal}(0, \lambda_t^{-1}\sigma^2)$$

로 나타낼 수 있다. 위의 회귀방정식에서 오차항 e_t는 λ_t가 주어져 있지 않다면 스튜던트-t 분포를 따르지만 λ_t가 특정 값으로 주어져 있을 때는 정규 분포를 따르며 λ_t에 의해 이분산을 갖는다. 결과적으로 오차항이 스튜던트-t 분포인 선형회귀모형은 아래와 같이 다시 표현할 수 있다.

$$\beta \sim \text{Normal}(\beta_0, B_0), \quad \sigma^2 \sim \text{InverseGamma}\left(\frac{\alpha_0}{2}, \frac{\delta_0}{2}\right),$$

$$\lambda_t \sim \text{Gamma}\left(\frac{\nu}{2}, \frac{\nu}{2}\right),$$

$$y_t = x_t'\beta + e_t, \quad e_t|\sigma^2, \lambda_t \sim \text{Normal}(0, \lambda_t^{-1}\sigma^2)$$

6.1.2 사후 샘플링

이 계량모형에서 우리가 사후 샘플링할 파라미터는 β와 σ^2뿐만 아니라 λ_t도 포함된다. 여기서 주목할 점은 β와 σ^2에는 하첨자 t가 붙지 않지만, λ_t에는 하첨자 t가 붙는다는 것이다. 즉, λ_t에 대한 깁스샘플링 과정에서 모든 시점 t에 대해 λ_t의 사후 분포를 추출해야 한다. 사전 분포가 Gamma $\left(\frac{\nu}{2}, \frac{\nu}{2}\right)$라는 것은 모든 $t = 1, 2, \ldots, T$에 대해 λ_t들의 사전 분포가 동일하다고 가정한 것일 뿐, 사후 분포는 주어진 자료에 의해서 시점별로 달라질 수 있다.

이제 구체적으로 $\beta, \sigma^2, \{\lambda_t\}_{t=1}^T$의 샘플링 과정에 대해서 알아보자. β와 σ^2의 샘플링은 기존 회귀모형의 방법과 크게 다르지 않으며, $\{\lambda_t\}_{t=1}^T$의 완전 조건부 분포도 표준적으로 어렵지 않게 유도된다. 우선 $\{\lambda_t\}_{t=1}^T$의 초기값을 모든 시점에 대해서 1이라고 두고, σ^2도 사전 분포의 평균값으로 초기값을 설정한다.

β 샘플링

λ_t가 주어져 있을 때 오차항이 조건부 이분산이기 때문에 회귀식의 각 항에 $\sqrt{\lambda_t}$를 곱하면 이분산이 제거되어 오차항의 분포가 동분산이며 정규 분포인 모형으로 변형

된다.

$$\sqrt{\lambda_t} y_t = \sqrt{\lambda_t} x_t' \beta + \sqrt{\lambda_t} e_t$$
$$y_t^* = x_t^{*\prime} \beta + e_t^*$$

단, $y_t^* = \sqrt{\lambda_t} y_t$, $x_t^{*\prime} = \sqrt{\lambda_t} x_t'$, $e_t^* = \sqrt{\lambda_t} e_t$ 이며, $e_t^* | \sigma^2 \sim \text{Normal}(0, \sigma^2)$ 이다.

그러면 <연습문제 2.2.5>의 결과를 이용해서 β의 완전 조건부 분포를 쉽게 도출할 수 있다.

$$\beta | Y, \sigma^2, \{\lambda_t\}_{t=1}^T \sim \text{Normal}(B_1 A, B_1).$$

단,

$$B_1 = \left(\sigma^{-2} \sum_{t=1}^T x_t^* x_t^{*\prime} + B_0^{-1} \right)^{-1} = \left(\sigma^{-2} \sum_{t=1}^T \lambda_t x_t x_t' + B_0^{-1} \right)^{-1}$$

$$A = \left(\sigma^{-2} \sum_{t=1}^T x_t^* y_t^* + B_0^{-1} \beta_0 \right) = \left(\sigma^{-2} \sum_{t=1}^T \lambda_t x_t y_t + B_0^{-1} \beta_0 \right)$$

위의 B_1과 A를 행렬 형태로 표현하면,

$$\Lambda = diag(\lambda_1, \lambda_2, .., \lambda_T) = \begin{pmatrix} \lambda_1 & 0 & \cdots & 0 \\ 0 & \lambda_2 & & \vdots \\ \vdots & & \ddots & 0 \\ 0 & \cdots & 0 & \lambda_T \end{pmatrix},$$

$$B_1 = (\sigma^{-2} X' \Lambda X + B_0^{-1})^{-1},$$
$$A = \sigma^{-2} X' \Lambda Y + B_0^{-1} \beta_0$$

이다.

σ^2 샘플링

σ^2도 선형회귀모형의 예에서와 동일하게 완전 조건부 분포가 유도된다.

$$\sigma^2 | Y, \beta, \{\lambda_t\}_{t=1}^T \sim \text{InverseGamma} \left(\frac{T + \alpha_0}{2}, \frac{1}{2} \left(\delta_0 + \sum_{t=1}^T (y_t^* - x_t^{*\prime} \beta)^2 \right) \right)$$

$$\equiv \text{InverseGamma} \left(\frac{T + \alpha_0}{2}, \frac{1}{2} \left(\delta_0 + \sum_{t=1}^T \lambda_t (y_t - x_t' \beta)^2 \right) \right)$$

$$\equiv \text{InverseGamma}\left(\frac{T+\alpha_0}{2}, \frac{1}{2}\left(\delta_0 + (Y - X\beta)'\Lambda(Y - X\beta)\right)\right)$$

$\{\lambda_t\}_{t=1}^T$ 샘플링

마지막으로 $\{\lambda_t\}_{t=1}^T$의 완전 조건부 분포를 유도하고 샘플링한다. 베이즈 법칙에 의해서,

$$\pi\left(\lambda_t | Y, \beta, \sigma^2, \lambda_{-t}\right) \propto f(Y|\beta, \sigma^2, \{\lambda_t\}_{t=1}^T)\pi\left(\{\lambda_t\}_{t=1}^T\right)$$

이다. $\lambda_{-t} = \{\lambda_1, \lambda_2, ,.., \lambda_{t-1}, \lambda_{t+1}, .., \lambda_T\}$는 $\{\lambda_t\}_{t=1}^T$에서 λ_t를 제외한 집합이다. 종속변수 $\{y_t\}_{t=1}^T$들은 만약 β가 주어져 있지 않다면 회귀방정식에서 공통된 확률변수 β를 공유하기 때문에 독립이 아니지만 β가 주어져 있다면 상호간에 독립이다. 따라서 우도함수는 y_t들의 개별 확률밀도의 곱으로 표현할 수 있다.

$$f(Y|\beta, \sigma^2, \{\lambda_t\}_{t=1}^T) = \prod_{t=1}^T f(y_t|\beta, \sigma^2, \lambda_t)$$

또한, $\{\lambda_t\}_{t=1}^T$가 상호간에 독립이기 때문에 y_t의 확률밀도함수에서는 모든 $\{\lambda_t\}_{t=1}^T$들을 알 필요가 없고, λ_t만 주어져 있으면 충분하다. 따라서 λ_t의 완전 조건부 분포는 y_t의 조건부 밀도(정규 분포)와 λ_t의 사전 밀도(감마 분포)의 곱에 비례한다.

$$\begin{aligned}\pi\left(\lambda_t | Y, \beta, \sigma^2, \lambda_{-t}\right) &\propto f(Y|\beta, \sigma^2, \{\lambda_t\}_{t=1}^T)\pi\left(\{\lambda_t\}_{t=1}^T\right)\\ &\propto f(y_t|\beta, \sigma^2, \lambda_t)\pi\left(\lambda_t\right)\\ &= \frac{1}{\sqrt{2\pi\sigma^2\lambda_t^{-1}}} \exp\left(-\frac{1}{2\sigma^2\lambda_t^{-1}}\left(y_t - x_t'\beta\right)^2\right)\\ &\times \left[\lambda_t^{\frac{\nu}{2}-1} \exp\left(-\frac{\nu}{2}\lambda_t\right)\right]\end{aligned}$$

위 식에서 다시 λ_t와 관련 없는 부분을 제거하여 정리하면,

$$\pi\left(\lambda_t | Y, \beta, \sigma^2, \lambda_{-t}\right) \propto \lambda_t^{\frac{1+\nu}{2}-1} \exp\left(-\frac{\lambda_t}{2}\left(\nu + \frac{1}{\sigma^2}\left(y_t - x_t'\beta\right)^2\right)\right)$$

을 얻게 된다. $\pi\left(\lambda_t | Y, \beta, \sigma^2, \lambda_{-t}\right)$의 커널이 감마 분포의 커널과 동일하므로 결국 λ_t의 완전 조건부 분포 또한 사전 분포처럼 감마 분포가 된다.

$$\lambda_t | Y, \beta, \sigma^2, \lambda_{-t} \sim \text{Gamma}\left(\frac{\nu+1}{2}, \frac{1}{2}\left(\nu + \frac{1}{\sigma^2}\left(y_t - x_t'\beta\right)^2\right)\right)$$

모든 시점 $t = 1, 2, \ldots, T$에 대해서 λ_t를 완전 조건부 분포로부터 샘플링하면 λ_t의 시계열인 $\{\lambda_t\}_{t=1}^T$가 추출된다.

알고리즘 **6.1**: 오차항이 스튜던트-**t** 분포인 다중선형회귀모형

0 단계 : 초기값 $(\{\lambda_t^{(0)}\}_{t=1}^T, \sigma^{2(0)})$ 를 결정하고, $j = 1$ 로 설정한다.

1 단계 : $\beta|Y, \{\lambda_t^{(j-1)}\}_{t=1}^T, \sigma^{2(j-1)}$ 에서 $\beta^{(j)}$ 를 샘플링한 뒤 저장한다.

2 단계 : $\sigma^2|Y, \beta^{(j)}, \{\lambda_t^{(j-1)}\}_{t=1}^T$ 에서 $\sigma^{2(j)}$ 를 샘플링한 뒤 저장한다.

3 단계 : $t = 1, 2, .., T$ 에 대해 $\lambda_t|Y, \beta^{(j)}, \sigma^{2(j)}$ 에서 $\lambda_t^{(j)}$ 를 샘플링한 뒤 저장한다.

4 단계 : $j = j + 1$ 로 설정하고, $j \leq n$ 이면 1 단계로 돌아간다.

연습문제 **6.1**

스튜던트-t 분포의 자유도 v 도 추정해야 할 파라미터인 경우를 고려해보자. 만약 자유도가 30 이상의 큰 값으로 추정된다면 오차항의 분포를 스튜던트-t 분포로 설정하는 것보다는 정규 분포로 가정하는 것이 바람직할 것이다. 반대로 v 가 10 이나 15정도의 작은 값으로 추정된다면 스튜던트-t 분포 오차항이 상대적으로 설득력 있는 모형설정이 될 것이다. 자유도 v 는 10, 15, 30 중 하나의 값을 가질 수 있는 이산 확률변수라고 가정하고 사전 분포는 균일하다고 설정한다.

$$\beta \sim \text{Normal}(\beta_0, B_0), \quad \sigma^2 \sim \text{InverseGamma}\left(\frac{\alpha_0}{2}, \frac{\delta_0}{2}\right),$$

$$\Pr[\nu] = 1/3, \quad \lambda_t|v \sim \text{Gamma}\left(\frac{\nu}{2}, \frac{\nu}{2}\right),$$

$$y_t = x_t'\beta + e_t, \quad e_t|\sigma^2, \lambda_t \sim \text{Normal}(0, \lambda_t^{-1}\sigma^2)$$

이러한 모형설정하에서 $v, \beta, \sigma^2, \{\lambda_t\}_{t=1}^T$ 의 사후 샘플링 과정을 설명하시오.

표 6.1: 파라미터의 추정치, 표준오차, 신용구간: 오차항이 스튜던트-**t** 분포인 선형회귀모형

	평균	표준오차	95% 신용구간
a_1	-1.77	2.83	[-7.30, 3.76]
a_2	1.10	1.36	[-1.58, 3.76]
σ^2	364.32	56.39	[269.45, 492.16]

6.1.3 예: 오차항이 스튜던트-t 분포인 유위험 이자율 평형설 추정

표 6.1은 오차항이 스튜던트-t 분포인 유위험 이자율 평형식을 추정한 결과이다. 오차항에 대한 가정 외에는 2장의 예와 모형설정 측면에서 동일하며 자유도는 15로 설정하였다. 2장에서 오차항이 정규 분포로 가정된 모형의 추정결과와 비교하면, 오차항이 스튜던트-t 분포이더라도 a_1과 a_2의 추정치가 각각 0과 1에 별로 가까워지지는 않았다. 또한 표준오차의 크기가 여전히 커서 a_1과 a_2가 0과 1에 각각 근접하다고 보기는 대단히 힘들다. 결과적으로 오차항 분포의 꼬리를 두텁게 하는 것이 유위험 이자율 평형이론에 보다 부합되는 결과를 얻는 데 도움이 된다고 볼 수 없다.

6.2 변수 선택

6.2.1 모형 설정

선형회귀모형을 이용한 통계분석에서 잠재적으로 중요한 설명변수의 수가 표본크기에 비해 지나치게 많아서 모두 고려하기는 힘들고, 그렇다고 해서 임의로 소수를 선택하기도 너무 자의적인 경우가 있다. 예를 들어, 종속변수가 원/달러 환율이라면 국내 및 미국의 경기, 물가, 통화량, 장단기금리 등등 이론적으로나 직관적으로 환율에 상당한 영향을 미칠 수 있는 변수들이 최소 20개 이상은 될 것이다. 마찬가지로 주택가격을 예측하고자 하는 경우에도 현재 주택가격과 더불어 경기, 가계소득, 가계부채, 물가상승률, 대출금리, 취업률, 인구변화 등등 고려되어야 할 설명변수가 너무도 많다. 하지만 실제 통계분석을 실시하면 대부분의 설명변수의 예측력은 강하지 않으며, 다른 설명변수의 포함여부에 따라서 특정변수의 통계적 유의성이 민감한 경향이 있다. 예측력 극대화를 위해서는 모형선택을 통해 중요한 변수를 골라내야 하지만, 현실적으로 주변우도를 통한 모형선택 계산비용이 과도하다. 예를 들어, 설명변수의 수가 20개인 경우, 비교대상 모형의 수가 무려 2^{20}개나 된다. 이와 같이 설명변수의 수가 대단히 많은 경우, 소수의 중요한 설명변수를 빠른 시간 내에 선택할 수 있는 대표적인 베이지안 접근법이 바로 베이지안 변수 선택(Bayesian variable selection)이다.

우선 총 설명변수의 수를 K, 각 설명변수의 계수를 $\{\beta_k\}_{k=1}^{K}$ 라고 하자. 변수선택 모형의 기본적인 아이디어는 중요하지 않은 설명변수의 계수는 0에 아주 가깝겠지만, 반대로 중요한 변수의 계수는 0과 상당한 차이가 있을 거라는 것이다. 이를 바탕으로 각 설명변수의 중요성 여부에 따라서 해당 계수는 아래와 같이 계층적인 사전 분포를 상정한다.

$$p \sim \text{beta}(a_0, c_0)$$

$$\Pr[\gamma_k = 1|p] = p \text{ and } \Pr[\gamma_k = 0|p] = 1 - p,$$

$$b_0 \sim \text{InverseGamma}(\alpha_{00}/2, \delta_{00}/2),$$

$$b_1 \sim \text{InverseGamma}(\alpha_{01}/2, \delta_{01}/2),$$

$$b_k = \gamma_k \times b_1 + [1 - \gamma_k] \times b_0,$$

$$\beta_k | \gamma_k, b_0, b_1 \sim \mathcal{N}(\beta_0 = 0, b_k) \text{ for } k = 1, 2, .., K$$

우선 p는 설명변수가 중요할 확률(inclusion probability)이며, K개 설명변수 중 중요한 설명변수의 수에 의해서 식별된다. γ_k는 k번째 설명변수 X_k의 중요성 여부를 나타내는 지시(indicator) 함수인데, 중요하면 1, 아니면 0의 값을 갖는다. p가 주어졌을 때, γ_k는 베르누이 분포에서 생성되며, p의 확률로 1, $(1 - p)$의 확률로 0의 값을 갖는다. 한편, b_0와 b_1은 각각 역감마 분포에서 생성되는 값들인데, b_0의 사전 평균, $\mathbb{E}(b_0) = \delta_{00}/(\alpha_{00} - 2)$이 0에 가까우면서 $\mathbb{E}(b_1) = \delta_{01}/(\alpha_{01} - 2)$보다 훨씬 작도록 하이퍼-파라미터들이 설정된다. 즉, $\gamma_k = 0$이면 β_k는 평균이 0이고 분산은 0에 아주 가까운 사전 분포를 갖는다.

그림 6.1: **Spike-and-Slab** 사전 분포

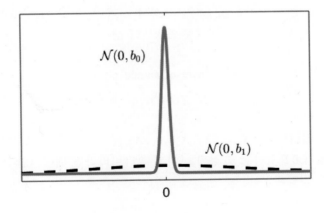

위의 과정을 통해 (γ_k, b_0, b_1)가 주어지면, β_k의 사전 분포는 조건부 정규 분포로 설정된다. 각 $k(= 1, 2, .., K)$에 대해서 만약 $\gamma_k = 1$이라면, β_k가 0과 상당히 다른 값을 가질 있도록 평균은 0이지만 분산이 큰 정규 분포, $\beta_k | \gamma_k = 1, b_1 \sim \mathcal{N}(0, b_1)$가 β_k의 (Slab) 사전 분포가 된다. 반대로 만약 $\gamma_k = 0$이면 X_k가 중요하지 않은 설명변수이므로 β_k가 0에 가까운 값을 갖도록 분산이 아주 작은 정규 분포, $\beta_k | \gamma_k = 0, b_0 \sim \mathcal{N}(0, b_0)$

가 β_k의 Spike 사전 분포가 된다(그림 6.1 참조).

그림 6.2: **Spike** 사전 분포의 역할

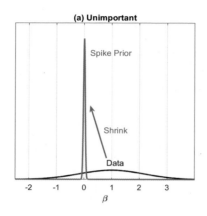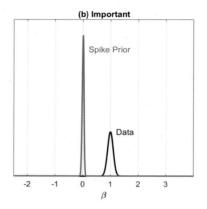

이러한 사전 분포를 따로 Spike-and-Slab prior라고 칭한다. Spike-and-Slab prior는 사후분포 샘플링 과정에서 중요한 설명변수의 계수는 자료의 정보에 의해서 추정되도록 하는 반면, 중요하지 않은 설명변수의 계수는 임의로 0에 더욱 가깝게 하는 역할을 한다. 따라서 불필요한 설명변수의 역할이 보다 축소되면서 중요한 설명변수의 예측력이 강화되는 효과가 발생한다(그림 6.2 참조).

이렇게 $\beta = (\ \beta_1 \quad \beta_2 \quad .. \quad \beta_K\ )'$가 생성되고 나면, 통상적인 선형회귀모형과 마찬가지로 종속변수 Y가 조건부 정규분포로부터 생성된다.

$$\sigma^2 \sim \text{InverseGamma}(\alpha_0/2, \delta_0/2),$$
$$Y|\beta, \sigma^2 \sim \mathcal{N}(X\beta, \sigma^2 I_T)$$

단, Y는 $T \times 1$ 벡터이고, $X = (X_1, X_2, \ldots, X_K)$는 $T \times K$ 행렬이다. 참고로 만약 $b_0 = b_1$이거나 p가 0 또는 1로 고정된 하이퍼 파라미터라면 베이지안 변수선택 모형은 선형회귀모형과 동일해진다.

6.2.2 사후 샘플링

지금부터는 변수선택모형의 사후분포 샘플링 과정에 대해서 설명하고자 한다. 우선 샘플링의 대상이 되는 것은

$$\theta = (p,\ \beta,\ b_0,\ b_1,\ \sigma^2)$$과 $$\Gamma = (\gamma_1,\ \gamma_2,\ ..,\gamma_K)'$$

의 사후 분포이다. 여기서 θ와 Γ는 모두 깁스 샘플링으로 사후 샘플링이 가능하며 그 과정은 다음과 같다.

β 샘플링

주어진 (Γ, b_0, b_1)에 의해서 β의 사전 분산-공분산이

$$B_0 = diag[(1 - \Gamma) \times b_0 + \Gamma \times b_1]$$

로 결정된다. 사전 평균은 Γ와 무관하게 0이므로, β의 완전조건부 분포는

$$\beta|Y, \theta_{-\beta}, \Gamma \sim \mathcal{N}(\bar{\beta}, \bar{B})$$

로 도출된다. 단, $\theta_{-\beta}$는 θ 중에서 β를 제외한 파라미터들을 의미하고 $\bar{B} = (\sigma^{-2}X'X + B_0^{-1})^{-1}$ 은 완전조건부 분포의 분산이며, $\bar{\beta} = \sigma^{-2}\bar{B}X'Y$ 는 평균이다.

σ^2 샘플링

σ^2의 완전조건부 분포는 선형회귀모형에서와 동일하게 역감마 분포,

$$\sigma^2|Y, \beta \sim \text{InverseGamma}((\alpha_0 + T)/2, (\delta_0 + (Y - X\beta)'(Y - X\beta))/2)$$

이다.

(b_0, b_1) 샘플링

β에서 γ_k가 1에 해당되는 계수들만 따로 모아서 만든 벡터를 $\beta_{\Gamma=1}$ 라고 하자. 그리고 $K_1 = \sum_{k=1}^{K} \gamma_k$ 는 γ_k가 1에 해당하는 계수들의 개수 또는 $\beta_{\Gamma=1}$ 의 차원을 표기한다. b_1 이 주어지면, $\beta_{\Gamma=1}|b_1$ 이 정규분포,

$$\beta_{\Gamma=1}|b_1 \sim \mathcal{N}(0, b_1)$$

를 따르고, b_1 의 사전 분포가 역감마 분포,

$$b_1 \sim \text{InverseGamma}(\alpha_{01}/2, \delta_{01}/2)$$

이다. 위 두 식을 보면, $\beta_{\Gamma=1}$ 가 종속변수이고, 설명변수는 존재하지 않으며, b_1 이 오차항의 분산에 해당하는 선형회귀식과 같다는 것을 알 수 있다. 따라서 $\beta_{\Gamma=1}$ 자체 가 잔차가 되고 InverseGamma-InverseGamma 업데이트를 적용하여 b_1 의 완전조건부

분포를 도출할 수 있다. 이때, b_1의 완전조건부 분포는

$$b_1|\theta_{-b_1}, \Gamma, Y \equiv b_1|\beta_{\Gamma=1} \sim \text{InverseGamma}((\alpha_{01} + K_1)/2, (\delta_{01} + \beta'_{\Gamma=1}\beta_{\Gamma=1})/2)$$

이다. 마찬가지로, γ_k가 0에 해당되는 계수들을 $\beta_{\Gamma=0}$라고 표기했을 때, b_0의 완전조건부 분포는

$$b_0|\beta_{\Gamma=0} \sim \text{InverseGamma}((\alpha_{00} + K_0)/2, (\delta_{00} + \beta'_{\Gamma=0}\beta_{\Gamma=0})/2)$$

이다. $K_0 = K - K_1$는 γ_k가 0에 해당하는 계수들의 개수 또는 이전 반복시행에서 중요하지 않은 설명변수로 식별된 설명변수의 수이다.

p 샘플링

p의 완전조건부 밀도는 우도와 사전 밀도의 곱에 비례한다.

$$\pi(p|\theta_{-p}, \Gamma, Y) \propto f(Y|\beta, \sigma^2)\pi(\beta|b_0, b_1, \Gamma)\pi(\Gamma|p)\pi(p)\pi(\sigma^2)$$

여기서 p와 무관한 항들은 정규화 상수에 해당되므로 p의 완전조건부 밀도는 단순히 Γ의 조건부 밀도와 p의 사전 밀도의 곱에 비례한다.

$$\pi(p|\theta_{-p}, \Gamma, Y) \propto \pi(\Gamma|p)\pi(p)$$

$\pi(\Gamma|p) = p^{K_1}(1-p)^{K_0}$이고 $\pi(p)$는 베타분포의 밀도이므로 p의 완전조건부 분포는 Γ에만 의존하는 베타분포

$$p|\Gamma \sim \text{beta}(a_0 + K_1, c_0 + K_0)$$

가 된다.

Γ 샘플링

γ_k의 완전조건부 확률, $\pi[\gamma_k|Y, \beta_k, p, b_0, b_1]$은 베이즈 룰에 의해 아래 값에 비례한다.

$$f(Y|\beta, \sigma^2)\pi(\beta|b_0, b_1, \Gamma)\pi(b_0)\pi(b_1)\pi(\Gamma|p)\pi(p)$$

여기서 (β_k, p, b_0, b_1)가 주어지면 γ_k의 완전조건부 확률은 Y에 의존하지 않는다. 또한 (β_k, γ_k)를 제외한 다른 계수와 지시 함수에도 사전적으로 독립이다. 따라서 γ_k의

완전조건부 확률은

$$\pi(\beta_k|b_0, b_1, \gamma_k)\pi(\gamma_k|p)$$

에 비례한다.

알고리즘 6.2: Spike-and-Slab 변수선택

0 단계 : 초기값 $(\theta^{(0)}_{-\beta}, \Gamma^{(0)})$를 사전 평균으로 설정하고, $j = 1$로 둔다.

1 단계 : $\beta^{(j)}$를

$$\beta|Y, \theta^{(j-1)}_{-\beta}, \Gamma^{(j-1)} \sim \mathcal{N}(\bar{\beta}, \bar{B})$$

로부터 샘플링한 뒤 저장한다.

2 단계 : $\sigma^{(j)}$을

$$\sigma^2|Y, \beta^{(j)} \sim \text{InverseGamma}((\alpha_0 + T)/2, (\delta_0 + (Y - X\beta^{(j)})'(Y - X\beta^{(j)}))/2)$$

로부터 샘플링한 뒤 저장한다.

3 단계 : $b_0^{(j)}$ 와 $b_1^{(j)}$를 각각

$$b_0|\beta^{(j)}, \Gamma^{(j-1)} \sim \text{InverseGamma}((\alpha_{00} + K_0)/2, (\delta_{00} + \beta^{(j)'}_{\Gamma^{(j-1)}=0}\beta^{(j)}_{\Gamma^{(j-1)}=0})/2),$$

$$b_1|\beta^{(j)}, \Gamma^{(j-1)} \sim \text{InverseGamma}((\alpha_{01} + K_1)/2, (\delta_{01} + \beta^{(j)'}_{\Gamma^{(j-1)}=1}\beta^{(j)}_{\Gamma^{(j-1)}=1})/2)$$

로부터 샘플링한 뒤 저장한다.

4 단계 : $p^{(j)}$를 $p|\Gamma \sim \text{beta}(a_0 + K_1, c_0 + K_0)$로부터 샘플링한 뒤 저장한다.

5 단계 : 각 k에 대해서 만약 $u \sim Unif(0,1)$가

$$\frac{p^{(j)} \times \mathcal{N}(\beta_k^{(j)}|0, b_1^{(j)})}{p^{(j)} \times \mathcal{N}(\beta_k^{(j)}|0, b_1^{(j)}) + (1 - p^{(j)}) \times \mathcal{N}(\beta_k^{(j)}|0, b_0^{(j)})}$$

보다 작으면 $\gamma_k^{(j)}$가 1, 아니면 0의 값을 갖는다.

6 단계 : $j = j + 1$로 설정하고, $j \leq n$이면 1 단계로 돌아간다.

지시 함수가 이산적이라는 성질을 이용하면, γ_k가 1일 완전조건부 확률 $\Pr[\gamma_k = 1|\beta_k, p, b_0, b_1]$은

$$\Pr[\gamma_k = 1|\beta_k, p, b_0, b_1]$$
$$= \frac{\pi(\beta_k|p, b_0, b_1, \gamma_k = 1)\Pr[\gamma_k = 1|p]}{\pi(\beta_k|p, b_0, b_1, \gamma_k = 1)\Pr[\gamma_k = 1|p] + \pi(\beta_k|p, b_0, b_1, \gamma_k = 0)\Pr[\gamma_k = 0|p]}$$

으로 계산된다. $\Pr[\gamma_k = 1|p] = p$이고 $\pi(\beta_k|p, b_0, b_1, \gamma_k = 1)$는 $\mathcal{N}(\beta_k|0, b_1)$이므로 γ_k의 완전조건부 확률은

$$\Pr[\gamma_k = 1|\beta_k, p, b_0, b_1] = \frac{p \times \mathcal{N}(\beta_k|0, b_1)}{p \times \mathcal{N}(\beta_k|0, b_1) + (1 - p) \times \mathcal{N}(\beta_k|0, b_0)},$$
$$\Pr[\gamma_k = 0|\beta_k, p, b_0, b_1] = 1 - \Pr[\gamma_k = 1|\beta_k, p, b_0, b_1]$$

이다.

지금까지의 사후 샘플링과정을 알고리즘 6.2에 요약하였다.

6.2.3 우리나라 물가상승률 결정요인

2001년 1월부터 2020년 12월까지 월별 우리나라 물가상승률 및 각종 거시경제 자료를 이용하여 물가상승률의 결정요인을 분석하고자 한다. 종속변수는 물가상승률이며 설명변수는 표 6.2에 나열된 13개 거시변수의 전기 값이다. 이 설명변수 중에는 전기 물가상승률과 상수항이 포함된다. 증가율 자료는 모두 전년동기대비 기준이며, 물가 상승률을 제외한 모든 자료는 표본평균이 0, 분산이 1이 되도록 표준화하였다. 추정에 사용된 하이퍼 파라미터는 아래와 같다.

$$a_0 = 5, c_0 = 5,$$
$$\alpha_{00} = \alpha_{01} = 10, \delta_{00} = 0.03^2 \times 10, \delta_{01} = 10,$$
$$\alpha_0 = 20, \delta_0 = 4$$

$\gamma_k = 1$일 사후확률은 γ_k의 사후 샘플 중 1이 차지하는 비중과 같다. 따라서 $\gamma_k = 1$일 사후확률은 γ_k의 사후 평균과 같다. 그림 6.3(a)는 추정결과를 바탕으로 γ_k의 사후 평균이 높은 순으로 정렬한 것이며, 그림 6.3(b)는 각 계수의 90% 사후 신용 구간을 나타낸 것인데, 검은색 박스의 구간은 0을 포함하지 않고 흰색 박스의 구간은 0을 포함 한다. γ_k가 0이냐 1이냐는 통계적 유의성이 아니라 사후확률의 절대적 크기에 의해서 결정된다. 그럼에도 불구하고 그림 6.3(a)와 (b)를 비교하면 $\gamma_k = 1$일 사후확률이 1에 가까우면 통계적 유의성도 강해진다는 것을 알 수 있다. 하지만 항상 그런 것은 결코

표 6.2: 물가상승률 예측변수

변수	약자	변수	약자
물가상승률	CPI	유가상승률	Oil
M2 평잔 증가율	M2	실업률	UNEMP
선행종합지수	LBI	경상수지	CA
생산자물가지수 상승률	PPI	전산업생산지수	IPI
원/달러 환율 상승률	EXR	국고채(10년)금리	YTM10Y
미국장기금리	USLR	CD유통수익률(91일)	YTM3M
주택매매가격지수 증가율	HPI		

아니며, 자료에 따라서 $\gamma_k = 1$일 사후확률이 0에 가까움에도 불구하고 신용구간이 0
을 포함하지 않을 수도 있다.

이 밖에도 변수선택 기법을 사용할 때 몇 가지 주의할 점들이 있다. 첫째, 추정결과
가 하이퍼-파라미터의 선택에 각 설명변수의 중요도가 민감하게 변할 수 있다는 점에
주의해야 한다. 특히, b_0의 사전 분포가 변수선택 결과에 중요한 역할을 한다. 우선 b_0
의 사전 평균이 클수록 많은 변수가 중요하지 않는 것으로(즉, γ_k가 0으로) 추정된다.
따라서 정작 중요한 변수임에도 중요하지 않은 것으로 분류될 수 있다. 그리고 b_0의
사전 평균이 크면 중요하지 않은 변수의 계수가 0에 충분히 가까운 값으로 축소되지
않는다는 문제도 있다. 반대로 b_0의 사전 평균이 너무 작으면 중요하지 않은 변수의
계수가 거의 0으로 축소된다는 장점이 있다. 하지만, 중요하지 않은 변수로 분류되기
위해서는 애초에 계수 자체가 0에 아주 가깝게 추정되어야 하기 때문에 실제로는 중
요하지 않음에도 중요하지 않은 변수로 분류되지 못해서 중요한 변수로 분류될 수도
있다. 이 때문에 γ_k의 사후 평균뿐만 아니라 각 계수의 신용구간도 동시에 살펴봐야
한다.

연구자의 연구 목적에 따라서 b_0의 사전 평균을 달리 선택할 수도 있다. 만약
중요하지 않은 변수를 중요하다고 잘못 판단하더라도 실제로 중요한 변수를 반드시
중요하다고 분류하고 싶다면 b_0의 사전 평균을 아주 작은 값으로 설정해야 한다.
반대로 중요한 변수를 중요하지 않다고 잘못 분류하더라도 중요하지 않은 변수를
반드시 중요하지 않은 변수로 식별해야 한다면 b_0의 사전 평균을 상대적으로 크게
설정해야 한다. 일반적인 통계분석에서는 주변우도 또는 표본 외 예측력을 기준으로
최적의 하이퍼-파라미터를 선택한다.

둘째, 각 변수의 중요도(즉, $\gamma_k = 1$일 사후확률)는 다른 변수가 설명변수 집합에
포함되어 있냐 여부에 따라 크게 달라질 수 있다. 특정 변수와 상관관계가 높은 변수가
많이 고려될수록 특정 변수의 중요도는 낮게 추정될 가능성이 높다. 특정 변수의 역할
을 그 변수와 상관관계가 높은 다른 변수가 대신 할 수 있기 때문이다. 셋째, 중요하지

그림 6.3: 예측변수의 중요도와 신용구간

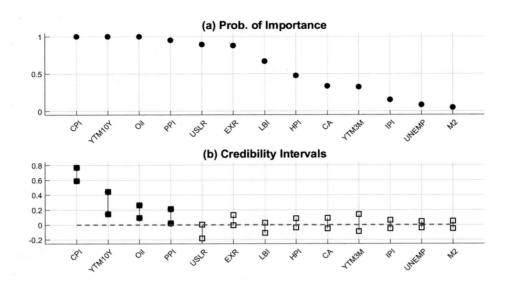

않은 변수가 너무 많이 포함되면 소수의 중요한 변수의 중요도가 낮게 추정되기 때문에 무조건 많은 변수를 고려해서 변수선택을 실시하는 것도 바람직하지 않다. 마지막으로 중요한 변수 여부는 일반적으로 γ_k의 사후 평균으로 판단하지만 일반적으로 사용되는 임계치는 없다. 주로 사용하는 기준은 p의 사후 평균인데 이는 p가 전체 설명변수의 평균적인 중요도를 나타내기 때문이다. 또는 연구자가 임의로 γ_k의 사후 평균이 0.5 이상이면 그 변수는 중요하다고 분류하기도 한다. 기계학습 분야에서는 표본 외 예측을 극대화하는 임계치를 선택하기도 한다. 즉, γ_k의 사후 평균이 특정 임계치를 넘어서는 변수들만으로 표본 외 예측을 했을 때 표본 외 예측력이 극대화되고, 임계치를 그 특정 임계치보다 높거나 낮게 설정했을 때는 표본 외 예측력이 줄어든다면 그 특정 임계치가 최적 임계치가 된다. 이런 과정을 튜닝(tuning)이라고 한다. 하지만 γ_k의 사후 평균이 b_0의 사전 분포에 민감하기 때문에 결국 연구자는 모형 비교를 통해 임계치와 b_0의 하이퍼-파라미터의 최적 조합을 선택하게 된다.

6.3 프라빗

6.3.1 모형 설정

프라빗(Probit) 모형은 종속변수가 0 또는 1의 값만 취하는 이진수 자료(binary data)인 경우의 횡단면자료 분석에서 널리 사용되는 모형이다. 종속변수 자료 y_t가 이진수이면 연속적인 설명변수 x_t 가 종속변수를 선형, 즉 $x_t'\beta$ 의 형태로 설명하기에는 적합하지 않다. y_t 가 이산적으로 0 또는 1값만 취할 수 있는 반면 $x_t'\beta$ 는 연속적으로 어떤 실수 값이든 취할 수 있기 때문이다. 이와 같은 이유로 프라빗 모형하에서는 설명변수들이 종속변수를 직접적으로 결정하는 것이 아니라 종속변수가 1 또는 0일 확률에 영향을 준다고 가정한다.

$$\beta \sim \text{Normal}(\beta_0, B_0) \tag{6.3}$$
$$\Pr[y_t = 1|\beta] = \Phi(x_t'\beta) = \Phi(x_{1t}\beta_1 + x_{2t}\beta_2, .. + x_{kt}\beta_k), \tag{6.4}$$
$$\Pr[y_t = 0|\beta] = 1 - \Phi(x_t'\beta) \tag{6.5}$$

단, $\Phi(\cdot)$ 는 표준 정규 분포의 누적확률밀도함수이고 0과 1 사이에서 값을 취한다. 예를 들어, 종속변수 y_t 는 사람들의 취업 여부일 수도 있고, 선거에서 특정 후보자에 대한 지지 여부일 수 있다. 즉, 취업을 한 상태이면 1, 아니면 0. 또는 특정 후보를 지지하면 1, 지지하지 않으면 0의 값을 할당한다. 취업의 예에서 설명변수는 학점, 토익점수, 해외연수기간 등이 될 수 있다.

선형회귀모형에서의 β 는 설명변수가 한 단위 상승할 때 종속변수가 반응하는 크기라고 해석된다. 반면 프라빗 모형하에서 설명변수의 한 단위 변화가 종속변수에 미치는 영향은 β 뿐만 아니라 모든 설명변수들의 현재 값과 파라미터에 의존한다. 식 (6.4)에서 $\Pr[y_t = 1|\beta]$ 를 x_{2t} 에 대해서 편미분하면 x_{2t} 의 계수뿐만 아니라 다른 설명변수들의 값들과 계수까지 남아서 영향을 주기 때문이다.

$$\frac{\partial \Pr[y_t = 1|\beta]}{\partial x_{2t}} = \beta_2 \frac{\partial \Phi(x_t'\beta)}{\partial (x_t'\beta)}$$

프라빗 모형은 깁스 샘플링으로 어렵지 않게 추정할 수 있다. 깁스 샘플링을 적용하기 위해서는 보조적인 변수, z_t 를 도입하여 모형을 표현해야 한다.

$$\beta \sim \text{Normal}(\beta_0, B_0)$$
$$z_t|\beta \sim \text{Normal}(x_t'\beta, 1)$$
$$y_t|z_t = \mathbf{I}(z_t > 0) \tag{6.6}$$

$\mathbf{I}(\cdot)$ 은 인디케이터(indicator) 함수이다. 괄호 안의 명제가 참이면 1, 거짓이면 0의 값을 갖는다. 따라서 식 (6.6)은

$$y_t|z_t = \begin{cases} 1 & \text{if } z_t > 0 \\ 0 & \text{if } z_t \leq 0 \end{cases} \tag{6.7}$$

로 다시 표현할 수 있다.

보조변수 z_t를 추가로 도입하여 재설정한 모형이 과연 식 (6.3)-(6.5)의 프라빗 모형과 동일한 지 확인해보자. 우선 y_t가 1일 확률은 z_t가 양수일 확률과 같은 성질로부터

$$\Pr[y_t = 1|\beta]$$
$$= \Pr[z_t > 0|\beta]$$
$$= \Pr[x_t'\beta + e_t > 0|\beta]$$
$$= \Pr[e_t > -x_t'\beta|\beta]$$

이다. z_t는 정규 분포를 따르므로, 정규 분포의 대칭성에 의해서

$$\Pr[z_t > 0|\beta]$$
$$= \Pr[e_t > -x_t'\beta|\beta]$$
$$= \Pr[e_t < x_t'\beta|\beta] = \Phi(x_t'\beta)$$

이므로 식 (6.4)가 유도된다. 동일한 과정을 통해 식 (6.5)도 쉽게 유도할 수 있다.

6.3.2 사후 샘플링

$\{z_t\}_{t=1}^{T}$ 샘플링

프라빗 모형에서 우리의 주 관심은 β의 사후 분포를 샘플링해서 추론하는 것이다. 만약 $Z = \{z_t\}_{t=1}^{T}$가 주어져 있다면 Normal-Normal 업데이트를 통해서 간단하게 β를 샘플링할 수 있다. 하지만 우리에게 주어져 있는 관측치는 Z가 아니라 이진수 자료인 $Y = \{y_t\}_{t=1}^{T}$ 이다. 프라빗 모형 추정의 핵심은 Z를 샘플링한 다음, 샘플링된 Z로 β를 샘플링하는 것이다.

우선 $Z = \{z_t\}_{t=1}^{T}$를 샘플링하기 위해서 z_t의 완전 조건부 분포를 도출해보자.

$$\pi(z_t|Y, \beta, Z_{-t}) \propto f(Y|Z, \beta)f(Z|\beta)\pi(\beta)$$
$$\propto f(Y|Z)f(Z|\beta)$$
$$\propto f(y_t|z_t)f(z_t|\beta)$$
$$= \begin{cases} \mathbf{I}(z_t > 0) \times \text{Normal}(z_t|x_t'\beta, 1) & \text{if } y_t = 1 \\ \mathbf{I}(z_t \leq 0) \times \text{Normal}(z_t|x_t'\beta, 1) & \text{if } y_t = 0 \end{cases} \quad (6.8)$$

여기서 $f(Y|Z, \beta) = f(Y|Z)$이다. 왜냐하면 β의 값이 무엇이든 상관없이 Z의 부호에 의해서 Y의 값이 결정되기 때문이다. $\mathbf{I}(z_t > 0)$는 인디케이터 함수로 z_t가 0보다 크면 1, 작으면 0의 값을 갖는다. 즉, $y_t = 1$이면 z_t가 0보다 큰 경우에만 z_t가 양의 밀도를

갖는다.

알고리즘 6.3: 프라빗 모형

0 단계 : 초기값 $\beta^{(0)}$를 사전 평균으로 설정하고, $j = 1$로 둔다.

1 단계 : 각 $t = 1, 2, .., T$에 대해서 만약 $y_t = 1$이면,

$$z_t^{(j)} \sim \text{TruncatedNormal}_{[0,\infty)}(x_t'\beta^{(j-1)}, 1)$$

로부터 $z_t^{(j)}$를 샘플링한 뒤 저장한다. 만약 $y_t = 0$이면,

$$z_t^{(j)} \sim \text{TruncatedNormal}_{(-\infty,0)}(x_t'\beta^{(j-1)}, 1)$$

로부터 $z_t^{(j)}$를 샘플링한 뒤 저장한다.

2 단계 : Normal-Normal 업데이트를 통해 $\beta|Z^{(j)}$로부터 $\beta^{(j)}$를 샘플링한 뒤 저장한다.

3 단계 : $j = j + 1$로 설정하고, $j \leq n$이면 1 단계로 돌아간다.

결국 식(6.8)의 의미는 $y_t = 1$일 때 z_t가 양수이므로 $(0, \infty)$의 범위의 절단(truncated)된 정규 분포에서 z_t가 생성된다는 것이다. 반대로 $y_t = 0$일 때는 z_t가 음의 값을 갖도록 $(-\infty, 0)$의 범위의 절단된 정규 분포에서 추출된다. 이를 모든 t에 대해서 반복하면 $Z = \{z_t\}_{t=1}^{T}$를 샘플링할 수 있다.

프라빗 모형의 사후 샘플링 과정을 알고리즘 6.3에 정리하였다.

β 샘플링

다음 단계에서 주어진 Z를 이용하면 Y 없이 β를 선형회귀모형에서와 동일하게 샘플링할 수 있다. 이를 확인하기 위해 β의 완전 조건부 분포를 살펴보도록 하자.

$$\pi(\beta|Y, Z) \propto f(Y|Z, \beta)f(Z|\beta)\pi(\beta)$$

$f(Y|Z, \beta) = f(Y|Z)$이므로 β의 완전 조건부 밀도는

$$\pi(\beta|Y, Z) \propto f(Y|Z)f(Z|\beta)\pi(\beta)$$

에 비례한다.

여기서 β와 무관한 $f(Y|Z)$를 제거하고 나면, 결과적으로 $\pi(\beta|Y,Z)$은

$$\pi(\beta|Y,Z) \propto f(Z|\beta)\pi(\beta)$$

에 비례한다. 결국 Y 대신 Z를 이용한 Normal-Normal 업데이트를 통해 β가 샘플링된다.

$$B_1 = (X'X + B_0^{-1})^{-1},$$
$$A = X'Z + B_0^{-1}\beta_0,$$
$$\beta|Z \sim \text{Normal}(B_1 A, B_1)$$

6.3.3 예: 취업 결정식 추정

취업 여부를 프라빗 모형으로 모형화하여 결정요인을 추정해보고자 한다. 자료는 무작위로 추출된 1,000명의 대학 졸업예정자의 정보이다. 우선 종속변수는 각 개인의 취업 여부를 나타내며, 취업 상태이면 1, 무직 상태이면 0의 값을 갖는다. 첫 번째 설명변수는 평균학점인데 평균이 0, 표준편차가 1이 되도록 표준화하였다. 두 번째 설명변수는 성별이다. 남자면 1, 여자면 0이다. 세 번째 설명변수는 인턴 경험 여부인데, 경험이 있으면 1, 없으면 0이다. 추정할 파라미터는 상수항까지 포함하여 총 네 개이다.

$$\beta = (c\ \beta_1\ \beta_2\ \beta_3)'$$

β의 사전 분포는 표준 정규 분포로 설정하였다.

표 6.3는 사후 분포 추정결과이다. $(c, \beta_1, \beta_2, \beta_3)$의 사후 평균이 모두 양수이고 95% 신용구간이 양의 값만 포함하고 있다. 그림 6.4에 의하면 사전 분포에 비해서 사후 분포의 표준오차가 훨씬 작은데, 이는 관측자료의 정보력이 사전 정보를 압도할 만큼 크기 때문이다. 결과적으로 학점이 높을수록, 여성보다는 남성이, 인턴 경험이 있을 때 취업할 가능성이 높은 것으로 나타났다. 또한 성별의 영향보다는 인턴 경험의 유무가 취업에 상대적으로 더 큰 영향을 미치는 것으로 보인다.

표 6.3: 파라미터의 추정치, 표준오차, 신용구간: 프라빗 모형

	평균	표준오차	2.50%	97.50%	비효율성 계수
c	-0.10	0.11	-0.31	0.12	5.93
β_1	1.99	0.11	1.78	2.21	33.33
β_2	0.60	0.13	0.35	0.84	8.63
β_3	1.05	0.14	0.79	1.32	12.33

그림 6.4: 파라미터의 사전 및 사후 분포: 프라빗 모형

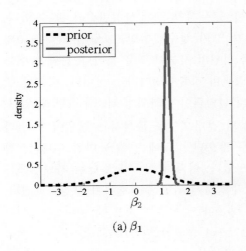

(a) β_1

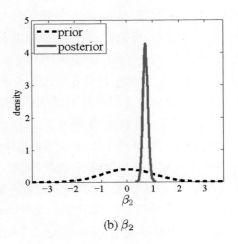

(b) β_2

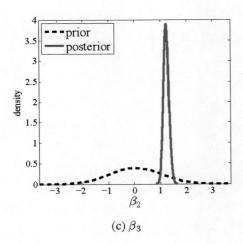

(c) β_3

6.4 토빗

6.4.1 모형 설정

토빗(Tobit) 모형은 횡단면 분석에서 고려하는 데이터가 중도절단된 자료(censored data)인 경우에 사용되는 모형이다. 대표적인 예로 병원비를 들 수 있다. y_t를 특정 해의 개인 t가 지출한 병원비를 나타낸다고 하자. 병원비에 영향을 미칠 수 있는 비만도, 거주 지역, 의료 보험 가입여부, 나이, 근무시간 등이 설명변수가 될 수 있다. 이 경우 병원을 방문한 경험이 있다면 y_t가 양의 실수겠지만, 그렇지 않다면 0의 값을 가진다. 기본적으로 건강한 사람일수록 병원비 지출이 적을 것이다. 문제는 어느 정도 이상으로 건강한 사람이라면 무조건 병원비 지출이 0이라는 점이다. 이 때문에 선형회귀모형으로 분석하게 되면 설명변수의 설명력이 약화되어 과소추정될 수 있다.

또 다른 대표적인 예가 학생들의 시험성적 결정요인을 분석하는 경우이다. 만약 종속변수인 시험성적자료 중에 만점이 너무 많으면 성적에 영향을 미칠 수 있는 학습량이나 지능지수의 효과가 과소추정될 수 있다. 이와 같이 중도절단된 자료임에도 불구하고 이를 무시하고 선형회귀모형으로 추정하게 되면 추정결과가 부정확해진다. 특히 최소자승추정량은 일치성을 만족하지 않는다.

표준적인 토빗 모형은 구체적으로 아래와 같이 표현된다.

$$\beta \sim \text{Normal}(\beta_0, B_0),$$
$$\sigma^2 \sim \text{InverseGamma}\left(\frac{\alpha_0}{2}, \frac{\delta_0}{2}\right),$$
$$z_t | \beta, \sigma^2 \sim \text{Normal}(x_t'\beta, \sigma^2),$$
$$y_t | z_t = \max\{0, z_t\}$$
$$= \begin{cases} z_t & \text{if } z_t > 0 \\ 0 & \text{if } z_t \leq 0 \end{cases}$$

우리가 분석에서 관측하는 y_t는 z_t에 의해서 결정되며 z_t가 양수인 경우에만 $y_t = z_t$이고, z_t가 음수인 경우에는 $y_t = 0$으로 절단된다. z_t는 설명변수와 선형관계로 표현된다. 병원비의 예에서 z_t는 양수일 때는 병원비, 음수일 때는 음의 병원비 또는 성실한 건강관리에 대한 잠재적인 금전적 보상이라고 해석할 수 있다.

종속변수가 이진수이면 프라빗 모형을, 중도절단된 자료이면 토빗 모형을 사용한다는 것이 두 모형의 가장 큰 차이점이다. 또한 프라빗 모형에서는 β의 식별을 위해서 σ^2을 1로 고정시켰지만, 토빗 모형에서는 σ^2을 추정할 수 있다.

6.4.2 사후 샘플링

β와 σ^2을 샘플링하려면 $Z = \{z_t\}_{t=1}^{T}$가 필요하다. 하지만 관측되는 종속변수는 Z가 아니라 Y이므로 프라빗 모형에서와 같이 $Z = \{z_t\}_{t=1}^{T}$의 샘플링이 요구된다. 우선 만약 y_t가 양수이면 z_t는 y_t와 같기 때문에 1의 확률로 $z_t = y_t$이다. y_t가 양수일 때 z_t가 y_t와 다른 값을 가질 확률은 0이다. 따라서 y_t가 양수일 때의 z_t의 완전 조건부 밀도 $\pi(z_t|Y, \beta, \sigma^2, Z_{-t})$는

$$\pi(z_t|Y, \beta, \sigma^2, Z_{-t}) = \pi(z_t|y_t)$$
$$= \mathbf{I}(z_t = y_t)$$

로 표현된다.

알고리즘 6.4: 토빗 모형

0 단계 : 초기값 $(\beta^{(0)}, \sigma^{2(0)})$를 사전 평균으로 설정하고, $j = 1$로 둔다.

1 단계 : 각 $t = 1, 2, .., T$에 대해서 만약 $y_t > 0$이면, $z_t^{(j)} = y_t$. 만약 $y_t = 0$이면

$$z_t^{(j)} \sim \text{TruncatedNormal}_{(-\infty, 0)}(x_t'\beta^{(j-1)}, \sigma^{2(j-1)})$$

로부터 $z_t^{(j)}$를 샘플링한다.

2 단계 : Normal – Normal 업데이트에 기반해서 $\beta|Z^{(j)}, \sigma^{2(j-1)}$로부터 $\beta^{(j)}$를 샘플링한 뒤 저장한다.

3 단계 : InverseGamma – InverseGamma 업데이트에 기반해서 $\beta|Z^{(j)}, \beta^{(j)}$로부터 $\sigma^{2(j)}$를 샘플링한 뒤 저장한다.

4 단계: $j = j + 1$로 설정하고, $j \leq n$이면 1 단계로 돌아간다.

다음으로, y_t가 0이라면 z_t의 완전 조건부 밀도는

$$\pi(z_t|Y, \beta, \sigma^2, Z_{-t}) \propto f(Y|Z, \beta, \sigma^2)f(Z|\beta, \sigma^2)\pi(\beta)$$
$$\propto f(y_t|z_t, \beta, \sigma^2)f(z_t|\beta, \sigma^2)$$
$$= f(y_t|z_t)f(z_t|\beta, \sigma^2)$$

에 비례한다. 여기서 y_t는 전적으로 z_t에 의해서 결정되므로, $f(y_t|z_t, \beta, \sigma^2) = f(y_t|z_t)$

이다. y_t가 0일 때 z_t는 음의 값을 가지므로 z_t의 완전 조건부 밀도는

$$\mathbf{I}(z_t < 0) \times \text{Normal}(z_t | x_t' \beta, \sigma^2)$$

이 된다. z_t는 $(-\infty, 0)$상에 절단된 정규 분포로부터 샘플링된다. 이 과정을 모든 관측점 $t = 1, 2, .., T$에 대해서 반복하면 Z가 추출된다.

첫 번째 단계로부터 Z가 주어지면 선형회귀모형에 적용했던 깁스 샘플링을 동일하게 적용해서 β와 σ^2을 샘플링한다. 토빗 모형의 깁스 샘플링 알고리즘을 요약하면 알고리즘 6.4와 같다.

6.4.3 예: 야구경기장 잔여석수 추정

야구경기장 잔여석의 수를 토빗으로 모형화해서 결정요인을 분석해보도록 하자. 분석 대상 자료는 야구 500개 홈경기 자료이다. 종속변수는 각 경기의 잔여석이다. 단, 만석인 경우는 0이며 500 경기 중 164개 경기가 만석이었다. 상수항 외의 설명변수는 세 개(홈팀의 시즌 평균승률, 직전 경기 승리 더미, 주말 경기 더미)이다. 직전 경기 승리 더미는 홈팀이 직전 경기에 승리했으면 1, 아니면 0이다. 주말 경기 더미는 경기가 주말이나 공휴일에 열렸으면 1, 주중 경기이면 0이다.

표 6.4은 파라메터의 사후 분포 추정결과이다. 경기장 관중수는 홈팀의 평균 승률 보다는 직전 경기의 승패나 주말 경기 여부가 중요한 결정요인인 것으로 보인다. 특히, 직전 경기에 홈팀이 승리했으면 잔여석이 평균적으로 1,083석이 줄어든다. 또한 주말 경기는 주중 경기에 비해 관중수가 2,000명 이상 많은 것으로 나타났다.

표 6.4: 파라미터의 추정치, 표준오차, 신용구간: 토빗 모형

파라미터	평균	표준오차	95% 신용구간	비효율성 계수
c	2,579.89	59.16	[2,464.23, 2,696.88]	2.23
β_1	-260.23	108.67	[-471.76, -47.19]	2.11
β_2	-1,085.42	32.33	[-1,148.99, -1,023.52]	7.12
β_3	-2,040.85	30.38	[-2,101.21, -1,981.13]	5.24
σ^2	74,507.11	4,097.73	[67,005.98, 82,876.22]	0.91

6.5   Seemingly Unrelated Regression

6.5.1   모형 설정

다음과 같은 두 개의 선형회귀식을 고려해보자.

$$\beta_1 \sim \text{Normal}(\beta_{1,0}, B_{1,0}),$$
$$\beta_2 \sim \text{Normal}(\beta_{2,0}, B_{2,0}),$$
$$\Omega \sim \text{InverseWishart}(v_0, R_0),$$
$$u_t|\Omega = \begin{bmatrix} u_{1t} \\ u_{2t} \end{bmatrix} |\Omega \sim \text{Normal}(0, \Omega),$$
$$y_{1t} = x'_{1t}\beta_1 + u_{1t} \tag{6.9}$$
$$y_{2t} = x'_{2t}\beta_2 + u_{2t} \tag{6.10}$$

식 (6.9)과 (6.10)은 각각 선형회귀식에 해당한다. 각 회귀식의 설명변수 벡터는 x_{1t} : $k_1 \times 1$와 x_{2t} : $k_2 \times 1$이다. 두 식의 설명변수가 같을 필요는 없으며, 설명변수의 수 또한 같지 않을 수 있다. 또한 두 식이 공유하는 설명변수가 있을 수도 있고 없을 수도 있다. 각 식의 설명변수는 기본적으로 각자의 종속변수를 설명하기 위해 선택된 변수들이다. 다만 y_{1t}는 x_{2t}에 속하지 않고, y_{2t}는 x_{1t}에 속하지 않는다고 가정한다.[1] 종속변수의 변동 중에 설명변수들로 설명되지 않는 부분들을 고려하기 위해 존재하는 충격들이 바로 오차항 u_{1t}와 u_{2t}이다. 만약 u_{1t}와 u_{2t}간에 상관관계가 없다면 두 식을 독립적으로 추정하면 된다.

반대로 두 오차항간에 상관관계가 존재해서 Ω : 2×2의 비대각 원소가 0이 아니라고 가정한다면 (β_1, β_2)을 보다 효율적으로 추정하기 위해서는 동시에 추정하는 것이 바람직하다. 예를 들어,

- 식 (6.9)는 총소비의 결정식이고 식 (6.10)은 총투자의 결정식이라고 하자. 유가의 예상치 못한 상승같은 총소비에 부정적인 충격은 동시에 총투자에도 부정적인 영향을 끼칠 가능성이 높다.

- y_{it}가 i라는 중소기업의 t시점의 영업이익률이라고 하고, 각 식은 각 중소기업의 특성을 반영한 영업이익률의 결정식이라고 하자. 대부분의 중소기업이 금융위기와 같은 예상치 못한 경기불황에 부정적인 영향을 동시에 받을 가능성이 높다.

---

[1]이 가정이 성립하지 않는 경우를 연립방정식 모형이라고 하는데, 이 모형에 대한 소개나 추정방법은 본 책에서 다루지 않는다.

이처럼 오차항들 사이에 공통요인이 존재하여, 오차항들 간에 상관계수가 0이 아닌 두 개 이상의 회귀식을 Seemingly Unrelated Regression (SUR) 모형이라고 한다.

u_t의 분산-공분산 행렬 Ω의 사전 분포는 일반적으로 역위샷(inverse Wishart) 분포로 설정된다. 역위샷 분포는 역감마 분포를 행렬로 확장한 것에 해당하며, 역위샷 분포에서 임의 추출되는 행렬은 항상 대칭인 정부호행렬이다. 이때 Ω의 사전 평균은

$$R_0/(v_0 - m - 1)$$

인데, m은 오차항 벡터 u_t의 차원(=2)이다.

추정의 편의상 위 모형을 행렬로 다시 표현하도록 한다.

$$\beta = \begin{bmatrix} \beta_1 \\ \beta_2 \end{bmatrix} \sim \text{Normal}\left(\beta_0 = \begin{bmatrix} \beta_{1,0} \\ \beta_{2,0} \end{bmatrix}, B_0 = \begin{bmatrix} B_{1,0} & 0_{(k_1 \times k_2)} \\ 0_{(k_2 \times k_1)} & B_{2,0} \end{bmatrix}\right),$$

$$\Omega \sim \text{InverseWishart}(v_0, R_0),$$

$$u_t | \Omega = \begin{bmatrix} u_{1t} \\ u_{2t} \end{bmatrix} | \Omega \sim \text{Normal}(0, \Omega),$$

$$\underbrace{\begin{bmatrix} y_{1t} \\ y_{2t} \end{bmatrix}}_{y_t} = \underbrace{\begin{bmatrix} x'_{1t} & 0_{(1 \times k_2)} \\ 0_{(1 \times k_1)} & x'_{2t} \end{bmatrix}}_{x'_t} \underbrace{\begin{bmatrix} \beta_1 \\ \beta_2 \end{bmatrix}}_{\beta} + \underbrace{\begin{bmatrix} u_{1t} \\ u_{2t} \end{bmatrix}}_{u_t} \tag{6.11}$$

여기서 x_t는 $(k_1 + k_2) \times 2$ 행렬, β는 $(k_1 + k_2) \times 1$ 벡터이다.

6.5.2 사후 샘플링

β 샘플링

다중선형회귀모형과 비교해서 SUR 모형은 종속변수가 스칼라가 아니라 벡터라는 차이 외에 추정과정상으로 크게 달라지는 부분은 없다. 이 모형에서 우리가 사후 샘플링할 대상은 β와 Ω이다. 우선 β의 완전 조건부 분포는 아래와 같이 유도된다.

$$\beta | Y, \Omega \sim \text{Normal}(B_1 A, B_1)$$

단,

$$B_1 = \left(B_0^{-1} + \sum_{t=1}^{T} x_t \Omega^{-1} x'_t \right)^{-1},$$

$$A = B_0^{-1}\beta_0 + \sum_{t=1}^{T} x_t \Omega^{-1} y_t$$

위의 β의 완전 조건부 분포는 β의 완전 조건부 밀도함수가 아래와 같이 우도와 사전 밀도의 곱에 비례한다는 사실로부터 어렵지 않게 도출할 수 있다.

$$\pi(\beta|Y,\Omega) \propto \exp\left[-\frac{1}{2}\sum_{t=1}^{T}(y_t - x_t'\beta)'\Omega^{-1}(y_t - x_t'\beta)\right] \times \exp\left[-\frac{1}{2}\sum_{t=1}^{T}(\beta - \beta_0)'B_0^{-1}(\beta - \beta_0)\right]$$

이 식을 β에 대해서 정리하면 다변수 정규분포의 커널이 유도된다.

$$\pi(\beta|Y,\Omega) \propto \exp\left[-\frac{1}{2}\sum_{t=1}^{T}(\beta - \beta_1)'B_1^{-1}(\beta - \beta_1)\right]$$

Ω 샘플링

다음으로 Ω의 사전 분포가 켤레인 덕분에 Ω의 완전 조건부 분포도 표준적인 분포로 유도된다.

$$\Omega|Y,\beta \sim \text{InverseWishart}\left(v_0 + T, R_0 + \sum_{t=1}^{T}(y_t - x_t'\beta)(y_t - x_t'\beta)'\right)$$

Ω의 완전 조건부 분포가 위와 같은 역위샷 분포라는 것을 확인하기 위해 우선 Ω의 완전 조건부 밀도를 우도와 사전 밀도의 곱에 비례하는 것으로 표현한다. 그런 다음, 우도와 사전 밀도의 곱을 아래와 같이 Ω에 대해서 정리하면 역위샷 밀도가 도출된다.

$$\pi(\Omega|Y,\beta) \propto f(Y|\beta,\Omega) \times \pi(\Omega)$$

$$\propto |\Omega|^{-T/2} \exp\left[-\frac{1}{2}\sum_{t=1}^{T}(y_t - x_t'\beta)'\Omega^{-1}(y_t - x_t'\beta)\right]$$

$$\times |\Omega|^{-(v_0+m+1)/2} \exp\left[-\frac{1}{2}tr(R_0\Omega^{-1})\right]$$

$$\propto |\Omega|^{-(v_0+T+m+1)/2} \exp\left[-\frac{1}{2}tr\left(\left\{\left[R_0 + \sum_{t=1}^{T}(y_t - x_t'\beta)(y_t - x_t'\beta)'\right]\Omega^{-1}\right\}\right)\right]$$

위 식에서 tr(trace)는 대각 원소의 합을 말하는데, 모든 정방행렬 A, B, C에 대해서 아래의 식들이 성립한다. 위 식의 도출과정에 이와 같은 trace의 성질이 활용된다.

$$tr(A+B) = tr(A) + tr(B),$$
$$tr(AB) = tr(BA),$$

$$tr(ABC) \quad = \quad tr(BCA) = tr(CAB)$$

Ω처럼 역위샷 사전 분포를 따르는 파라미터가 역위샷 완전 조건부 분포로 업데이트되는 경우를 본 책에서는 InverseWishart-InverseWishart 업데이트로 칭하겠다.

알고리즘 6.5: SUR 모형

0 단계 : 초기값 $\Omega^{(0)}$를 사전 평균으로 설정하고, $j = 1$로 둔다.

1 단계 : Normal-Normal 업데이트를 통해 $\beta|Y, \Omega^{(j-1)}$로부터 $\beta^{(j)}$를 샘플링한 뒤 저장한다.

2 단계 : InverseWishart-InverseWishart 업데이트를 통해 $\Omega|Y, \beta^{(j)}$로부터 $\Omega^{(j)}$를 샘플링한 뒤 저장한다.

3 단계 : $j = j + 1$로 설정하고, $j \leq n$이면 1 단계로 돌아간다.

6.6 구조 벡터자기회귀모형

6.6.1 모형 설정

우선 $y_t = (y_{1t} \quad y_{2t})'$를 2×1 벡터 시계열 변수라고 하자. 모든 시계열 변수는 아래와 같은 월드(Wold) 형태로 표현할 수 있다.

$$
\begin{aligned}
y_t &= \begin{bmatrix} y_{1t} \\ y_{2t} \end{bmatrix} \\
&= \begin{bmatrix} \theta_{11}^{(0)} & \theta_{12}^{(0)} \\ \theta_{21}^{(0)} & \theta_{22}^{(0)} \end{bmatrix} \begin{bmatrix} e_{1t} \\ e_{2t} \end{bmatrix} + \begin{bmatrix} \theta_{11}^{(1)} & \theta_{12}^{(1)} \\ \theta_{21}^{(1)} & \theta_{22}^{(1)} \end{bmatrix} \begin{bmatrix} e_{1t-1} \\ e_{2t-1} \end{bmatrix} + \cdots \\
&= \theta_0 e_t + \theta_1 e_{t-1} + \theta_2 e_{t-2} + \cdots
\end{aligned}
\tag{6.12}
$$

$$
e_t = \begin{bmatrix} e_{1t} \\ e_{2t} \end{bmatrix} \sim \text{Normal}\left(\begin{bmatrix} 0 \\ 0 \end{bmatrix}, \begin{bmatrix} 1 & 0 \\ 0 & 1 \end{bmatrix} \right)
$$

여기서 $e_t = (e_{1t} \ e_{2t})'$은 표준 정규 분포를 따르는 백색 잡음(white noise)이다. e_{1t}와 e_{2t}는 각각 y_{1t}와 y_{2t}에 발생하는 충격에 해당한다.

식 (6.12)를 추정하는 가장 중요한 목적은 외생적인 충격 e_t가 향후 종속변수 y_t에

미치는 동태적인 영향을 추정하기 위해서이다. 예를 들어,

$$\theta_2 = \begin{bmatrix} \theta_{11}^{(2)} & \theta_{12}^{(2)} \\ \theta_{21}^{(2)} & \theta_{22}^{(2)} \end{bmatrix} = \frac{\partial y_t}{\partial e_{t-2}}$$

는 2기 이전의 한 단위 충격이 현재의 종속변수에 미치는 영향을 측정한 것이다. 이로부터 현재의 한 단위 충격이 2기 이후에 종속변수에 θ_2만큼의 변동을 야기할 것이라고 예측할 수 있다.

$$\frac{\partial y_{t+2}}{\partial e_t} = \theta_2$$

충격의 수와 종속변수의 수가 각각 두 개씩이므로 충격반응함수의 조합이 $2^2 = 4$개가 되며 2×2 행렬인 θ_i가 이를 반영하고 있다. 예를 들어, $\theta_{12}^{(2)}$는 e_2 충격에 대한 2기 이후 y_1의 반응 정도를 의미한다. 따라서 $\{\theta_i\}_{i=0}^{\infty}$를 추정함으로써 종속변수에 대한 충격의 동태적 파급효과를 측정할 수 있다. 특히 시차의 함수인

$$\frac{\partial y_t}{\partial e_{t-i}} = \theta_i = \begin{bmatrix} \frac{\partial y_{1t}}{\partial e_{1t-i}} & \frac{\partial y_{1t}}{\partial e_{2t-i}} \\ \frac{\partial y_{2t}}{\partial e_{1t-i}} & \frac{\partial y_{2t}}{\partial e_{2t-i}} \end{bmatrix}$$

를 충격반응함수(Impulse response function)라고 부른다.

그러나 안타깝게도 식 (6.12)를 바로 추정할 수는 없다. 관측되는 자료는 유한한데 반해, 파라미터의 수는 무한하기 때문이다. 게다가 설명변수로 사용될 $\{e_{t+i}\}_{i=0}^{\infty}$도 관측되는 자료가 아니다. 하지만 시계열 변수의 동태적인 움직임을 모형화하고, 그 모형을 월드 형태로 변환함으로써 충격반응함수를 계산할 수 있다. 시계열 모형하에서는 파라미터의 수가 유한하고 종속변수의 과거값과 같은 관측가능한 설명변수가 사용되기 때문이다.

월드 형태로 변환가능한 시계열 모형 중 가장 대표적이고 널리 사용되는 것이 구조벡터자기회귀(structural vector-autoregressive model, SVAR) 모형이다. 그 중에서도 가장 단순한 SVAR 모형인 1차 벡터 자기상관 모형 (SVAR(1))부터 설명하도록 한다.

$$b_{11}y_{1t} = -b_{12}y_{2t} + \gamma_{11}y_{1t-1} + \gamma_{12}y_{2t-1} + e_{1t}, \; e_{1t} \sim \text{Normal}\,(0,1) \qquad (6.13)$$

$$b_{22}y_{2t} = -b_{21}y_{1t} + \gamma_{21}y_{1t-1} + \gamma_{22}y_{2t-1} + e_{2t}, \; e_{2t} \sim \text{Normal}\,(0,1) \qquad (6.14)$$

식 (6.13)와 (6.14)는 각각 y_{1t}와 y_{2t}의 동태성을 나타낸 식들이다.[2] 한 종속변수의 현재 값은 다른 종속변수의 현재 값과 자신 및 다른 종속변수의 과거 값에 의해서

---

[2]통상적인 회귀식에서는 종속변수의 계수를 1로 두고 오차항의 분산을 추정한다. 하지만 충격반응함수의 유도를 용이하게 하기 위해서 구조 VAR 모형에서는 종속변수의 계수를 b_{11}과 b_{22}로 설정하고, 오차항의 분산이 1로 고정한다. b_{11}, b_{22}의 역수의 제곱이 통상적인 회귀식 오차항의 분산과 같기 때문에 추정상으로는 두 접근법 사이에 전혀 차이가 없다.

설명되고 설명되지 않는 부분을 충격이라고 지칭한다. 특히 위 두 식을 따로 구조식 (Structural equation)이라고 부른다. 왜냐하면 내생변수인 y_{1t}와 y_{2t} 간의 역학관계를 표현한 식들이기 때문이다. 반면 축약식(reduced form equation)이라는 것은 각각의 내생변수를 외생변수로만 표현한 식을 의미한다. 위 구조식에서 외생변수에 해당되는 변수는 $(y_{1t-1}, y_{2t-1}, e_{1t}, e_{2t})$이다.

6.6.2　충격반응함수 도출

지금부터는 구조식으로부터 충격반응함수 $\partial y_t / \partial e_{t-i}$를 도출하고자 한다. 이는 구조 식을 아래와 같은 행렬로 표현하는 것으로 시작한다.

$$By_t = \Gamma y_{t-1} + e_t \tag{6.15}$$

단,

$$B = \begin{bmatrix} b_{11} & b_{12} \\ b_{21} & b_{22} \end{bmatrix}, \quad \Gamma = \begin{bmatrix} \gamma_{11} & \gamma_{12} \\ \gamma_{21} & \gamma_{22} \end{bmatrix} \tag{6.16}$$

양변에 B의 역행렬을 곱하면,

$$y_t = B^{-1}\Gamma y_{t-1} + B^{-1}e_t \tag{6.17}$$
$$= \Phi y_{t-1} + u_t.$$

이다. y_{1t}와 y_{2t}가 각각 외생변수로만 표현되었기 때문에 위 식 (6.17)이 바로 축약식에 해당한다. 여기서 $u_t = B^{-1}e_t$는 축약식 충격(reduced form shocks)이고 $\Phi = B^{-1}\Gamma$는 벡터 자기상관계수이다. 이제 y_{t-1}에 $\Phi y_{t-2} + u_{t-1}$을 대입하면,

$$y_t = B^{-1}\Gamma y_{t-1} + B^{-1}e_t$$
$$= \Phi y_{t-1} + u_t,$$
$$= \Phi\left(\Phi y_{t-2} + u_{t-1}\right) + u_t$$
$$= \Phi^2 y_{t-2} + \Phi u_{t-1} + u_t$$

를 얻게 된다. 동일한 과정으로 반복적으로 시차값을 대입하게 되면 아래와 같이 y_t 가 u_t에 대한 moving-average 또는 MA(∞) 형태로 표현된다.

$$y_t = u_t + \Phi u_{t-1} + \Phi^2 u_{t-2} + \cdots$$
$$= B^{-1}e_t + \Phi B^{-1}e_{t-1} + \Phi^2 B^{-1}e_{t-2} + \cdots$$

결과적으로 충격반응함수는

$$\frac{\partial y_t}{\partial e_{t-i}} = \theta_i = \Phi^i B^{-1}$$

로 도출된다. 즉, 충격반응함수는

$$\frac{\partial y_t}{\partial u_{t-i}} = \Phi^i$$

와 B^{-1}의 곱으로 결정된다.

보다 일반적으로 시차를 2로 확장하여 보자. 시차가 2인 구조자기회귀모형의 축약식은

$$\begin{bmatrix} y_{1t} \\ y_{2t} \end{bmatrix} = \underbrace{\begin{bmatrix} \phi_{11}^{(1)} & \phi_{12}^{(1)} \\ \phi_{21}^{(1)} & \phi_{22}^{1} \end{bmatrix}}_{\Phi_1} \begin{bmatrix} y_{1t-1} \\ y_{2t-1} \end{bmatrix} + \underbrace{\begin{bmatrix} \phi_{11}^{(2)} & \phi_{12}^{(2)} \\ \phi_{21}^{(2)} & \phi_{22}^{(2)} \end{bmatrix}}_{\Phi_2} \begin{bmatrix} y_{1t-2} \\ y_{2t-2} \end{bmatrix} + \begin{bmatrix} u_{1t} \\ u_{2t} \end{bmatrix}$$

또는

$$y_t = \Phi_1 y_{t-1} + \Phi_2 y_{t-2} + u_t \tag{6.18}$$

으로 표현된다. 이때의 충격반응함수는

$$\frac{\partial y_t}{\partial e_{t-i}} = \frac{\partial y_{t+i}}{\partial e_t} = \theta_i = \Psi_i B^{-1} \tag{6.19}$$

로 유도된다. 단, F가 Φ_1, Φ_2로 구성되는 4×4행렬

$$F = \begin{bmatrix} \Phi_1 & \Phi_2 \\ I_2 & 0 \end{bmatrix} : 4 \times 4 \tag{6.20}$$

이고 Ψ_i는 F^i의 좌측상방 2×2 행렬이다.

식 (6.19)와 같이 충격반응함수가 계산되는 이유를 간단히 살펴보자. 우선 식 (6.18)을 벡터 형태

$$\begin{bmatrix} y_t \\ y_{t-1} \end{bmatrix} = \begin{bmatrix} \Phi_1 & \Phi_2 \\ I_2 & 0 \end{bmatrix} \begin{bmatrix} y_{t-1} \\ y_{t-2} \end{bmatrix} + \begin{bmatrix} u_t \\ 0 \end{bmatrix}$$

로 표현하게 되면 위 식의 좌변에 대한 1차 자기상관모형이 된다. 그러면 $(y_t \; y_{t-1})'$

를 $(u_t \quad 0)'$에 대한 MA(∞)로 나타낼 수 있다.

$$\begin{bmatrix} y_t \\ y_{t-1} \end{bmatrix} = \begin{bmatrix} u_t \\ 0 \end{bmatrix} + F \times \begin{bmatrix} u_{t-1} \\ 0 \end{bmatrix} + F^2 \times \begin{bmatrix} u_{t-2} \\ 0 \end{bmatrix} + \cdots$$

이때, F^i의 좌측상방 2×2 행렬이 곧

$$\frac{\partial y_t}{\partial u_{t-i}}$$

에 해당되기 때문에

$$\frac{\partial y_t}{\partial u_{t-i}} \times B^{-1}$$

로 결정되는 충격반응함수가 식 (6.19)로 유도된다.

　　마찬가지로 시차가 3인 경우에는 F의 차원이 더 커지는 것 외에는 시차가 2인 경우와 동일하게 충격반응함수가 도출된다.

$$F = \begin{bmatrix} \Phi_1 & \Phi_2 & \Phi_3 \\ I_2 & 0 & 0 \\ 0 & I_2 & 0 \end{bmatrix} \tag{6.21}$$

일반적으로 시차가 p이고 변수의 수가 k인 SVAR(p) 모형에서 행렬 F는

$$F = \begin{bmatrix} \Phi_1 & \Phi_2 & \cdots & \Phi_p \\ & I_{k \times (p-1)} & & 0_{(p-1) \times k} \end{bmatrix} \tag{6.22}$$

로 정의되고 Ψ_i는 F^i의 좌측상방 $k \times k$ 행렬이며, 충격반응함수는 식 (6.19)와 같다.

6.6.3 사후 샘플링

식 (6.19)에서 보여지듯이 충격반응함수의 추정을 위해서는 Ψ_i와 B^{-1}의 추정이 요구된다. 그리고 Ψ_i를 추정하기 위해서는 (6.20)이 의미하는 것처럼 $\{\Phi_i\}_{i=1}^p$의 추정이 선행되어야 한다. 한편 u_t와 e_t 간에는 $u_t = B^{-1}e_t$ 이라는 선형관계가 존재하므로, u_t의 분포는

$$u_t = B^{-1}e_t | B \sim \text{Normal}(0, \Omega = B^{-1}B^{-1\prime})$$

로 주어진다. 따라서 축약식 오차항의 분산-공분산 행렬 Ω를 추정하게 되면 $\Omega = B^{-1}B^{-1\prime}$ 이라는 관계를 이용해서 B^{-1}를 추정할 수 있다. 지금부터는 구체적으로 $\{\Phi_i\}_{i=1}^p$ 와 Ω를 샘플링하는 과정과 이 값들을 이용해서 충격반응함수를 계산하는

과정에 대해서 설명하겠다.

$\{\Phi_i\}_{i=1}^p$ 샘플링

설명의 편의를 위해 시차가 2인 SVAR(2) 모형을 상정하도록 하겠다. $\{\Phi_i\}_{i=1}^{p=2}$와 Ω는 축약식에 있는 파라미터이므로 SVAR(2) 모형의 양변에 B^{-1}를 곱해서 아래와 같은 축약식을 추정하도록 한다. SVAR(2) 모형의 축약식은 VAR(2) 모형으로 표기한다.

$$y_t = \Phi_1 y_{t-1} + \Phi_2 y_{t-2} + u_t$$

여기서 주목할 점은 VAR(2) 모형의 오차항 u_t를 이루고 있는 u_{1t}와 u_{2t} 사이에 상관관계가 존재한다는 것이다. 왜냐하면

$$u_t = \begin{bmatrix} u_{1t} \\ u_{2t} \end{bmatrix} = B^{-1}e_t = \begin{bmatrix} b_{11} & b_{12} \\ b_{21} & b_{22} \end{bmatrix}^{-1} \begin{bmatrix} e_{1t} \\ e_{2t} \end{bmatrix}$$

이므로, u_{1t}와 u_{2t} 모두 e_{1t}와 e_{2t}의 선형함수이기 때문이다. 두 개의 선형회귀식의 오차항들이 서로 상관관계가 있을 때는 SUR 모형에 해당되므로 앞서 배웠던 깁스 샘플링 기법을 적용하여 Φ_1, Φ_2, Ω를 샘플링할 수 있다. 우선 Ω는 주어져 있다고 보고 Φ_1, Φ_2를 Normal-Normal 업데이트를 통해 샘플링한다.

이를 위해서는 VAR(2) 모형을 식 (6.11)처럼 표현할 필요가 있다. 즉, Φ_1, Φ_2에 있는 파라미터들이 하나의 벡터로 표현되도록 해야 한다. 다시 말하면, VAR(2) 모형을 SUR 모형의 형태로 변형하는 것이다.

$$\begin{bmatrix} y_{1t} \\ y_{2t} \end{bmatrix} = \underbrace{\begin{bmatrix} y_{1t-1} & y_{2t-1} & y_{1t-2} & y_{2t-2} & 0 & 0 & 0 & 0 \\ 0 & 0 & 0 & 0 & y_{1t-1} & y_{2t-1} & y_{1t-2} & y_{2t-2} \end{bmatrix}}_{x_t'} \underbrace{\begin{bmatrix} \phi_{11}^{(1)} \\ \phi_{12}^{(1)} \\ \phi_{11}^{(2)} \\ \phi_{12}^{(2)} \\ \phi_{21}^{(1)} \\ \phi_{22}^{(1)} \\ \phi_{21}^{(2)} \\ \phi_{22}^{(2)} \end{bmatrix}}_{\beta}$$

$$+ \begin{bmatrix} u_{1t} \\ u_{2t} \end{bmatrix}$$

여기서 x_t' 은 크로넥커 연산을 이용해서 보다 간단하게 나타낼 수도 있다.

$$x_t' = I_2 \otimes (y_{1t-1} \quad y_{2t-1} \quad y_{1t-2} \quad y_{2t-2})$$

그리고 $\beta \sim \text{Normal}(\beta_0, B_0)$ 가 β 의 사전 분포로 주어지면, β 의 완전 조건부 분포는 아래와 같이 계산된다.

$$\beta | Y, \Omega \sim \text{Normal}(B_1 A, B_1)$$

단,

$$B_1 = \left(B_0^{-1} + \sum_{t=3}^{T} x_t \Omega^{-1} x_t' \right)^{-1}, \tag{6.23}$$

$$A = B_0^{-1}\beta_0 + \sum_{t=3}^{T} x_t \Omega^{-1} y_t \tag{6.24}$$

위 식에서 B_1 와 A 를 계산하기 위해 $x_t \Omega^{-1} x_t'$ 와 $x_t \Omega^{-1} y_t$ 을 시점별로 합한다. 다만 시차가 2이므로 합을 시작하는 시점은 $t = 3$ 부터이다. 시차가 p 인 경우에는 $p + 1$ 시점부터 합을 해야 한다. 시차가 늘어나면 추정해야 하는 파라미터의 수는 커지는 반면 추정에 사용되는 자료의 양은 줄어든다는 점에 유의해야 한다.

여기서 주의할 점은 β 를 완전 조건부 분포로부터 추출했다고 해서 무조건적으로 저장하는 것은 아니라는 점이다. 만약 연구자가 시차가 무한대로 다가갈수록 충격반응함수의 값이 0으로 수렴할 것이라는 사전적 믿음을 갖고 있다면, β 가 이 제약을 만족하는지를 검토해야 한다.[3] j 번째 반복시행에서 추출된 β 를 (Φ_1, Φ_2) 형태로 바꾼 다음,

$$F = \begin{bmatrix} \Phi_1 & \Phi_2 \\ I_2 & 0 \end{bmatrix}$$

행렬을 만들고, F 행렬의 모든 특성근(eigenvalue)을 계산한다. 만약 모든 특성근의 절대값이 1보다 작다면 사전적 믿음 또는 제약을 만족하는 것이고, 그렇지 않다면 j 번째 반복시행에서 추출된 β 는 버리고 $(j - 1)$ 번째 반복시행에서 저장된 β 를 다시 한 번 더 저장하여야 한다. 이러한 과정은 M-H 알고리즘에서 후보 생성 분포에서 추출된 프로포절이 제약을 만족하지 않으면 M-H 비가 0이 되어 기각되므로, 기존 값이 다시 저장되는 것과 동일한 이치이다.

β 가 완전 조건부 분포로부터 샘플링되고 나면 β 를 (Φ_1, Φ_2) 형태로 변환하는 것으로 첫 번째 단계가 마무리된다.

---

[3] 충격반응함수가 0으로 수렴한다는 것은 빈도주의 접근법에서 변수가 안정계열(stationary process)이라고 제약하는 것과 같다.

Ω 샘플링

다음으로 Ω는 InverseWishart-InverseWishart 업데이트를 통해서 샘플링된다. 우선 Ω의 사전 분포가 InverseWishart (v_0, R_0)로 주어졌다고 하자. 그러면 앞 단계에서 추출된 Φ_1, Φ_2를 이용해서 매 시점의 잔차항

$$u_t = y_t - \Phi_1 y_{t-1} - \Phi_2 y_{t-2} = y_t - \sum_{i=1}^{p} \Phi_i y_{t-i}$$

를 계산하면 Ω의 완전 조건부 분포를 구성하는 파라미터가 구해진다.

$$\Omega | Y, \{\Phi_i\}_{i=1}^{p} \sim \text{InverseWishart} \left(v_0 + (T-2), R_0 + \sum_{t=3}^{T} u_t u_t' \right)$$
$$\equiv \text{InverseWishart} \left(v_0 + (T-p), R_0 + \sum_{t=p+1}^{T} u_t u_t' \right)$$

기본적으로 사전 분포는 구조식의 파라미터 (Γ, B)보다는 축약식의 파라미터 (Φ_1, Φ_2, Ω)에 대해서 설정하는 것이 추정상 용이하다. 구조 벡터자기회귀모형의 사후 샘플링은 축약식을 추정하는 것으로 시작하기 때문이다. 또한 구조식의 추정을 위해서는 사전에 내생성 문제를 우선 고려해야 하는 번거로움도 있다. 구조식에서 내생성 문제가 발생하는 원인에 대해서는 다음 절에서 다루게 된다.

구조충격의 식별과 $(\{\Psi_i\}_{i=0}^{\infty}, B^{-1})$ 샘플링

세 번째 단계는 추출된 축약식의 파라미터를 이용해서 충격반응함수 계산에 필요한 $(\{\Psi_i\}_{i=0}^{\infty}, B^{-1})$을 계산하는 것이다. 먼저 F는 식 (6.22)로 정의되므로 첫 번째 단계에서 추출된 (Φ_1, Φ_2)를 이용해서 F를 만든다. 그런 다음, F^i의 좌측상방 2×2 행렬을 취하면 그것이 바로 Ψ_i이다.

다음으로 B^{-1}는 두 번째 단계에서 추출된 Ω와

$$\Omega = B^{-1} B^{-1\prime}$$

라는 관계로부터 계산한다. 하지만 여기서 한 가지 문제가 발생한다. 위 식을

$$B^{-1} = \begin{bmatrix} a_{11} & a_{12} \\ a_{21} & a_{22} \end{bmatrix}$$

에 있는 네 개의 파라미터에 대해서 해를 구해야 한다. 그런데, Ω는 대칭행렬이므로

Ω는 네 개가 아니라 세 개의 값으로 구성된다.

$$\Omega = \begin{bmatrix} \Omega_{11} & \Omega_{12} \\ \Omega_{21} & \Omega_{22} \end{bmatrix} = \begin{bmatrix} a_{11} & a_{12} \\ a_{21} & a_{22} \end{bmatrix} \times \begin{bmatrix} a_{11} & a_{12} \\ a_{21} & a_{22} \end{bmatrix}'$$

단, $\Omega_{12} = \Omega_{21}$. 결국 미지수의 수는 네 개인 데 반해 식의 수는 세 개에 불과하므로 어떠한 제약을 부여하지 않고는 B^{-1}를 계산할 수가 없다. 변수의 수가 세 개인 경우에는 식의 수가 여섯 개인 반면, 미지수의 수는 아홉 개가 된다. 일반적으로 표현하면, 식의 수는 $k(k+1)/2$이고 미지수의 수는 k^2이다. 따라서 B^{-1}의 식별, 더 나아가 충격반응함수의 식별을 위해서는 최소한

$$k^2 - k(k+1)/2 = k(k-1)/2$$

개의 제약이 B^{-1}에 부여되어야 한다.

가장 쉽고 단순하게 부여할 수 있는 제약이 바로 B^{-1}를 하방삼각행렬로 가정하는 것이다.

$$B^{-1} = \begin{bmatrix} a_{11} & 0 \\ a_{21} & a_{22} \end{bmatrix}$$

이런 제약을 부여한 구조 VAR 모형을 축차적 VAR(recursive VAR)이라고 한다. 이 제약의 의미를 살펴보기 위해서 이 제약을 부여했을 때의 VAR 모형을 다시 표현해보면,

$$\begin{bmatrix} y_{1t} \\ y_{2t} \end{bmatrix} = \Phi_1 y_{t-1} + \Phi_2 y_{t-2} + \begin{bmatrix} a_{11} & 0 \\ a_{21} & a_{22} \end{bmatrix} \begin{bmatrix} e_{1t} \\ e_{2t} \end{bmatrix}$$

y_{1t}는 당기에 e_{1t}의 영향만을 받지만 y_{2t}는 모든 구조 충격의 영향을 받게 된다. 변수가 세 개 이상인 경우에도 벡터 y_t의 상위에 위치할수록 적은 수의 충격에 노출되고, 하위에 위치할수록 많은 구조 충격의 영향을 받는 것으로 설정된다. 이 때문에 축차적 VAR을 분석하고자 할 때는 가장 외생적인 변수를 y_t의 첫 번째 자리에, 가장 내생적인 변수를 가장 아래에 두어야 한다.

그렇다면 축차적 VAR 모형의 구조충격 e_{1t}, e_{2t}는 어떻게 해석해야 할까? 두 가지 방법이 있다. 첫 번째는 B^{-1}에 부여된 제약대로 해석하는 것이다. 즉, 'e_{1t}는 당기에 모든 내생변수에 영향을 주는 충격이며, e_{2t}란 당기에 y_{1t}에는 영향을 미치지 않고 y_{2t}에만 영향을 주는 충격이다'라고 해석하는 것이다. 두 번째는 분석 대상자료의 성격과 경제학 이론에 근거해서 특정한 경제학적 의미를 부여하는 것이다. 예를 들어, 경제에는 재정정책과 통화정책 충격 외에 다른 충격이 없다고 가정하고 y_{1t}가 실질 성장률 자료라고 하자. e_{1t}는 시차없이 성장률에 영향을 미치지만 e_{2t}는 시차를 두고

영향을 미치므로, e_{1t} 는 재정정책 충격, e_{2t} 는 통화정책 충격이라고 해석할 수도 있다. 왜냐하면 재정지출은 시차없이 즉각적으로 실질 국내총생산에 반영되지만, 금리조절을 통한 통화정책은 통화량이나 환율, 은행대출 등 여러 경로를 거쳐서 시차를 두고 국내총생산에 파급되기 때문이다.

이 제약의 가장 큰 장점은 B^{-1} 를 촐레스키 분해(Cholesky decomposition)를 통해서 쉽게 계산할 수 있다는 것이다.

$$B^{-1} = chol(\Omega)$$

결국 Φ_1, Φ_2 를 이용해 계산한 Ψ_i 와 Ω 로부터 얻어진 B^{-1} 를 곱함으로써 충격반응함수 $\theta_i = \Psi_i B^{-1}$ 가 구해진다.

지금까지의 사후 샘플링과정을 간단히 요약하면, 매 반복시행마다 먼저 Φ_1, Φ_2, Ω 를 샘플링한다. 이것을 이용해서 $\{\Psi_i^{(j)}\}_{i=0}^{\infty}$ 와 B^{-1} 를 각각 따로 계산한 다음 곱해서 충격반응함수 $\{\theta_i^{(j)}\}_{i=0}^{\infty}$ 를 계산한 뒤 저장한다. 이렇게 저장된 $\{\theta_i^{(j)}\}_{i=0}^{\infty}$ 가 결과적으로 $\{\theta_i\}_{i=0}^{\infty}$ 의 사후 분포가 되고, 사후 샘플을 이용해서 중위값이나 평균 그리고 신용구간을 그려볼 수 있다. 이와 같은 축차적 VAR 모형의 추정 알고리즘을 그림으로 나타낸 것이 그림 6.5이다.

알고리즘 6.6: 축차적(Recursive) VAR 모형

0 단계 : 초기값 $\Omega^{(0)}$ 를 사전 평균으로 설정하고, $j = 1$ 로 둔다.

1 단계 : $\{\Phi_i\}_{i=1}^{p}|Y, \Omega^{(j-1)}$ 로부터 $\{\Phi_i^{(j)}\}_{i=1}^{p}$ 를 샘플링한 뒤 저장한다.

2 단계 : $\Omega|Y, \{\Phi_i^{(j)}\}_{i=1}^{p}$ 로부터 $\Omega^{(j)}$ 를 샘플링한 뒤 저장한다.

3 단계 : $(\{\Phi_i^{(j)}\}_{i=1}^{p}, \Omega^{(j)})$ 이 주어져 있을 때, $\{\Psi_i^{(j)}\}_{i=0}^{\infty}$, $B^{-1(j)}$, $\{\theta_i^{(j)}\}_{i=0}^{\infty}$ 를 계산한다.

4 단계 : $j = j + 1$ 로 설정하고, $j \leq n$ 이면 1 단계로 돌아간다.

여기서 독자들이 가질 수 있는 한 가지 의문점은 왜 구조 VAR 모형을 바로 추정하지 않고 축약식을 추정하냐는 것이다. 식 (6.17)에 보여진 바와 같이, SVAR(1)의 경우, B 와 Γ 를 추정하면, B^{-1} 와 $\Phi = B^{-1}\Gamma$ 를 계산해서 충격반응함수를 계산할 수 있기 때문에 가질 수 있는 의문이다. 하지만 우리가 구조 VAR 모형을 직접적으로 추정하지 않는 것은 구조식의 내생성 문제 때문이다.

식 (6.13)와 (6.14)를 다시 살펴보도록 하자. 식 (6.13)에서 e_{1t} 의 발생은 y_{1t} 에 영향을 주게 되고, y_{1t} 의 변동은 식 (6.14)에 의해서 y_{2t} 에 영향을 미치게 된다. 따라서

그림 6.5: **Recursive VAR** 모형의 충격반응함수 추정 과정

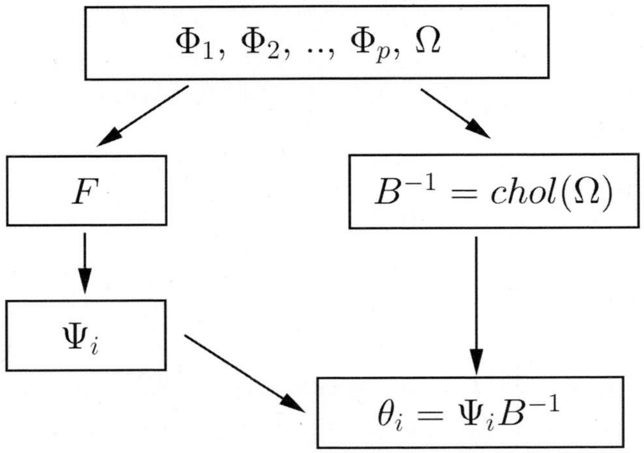

$$\boxed{\Phi_1, \Phi_2, .., \Phi_p, \Omega}$$

$$\boxed{F} \qquad \boxed{B^{-1} = chol(\Omega)}$$

$$\boxed{\Psi_i}$$

$$\boxed{\theta_i = \Psi_i B^{-1}}$$

e_{1t} 의 변화는 y_{2t} 의 변동을 야기한다. 하지만 y_{2t} 는 이미 (6.13)의 설명변수로 들어가
있다. 이 때문에 설명변수와 오차항 사이에 상관관계가 존재하게 되어서 내생성 문제가
발생한다. 이러한 문제를 무시하면 추정이 부정확해지는 문제가 발생한다. 이러한
문제가 발생하는 근본적인 원인은 구조식 자체가 여타 내생변수를 설명변수로 두고
있기 때문이다. 하지만 양변에 B^{-1} 를 곱해서 축약식을 추정하면 이러한 문제가 사라
지게 되어 내생성 문제가 해결된다.

그렇다고 부작용이 없는 건 아니다. 앞서 언급했듯이 축약식에 있는 파라미터 Ω
의 수가 구조식에 있는 파라미터 B^{-1} 의 수보다 작기 때문에 B^{-1} 에 제약을 부여하지
않고서는 충격반응함수를 추정할 수 없다는 문제가 남아있다. B^{-1} 나 B 의 특정 요소
(element)를 0이라고 제약하여 충격반응함수를 계산하는 경우를 특히 당기제약 구조
VAR 모형이라 부르는데, 당기제약 구조 VAR 모형 중 가장 대표적인 모형이 본 장에서
다룬 축차적 VAR 모형이다.

어떤 제약을 부여하여 B^{-1} 나 B 를 추정하냐에 따라서 충격반응함수의 형태가 민
감하게 달라진다. 그리고 어떠한 제약을 부여할 지는 전적으로 분석 목적에 의존한다.
분석목적에 따라서 사용되는 자료와 식별하고자 하는 충격의 종류가 달라지며 식별을
위해 부여되는 제약이 달라지기 때문이다.

6.6.4 예: **Stock and Watson Recursive VAR**

Stock and Watson(2001)의 연구에서 사용된 미국 금리, 실업률, 인플레이션율 자료를
이용해서 축차적 VAR을 추정하였다. 표본기간은 1960년 1/4분기부터 2000년 3/4분기

까지이며, 자료의 순서는 인플레이션, 실업률, 금리 순이다. 금리식은 통화정책반응함수를 의미하기 때문에 금리가 가장 내생적인 변수로 간주되었다. 반면 인플레이션율은 가격경직성(price stickiness) 때문에 실업률과 같은 실질변수들에 비해 경제충격으로부터 상대적으로 늦게 반응하므로 가장 외생적인 변수로 설정된다.

시차는 4로 두었으며, Φ_i의 모든 파라미터에 대한 사전 분포는 표준 정규 분포를 가정하였다. Ω에 대해서는

$$v_0 = 10, \ R_0 = [0.2 \times I_3]^{-1}/v_0$$

로 설정하였다. 참고로, Ω의 사전 평균은 $0.2 \times I_3$이며 자유도 $v_0(=10)$는 자료의 정보를 사후 분포에 충분히 반영하기 위해 크지 않은 수로 가정하였다. 그림 6.6는 충격반응함수의 사후 분포를 나타낸 것이다. 실선은 사후 평균이며 점선은 95% 신용구간이다. 그림 6.7은 Stock and Watson(2001)의 결과를 그대로 옮긴 것인데, 베이지안 추정결과와 거의 흡사함을 알 수 있다. 이는 자료의 정보력에 비해 사전 분포가 상대적으로 약하게 설정되었기 때문이다.

6.6.5 장기제약 구조 VAR

앞서 다룬 축차적 VAR 모형하에서 우리는 일부 충격이 당기(또는 단기)에 일부 변수에 미치는 영향이 없다는 제약을 부여하는 방식으로 구조 충격을 식별하고 충격반응함수를 추정한다. 이와 같은 단기제약(short-run restriction, 또는 당기제약) 구조 VAR 모형과 더불어 Blanchard and Quah (1989)가 처음 고안한 장기제약 구조 VAR(long-run restriction structural VAR) 모형도 경기변동의 원인과 구조 충격의 동태적 효과 분석에 전통적으로 사용되고 있다.

특히 경기변동을 야기하는 충격은 크게 총수요 충격과 총공급 충격으로 구분할 수 있는데, 장기제약 VAR 모형은 총수요 충격과 총공급 충격 식별에 대단히 유용하다. 더 나아가 장기제약 VAR 모형은 총수요와 총공급을 좀 더 세부적으로 식별하는 데도 사용되기도 한다. 예를 들어, 총수요 충격을 국내 총수요와 해외 총수요 충격으로 분해하거나 총공급 충격을 기술적 충격과 비기술적 충격으로 분해할 수도 있다.

누적 충격반응함수

장기제약 구조 VAR 모형을 이해하기 위해서는 누적 충격반응(cumulative impulse response)에 대한 이해가 선행되어야 한다. 예를 들어 설명하자면, 우선 y_t가 t기의 로그 GDP라 하자. 그러면 Δy_t는 전기대비 성장률을 의미한다. 또한 차분 변수의 충격반응은 다음과 같이 수준변수의 충격반응의 차분 형태로 나타낼 수 있다.

그림 6.6: 충격반응함수 추정결과: **Bayesian VAR**

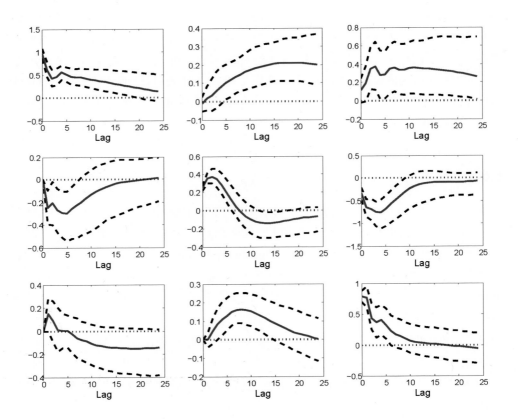

그림 6.7: 충격반응함수 추정결과: **Stock and Watson(2001)**

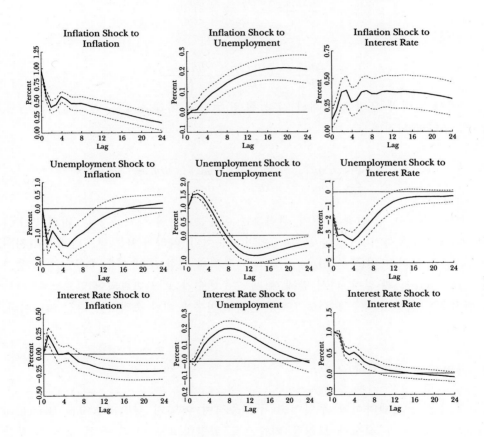

$$\frac{\partial \Delta y_t}{\partial e_t} = \frac{\partial y_t}{\partial e_t} - \frac{\partial y_{t-1}}{\partial e_t} \tag{6.25}$$

위의 충격반응을 0기, 1기, 2기, ⋯, H기 이후 성장률에 대해서 나타내면 다음과 같다.

$$\frac{\partial \Delta y_t}{\partial e_t} = \frac{\partial y_t}{\partial e_t} - \frac{\partial y_{t-1}}{\partial e_t}$$

$$\frac{\partial \Delta y_{t+1}}{\partial e_t} = \frac{\partial y_{t+1}}{\partial e_t} - \frac{\partial y_t}{\partial e_t}$$

$$\frac{\partial \Delta y_{t+2}}{\partial e_t} = \frac{\partial y_{t+2}}{\partial e_t} - \frac{\partial y_{t+1}}{\partial e_t}$$

$$\vdots$$

$$\frac{\partial \Delta y_{t+H}}{\partial e_t} = \frac{\partial y_{t+H}}{\partial e_t} - \frac{\partial y_{t+H-1}}{\partial e_t}$$

위 식에서 좌변과 우변에 대해서 각각 합을 취하면 아래와 같은 H기까지의 누적 충격반응이 얻어진다.

$$\sum_{i=0}^{H} \frac{\partial \Delta y_{t+i}}{\partial e_t} = \frac{\partial y_{t+H}}{\partial e_t} - \frac{\partial y_{t-1}}{\partial e_t} = \frac{\partial y_{t+H}}{\partial e_t} \tag{6.26}$$

식 (6.26)에서 두 번째 등호가 성립하는 이유는 t기의 충격은 $t-1$기의 변수에 영향을 끼치지 못하기에 $\partial y_{t-1}/\partial e_t = 0$이기 때문이다. 따라서 차분 변수의 H기까지의 충격반응을 누적한 것($\sum_{i=0}^{H} \partial \Delta y_{t+i}/\partial e_t$)은 충격에 대한 H기 이후 수준변수의 충격 반응($\partial y_{t+H}/\partial e_t$)과 같다. 다시 말해, 현재 수준변수가 로그 변환되어 있으므로, 이는 곧 변화율에 대한 누적충격이 로그 변환된 수준변수에 대한 충격과 같다는 의미이다.

장기제약과 구조 충격의 식별

지금부터는 장기제약이란 무엇이고 구조충격이 어떻게 식별되는지를 Blanchard and Quah (1989)가 제시한 모형을 기준으로 설명하고자 한다. 우선 y_t는 성장률 ($\Delta logGDP_t$)과 실업률($UEmp_t$)로 구성된 2차원 벡터이다.[4]

$$y_t = \begin{bmatrix} \Delta logGDP_t \\ UEmp_t \end{bmatrix} = \begin{bmatrix} y_{1t} \\ y_{2t} \end{bmatrix}$$

---

[4]Blanchard and Quah (1989)가 발표된 당시에는 국가경제규모를 주로 GNP로 측정하였기 때문에 이 논문에서도 GDP 대신 GNP 자료를 사용한다.

그리고 y_t 는 VAR(p) 과정을 따른다고 가정한다.

$$y_t = \Phi_1 y_{t-1} + \Phi_2 y_{t-2} + \cdots + \Phi_p y_{t-p} + u_t$$

그러면 축차적 VAR 모형에서와 마찬가지로 y_t 를 u_t 와 e_t 에 대한 월드(Wold) 형태로 표현할 수 있다.

$$
\begin{aligned}
y_t &= \Psi_0 u_t + \Psi_1 u_{t-1} + \Psi_2 u_{t-2} + \cdots \qquad (6.27)\\
&= \Psi_0 B^{-1} e_t + \Psi_1 B^{-1} e_{t-1} + \Psi_2 B^{-1} e_{t-2} + \cdots \\
&= \theta_0 e_t + \theta_1 e_{t-1} + \theta_2 e_{t-2} + \cdots \qquad (6.28)
\end{aligned}
$$

$u_t = (u_{1t}, u_{2t})\prime|\Omega \sim \text{Normal}(0, \Omega)$ 는 축약식 충격이고 $e_t = (e_{1t}, e_{2t})\prime \sim \text{Normal}(0, I_2)$ 는 구조 충격이다.

여기서 2×2 행렬인 θ_j 는 구조 충격 e_t 에 대한 y_{t+j} 의 충격반응이다. θ_j 를 $j = 0, 1, 2, \cdots$ 에 대해서 무한으로 합산한 것을 아래와 같이 $\Theta(1)$ 으로 표기한다.[5]

$$\Theta(1) = \theta_0 + \theta_1 + \theta_2 + \cdots = \begin{bmatrix} \Theta_{11}(1) & \Theta_{12}(1) \\ \Theta_{21}(1) & \Theta_{22}(1) \end{bmatrix} \qquad (6.29)$$

즉, $\Theta(1)$ 은 무한기 누적 충격반응이다. 관련 논문들 상에는 '무한기'라는 용어 대신 '장기'라는 용어도 자주 사용되고, 저자도 '장기'라는 용어가 좀 더 익숙해서 이 용어를 사용하고자 한다.

단기제약은 θ_0 에 제약을 부여하는 반면, 장기제약이란 장기 누적 충격반응 $\Theta(1)$ 에 제약을 부과하는 것이다. 특히 Blanchard and Quah (1989)에서는 e_{2t} 충격에 대한 성장률의 장기 누적 충격반응인 $\Theta_{12}(1)$ 에 영(0) 제약을 부여하였다.

$$\Theta_{12}(1) = 0$$

이 제약으로 인해 $\Theta(1)$ 는 하방삼각행렬이 된다.

$$\Theta(1) = \begin{bmatrix} \Theta_{11}(1) & 0 \\ \Theta_{21}(1) & \Theta_{22}(1) \end{bmatrix}$$

이러한 제약을 부여하더라도 e_{2t} 충격은 당기 또는 단기적으로 성장률에 얼마든지

---

[5] 시차 다항식(Lag polynomial) $\Theta(L) = \theta_0 + \theta_1 L + \theta_2 L^2 + \cdots$ 을 이용하면 y_t 에 대한 Wold form을 $y_t = \Theta(L)e_t$ 로 나타낼 수 있다. 이때 시차 다항식 $\Theta(L)$ 에 $L = 1$ 을 대입하면, $\Theta(1) = \sum_{j=0}^{\infty} \theta_j$ 이 무한기 (또는 장기) 누적 충격반응이 된다.

영향을 줄 수 있다. 하지만 무한기에 걸쳐서 충격을 합산하면 충격의 값들이 서로 상쇄되고 결과적으로 효과가 사라진다. 즉, $\Theta_{12}(1) = 0$라는 제약은

$$\Theta_{12}(1) = \lim_{H \to \infty} \sum_{j=0}^{H} \frac{\partial \Delta \log GDP_{t+j}}{\partial e_{2t}} = 0$$

을 의미한다. 그리고 앞서 설명한 바와 같이 성장률의 장기 누적 충격반응은 로그 GDP 의 장기 충격반응과 같다. 즉,

$$\sum_{j=0}^{H} \frac{\partial \Delta \log GDP_{t+j}}{\partial e_{2t}} = \frac{\partial \log GDP_{t+H}}{\partial e_{2t}}.$$

따라서 $\Theta_{12}(1) = 0$ 제약은 e_{2t} 충격에 대한 로그 GDP의 장기 충격반응이 0이라는 것이다.

$$\lim_{H \to \infty} \frac{\partial \log GDP_{t+H}}{\partial e_{2t}} = 0$$

이 제약에 의해 e_{2t} 충격은 단기적으로 로그 GDP에 영향을 줄 수 있지만 장기적으로는 영향을 주지 못한다. 이 모형하에서 로그 GDP에 오는 충격은 e_{1t}와 e_{2t} 단 두 종류이고, 그 중 e_{2t}는 단기적으로 로그 GDP의 변동을 야기하지만 장기 효과는 없다. 반대로, $\Theta_{11}(1) \neq 0$이기 때문에 e_{1t}는 단기와 장기에 모두 로그 GDP에 영향을 줄 수 있다. 따라서 e_{2t}는 단기적인 실물효과가 있지만 장기적으로는 실물에 미치는 영향이 없으므로 총수요 충격으로 해석할 수 있다. e_{2t}을 제외한 나머지 충격인 e_{1t}는 장기적인 실물효과가 있기 때문에 총공급 충격으로 해석할 수 있다.

요약하자면, 우리는 장기제약을 부여하여 두 개의 구조 충격 e_{1t}와 e_{2t}을 식별할 수 있다. 그리고 총공급 충격과 달리 총수요 충격은 산출물에 장기적 효과가 없다는 경제학 이론에 의해 두 구조 충격을 각각 총공급과 총수요 충격으로 해석할 수 있다.

충격반응함수 계산

지금부터는 축약형 VAR 모형 추정 결과(Φ_1, Φ_2, .., Φ_p, Ω)로부터 장기제약 VAR의 충격반응함수 도출과정을 설명하고자 한다. 축차적 VAR 모형과 비교하여 장기제약 VAR의 충격반응함수 계산과정은 오로지 B^{-1} 계산방법만 다르고 Ψ_i의 계산방법은 동일하다.

   B^{-1} 계산을 위한 첫 단계는 y_t의 장기분산(long-run variance)을 계산하는 것이다.[6] y_t의 장기분산은 식 (6.27)와 (6.28)로부터 각각 계산할 수 있다. 식 (6.27)로부터 계산

---

[6]장기분산은 y_t의 비조건부 분산($Var(y_t)$)과는 구별되는 개념이며, 자세한 설명은 생략하기로 한다.

된 장기분산은

$$\Psi(1)\Omega\Psi(1)' \tag{6.30}$$

이고 식 (6.28)로부터 계산된 장기분산은

$$\Theta(1)\Theta(1)' \tag{6.31}$$

이다. 여기서 $\Psi(1) = \Psi_0 + \Psi_1 + \Psi_2 + \cdots$ 은 u_{t-j}의 계수 Ψ_j의 무한기 누적합이고, $\Theta(1) = \theta_0 + \theta_1 + \theta_2 + \cdots$ 은 y_t의 장기 누적 충격반응이다.

두 장기분산은 모두 y_t의 장기분산이므로

$$\Psi(1)\Omega\Psi(1)' = \Theta(1)\Theta(1)' \tag{6.32}$$

이 성립한다.[7] 여기서 조건부 분산-공분산 Ω은 축약식 VAR 모형 추정결과로부터 이미 주어져 있다.

다음 단계는 $\Theta(1)$을 계산하는 것이다. 장기제약으로 인해 $\Theta(1)$가 하방삼각행렬 이므로 $\Psi(1)$만 주어지면 $\Psi(1)\Omega\Psi(1)'$를 촐레스키 분해하여 $\Theta(1)$을 구할 수 있다. 축약식 VAR 모형 추정결과로부터 F가 주어져 있고, Ψ_i는 (1,1) block of F^i 이므로 2×2 행렬인 $\Psi(1)$을 아래와 같이 도출할 수 있다.

$$\begin{aligned} \Psi(1) &= \Psi_0 + \Psi_1 + \Psi_2 + \cdots \\ &= (1,1) \text{ block of } (F^0 + F^1 + F^2 + \cdots) \\ &= (1,1) \text{ block of } (I - F)^{-1} \end{aligned} \tag{6.33}$$

식 (6.33)는 무한 등비급수 공식을 행렬로 확장한 것으로, 안정성 조건(F의 고유값의 절대값이 모두 1보다 작다)이 만족될 때 성립한다.[8] 이와 같이 $\Psi(1)$을 계산하면 식 (6.32)으로부터 촐레스키 분해로 $\Theta(1)$을 계산할 수 있다.

$$\Theta(1) = chol(\Psi(1)\Omega\Psi(1)') \tag{6.34}$$

이제 마지막 단계로 $\Psi(1)$와 $\Theta(1)$을 이용하여 B^{-1}를 계산한다. 우선 모든 $j =$

---

[7]무한기 누적충격반응은 $\sum_{i=0}^{\infty} \theta_i$ 인데 $\theta_i = \Psi_i B^{-1}$ 이므로 $\sum_{i=0}^{\infty} \theta_i = \sum_{i=0}^{\infty} \Psi_i B^{-1}$ 이다. 따라서 $\Theta(1) = \Psi(1)B^{-1}$ 이고, $\Theta(1)\Theta(1)' = \Psi(1)B^{-1}B^{-1'}\Psi(1)' = \Psi(1)\Omega\Psi(1)'$ 이다.

[8]깁스 샘플링으로 $\{\Phi_i\}_{i=1}^{p}$ 을 샘플링할 때 이미 안정성 조건을 부여하여 샘플링하므로 이 조건이 만족 되는지 여부를 다시 확인할 필요가 없다.

$0,1,2,..$에 대해서 $\theta_j = \Psi_j B^{-1}$이므로

$$
\begin{aligned}
\theta_0 &= \Psi_0 B^{-1}\\
\theta_1 &= \Psi_1 B^{-1}\\
\theta_2 &= \Psi_2 B^{-1}\\
&\vdots
\end{aligned}
$$

이다. 이때 좌변의 합은 $\Theta(1)$이고 우변의 합은 $\Psi(1)B^{-1}$이므로

$$\Theta(1) = \Psi(1)B^{-1}$$

이 성립한다. 따라서 위 식의 양변에 $\Psi(1)$의 역행렬을 곱하면 B^{-1}를 계산할 수 있다.

$$B^{-1} = \Psi(1)^{-1}\Theta(1) \tag{6.35}$$

당기제약, 장기제약 그리고 B^{-1}

구조 충격 식별을 좀 더 구체적으로 이해하기 위해 당기제약과 장기제약의 식별방법 상
차이점과 공통점을 간단히 요약해보자. 먼저 두 제약 간 가장 큰 차이점은 당기제약은
θ_0에 제약을 부여하는 것이고, 장기제약은 $\Theta(1)$에 제약을 부여해서 식별한다는 것이
다. 반면, 당기제약과 장기제약 모두 결과적으로 B^{-1}에 제약을 반영한다는 공통점이
있다. 좀 더 구체적으로 설명하자면, 당기제약은 B^{-1}의 특정 원소에 영(0) 제약을
부과하는 것이고, 장기제약은 B^{-1}의 일부 원소간 선형 결합이 영(0)이라는 제약을
부과하는 것이다.

B^{-1}의 일부 원소간 선형 결합이 영(0)이라는 제약을 부과하는 것이 장기제약이
라는 사실은 식 (6.35)를 보면 쉽게 알 수 있다. 먼저 식 (6.35)을 아래와 같이 좀 더
풀어서 표현해보자.

$$
\underbrace{\begin{bmatrix} \Theta_{11}(1) & 0 \\ \Theta_{21}(1) & \Theta_{22}(1) \end{bmatrix}}_{\Theta(1)} = \underbrace{\begin{bmatrix} \Psi_{11}(1) & \Psi_{12}(1) \\ \Psi_{21}(1) & \Psi_{22}(1) \end{bmatrix}}_{\Psi(1)} \underbrace{\begin{bmatrix} a_{11} & a_{12} \\ a_{22} & a_{22} \end{bmatrix}}_{B^{-1}}
$$

이 때 $\Theta(1)$의 $(1,2)$ 원소가 0이 되기 위해서는

$$\Psi_{11}(1)a_{12} + \Psi_{12}(1)a_{22} = 0$$

또는

$$a_{12} = -\frac{\Psi_{12}(1)}{\Psi_{11}(1)} \times a_{22}$$

이 성립해야 한다. 따라서 B^{-1} 의 두 원소인 a_{12} 과 a_{22} 간 선형 결합이 0이어야 한다. 그 결과 B^{-1} 의 네 원소 중 세 개를 추정하면 나머지 하나는 자동으로 추정이 된다.

실제 구조 VAR을 이용한 연구에는 당기제약과 장기제약을 동시에 적용하는 경우가 많다. 예를 들어, 장기제약으로 총수요와 총공급 충격을 먼저 식별한 다음, 당기제약을 이용해서 총수요 충격을 다시 통화정책 충격과 여타 총수요 충격으로 식별할 수 있다. 실제 Gali(1992)는 당기와 장기제약을 이용해서 IS-LM 모형을 구조적으로 분석하였다. 이 연구에서는 총 4개의 구조 충격(통화공급 충격, 통화수요 충격, IS 충격, 총공급 충격)이 식별되었으며, 각 충격의 동태적 효과(충격반응함수)와 중요도(분산분해) 추정결과를 볼 수 있다.

총수요 충격 식별을 위한 추가 제약

이론적으로 양의 총수요 충격은 실업률을 낮춘다. 따라서 e_{2t} 가 이론에 부합하는 총수요 충격으로 식별되기 위해선 $\Theta_{22}(1)$ 가 음수여야 한다. 하지만 MATLAB이나 여타 프로그램 언어는 $\Psi(1)\Omega\Psi(1)'$ 을 촐레스키 분해하면 대각 원소 $\Theta_{11}(1)$ 와 $\Theta_{22}(1)$ 가 모두 양수인 $\Theta(1)$ 을 산출한다.[9]

총수요 식별 제약을 충족하기 위해서는 $\Theta_{22}(1)$ 가 음수가 되어야 하므로 $\Theta_{22}(1)$ 에 임의로 (-1) 을 곱해주면 된다. 즉,

$$\Theta(1) = \begin{bmatrix} \Theta_{11}(1) & 0 \\ \Theta_{21}(1) & \Theta_{22}(1) \end{bmatrix} \tag{6.36}$$

대신

$$\widehat{\Theta}(1) = \begin{bmatrix} \Theta_{11}(1) & 0 \\ \Theta_{21}(1) & -\Theta_{22}(1) \end{bmatrix} \tag{6.37}$$

을 사용하여 B^{-1} 를 계산하면 된다.

$$B^{-1} = \Psi(1)^{-1}\widehat{\Theta}(1)$$

$\Theta(1)$ 대신 $\widehat{\Theta}(1)$ 을 사용해도 되는 이유는 아래에서 보는 바와 같이 $\Theta(1)\Theta(1)'$ 와

---

[9]촐레스키 분해가 유일하다는 것은 양정행렬을 대각 원소가 모두 양수인 하방삼각행렬과 그 전치행렬의 곱으로 분해한다는 점에서 보장되는 것이다. 따라서 MATLAB 등에서 내장함수로 제공하는 촐레스키 분해는 유일성을 보장하기 위해 하방삼각행렬의 대각 원소가 모두 양수가 되도록 만든다.

$\widehat{\Theta}(1)\widehat{\Theta}(1)'$ 이 같기 때문이다.

$$\widehat{\Theta}(1)\widehat{\Theta}(1)' = \begin{bmatrix} \Theta_{11}(1) & 0 \\ \Theta_{21}(1) & -\Theta_{22}(1) \end{bmatrix} \begin{bmatrix} \Theta_{11}(1) & \Theta_{21}(1) \\ 0 & -\Theta_{22}(1) \end{bmatrix} \tag{6.38}$$

$$= \begin{bmatrix} \Theta_{11}(1)^2 & \Theta_{11}(1)\Theta_{21}(1) \\ \Theta_{11}(1)\Theta_{21}(1) & \Theta_{21}(1)^2 + \Theta_{22}(1)^2 \end{bmatrix} \tag{6.39}$$

$$= \Theta(1)\Theta(1)' \tag{6.40}$$

다시 말해서, $\Theta(1)$ 이든 $\widehat{\Theta}(1)$ 이든 상관없이 그 행렬이 제곱이 $\Psi(1)\Omega\Psi(1)'$ 와 같다면 수학적으로 무엇을 사용하든 상관이 없다. 경제학적으로는 $\Psi(1)\Omega\Psi(1)'$ 의 여러 촐레스키 분해 결과 중 경제 이론에 부합하는 것을 사용하면 된다.

알고리즘 6.7은 장기제약 구조 VAR 모형의 충격반응함수 추정과정을 단계별로 요약한 것이고, 그림 6.8은 이를 도식화한 것이다.

알고리즘 6.7: 장기제약 VAR 모형

0 단계 : 초기값 $\Omega^{(0)}$ 를 사전 평균으로 설정하고, $j = 1$ 로 둔다.

1 단계 : $\{\Phi_i\}_{i=1}^p | Y, \Omega^{(j-1)}$ 로부터 $\{\Phi_i^{(j)}\}_{i=1}^p$ 를 샘플링한 뒤 저장한다.

2 단계 : $\Omega | Y, \{\Phi_i^{(j)}\}_{i=1}^p$ 로부터 $\Omega^{(j)}$ 를 샘플링한 뒤 저장한다.

3 단계 : $\{\Phi_i^{(j)}\}_{i=1}^p$ 로 F 행렬을 만든다.

4 단계 : $(I - F)^{-1}$ 의 (1,1) block으로 $\Psi(1)^{(j)}$ 을 계산한다.

5 단계 : $i = 0, 1, 2, \ldots$ 에 대해 F^i 의 (1,1) block을 $\Psi_i^{(j)}$ 로 저장한다.

6 단계 : $\Psi(1)^{(j)}\Omega^{(j)}\Psi(1)^{(j)'}$ 을 촐레스키 분해하여 $\Theta(1)^{(j)}$ 을 계산한다.

7 단계 : $B^{-1(j)} = (\Psi(1)^{(j)})^{-1}\Theta(1)^{(j)}$ 을 구한다.

8 단계 : 충격반응함수 $\theta_i^{(j)} = \Psi_i^{(j)} B^{-1(j)}$ 을 계산한다.

9 단계 : $j = j + 1$ 로 설정하고, $j \leq n$ 이면 1 단계로 돌아간다.

그림 6.8: 장기제약 구조 **VAR** 모형의 충격반응함수 추정 과정

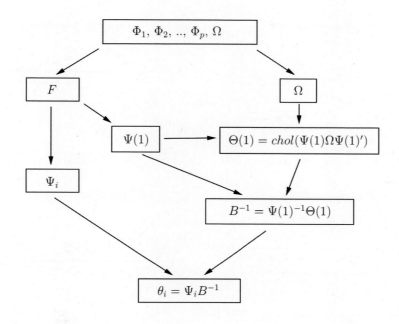

6.6.6 예: Long-Run Restriction VAR of Blanchard and Quah (1989)

이 장에서는 Blanchard and Quah (1989)에서 사용된 자료와 모형을 이용해서 해당 논문의 결과를 베이지안 추정 방법으로 재현한다. 사용된 통계자료는 1948년 1분기부터 1987년 4분기까지의 실질 GNP 증가율과 실업률이다. 성장률의 경우 평균이 제거된 자료를 사용하는데, 1973년에 발생한 구조변화를 고려하여 이 시점을 전후로 표본 기간을 구분하여 성장률의 평균을 제거한다. 다음으로 실업률 자료는 시간 추세를 제거한 다음 사용한다.

VAR 계수행렬에 있는 각 파라미터에 대한 사전분포는 Normal(0, 0.25), 조건부 분산-공분산(Ω)의 사전분포는 InverseWishart($v_0 = 5, R_0 = [0.5 \times I_2]^{-1}/v_0$) 으로 설정하였다. 시차는 논문에서와 동일하게 8로 설정하였다. 그림 6.9는 로그 GNP와 실업률의 충격반응함수 추정결과이다. 우리가 부여한 사전 분포가 강하지 않고, 동일한 통계자료를 사용했기 때문에 그림 6.9의 베이지안 추정 결과가 Blanchard and Quah (1989)의 결과와 거의 동일하다는 것을 확인할 수 있다. 여기서 로그 GNP의 충격반응은 성장률의 누적 충격반응함수이다.

이 그림을 보면, 총수요 충격은 로그 GNP를 단기적으로 상승시키지만 장기적으로 영향을 주지 않는다. 반면 총공급 충격은 장단기 모두 로그 GNP를 상승시키며 항구

그림 6.9: 충격반응함수 추정결과: 베이지안 장기제약 구조 **VAR**

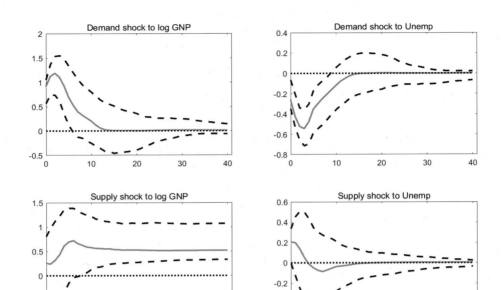

적인 효과를 나타낸다. 또한 총수요 충격은 단기적으로 실업률을 감소시키는 반면, 총공급 충격의 실업률에 대한 효과는 통계적 유의성이 명확하지 않다.

6.7 고차원 베이지안 **VAR** 모형

개별 거시변수를 예측하거나 여러 거시변수를 동시에 예측하는 데 가장 널리 사용되어 온 모형 중 하나가 바로 6.6장에서 다룬 축약형 벡터자기회귀(Reduced-form VAR) 모형이다. VAR 모형은 연구목적에 따라 변수선택이 자유롭고 변수간 동태적 상관관계를 직관적으로 반영한다는 장점이 있다. 하지만 이 모형의 결정적인 한계 중 하나는 모형에 포함된 변수의 수가 증가할수록 추정해야 하는 파라미터의 수가 기하급수적으로 증가한다는 것이다.

파라미터 개수가 지나치게 많을 경우, 과도적합(overfitting)과 파라미터 불확실성으로 인해 모형의 예측력이 감소하기 때문에 모형에 많은 변수를 포함시키는 데 어려움이 따른다. 반대로 4~5개 내외의 종속변수만을 대상으로 한 소규모 VAR(Small-scale VAR) 모형은 모형에 포함되지 않은 여타 거시변수들이 종속변수에 미치는 동태적 영향을 고려하지 못한다는 점에서 변수 누락으로 인한 내생성 문제(omitted variable bias)와 예측 정확도 감소 문제에 직면하게 된다.

예를 들어, (성장률, 물가상승률, 기준금리, 환율, 유가) 5개 변수로 VAR을 추정하는 경우를 생각해보자. 이 모형 설정상으로 물가상승률에 영향을 미치는 변수가 이 다섯 개 변수 외에 없다. 하지만 이는 이론적으로나 직관적으로 지나치게 강한 제약일 수 있다. 부동산 가격, 장기금리, 임금 인상율 등 물가에 직간접으로 영향을 미칠 수 있는 변수들이 있기 때문이다.

최근 들어 과도적합과 변수 누락 문제를 동시에 해결하는 방안 중 하나로 20개 이상의 변수를 포함하는 고차원 VAR 모형(Large Bayesian VAR, 이하 LBVAR)에 베이지안 축소 기법(shrinkage method)을 적용하는 방법이 주목받고 있다. 축소 기법이란 모형설정 중 불필요한 부분의 역할을 말 그대로 축소시키는 방법이다. 예를 들어, 모형의 복잡도에 대한 페널티를 부여하거나 불필요한 설명변수의 계수가 가능한 한 0에 가깝게 추정되도록 Spike-and-Slab 사전 분포를 설정하는 것이 축소 기법에 해당하다.[10]

이에 대한 대표적인 연구로 Bańbura, Giannone and Reichlin (2010)와 Bańbura, Giannone and Lenza (2015)은 LBVAR 모형에 베이지안 축소를 적용함으로써 과도적합 문제를 완화시키며, 소규모 VAR 모형에 비해 높은 예측력을 달성할 수 있다는 실증분석 결과를 제시하였다.

6.6장에 설명된 소규모 축약형 VAR 모형과 이 장에서 다루는 LBVAR모형 간 차이점은 단 두개이다. 첫 번째 차이점은 소규모 VAR에서의 종속변수는 보통 4~5개 내외에 불과하지만 LBVAR에서는 종속변수의 차원이 최소 20개 이상이라는 것이다. 두번째 차이점은 소규모 VAR과 달리 LBVAR에는 반드시 축소 기법이 적용되며, 기존 문헌에서 가장 널리 사용되는 축소 기법은 미네소타 사전분포 (Minnesota prior)을 활용하는 것이다.[11]

6.7.1 미네소타 사전 분포

지금부터는 미네소타 사전분포에 대해서 설명하고자 한다. 미네소타 사전분포를 사용한다는 점 외에는 사후분포 추정방법 상 소규모 VAR 모형과 차이점이 없다. 우선 y_t 는 20개 이상의 안정계열로 구성된 거시변수 벡터이고, VAR(p) 과정을 따른다고

---

[10]축소와 유사한 개념으로 정규화(regularization)가 있는데, 이는 관측치 이외의 정보를 활용하여 과도적합이나 유일해가 존재하지 않는 문제(ill-posed problem)를 보완하기 위한 방법론을 말한다. 축소와 정규화, 두 용어는 과도적합 문제를 해결하기 위해 사용되는 방법론을 포괄하기 때문에 혼용된다.

[11]여타 축소 방법에 비해 미네소타 사전분포가 상대적으로 높은 예측력을 갖는다는 결과는 여러 후속 연구에서 보고된다. 일례로 Koop (2013)은 미네소타 사전분포를 적용한 LBVAR 모형이 Spike-and-Slab 사전분포를 적용한 LBVAR 모형보다 예측 성능이 뛰어나다는 것을 보였다.

가정한다.[12]

$$y_t = \begin{bmatrix} y_{1t} \\ y_{2t} \\ \vdots \\ y_{Kt} \end{bmatrix} \Big| \Phi, \Omega, Y_{t-1} \sim \text{Normal} \left(\Phi_1 y_{t-1} + \Phi_2 y_{t-2} + .. + \Phi_p y_{t-p}, \ \Omega \right),$$

단, $\Phi = (\Phi_1, \Phi_2, ... \Phi_p)$는 계수 행렬이다.

미네소타 사전분포는 $\Phi_l (l = 1, 2, .., p)$를 대상으로 한다. Ω에 대한 사전분포는 소규모 VAR 모형과 동일하게 약한 사전분포(weak prior)를 가정한다. 미네소타 사전 분포는 아래 세 가지 믿음을 Φ_l의 사전분포에 반영하는 것이다.

(1) 각 변수는 그 변수의 시차 변수의 영향을 받는다.

(2) 각 변수는 여타 시차 변수의 영향을 크게 받지 않는다.

(3) 종속변수는 먼 시차변수보다 최근 시차변수의 영향을 더 받는다.

위 세 가지 믿음에 근거하여 Φ_l의 사전 분포를 설정한다. 우선 Φ_l의 (i, j) 요소를 $\phi_{ij}^{(l)}$라고 표기하자. 이때 $\phi_{ij}^{(l)}$의 사전분포는 아래와 같은 사전 평균이 0인 정규분포를 따른다고 가정한다.

$$\phi_{ij}^{(l)} \sim \text{Normal} \left(0, v_{ij}^{(l)} \right).$$

사전 분산 $v_{ij}^{(l)}$은 Φ_l의 대각과 비대각 요소를 구분하여 다음과 같이 설정한다.

$$v_{ij}^{(l)} \ = \ \frac{\lambda_G}{l^2} \text{ if } i = j \tag{6.41}$$

$$v_{ij}^{(l)} \ = \ \frac{\lambda_G}{l^2} \lambda_L \frac{\omega_i}{\omega_j} \text{ if } i \neq j. \tag{6.42}$$

식 (6.41)은 Φ_l의 대각 요소에 대한 사전 분산이고, 식 (6.42)은 비대각 요소에 대한 사전 분산이다. 우선 λ_G는 모든 $\phi_{ij}^{(l)}$의 사전 분산을 결정하는 하이퍼-파라미터이다.[13] 비대각 요소의 사전 분산에 있는 하이퍼-파라미터 λ_L는 0과 1 사이의 값으로 설정되는 데, 첫 번째와 두 번째 믿음을 반영하기 위한 것이다.[14] 저자가 한국과 미국의 거시자료를 분석해본 경험에 의하면 ($\lambda_G = 0.25^2$, $\lambda_L = 0.5^2$) 이 기준이 될만한 값들이었다. 이 값에서 시작해서 더 나은 표본외 예측력이나 주변 우도를 산출하는 하이퍼-파라미터를

---

[12]y_t는 평균이 제거된 자료이고, 사후 예측 분포 예측시에는 표본 평균을 복원시켜줘야 한다.

[13]λ_G은 모든 계수에 적용되는 축소의 정도를 나타내기 때문에 전역적 축소 파라미터(global shrinkage parameter)라고 한다.

[14]λ_L은 일부 계수에만 적용되는 축소의 정도를 나타내기 때문에 국소적 축소 파라미터(local shrinkage parameter)라고 한다.

찾아보길 권한다. 다음으로 l이 항상 분모에 있기 때문에 l이 클수록 사전분산이 더 작아지면서 사전 분포가 0에 가깝게 축소된다. 이는 세 번째 믿음을 반영한다.

마지막으로 i번째 종속변수에 대해서 AR(p) 모형을 자기상관 모형으로 추정했을 때 얻어지는 오차항의 표준오차가 ω_i이다. 따라서 식 (6.42)에 있는 ω_i/ω_j는 변수들의 스케일의 차이를 조정해주는 역할을 한다. 이 항 덕분에 LBVAR을 추정할 때 변수들 간의 스케일 차이를 크게 고민할 필요가 없다.

결과적으로 소규모 VAR 모형의 추정방법과 비교하면 LBVAR에서 Φ를 완전 조건부 분포에서 샘플링할때 Φ의 사전분산을 식 (6.41)과 (6.42)으로만 수정하는 것 외에 차이점이 없다.

6.7.2 사후 예측 분포 샘플링

각 반복시행에서 Φ과 Ω를 샘플링한 다음, H기 이후까지의 사후 예측 분포

$$(y_{T+1}, \; y_{T+2}, \; .., \; y_{T+H})$$

를 아래와 같이 순차적으로 샘플링할 수 있다.

$$y_{T+1}|Y_T, \Phi, \Omega$$
$$\sim \; \text{Normal} \left(\Phi_1 y_T + \Phi_2 y_{T-1} + .. + \Phi_p y_{T+1-p}, \; \Omega \right),$$

$$y_{T+2}|Y_T, y_{T+1}, \Phi, \Omega$$
$$\sim \; \text{Normal} \left(\Phi_1 y_{T+1} + \Phi_2 y_T + .. + \Phi_p y_{T+2-p}, \; \Omega \right),$$

$$\vdots$$

$$y_{T+H}|Y_T, y_{T+1}, .., y_{T+H-1}, \Phi, \Omega$$
$$\sim \; \text{Normal} \left(\Phi_1 y_{T+H-1} + \Phi_2 y_{T+H-2} + .. + \Phi_p y_{T+H-p}, \; \Omega \right)$$

6.7.3 하이퍼-파라미터 튜닝

실제로 LBVAR를 이용하여 예측을 해보면 표본외 예측 정확도가 하이퍼-파라미터 $(\lambda_G, \; \lambda_L, \; p)$의 설정에 민감한 경우가 종종 발생한다. 따라서 예측력을 극대화하기 위해서는 하이퍼-파라미터 선택(tuning 또는 튜닝)을 면밀히 시행해야 한다. 대표적인 튜닝 방법으로 세 가지가 있다. 하나는 그리드 탐색(grid search)을 통해 주변우도를 극대화하는 하이퍼-파라미터의 조합을 찾는 방법이 있다. 다른 하나 표본외 예측력을

기준으로 그리드 탐색을 하는 방식이다. 마지막은 λ_G 과 λ_L 을 계층 모형으로 추정하는 것이다. 다시 말해, λ_G 과 λ_L 을 하이퍼-파라미터가 아닌 파라미터로 취급하여 추정하는 방식이다.

6.8 혼합 모형을 이용한 군집 분석

6.8.1 모형 설정

혼합 모형(mixture model)은 주로 횡단면 자료를 대상으로 사용되는데, 관측치들을 유한 개의 그룹으로 분류하고자 할 때 사용한다. 이 방법의 중요한 특징 중 하나는 연구자가 분류기준을 명시적으로 부여하지 않고 관측자료를 가장 잘 설명할 수 있도록 통계적인 기준으로 관측자료를 군집화하여 분류한다는 점이다. 예를 들어, 온라인 쇼핑몰 소비자들의 구매액수와 구매빈도 자료를 기준으로 단골과 단골이 아닌 소비자로 분류한다고 하자. 연구자가 임의로 구매액수와 빈도의 기준을 설정하는 것이 아니라 혼합 모형의 추정을 통해 단골과 비단골의 평균적인 구매액수와 빈도를 추정할 수 있다. 뿐만 아니라, 추정결과로부터 각 소비자를 두 그룹 중 하나로 분류할 수 있기 때문에 개별 소비자 맞춤형으로 마케팅을 진행할 수 있다.

우선 벡터 y_i 가 객체 $i(=1,2,..,N)$의 특성을 나타낸다고 하자. 예를 들어 만약 객체 i 가 주식종목이라면 y_i 는 최근 3년간 평균수익률, 변동성, 영업이익률 등 그 주식의 현재 또는 미래 가치를 대변하는 정보들로 구성된 벡터이다. 혼합 군집 모형 하에서 y_i 는 유한 개의 상이한 분포 중 하나에서 랜덤 생성된다고 가정한다. 모형을 단순화하기 위해 y_i 는 스칼라(scalar)이며 두 개의 일변수 정규 분포 중 하나에서 생선된다고 가정한다.

g_i(=1 또는 2)는 객체 i 가 속한 그룹(즉, y_i 가 생성된 분포)을 의미하는 인디케이터(indicator)이다. 동일한 분포에서 생성된 관측치들은 같은 그룹으로 분류한다. p_1 은 각 객체 i 가 그룹 1에 속할(즉, y_i 가 분포 1로부터 생성되었을) 비조건부 확률이며, p_1 의 사전분포는 베타분포, $Beta(a_0, b_0)$ 이다. 즉,

$$p_1 \sim Beta(a_0, b_0),$$
$$\Pr(g_i = 1|p_1) = p_1,$$
$$\Pr(g_i = 2|p_1) = 1 - p_1 \text{ for all } i \in \{1, 2, ...N\}.$$

g_i 가 1 또는 2로 결정되면 각각의 i 에 대해서 y_i 가

$$y_i|g_i, \mu_{g_i}, \sigma^2_{g_i} \sim \text{Normal}(\mu_{g_i}, \sigma^2_{g_i})$$

로부터 독립적으로 생성된다. 즉, 만약 $g_i = 1$이면 y_i가 Normal(μ_1, σ_1^2)에서 생성되고, $g_i = 2$이면 Normal(μ_2, σ_2^2)를 따른다고 가정한다. 달리 표현하면, y_i가 p_1의 확률로 분포 1에서 생성되고, $(1-p_1)$의 확률로 분포 2에서 생성되기 때문에 y_i가 혼합 분포를 따른다. 특히 정규분포가 혼합된 모형을 가우시안 혼합(Gaussian mixture) 모형이라고 한다. 마지막으로 (μ_1, μ_2)와 (σ_1^2, σ_2^2)의 사전분포는 각각 정규분포와 역감마 분포이다.

$$\mu_1, \mu_2 \sim \text{Normal}(\mu_0, B_0),$$
$$\sigma_1^2, \sigma_2^2 \sim \text{InverseGamma}(\alpha_0/2, \beta_0/2)$$

여기서 분포 1과 분포 2를 구별하기 위해서 평균이나 분산에 대소관계 제약($\mu_2 > \mu_1$ 또는 $\sigma_2^2 > \sigma_1^2$)을 부여한다.

6.8.2 사후 샘플링

지금부터는 혼합 군집 모형의 깁스 샘플링 추정과정에 대해서 설명하고자 한다. 추정 대상은 파라미터 $\theta = (p_1, \mu_1, \mu_2, \sigma_1^2, \sigma_2^2)$와 $G = \{g_i\}_{i=1}^N$의 사후 분포이다. 혼합 군집 모형의 추정목표는 기본적으로 N개의 관측치를 두 개의 그룹으로 분류하는 것이기 때문에 G의 사후분포가 주된 관심이다. 특히, 각 $i = 1, 2, .., N$에 대해서 $(g_i - 1)$의 사후평균이 바로 관측치 y_i가 그룹 2에 속할 사후확률 $\Pr[g_i = 2|Y]$이다.

우선 θ에 대한 초기값을 설정한다. p_1의 초기값은 사전평균으로 설정하고, 크기 순으로 하위 $100 \times p_1\%$에 속하는 관측치의 표본 평균과 분산을 μ_1과 σ_1^2의 초기값, 나머지 관측치의 표본 평균과 분산을 μ_2과 σ_2^2의 초기값으로 설정한다.

그룹 샘플링

먼저 주어진 관측자료 $Y = \{y_i\}_{i=1}^N$와 θ로부터 그룹 인디케이터, G를 샘플링한다. (Y, θ)가 주어져 있으면 g_i들이 상호간 독립이다. 따라서 각각의 g_i를 개별적으로 샘플링한다. 예를 들어, $G_{-5} = (g_1, ..., g_4, g_6, ..., g_N)$가 g_5를 제외한 나머지 그룹 인디 케이터라고 하면, g_5의 완전 조건부 분포는 다음과 같이 표현된다.

$$\pi(g_5|G_{-5}, Y, \theta) \propto f(Y|G, \theta)f(G|\theta)\pi(\theta)$$

위 식에서 $\pi(\theta)$는 g_5와는 무관하기 때문에 무시할 수 있고,

$$f(G|\theta) = f(g_1|p_1) \times f(g_2|p_2) \times \cdots \times f(g_N|p_N),$$
$$f(Y|G, \theta) = f(y_1|g_1, \theta) \times f(y_2|g_2, \theta) \times \cdots \times f(y_N|g_N, \theta)$$

이기 때문에 g_5의 완전 조건부 밀도는 $f(y_5|g_5,\theta)f(g_5|\theta)$에 비례한다:

$$\pi(g_5|G_{-5},Y,\theta) \propto f(y_5|g_5,\theta)f(g_5|\theta).$$

g_5는 1 또는 2의 값을 갖는 이산 확률 변수이고 y_5의 조건부 밀도는

$$f(y_5|g_5=1,\theta) = \text{Normal}(y_5|\mu_1,\sigma_1^2),$$
$$f(y_5|g_5=2,\theta) = \text{Normal}(y_5|\mu_2,\sigma_2^2)$$

이다. $f(g_5=1|\theta)=p_1$과 $f(g_5=2|\theta)=(1-p_1)$은 g_5의 사전 확률이므로 g_5의 완전조건부 확률은

$$\pi(g_5=1|G_{-5},\theta,Y) = C \times \text{Normal}(y_5|\mu_1,\sigma_1^2) \times p_1,$$
$$\pi(g_5=2|G_{-5},\theta,Y) = C \times \text{Normal}(y_5|\mu_2,\sigma_2^2) \times (1-p_1)$$

이다.

여기서 C는 정규화 상수이다. 위 두 확률의 합은 1이라는 성질을 이용하면 C가

$$1/(\text{Normal}(y_5|\mu_1,\sigma_1^2) \times p_1 + \text{Normal}(y_5|\mu_2,\sigma_2^2) \times (1-p_1))$$

으로 구해진다. 따라서 $g_5=1$일 완전 조건부 확률, $\pi(g_5=1|G_{-5},Y,\theta)$는

$$\pi(g_5=1|G_{-5},\theta,Y) = \frac{\text{Normal}(y_5|\mu_1,\sigma_1^2) \times p_1}{\text{Normal}(y_5|\mu_1,\sigma_1^2) \times p_1 + \text{Normal}(y_5|\mu_2,\sigma_2^2) \times (1-p_1)}$$

이다.

마지막으로 Uniform(0,1) 분포에서 숫자를 추출하여 그 값이 $\pi(g_5=1|G_{-5},Y,\theta)$ 보다 작으면 $g_5=1$, 그렇지 않으면 $g_5=2$를 부여함으로써 g_5의 샘플링이 완료된다. 나머지 그룹 인디케이터의 동일한 방식으로 진행한다.

p_1 샘플링

다음으로 p_1을 제외한 파라미터 집합을 θ_{-p_1}이라고 표현하면 p_1의 완전 조건부 밀도는

$$\pi(p_1|Y,G,\theta_{-p_1}) \propto f(Y|G,\theta)f(G|\theta)\pi(\theta)$$

이다. 이때 $f(Y|G, \theta)$는 p_1과 직접 연관이 없고 p_1을 제외한 다른 파라미터의 사전분포 또한 p_1과 독립이기 때문에

$$\pi(p_1|Y, G, \theta_{-p_1}) \propto f(G|\theta)\pi(p_1)$$
$$= p_1^{n_1}(1 - p_1)^{n_2} p_1^{a_0-1}(1 - p_1)^{b_0-1}$$

이다. 단, n_1은 그룹 1에 속하는 관측치의 수, n_2는 그룹 2에 속하는 관측치의 수이다. 결국 p_1의 완전 조건부 분포는 베타분포,

$$p_1|Y, G, \theta_{-p_1} \sim Beta(a_0 + n_1, b_0 + n_2)$$

이다.

$(\mu_1, \mu_2, \sigma_1^2, \sigma_2^2)$ 샘플링

마지막으로 μ_1과 σ_1^2은 그룹 1에 속한 관측치들을 이용해서 선형회귀 추정과정과 동일한 방식으로 각각 정규분포와 역감마 분포에서 샘플링할 수 있다. 마찬가지로 (μ_2, σ_2^2)은 그룹 2에 속한 관측치를 이용해서 샘플링한다.

위의 단순한 혼합 군집 모형을 여러 방향으로 확장하여 분석할 수 있다. 첫 번째로 μ_1과 μ_2를 각각 $x_i'\beta_1$과 $x_i'\beta_2$로 대체할 수 있다. 여기서 x_i은 y_i 값을 결정하는 외생변수 벡터이며, x_i가 y_i에 미치는 영향의 크기 또는 y_i가 x_i에 얼마나 민감하게 반응하느냐에 따라서 각 객체 i가 그룹 1로 분류되거나 그룹 2로 분류된다. 두 번째로 입사지원자의 업무능력이 영어점수 하나로만 대변되지 않는 것처럼 일반적으로 각 객체의 특성이 하나의 값이 아니라 여러 개의 값으로 표현된다. 이런 경우 y_i가 스칼라가 아닌 벡터이기 때문에 μ_1과 μ_2도 벡터가 된다. σ_1^2과 σ_2^2의 사전 분포와 완전 조건부 분포는 모두 역감마 분포가 아닌 역위샷분포가 된다. y_i가 다변수인 경우 $(\mu_1, \mu_2, \sigma_1^2, \sigma_2^2)$ 샘플링 방법은 6.5장 Seemingly Unrelated Regression을 참조하길 바란다.

마지막으로 그룹의 수를 세개나 그 이상으로 늘려서 분석하게 되면 각 객체를 보다 정밀하게 분류할 수 있다. 다만 그룹의 수가 너무 많아지면 과적합(overfitting)의 문제가 발생할 수 있다. 결국 최적의 그룹 수를 결정해야 하는데 이는 주변 우도를 이용한 모형비교를 통해 최적의 그룹 수를 선택할 수 있다.

6.8.3 예: 주식 종목 분류

우리나라 KOSPI200에 속한 종목 중 2020년 후반에 새롭게 포함된 두 종목을 제외한 198개 종목을 대상으로 혼합 군집 분석을 실시한다. 각 종목의 특성은 2020년 중 평균 수익률와 변동성이다. 평균 수익률은 월별 수익률의 표본평균, 변동성은 월별

그림 6.10: **KOSPI200** 종목 군집 분석 결과

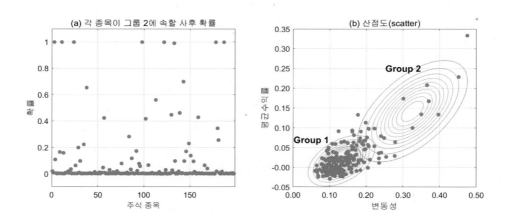

수익률의 표준편차로 측정하였다. 따라서 각 종목의 특성을 나타내는 y_i는 첫 번째 원소가 평균 수익률이고 두 번째 원소는 변동성인 2차원 벡터이다.

μ_1과 μ_2의 사전 분포는 2변수 정규분포이고 σ_1^2과 σ_2^2의 사전 분포는 역위샷 분포이다. 그룹을 저위험-저수익 그룹과 고위험-고수익 그룹으로 명확하게 식별하기 위해 아래와 같이 μ_1과 μ_2의 사전 분포를 달리하였다.

$$\mu_1 \sim \text{Normal}\left(\begin{bmatrix} 0.1 \\ 0 \end{bmatrix}, 0.05^2 \times I_2\right),$$

$$\mu_2 \sim \text{Normal}\left(\begin{bmatrix} 0.4 \\ 0.15 \end{bmatrix}, 0.05^2 \times I_2\right),$$

$$\sigma_1^2, \ \sigma_2^2 \sim \text{InverseWishart}\left(20, \begin{bmatrix} 0.002 & \\ & 0.001 \end{bmatrix}^{-1}/20\right)$$

p_1의 사전 분포는 $Beta(5,5)$로 설정하였다.

그림 6.10의 (a)는 각 종목이 그룹 2에 속할 사후 확률을 나타낸 것이다. 확률이 1에 가까운 종목은 그룹 2로 분류하고 확률이 0에 가까운 종목은 그룹 1로 분류할 수 있다. 반면 확률이 0.5 내외인 종목은 고위험-고수익과 저위험-저수익의 중간 즈음에 위치하거나 또는 고위험-저수익 아니면 저위험-고위험이어서 두 그룹 중 하나로 명확하게 분류되지 않는 종목들이다. 이런 종목들의 위치는 이 그림 6.10(b)를 보면 알 수 있다. 이 그림은 각 종목의 평균수익률과 변동성 조합을 산점도로 나타낸 것인데, $(\mu_1, \mu_2, \sigma_1^2, \sigma_2^2)$의 사후 평균을 $(\hat{\mu}_1, \hat{\mu}_2, \hat{\sigma}_1^2, \hat{\sigma}_2^2)$이라고 하면 두 등고선은 $\mathcal{N}(\hat{\mu}_1, \hat{\sigma}_1^2)$과

$\mathcal{N}(\hat{\mu}_2, \hat{\sigma}_2^2)$의 밀도를 나타낸 것이다. 그룹 1의 등고선에만 포함되고 그룹 2의 등고선에 포함되지 않는 종목은 그룹 1로 분류되고, 반대로 그룹 2의 등고선에만 포함되고 그룹 1의 등고선에는 속하지 않는 종목은 그룹 2에 속할 사후 확률이 1에 가깝게 추정된다. 두 등고선에 모두 포함되는 종목들이 바로 그룹 2에 속할 사후 확률이 0.5 내외인 종목들이다. 그룹의 수를 늘려서 분석하면 이런 종목들을 새로운 그룹으로 명확하게 분류할 수 있다.

6.9 GARCH

6.9.1 모형 설정

이 절에서 다루고자 하는 모형은 주가수익률의 분석 및 예측에서 널리 사용되는 GARCH 모형이다. GARCH는 대표적인 조건부 이분산 모형으로 $t-1$시점까지의 모든 정보($\mathcal{F}_{t-1}$)가 주어져 있을 때 수익률 y_t의 오차항 e_t의 분산(σ_t^2)이 시변하는 것으로 가정하며 정보가 주어지지 않았을 때는 비조건부로 오차항의 분산이 동분산 σ^2임을 가정한다. 기본적인 모형과 조건부 이분산 σ_t^2의 동태적 움직임은 다음과 같다.

$$y_t | \theta, \mathcal{F}_{t-1} \sim \text{Normal}(\mu, \sigma_t^2), \tag{6.43}$$

$$e_t = y_t - \mu,$$

$$\sigma_t^2 = \alpha_0 + \alpha_1 e_{t-1}^2 + \gamma_1 \sigma_{t-1}^2 \tag{6.44}$$

식 (6.44)을 보면 t시점의 분산 σ_t^2은 지난 기 $t-1$시점의 예측오차(e_{t-1})와 분산 (σ_{t-1}^2)에 의해 결정된다. 이와 같이 지난 기의 충격과 분산을 모두 고려하는 경우를 GARCH(1,1)이라고 하며, 아래와 같이 지난 기의 분산을 제외하고 충격만 고려하는 경우를 ARCH(1) 모형이라고 한다.

$$\sigma_t^2 = \alpha_0 + \alpha_1 e_{t-1}^2$$

모형을 직관적으로 이해하기 위해서 그림 6.11를 참고하길 바란다. 각 시점 구간의 첫 부분을 장 시작, 끝 부분을 장 마감이라고 하면 $t-2$시점의 장 마감 후 충격 또는 예측오차 e_{t-2}와 변동성 σ_{t-2}^2가 관측 가능할 것이다. 주어진 파라미터, 예측오차, 변동성으로부터 $t-2$시점 장 마감 후 $t-1$시점의 분산 σ_{t-1}^2이 정해진다. 다시 $t-1$ 시점에 장이 마감하면 주어진 예측오차 e_{t-1}과 σ_{t-1}^2으로부터 t시점의 분산 σ_t^2이 결정된다.[15] 이와 같이 각 시점의 변동성은 이미 지난 기에 주어진 정보로부터 예상가능한

---

[15] e_{t-1}은 $t-1$시점에 장이 마감하면 실현된 y_{t-1}으로부터 계산가능하다. 즉, $e_{t-1} = y_{t-1} - \mu$이며 $\mu = E(y_{t-1}|I_{t-2})$이다. 따라서 우리는 e_{t-1}을 $t-1$시점의 예측오차로 해석할 수 있다.

그림 6.11: **GARCH** 변동성 생성과정

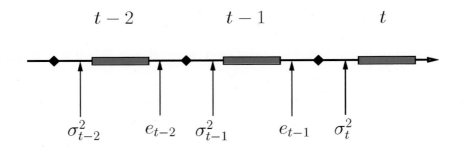

것들이다. 주의할 것은 우리가 장 시작 전에 이미 그 시점의 변동폭을 알고 있다고 하더라도 충격이 양의 방향일지 음의 방향일지는 알 수 없기 때문에 정확한 예측은 불가능하며 예측오차가 발생한다. 우리가 알 수 있는 것은 주가수익률이 평균(μ)보다 얼마나 클지 얼마나 작을지에 관한 변동폭뿐이다.

참고로 식 (6.44)에서 $t-2$시점에 예상한 $t-1$시점의 변동성(σ_{t-1}^2)이 작더라도 $t-1$시점에 금융위기와 같은 큰 충격이 발생하면 예측오차 e_{t-1}이 커져서 t시점의 분산 σ_t^2이 커질 수 있다. 또한 만약 γ_1이 충분히 커서 지속성이 크면 σ_t^2에 의해 σ_{t+1}^2이 커지고, 증대된 변동성이 한동안 지속되다가 서서히 작아질 것이다. 이러한 현상을 변동성 군집(volatility clustering)이라고 한다.

6.9.2   사후 샘플링

이제 GARCH(1,1) 모형을 임의보행 M-H 알고리즘으로 추정하는 방법에 대해 설명 하고자 한다. 관측되지 않는 0 시점의 충격 e_0도 추정해야 할 파라미터로 간주되면 GARCH 모형에서 우리가 추정해야 하는 파라미터들의 집합은 $\theta = \{\mu, \alpha_0, \alpha_1, \gamma_1, e_0\}$ 이다. 분산은 0보다 크고 안정계열을 가정하기 때문에 각 파라미터들에 대해 다음과 같은 제약이 부여된다.

$$\alpha_0 > 0, \quad 0 < \alpha_1 + \gamma_1 < 1, \quad \alpha_1, \gamma_1 > 0$$

M-H 알고리즘에서는 우리가 설정하는 파라미터들의 사전 분포가 켤레 분포일 필요가 없기 때문에 사전 분포의 선택이 자유롭고 제약을 부여하기가 쉽다. 예를 들어, α_0에 대해서 표준 정규 분포(Normal($\alpha_0|0,1$))를 가정했다고 하자. α_0는 0보다 커야 하기 때문에 제약이 부여된 사전 분포는 Normal($\alpha_0|0,1$)$\mathbf{I}(\alpha_0 > 0)$이다. $\mathbf{I}(\alpha_0 > 0)$는 인디케 이터 함수로 α_0가 0보다 크면 1, 작으면 0의 값을 갖는다. 즉, α_0가 0보다 큰 경우에만

밀도를 갖기 때문에 앞에서 제약이 부여된 사전 분포는 절단된 정규 분포와 같다.

구체적인 M-H 알고리즘 과정에 대해 알아보자. MCMC 시뮬레이션 반복 과정에서 지난 반복시행에서 주어진 θ를 이용해 임의보행 후보 생성 분포에서 새로운 $\theta^\dagger$을 제시한다. 이때, $\theta^\dagger$이 수용될 확률은 다음과 같이 계산된다.

$$\alpha(\theta^\dagger, \theta) = \min\left\{\frac{p(\theta^\dagger|Y)}{p(\theta|Y)}, 1\right\}$$

$$= \min\left\{\frac{f(Y|\theta^\dagger)\pi(\theta^\dagger)}{f(Y|\theta)\pi(\theta)}, 1\right\}$$

임의보행 M-H에서는 예외적으로 분자와 분모의 후보 생성밀도함수가 소거되어, 사후 밀도함수의 커널은 위와 같이 우도함수와 결합사전 밀도함수의 곱이 된다. 실제 우리가 프로그램 언어를 이용해서 코딩하는 경우에는 $\log(\alpha)$를 계산하는 데 위 식에서 양변에 자연로그를 취하면 다음과 같다.[16]

$$\log(\alpha) = \log f(Y|\theta^\dagger) + \log \pi(\theta^\dagger) - \log f(Y|\theta) - \log \pi(\theta) \tag{6.45}$$

식 (6.45)에서 $\log f(Y|\theta^\dagger)$는 새롭게 제시된 $\theta^\dagger$에 대한 로그우도함수 값이고 $\log f(Y|\theta)$는 지난 반복시행에서 주어진 θ에 대한 로그우도함수값이다. 마찬가지로 $\log \pi(\cdot)$는 기존 값과 새롭게 제시된 값에 대한 결합사전 밀도함수값에 로그를 취한 값이다.

먼저 로그우도함수값은 다음과 같이 계산된다.

$$\log f(Y|\theta) = \sum_{t=1}^{T} \log f(y_t|\theta, \mathcal{F}_{t-1})$$

$$= \sum_{t=1}^{T} \log \text{Normal}(y_t|\mu, \sigma_t^2) \tag{6.46}$$

식 (6.46)에 따라 로그우도함수 값은 $t = 1, 2, \ldots T$까지 y_t의 개별 정규 분포 밀도값에 로그를 취한 뒤 그것들의 합으로 계산된다. 이때 평균 μ와 σ_t^2을 계산하는 데 필요한 α_0, α_1, γ_1은 지난기에 주어진 θ와 새롭게 제시된 $\theta^\dagger$으로 주어져 있는 것이다. 문제는 $t = 1$일 때, $\sigma_1^2 = \alpha_0 + \alpha_1 e_0^2 + \gamma_1 \sigma_0^2$에서 σ_0^2이 주어져 있지 않다는 것이다. σ_0^2의 값으로 σ_t^2의 비조건부 평균

$$\sigma^2 = \frac{\alpha_0}{(1 - \alpha_1 - \gamma_1)}$$

을 사용한다.

---

[16]주의할 것은 우리가 실제 새롭게 제시된 $\theta^\dagger$을 수용할지 기각할지는 범위가 $(0, 1)$인 균일 분포에서 한 값을 샘플링하여 그 값이 α보다 작으면 수용하는데 이 경우 α에 로그를 취했기 때문에 균일 분포에서 샘플링한 값도 로그를 취해서 α와 비교해야 한다.

주어진 θ와 초기값으로부터 σ_1^2을 계산할 수 있고, 정규 분포 밀도값이 계산된다. 다음 $t = 2$가 되면 σ_1^2은 앞에서 계산된 값을 사용하고 $e_1 = y_1 - \mu$를 이용해서

$$\sigma_2^2 = \alpha_0 + \alpha_1 e_1^2 + \gamma_1 \sigma_1^2$$

을 계산하여 y_2의 로그우도밀도

$$\log\left[\text{Normal}(y_2|\mu, \sigma_2^2)\right]$$

를 계산한다. 이 과정을 모든 시점 $t = 1, 2, .., T$에 대해서 반복되면 주어진 θ에 대한 로그우도함수 값을 계산할 수 있다.

$\log \pi(\theta)$는 결합사전 밀도함수에 로그를 취한 것인데 파라미터들이 독립이라고 가정했을 때 다음과 같이 계산할 수 있다.

$$\log \pi(\theta) = \log \pi(\mu, \alpha_0, \alpha_1, \gamma_1) + \log \pi(e_0|\sigma_0^2).$$

단, $\pi(e_0|\sigma_0^2) = \text{Normal}(e_0|0, \sigma_0^2)$. $\pi(\cdot)$는 각 파라미터에 대한 사전 밀도함수이므로 연구자가 설정한 사전 분포로부터 쉽게 계산할 수 있다.

알고리즘을 요약하면 다음과 같다.

알고리즘 6.8: GARCH 모형

0 단계 : $\log p(\theta|Y)$를 극대화해서 $\hat{\theta}$과 $V_{\hat{\theta}}$을 찾는다.

1 단계 : 초기값 $\theta^{(0)} = \hat{\theta}$을 설정하고 $j = 1$로 둔다.

2 단계 : $\theta^{(j-1)}$이 주어져 있을 때, 후보 생성 분포 $\text{Normal}(\theta^{\dagger}|\theta^{(j-1)}, V_{\hat{\theta}})$로부터 $\theta^{\dagger}$을 샘플링하고, 아래의 M-H 비의 확률로 수용 또는 기각여부를 결정한다.

$$\alpha(\theta^{\dagger}, \theta^{(j-1)}) = \min\left\{\frac{f(Y|\theta^{\dagger})\pi(\theta^{\dagger})}{f(Y|\theta^{(j-1)})\pi(\theta^{(j-1)})}, 1\right\}$$

만약 $\theta^{\dagger}$이 수용되면 $\theta^{(j)} = \theta^{\dagger}$으로 저장하고, 그렇지 않으면 $\theta^{(j)} = \theta^{(j-1)}$로 저장한다.

3 단계 : $j = j + 1$로 설정하고, $j \leq n$이면 2 단계로 돌아간다.

6.9.3 변동성과 예측분포

변동성

위의 알고리즘을 통해서 우리는 파라미터의 사후 분포를 추정하였다. 예를 들어 번인 이후의 시뮬레이션 크기가 n이라면, 사후 분포로부터 추출된 θ의 샘플 n개 $\{\theta^{(j)}\}_{j=1}^{n}$가 저장된다. 그러면 각 반복시행마다 모든 시점 t에 대해서

$$e_t = y_t - \mu^{(j)},$$
$$\sigma_t^{2(j)} = \alpha_0^{(j)} + \alpha_1^{(j)} e_{t-1}^2 + \gamma_1^{(j)} \sigma_{t-1}^2$$

를 계산하면 변동성의 시계열 $\sigma^{(j)} = \{\sigma_t^{(j)} = \sqrt{\sigma_t^{2(j)}}\}_{t=1}^{T}$을 계산할 수 있다. 매 반복 시행마다 변동성 시계열 $\sigma^{(j)}$을 횡으로 저장하게 되면 결과적으로 $\{\sigma^{(j)}\}_{j=1}^{n}$은 $n \times T$ 행렬로 저장된다. 이때 각 열은 각 시점의 변동성의 사후 분포 샘플에 해당하기 때문에, 각 열에 대해서 평균을 취하면 변동성의 추정치 또는 변동성의 사후 평균 시계열을 그릴 수 있다.

알고리즘 6.9: GARCH 모형: 사후 예측 분포

0 단계: $\{\theta^{(j)}\}_{j=1}^{n}$와 $\{\sigma^{(j)}\}_{j=1}^{n}$가 주어져 있다. $j = 1$로 둔다.

1 단계: $e_T^{(j)} = y_T - \mu^{(j)}$를 계산한다.

2 단계: $\sigma_{T+1}^{2(j)} = \alpha_0^{(j)} + \alpha_1^{(j)} \left(e_T^{(j)}\right)^2 + \gamma_1^{(j)} \sigma_T^{2(j)}$를 계산한다.

3 단계: $y_{T+1}^{(j)}$를

$$\text{Normal}\left(\mu^{(j)}, \sigma_{T+1}^{2(j)}\right)$$

로부터 샘플링하여 저장한다.

3 단계: $j = j + 1$로 설정하고, $j \leq n$이면 1 단계로 돌아간다.

예측분포

다음으로 y_{T+1}의 사후 예측 분포를 시뮬레이션해보자. 모형 설정상 y_{T+1}은

$$y_{T+1}|\theta, \mathcal{F}_T \sim \text{Normal}(\mu, \sigma_{T+1}^2),$$
$$e_T = y_T - \mu,$$
$$\sigma_{T+1}^2 = \alpha_0 + \alpha_1 e_T^2 + \gamma_1 \sigma_T^2$$

의 분포를 따른다. y_{T+1}의 사후 예측 분포는 $\{\sigma^{(j)}\}_{j=1}^n$와 $\{\theta^{(j)}\}_{j=1}^n$을 이용해서 알고리즘 6.9에 따라 샘플링할 수 있다.

6.9.4   예: 주가변동성 추정과 예측

먼저 종속변수 y_t에 주가수익률 자료를 이용한 GARCH(1,1) 모형을 M-H 기법으로 추정해보자. 다음과 같이 단순한 형태의 GARCH(1,1) 모형을 고려하자.

$$\alpha_0 \sim \text{Normal}(0.8, 0.1), \tag{6.47}$$
$$\alpha_1, \gamma_1 \sim \text{Normal}(0.3, 0.1),$$
$$\sigma_t^2 = \alpha_0 + \alpha_1 e_{t-1}^2 + \gamma_1 \sigma_{t-1}^2,$$
$$y_t = \sigma_t \varepsilon_t, \quad \varepsilon_t \sim \text{Normal}(0, 1)$$

단, $\sigma_t \varepsilon_t = e_t$이다. 식 (6.47)는 식 (6.43)에서 평균만 제거된 모형이다. 따라서 추정 시에 표본평균이 제거된 주가수익률 자료가 사용된다.

자료는 2010년 1월 4일부터 2020년 12월 30일까지의 KOSPI 수익률이다. 그림 6.12(a)는 변동성의 사후 평균을 주가수익률의 절대값과 함께 시계열로 나타낸 것이다. 주가변동성의 추정치가 주가의 변동폭과 대체로 비슷한 움직임을 나타낸다. 그림 6.12(b)는 2020년 12월 31일 주가수익률의 예측 분포를 히스토그램으로 나타낸 것인데, 알고리즘 6.9.3의 결과로 저장된 $\{y_{T+1}^{(j)}\}_{j=1}^n$으로 그린 것이다. 2020년 12월 31일 주가수익률의 95% 신용구간이 [-2.111, 2.117]로 추정되었다.

표 6.5: 파라미터의 사전 및 사후 분포: **GARCH**

파라미터	평균	표준오차	95% 신용구간	비효율성 계수
α_0	0.025	0.005	[0.017, 0.034]	21.1
α_1	0.088	0.012	[0.055, 0.112]	26.6
γ_1	0.885	0.014	[0.859, 0.922]	25.6
$\log(e_0^2)$	-0.077	0.110	[-0.319, 0.137]	24.8

참고로 동분산을 가정하여 추정하면 신용구간이 [-2.481, 2.430]로 추정된다. 따라서 상대적으로 동분산 모형이 이분산 모형에 비해 2014년 8월 29일의 주가변동성을 과대추정하였다. 표 6.5는 각 파라미터의 사후 분포를 요약한 것이다. α_1과 γ_1의 합이 1에 가깝게 추정되어, 변동성 군집현상과 더불어 지속성이 높은 것으로 나타났다.

그림 6.12: 주가변동성과 예측 분포 추정결과: **GARCH**

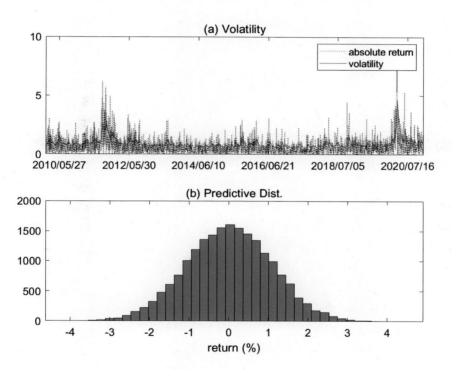

제 7 장

모형선택과 주변 우도 계산

베이지안 접근법에서 모형은 그 자체로 확률변수이다. 계량모형이란 내생변수의 생성 과정이며, 변수의 생성과정을 사전적으로 정확하게 알 수 없으므로 확률변수로 취급 한 다음, 고려 대상이 되는 여러 모형 각각에 대해 확률을 부여함으로써 모형선택이 이루어진다. 다시 말해, 베이지안 통계학에서 모형을 선택한다는 것은 각 모형의 사후 확률을 제시하는 행위이다.

예를 들어, 두 상이한 모형 $\mathcal{M}_1$, $\mathcal{M}_2$ 가 고려대상이라고 하자. 자료(Y)가 주어졌을 때 $\mathcal{M}_1$ 의 사후 확률은 베이즈 법칙에 의해

$$\Pr(\mathcal{M}_1|Y) = \frac{f(Y|\mathcal{M}_1)\Pr(\mathcal{M}_1)}{f(Y|\mathcal{M}_1)\Pr(\mathcal{M}_1) + f(Y|\mathcal{M}_2)\Pr(\mathcal{M}_2)} \tag{7.1}$$

로 계산된다. $\Pr(\mathcal{M}_1)$과 $\Pr(\mathcal{M}_2)$은 각 모형의 사전 확률, 또는 관측치 Y 가 모형 $\mathcal{M}_1$ 과 $\mathcal{M}_2$ 에서 생성되었을 사전적 믿음을 말한다. 고려 대상 모형이 둘 밖에 없으므로 $\Pr(\mathcal{M}_1)$과 $\Pr(\mathcal{M}_2)$의 합은 1이다. 수많은 모형 중에서 두 모형 사전 확률의 합이 1이 라는 것은 고려대상이 아닌 다른 모형에 대해서는 사전확률을 0으로 부여하는 것이다.

만약 모형의 사전 확률이 균일하다면 $\Pr(\mathcal{M}_1) = \Pr(\mathcal{M}_2) = 0.5$이므로, 모형 $\mathcal{M}_1$ 의 사후 확률은

$$\Pr(\mathcal{M}_1|Y) = \frac{f(Y|\mathcal{M}_1)}{f(Y|\mathcal{M}_1) + f(Y|\mathcal{M}_2)} \tag{7.2}$$

이 된다. 결과적으로 각 모형의 사후 확률은 전적으로 각 모형의 주변 우도의 상대적인 크기에 의해서 결정된다. 모형 $\mathcal{M}_1$ 의 주변 우도가 클수록 모형 $\mathcal{M}_1$ 의 사후 확률이 높아지고, 모형 $\mathcal{M}_2$ 의 주변 우도가 클수록 모형 $\mathcal{M}_2$ 의 사후 확률이 커진다. 특히, 두 모형 간 주변 우도의 비

$$\frac{f(Y|\mathcal{M}_1)}{f(Y|\mathcal{M}_2)}$$

를 베이즈 팩터(Bayes factor)라고 하며, 이 값이 클수록 모형 $\mathcal{M}_1$ 의 사후 확률이 모형 $\mathcal{M}_2$ 의 사후 확률보다 상대적으로 높아진다.

모형의 사후 확률을 계산하기 위해서는 고려 대상이 되는 모든 모형의 주변 우도를 계산해야 하는데, 이 장의 목표는 주변 우도를 계산하는 여러 기법을 소개하는 것이다.

　　구체적인 주변 우도 계산 방법을 살펴보기 전에 주변 우도 자체에 대한 이해를 보다 확실히 할 필요가 있다. 우선 주변 우도는

$$f(Y|\mathcal{M}) = \int f(Y, \theta|\mathcal{M})d\theta$$
$$= \int f(Y|\theta, \mathcal{M})\pi(\theta|\mathcal{M})d\theta \tag{7.3}$$

로 정의된다. 주변 우도 $f(Y|\mathcal{M})$는 우도함수 $f(Y|\theta, \mathcal{M})$과 달리 파라미터 θ에 의존하지 않는다. 주변 우도는 θ와 Y의 결합 밀도에서 θ에 대해서 적분한 것이라는 의미에서 '주변(marginal)'이라는 용어를 붙인 것이다.

　　그렇다면 주변 우도를 어떻게 해석해야 할까? 주변 우도의 다른 명칭은 자료의 사전 예측 밀도(prior predictive density)이다. 식 (7.3)이 의미하는 바와 같이, 파라미터의 사전 분포로부터 추출된 θ가 주어졌을 때, Y가 생성될 확률이 $f(Y|\theta, \mathcal{M})$이다. 다시 말해서, 주변 우도는 사전적인 정보나 믿음만이 반영된 θ가 주어졌을 때, 그때의 θ값과 모형설정하에서 Y의 생성 가능성을 측정하는 것이다. 그런데 θ는 어떤 특정한 값에서 고정된 상수가 아니라 확률변수이므로 사전 밀도라는 가중치를 부여해서 조건부 밀도 또는 우도함수 $f(Y|\theta, \mathcal{M})$의 가중 평균으로 주변 우도를 계산한다. 우도 함수를 사전 밀도의 크기에 따라 가중 평균하는 것은 종속변수의 생성 확률에 파라미터의 불확실성을 반영하는 것이다. 달리 말하면, 주변 우도는 특정 모형 $\mathcal{M}$에서 종속변수가 생성되었을 확률을 파라미터에 대한 불확실성까지 고려하여 계산한 것을 의미한다.

　　주변 우도의 특징 중 하나는 종속변수의 조건부 밀도 $f(Y|\theta, \mathcal{M})$는 같더라도 가중치 역할을 하는 파라미터의 사전 분포가 다르면 주변 우도도 민감하게 변할 수 있다는 것이다. 예를 들어, 아래와 같은 두 개의 상이한 모형이 있다고 하자.

　　$\mathcal{M}_1$:

$$\theta|\mathcal{M}_1 \sim \text{Normal}(1, 1),$$
$$y_t|\theta, \mathcal{M}_1 \sim \text{Normal}(\theta, 1)$$

　　$\mathcal{M}_2$:

$$\theta|\mathcal{M}_2 \sim \text{Normal}(-1, 0.00001),$$
$$y_t|\theta, \mathcal{M}_2 \sim \text{Normal}(\theta, 1)$$

각 모형의 파라미터는 종속변수의 평균을 결정하는 파라미터인 θ 하나뿐이다. 비록 위 두 모형의 조건부 분포는 동일하지만 θ의 사전 분포가 상이하므로 두 모형은 별개의 모형이다. 이때, 관측 자료의 표본평균($\sum_{t=1}^{T}(y_t/T)$)이 0이고 표본분산

$(\sum_{t=1}^{T}(y_t^2/(T-1)))$은 1인 경우를 생각해보자.

그렇다면 어느 모형의 주변 우도가 클 것인가? 당연히 모형 $\mathcal{M}_1$의 주변 우도가 더 클 것이다. 조건부 밀도 또는 우도함수는 $\theta = 0$일 때 가장 크고 그때의 우도함수는 두 모형 간에 차이가 없다.

$$f(Y|\theta = 0, \mathcal{M}_1) = f(Y|\theta = 0, \mathcal{M}_2) = \text{Normal}(Y|0, I_T)$$

하지만 가중치에 해당하는 사전 밀도는 모형 $\mathcal{M}_1$이 훨씬 크다.

$$\pi(\theta = 0|\mathcal{M}_1) = \text{Normal}(0|1, 1) > \pi(\theta = 0|\mathcal{M}_2) = \text{Normal}(0| - 1, 0.00001)$$

한편 $\theta = -1$일 때는 모형 $\mathcal{M}_2$의 사전 밀도가 모형 $\mathcal{M}_1$의 사전 밀도보다 훨씬 크다. 그러나 그때의 우도값 $f(Y|\theta = -1, \mathcal{M}_2)$은 $f(Y|\theta = 0, \mathcal{M}_2)$보다 크지 않다. 따라서 모형 $\mathcal{M}_1$과 비교해서 모형 $\mathcal{M}_2$는 큰 값의 우도에는 작은 가중치를, 작은 값의 우도에는 큰 가중치를 부여하기 때문에 모형 $\mathcal{M}_1$보다 작은 주변 우도를 나타낸다.

빈도주의 접근법에서 모형 선택을 위해 사용되는 대표적인 검정통계량 중 하나는 우도비(Likelihood ratio) 검정이다. 여타 검정통계량과 마찬가지로 우도비 검정통계량은 귀무가설하에서의 모형설정이 대립가설하의 모형설정에 특정한 제약을 부여한 경우에만 실시할 수 있다. 예를 들어, 다음의 세 모형을 고려해보자.

$\mathcal{M}_1$:

$$y_t = x_{1t}\beta_1 + e_t$$

$\mathcal{M}_2$:

$$y_t = x_{1t}\beta_1 + x_{2t}\beta_2 + e_t$$

$\mathcal{M}_3$:

$$y_t = \frac{\beta}{\sqrt{\beta^2 + \exp(\beta)}} x_{1t} + x_{2t}^2\beta^3 + e_t$$

모형 $\mathcal{M}_1$은 모형 $\mathcal{M}_2$에서 $\beta_2 = 0$이라는 제약을 부여한 경우이므로 모형 $\mathcal{M}_1$과 $\mathcal{M}_2$는 우도비 검정을 통해서 모형선택을 실시할 수 있다. 그러나 모형 $\mathcal{M}_1$과 $\mathcal{M}_3$은 한 모형이 다른 모형의 제약을 부여한 관계가 아니므로 우도비 검정을 실시할 수 없다. 하지만 베이지안 모형선택은 제약, 비제약 모형의 관계가 아니더라도 주변 우도와 모형의 사후 확률을 통해 모형선택을 일반적으로 실시할 수 있다는 장점이 있다.

7.1 해석적인 방법

주변 우도를 계산하는 가장 이상적인 방법은 식 (7.3)에 주어져 있는 주변 우도의 정의에 따르는 것이다. 제1장의 동전 던지기 예로부터 설명하면, 우선 0 또는 1의 값을 갖는 T개 관측치가 있다고 하자.

$$Y = \{y_t\}_{t=1}^{T}, \ \ y_t \in \{0, 1\}$$

이때 추정의 대상이 되는 파라미터 θ는 y_t가 1일 확률을 나타내고, 사전 분포는 베타 분포 $\text{Beta}(a_0, b_0)$를 따른다고 하자. 즉,

$$\pi(\theta|\mathcal{M}) = \theta^{a_0-1}(1-\theta)^{b_0-1}\frac{\Gamma(a_0+b_0)}{\Gamma(a_0)\Gamma(b_0)}$$

단, a_0와 b_0는 1보다 큰 자연수이다. 이 경우 우도함수는

$$f(Y|\theta, \mathcal{M}) = \theta^{\sum_{t=1}^{T} y_t}(1-\theta)^{T-\sum_{t=1}^{T} y_t}$$

로 계산된다. 베이지안 접근법에서는 사전 분포와 우도 함수로 모형이 정의되며, 이 두 요소가 주어지면 주변 우도를 계산할 수 있다.

이제 주변 우도의 정의식 (7.3)에 사전 밀도와 우도함수를 대입하면, 주변 우도는

$$\begin{aligned} f(Y|\mathcal{M}) &= \int f(Y|\theta, \mathcal{M})\pi(\theta|\mathcal{M})d\theta \qquad\qquad\qquad (7.4)\\ &= \int \theta^{\sum_{t=1}^{T} y_t}(1-\theta)^{T-\sum_{t=1}^{T} y_t}\left[\frac{\Gamma(a_0+b_0)}{\Gamma(a_0)\Gamma(b_0)}\theta^{a_0-1}(1-\theta)^{b_0-1}\right]d\theta \end{aligned}$$

으로 도출된다. $a_0 + \sum_{t=1}^{T} y_t$과 $b_0 + T - \sum_{t=1}^{T} y_t$를 각각 a_1과 b_1으로 치환한 다음, 확률 밀도의 적분 값이 1이라는 성질

$$\int \frac{\Gamma(\alpha_1+b_1)}{\Gamma(\alpha_1)\Gamma(b_1)}\theta^{\alpha_1-1}(1-\theta)^{b_1-1}d\theta = 1$$

을 이용하면 주변 우도는

$$\begin{aligned} f(Y|\mathcal{M}) &= \frac{\Gamma(a_0+b_0)}{\Gamma(a_0)\Gamma(b_0)}\frac{\Gamma(\alpha_1)\Gamma(b_1)}{\Gamma(\alpha_1+b_1)} \qquad\qquad\qquad\qquad (7.5)\\ &= \frac{(a_0+b_0-1)!}{(a_0-1)! \times (b_0-1)!} \times \frac{(a_1-1)! \times (b_1-1)!}{(a_1+b_1-1)!} \end{aligned}$$

으로 계산된다.

식 (7.5)으로부터 주변 우도의 세 가지 특징을 확인할 수 있다. 먼저, 주변 우도는 a_0, b_0, Y의 함수이며 파라미터 θ의 함수는 아니다. 즉, 주변 우도는 자료와 사전 분포의 정보에 의해서 결정된다. 둘째, 우도 함수가 같더라도 사전 분포를 어떻게 설정하냐에 따라서 주변 우도가 달라진다. 즉, (a_0, b_0)에 어떤 값을 넣느냐에 따라서 주변 우도가 다른 값을 가질 수 있다. 같은 우도 함수라도 사전 분포가 다르면 별개의 계량모형이므로 상이한 주변 우도를 갖는 것은 당연하다. 한편, 연구자의 사전적인 믿음의 강도나 정보의 양에 따라서 강한 사전 분포를 설정할 수도 있고, 상대적으로 약한 사전 분포를 설정할 수도 있다. 이 경우 어느 사전 분포가 상대적으로 더 적절한 지는 주변 우도를 계산하여 비교함으로써 판단할 수 있다. 마지막으로, 종속변수의 조건부 분포는 같고 사전 분포만 다른 경우, 자료의 수가 많아질수록 사전 분포의 역할은 줄어든다. 이 때문에 자료의 수가 무한대로 수렴하게 되면 어떤 사전 분포를 택하더라도 주변 우도상으로는 차이가 없어진다.

주변 우도의 정의에 따라서 우도 함수와 사전 밀도의 곱을 파라미터에 대해서 적분하는 방법이 가장 이상적이다. 하지만, 현실적으로는 적분을 해석적으로(analytically) 계산하지 못하는 경우가 대부분이다. 특히, 사전 분포가 켤레가 아닌 경우에는 적분을 해석적으로 계산하기는 더욱 힘들어진다. 이 때문에 많은 경우 지금부터 설명하게 될 여러가지 점근적 근사법(asymptotic approximation) 또는 시뮬레이션을 통한 수치적 적분법(numerical integration)을 이용해 주변 우도를 계산한다.

> **연습문제 7.1**
>
> 아래와 같이 오차항의 분산 σ^2이 알려져 있는 선형회귀모형의 주변 우도를 계산하시오.
>
> $$Y|\beta, \mathcal{M} \sim \text{Normal}(X\beta, \sigma^2 I_T) \text{ and } \beta \sim \text{Normal}(\beta_0, B_0).$$

7.2   사전 분포 시뮬레이션

우리가 주변 우도 정의식 (7.3)에 따라 해석적으로 주변 우도를 계산할 수 없는 경우에 이를 계산하는 가장 간단한 방법은 MoC 기법에 기반한 사전 분포 시뮬레이션 기법이다. 먼저 MoC에 의해 주변 우도는 다음과 같이 근사될 수 있다.

$$f(Y|\mathcal{M}) = \int f(Y, \theta|\mathcal{M})d\theta$$
$$= \int f(Y|\theta, \mathcal{M})\pi(\theta|\mathcal{M})d\theta$$

$$\approx \frac{1}{n} \sum_{i=1}^{n} f(Y|\theta^{(i)}, \mathcal{M}) \tag{7.6}$$

단, $\theta^{(i)} \sim \pi(\theta|\mathcal{M})$는 사후 분포가 아니라 사전 분포로부터 샘플링된다. 식 (7.6)에서 $f(Y|\theta^{(i)}, \mathcal{M})$는 특정 $\theta^{(i)}$가 주어졌을 때의 우도함수를 의미하며 $\theta^{(i)}$는 연구자에 의해 설정된 사전 분포 $\pi(\theta|\mathcal{M})$으로부터 추출된다. 이 기법하에서 주변 우도는 우도함수값의 평균으로 추정이 된다. 이 기법의 장점은 사후 분포 샘플링없이 사전 분포 샘플링과 우도함수 계산만으로 주변 우도를 추정할 수 있다는 것이다. 하지만 사전 분포에서 추출된 파라미터의 범위가 지나치게 넓으면 우도값의 범위도 너무 커져서 주변 우도 추정의 정확도가 낮아진다는 단점이 있다. 이 때문에 사전 분포 시뮬레이션 기법은 사전적 믿음이 강한 경우에만 예외적으로 적용된다.

7.3　라플라스 기법

주변 우도를 계산하는 가장 간단한 방법 중 하나는 주변 우도가 사후 밀도의 정규화 상수라는 성질을 이용하는 것이다.

$$\pi(\theta|Y, \mathcal{M}) = \frac{f(Y|\theta, \mathcal{M})\pi(\theta|\mathcal{M})}{f(Y|\mathcal{M})} \tag{7.7}$$

식 (7.7)은 θ에 대하여 항등식이다. 즉, 어떠한 θ에 대해서도 등식은 항상 성립한다. 따라서 위의 항등식을 다음과 같이 변형할 수 있다.

$$\log f(Y|\mathcal{M}) = \log f(Y|\theta, \mathcal{M}) + \log \pi(\theta|\mathcal{M}) - \log \pi(\theta|Y, \mathcal{M}) \tag{7.8}$$

식 (7.8)의 좌변에는 θ가 없고, 우변에만 θ가 존재한다. 따라서 임의의 θ에 대해서 우도함수($f(Y|\theta, \mathcal{M})$), 사전 밀도함수($\pi(\theta|\mathcal{M})$), 사후 밀도함수($\pi(\theta|Y, \mathcal{M})$)가 계산되면, 주변 우도 $f(Y|\mathcal{M})$을 바로 도출할 수 있다. 그러나 일반적으로 우도함수와 사전 밀도함수는 쉽게 계산되는 반면, 사후 밀도함수의 계산은 특별한 경우를 제외하고 계산이 용이하지 않다. 예를 들어, 선형회귀모형과 같이 다블록 깁스-샘플링으로 사후 분포를 시뮬레이션하면 $\pi(\theta|Y, \mathcal{M})(= \pi(\beta, \sigma^2|Y, \mathcal{M}))$가 해석적으로 계산되지 않으므로 식 (7.8)을 활용할 수 없다.

　　라플라스 기법(Laplace method)은 자료의 크기가 커질수록 θ에 대한 사전 분포의 역할은 줄어들면서 θ의 사후 분포가 정규 분포로 수렴한다는 성질을 이용해서 사후 밀도와 주변 우도를 계산하는 방법이다. 우리는 깁스-샘플링이나 **M-H** 기법을 통해 사후 분포로부터 샘플링된 $\{\theta^{(j)}\}_{j=1}^{n}$를 가지고 있다. 이로부터 θ의 사후 평균($= \overline{\theta}$)과 사후 분산-공분산($= \overline{V}$)을 계산할 수 있다. 그러면 θ의 사후 밀도 값은

$$\log \pi(\theta|Y, M) \approx \log \text{Normal}(\theta|\overline{\theta}, \overline{V}) \qquad (7.9)$$

로 근사되고, 주변 우도값 또한

$$\log f(Y|M) \approx \log f(Y|\hat{\theta}, \mathcal{M}) + \log \pi(\hat{\theta}|M) - \log \text{Normal}(\hat{\theta}|\overline{\theta}, \overline{V}) \qquad (7.10)$$

로 추정된다. 단, $\hat{\theta}$은 주로 사후 최빈값이 사용된다.[1] 라플라스 기법은 계산이 간단하다는 장점이 있지만, 표본의 수가 작을수록 근사로 인한 오차가 커질 수 있다는 한계가 있다.

7.4 베이지안 정보기준

모형 $\mathcal{M}$의 베이지안 정보기준(Bayesian information criterion, 혹은 Schwarz information criterion. 이후 BIC)은 우도값, 파라미터의 수(k), 그리고 표본 크기(T)에 의해 아래와 같이 정의된다.

$$BIC = -2\log f(Y|\hat{\theta}, \mathcal{M}) + k \log T \qquad (7.11)$$

단, $\hat{\theta}$는 최우추정치이며 BIC가 낮은 모형일수록 상대적으로 더 선호된다. 여기서 파라미터의 수는 모형의 복잡성을 반영하기 때문에 모형 내 파라미터가 많을수록 BIC 값은 커진다.

　　BIC는 파라미터의 사전 분포가 균일 분포이거나 균일 분포가 아니더라도 최우추정치 주변에서 충분히 비정보적(uninformative)일 때, 근사된 로그 주변 우도에 -2를 곱한 값이다. BIC는 자료의 수가 많고 사전 분포가 넓게 펼쳐진 경우에는 적용가능하지만, 반대로 자료의 수가 적고 사전적 믿음이 강할수록 BIC에 근거한 모형선택의 신뢰성이 약해진다.

7.4.1 베이지안 정보기준의 유도

지금부터는 BIC 유도 과정을 설명하고자 한다. 우선 로그 우도, $\log f(Y|\mathcal{M}, \theta)$를 2차 테일러 근사법(second-order Taylor approximation)에 의해 최우추정치, $\hat{\theta}$ 주변에서

---

[1]사후최빈값는 사후 샘플링 과정에서 매 반복시행마다 추출된 θ값 중에서 가장 큰 로그우도밀도와 로그사전 밀도의 합을 나타내는 θ 값으로 선택하면 된다. 대안적인 방법으로는 로그 우도 밀도와 로그 사전 밀도의 합을 최적화 알고리즘으로 수치적으로 극대화함으로써 사후최빈값을 찾을 수 있다.

아래와 같이 근사할 수 있다.[2]

$$\log f(Y|\mathcal{M},\theta) \simeq \log f(Y|\mathcal{M},\hat{\theta}) + (\theta - \hat{\theta})' \left(\frac{\partial \log f(Y|\mathcal{M},\hat{\theta})}{\partial \theta} \right)$$
$$+ \frac{1}{2}(\theta - \hat{\theta})' \left(\frac{\partial^2 \log f(Y|\mathcal{M},\hat{\theta})}{\partial \theta \partial \theta'} \right) (\theta - \hat{\theta})$$

$\hat{\theta}$는 최우추정치이므로 $\theta = \hat{\theta}$에서 로그 우도의 1차 미분, $\partial \log f(Y|\mathcal{M},\hat{\theta})/\partial \theta$은 0이다. 따라서 로그 우도의 근사치는

$$\log f(Y|\mathcal{M},\theta) \simeq \log f(Y|\mathcal{M},\hat{\theta}) + \frac{1}{2}(\theta - \hat{\theta})' \left(\frac{\partial^2 \log f(Y|\mathcal{M},\hat{\theta})}{\partial \theta \partial \theta'} \right) (\theta - \hat{\theta})$$

이다. $-\partial^2 \log f(Y|\mathcal{M},\hat{\theta})/\partial \theta \partial \theta'$는 개별 관측치$(y_t)$의 피셔 정보 행렬(Fisher information matrix) 실현치의 합이므로,

$$\boldsymbol{F}(\hat{\theta}) = -\frac{1}{T} \frac{\partial^2 \log f(Y|\mathcal{M},\hat{\theta})}{\partial \theta \partial \theta'}$$

는 피셔 정보 행렬 실현치의 평균이다. 표본 크기가 무한대로 갈 때, $\boldsymbol{F}(\hat{\theta})$는 피셔 정보 행렬로 수렴한다. $\boldsymbol{F}(\hat{\theta})$을 이용하여 로그 우도 근사치는

$$\log f(Y|\mathcal{M},\theta) \simeq \log f(Y|\mathcal{M},\hat{\theta}) - \frac{1}{2}(\theta - \hat{\theta})' \left[T\boldsymbol{F}(\hat{\theta}) \right] (\theta - \hat{\theta})$$

으로 표현할 수 있고 양변에 지수함수를 취하여 우도의 근사치를 계산할 수 있다.

$$f(Y|\mathcal{M},\theta) \simeq f(Y|\mathcal{M},\hat{\theta}) \exp \left[-\frac{1}{2}(\theta - \hat{\theta})' \left[T\boldsymbol{F}(\hat{\theta}) \right] (\theta - \hat{\theta}) \right].$$

주변 우도는 Y와 θ의 결합 밀도 $f(Y,\theta|\mathcal{M})$를 θ에 대해서 적분하여 계산된다.

$$f(Y|\mathcal{M}) = \int f(Y|\mathcal{M},\theta)\pi(\theta|\mathcal{M})d\theta$$

위 식에서 우도 대신 우도의 근사치를 대입하면 주변 우도는

$$f(Y|\mathcal{M}) = \int f(Y|\mathcal{M},\theta)\pi(\theta|\mathcal{M})d\theta$$
$$\simeq f(Y|\mathcal{M},\hat{\theta}) \int \exp \left[-\frac{1}{2}(\theta - \hat{\theta})' \left[T\boldsymbol{F}(\hat{\theta}) \right] (\theta - \hat{\theta}) \right] \pi(\theta|\mathcal{M})d\theta$$

---

[2]θ의 범위가 $\hat{\theta}$ 주변이라고 가정하는 이유는 표본 크기가 무한대로 갈때 근사적으로 θ의 사후 분포가 평균이 $\hat{\theta}$인 정규분포로 수렴하기 때문이다.

로 근사된다. 만약 사전 분포가 균일 분포이거나 또는 사전 분포가 충분히 넓은 영역에 퍼져 있어서 사전 밀도가 $\hat{\theta}$ 주변에서 거의 일정하면 사전 밀도 $\pi(\theta|\mathcal{M})$을 상수 $\bar{\pi}$로 대체할 수 있다.

$$f(Y|\mathcal{M}) \simeq f(Y|\mathcal{M}, \hat{\theta})\bar{\pi} \int \exp\left[-\frac{1}{2}(\theta - \hat{\theta})' \left[T\boldsymbol{F}(\hat{\theta})\right](\theta - \hat{\theta})\right] d\theta$$

위 식의 피적분항은 다변량 정규분포의 커널이므로 적분항은 정규분포의 정규화 상수가 된다.

$$\int \exp\left[-\frac{1}{2}(\theta - \hat{\theta})' \left[T\boldsymbol{F}(\hat{\theta})\right](\theta - \hat{\theta})\right] d\theta = (2\pi)^{k/2}\left|T\boldsymbol{F}(\hat{\theta})\right|^{-1/2}$$

위 식을 식 (7.4.1)에 대입한 다음, 양변에 로그를 취하면 주변 우도 근사치가

$$\log f(Y|\mathcal{M}) \simeq \log f(Y|\mathcal{M}, \hat{\theta}) + \log \bar{\pi} + \frac{k}{2}\log 2\pi - \frac{k}{2}\log T - \frac{1}{2}\log\left|\boldsymbol{F}(\hat{\theta})\right|$$

로 계산된다. 표본 크기가 무한대로 간다고 가정하고 위 식에서 표본 크기와 무관하게 일정한 값들을 무시하면

$$\log f(Y|\mathcal{M}) \simeq \log f(Y|\mathcal{M}, \hat{\theta}) - \frac{k}{2}\log T$$

이다.[3] 따라서 BIC가

$$-2\log f(Y|\mathcal{M}) \simeq -2\log f(Y|\mathcal{M}, \hat{\theta}) + k\log T$$

으로 유도된다.

7.5   조화평균 기법

조화평균 기법(Harmonic mean method, **Newton and Raftery**(1994))은 주변 우도의 정의를 활용한 주변 우도 계산방법이다. 우선, 주변 우도 정의식 (7.3)과 사전 밀도함수의 적분이 1이라는 성질

$$\int \pi(\theta|\mathcal{M})d\theta = 1$$

로부터

$$f(Y|\mathcal{M}) = \frac{\int f(Y|\theta, \mathcal{M})\pi(\theta|\mathcal{M})d\theta}{\int \pi(\theta|\mathcal{M})d\theta}$$

---

[3]표본크기가 무한대로 가면서 $\hat{\theta}$가 θ로 수렴하면, $\boldsymbol{F}(\hat{\theta})$은 $\boldsymbol{F}(\theta)$로 수렴하며, 무조건적으로 0으로 수렴하거나 무한대로 발산하지 않는다.

이 유도된다. Importance 함수를 사후 밀도함수 $\pi(\theta|Y, \mathcal{M})$ 으로 설정하고 Importance 샘플링 기법을 적용하면 주변 우도는

$$f(Y|\mathcal{M}) = \int f(Y|\theta, \mathcal{M}) \frac{\pi(\theta|\mathcal{M})}{\pi(\theta|Y, \mathcal{M})} \pi(\theta|Y, \mathcal{M}) d\theta$$
$$\div \int \frac{\pi(\theta|\mathcal{M})}{\pi(\theta|Y, \mathcal{M})} \pi(\theta|Y, \mathcal{M}) d\theta$$

로 다시 표현할 수 있다. 결과적으로 주변 우도는 두 기댓값의 비율로 결정된다.

$$f(Y|\mathcal{M}) = \mathbb{E}\left[f(Y|\theta, \mathcal{M}) \frac{\pi(\theta|\mathcal{M})}{\pi(\theta|Y, \mathcal{M})} \right] \tag{7.12}$$
$$\div \mathbb{E}\left[\frac{\pi(\theta|\mathcal{M})}{\pi(\theta|Y, \mathcal{M})} \right]$$

만약 사후밀도함수가 알려져 있다면 사후 분포로부터 샘플링된 $\{\theta^{(j)}\}_{j=1}^{n}$ 를 이용해서 식 (7.12)의 분자와 분모를 수치적으로 계산할 수 있으므로 주변 우도값 또한 계산할 수 있다.

$$f(Y|\mathcal{M}) \approx \frac{1}{n} \sum_{j=1}^{n} \left[f(Y|\theta^{(j)}, \mathcal{M}) \frac{\pi(\theta^{(j)}|\mathcal{M})}{\pi(\theta^{(j)}|Y, \mathcal{M})} \right] \tag{7.13}$$
$$\div \frac{1}{n} \sum_{j=1}^{n} \frac{\pi(\theta^{(j)}|\mathcal{M})}{\pi(\theta^{(j)}|Y, \mathcal{M})} \tag{7.14}$$

단, $\theta^{(j)} \sim \theta|Y, \mathcal{M}$ 은 사후 분포로부터 추출된다.

하지만 일반적으로 사후 분포는 표준적이지도 않고 해석적으로 도출되지도 않는다. 조화평균 기법의 가장 큰 장점은 사후 밀도를 계산하지 않고 우도만 계산함으로써 주변 우도를 도출할 수 있다는 것이다. 모든 $\theta^{(j)}$ 에 대해서 $\pi(\theta^{(j)}|Y, \mathcal{M}) = f(Y|\theta^{(j)}, \mathcal{M})\pi(\theta^{(j)}|\mathcal{M})/f(Y|\mathcal{M})$ 이므로 식 (7.13)의 우변은

$$\sum_{j=1}^{n} \left[f(Y|\theta^{(j)}, \mathcal{M}) \frac{\pi(\theta^{(j)}|\mathcal{M})}{\frac{f(Y|\theta^{(j)}, \mathcal{M})\pi(\theta^{(j)}|\mathcal{M})}{f(Y|\mathcal{M})}} \right] \div \sum_{j=1}^{n} \left[\frac{\pi(\theta^{(j)}|\mathcal{M})}{\frac{f(Y|\theta^{(j)}, \mathcal{M})\pi(\theta^{(j)}|\mathcal{M})}{f(Y|\mathcal{M})}} \right]$$

이 된다. 이때, 분자와 분모에 있는 주변 우도, 사전 밀도, 우도함수를 상쇄하고 나면 주변 우도는 우도함수값의 조화평균으로 유도된다.

$$n \times \left(\sum_{j=1}^{n} \frac{1}{f(Y|\theta^{(j)}, \mathcal{M})} \right)^{-1} \tag{7.15}$$

조화평균 기법은 사후샘플링 결과를 이용하기 때문에 사전 분포 시뮬레이션 기법

보다 상대적으로 $f(Y|\theta^{(j)}, \mathcal{M})$의 값이 안정적이다. 그럼에도 불구하고 우도의 역수가 사용되기 때문에 사후 분포의 꼬리에서 추출된 $\theta^{(j)}$의 경우, 이 값에서 계산된 우도값이 0에 근접하면 우도의 역수는 무한대로 발산한다. 이러한 수치적 오류로 인해 주변 우도가 실제 주변 우도값 보다 과도추정(overestimate)될 수 있다는 단점이 있다.

7.6 Chib 기법: 깁스 샘플링을 이용한 주변 우도 계산

지금부터는 Chib 기법(Chib's method, Chib(1995))에 대해 알아보도록 하자. Chib 기법은 사후 샘플링이 깁스 샘플링에 기반하는 경우에 적용 가능한 주변 우도 추정 기법이며 앞서 다뤘던 주변 우도 추정기법들에 비해 상대적으로 정확하다는 장점이 있다. 반면에 깁스 샘플링에만 적용할 수 있기 때문에 적용 범위가 제한적이라는 단점이 있다.

Chib 방법의 기본적인 아이디어는 라플라스 기법과 같이 아래의 항등식에서 출발한다.

$$\log f(Y|\mathcal{M}) = \log f(Y|\theta, \mathcal{M}) + \log \pi(\theta|\mathcal{M}) - \log \pi(\theta|Y, \mathcal{M}) \qquad (7.16)$$

이론적으로는 우변에 어떠한 θ 값을 넣더라도 좌변의 로그 주변 밀도는 항상 같은 값을 갖는다. 하지만 수치적으로는 계산할 때는 주의가 필요하다. 우변의 세 항 중에서 지나치게 작은 값을 갖는 항이 있으면 계산의 정확도가 떨어지기 때문이다. 이 때문에 주로 θ에 사후 분포의 사후최빈값 $\hat{\theta}$을 넣어서 로그 주변 우도를 계산한다. $\hat{\theta}$은 최빈값의 정의에 의해 로그 사후 밀도 또는 $\log f(Y|\theta, \mathcal{M}) + \log \pi(\theta|\mathcal{M})$를 극대화시키는 값이다. 로그 우도와 로그 사전 밀도는 보통 직접적으로 계산된다. 반면 로그 사후 밀도 $\log \pi(\hat{\theta}|Y, \mathcal{M})$는 그렇지가 않다. Chib 기법은 기본적으로 $\hat{\theta}$의 로그 사후 밀도의 계산방법이며 블록의 수에 따라 기술적인 방법이 달라진다.

7.6.1 단블록인 경우

선형회귀모형에서 σ^2이 알려져 있는 경우 우리가 추정해야 할 파라미터는 β이다. 즉, $\theta = \beta$로 블록이 한 개에 불과하다. 주변 우도를 구하기 위해서는 식 (7.16)의 우변을 계산해야 한다. 깁스 샘플링을 통해 θ의 사후최빈값 $\hat{\theta}$이 주어져 있다고 할 때, 세 항은 다음과 같이 쉽게 계산될 수 있다.

$$\log f(Y|\hat{\theta}, \mathcal{M}) = \log \text{Normal}(Y|X\hat{\beta}, \sigma^2 I_T),$$
$$\log \pi(\hat{\theta}|\mathcal{M}) = \log \text{Normal}(\hat{\beta}|\beta_0, B_0),$$
$$\log \pi(\hat{\theta}|Y, \mathcal{M}) = \log \text{Normal}(\hat{\beta}|B_1 A, B_1) \qquad (7.17)$$

식 (7.17)에서 σ^2이 알려져 있기 때문에 β의 사후 분포는 정규 분포인 완전 조건부 분포이다.

7.6.2   블록이 두 개인 경우

선형회귀모형에서 β와 σ^2이 모두 알려져 있지 않다고 하자. 이 경우에는 $\theta = (\beta, \sigma^2)$으로 θ가 두 개의 블록으로 구성된다. 두 개의 블록이 모두 알려져 있지 않더라도 $\hat{\theta}$이 주어져 있을 때, $\log f(Y|\hat{\theta}, \mathcal{M})$와 $\log \pi(\hat{\theta}|\mathcal{M})$은 단블록의 경우와 마찬가지로 즉각적으로 계산할 수 있다.

$$\log f(Y|\hat{\theta}, \mathcal{M}) = \log \text{Normal}(Y|X\hat{\beta}, \hat{\sigma}^2 I_T),$$

$$\log \pi(\hat{\theta}|\mathcal{M}) = \log \text{Normal}(\hat{\beta}|\beta_0, B_0) + \log \text{InverseGamma}(\hat{\sigma}^2|\delta_0/2, v_0/2) \quad (7.18)$$

마지막으로 사후 밀도 $\pi(\hat{\theta}|Y, \mathcal{M})$을 계산해야 하는데 이 경우 결합 사후 분포가 어떤 분포인지 알려져 있지 않기 때문에 시뮬레이션을 통해서 수치적으로 계산하게 된다. 우선 사후 밀도는 다음과 같이 두 개의 밀도함수로 분리할 수 있다.

$$\pi(\hat{\theta}|Y, \mathcal{M}) = \pi(\hat{\beta}, \hat{\sigma}^2|Y, \mathcal{M}) \quad\quad\quad\quad (7.19)$$

$$= \pi(\hat{\beta}|\hat{\sigma}^2, Y, \mathcal{M})\pi(\hat{\sigma}^2|Y, \mathcal{M}) \quad\quad (7.20)$$

식 (7.20)에서 $\pi(\hat{\beta}|\hat{\sigma}^2, Y, \mathcal{M})$은 $\hat{\sigma}^2$이 주어져 있을 때, β의 완전 조건부 밀도값이므로 $\pi(\hat{\beta}|\hat{\sigma}^2, Y, \mathcal{M}) = \log \text{Normal}(\hat{\beta}|B_1 A, B_1)$으로 쉽게 계산된다.

문제는 σ^2의 사후 밀도 $\pi(\hat{\sigma}^2|Y, \mathcal{M})$의 계산이다. σ^2의 완전 조건부 분포는 역감마 분포로 알려져 있지만, 사후 분포는 표준적이지 않기 때문에 $\pi(\hat{\sigma}^2|Y, \mathcal{M})$을 해석적으로 계산할 수 없다. 따라서 아래와 같이 MoC를 이용해서 $\pi(\hat{\sigma}^2|Y, \mathcal{M})$을 수치적으로 근사하게 된다.

$$\pi(\hat{\sigma}^2|Y, \mathcal{M}) = \int \pi(\hat{\sigma}^2, \beta|Y, \mathcal{M})d\beta$$

$$= \int \pi(\hat{\sigma}^2|\beta, Y, \mathcal{M})\pi(\beta|Y, \mathcal{M})d\beta$$

$$= \frac{1}{n}\sum_{j=1}^{n} \pi(\hat{\sigma}^2|\beta^{(j)}, Y, \mathcal{M}) \quad\quad (7.21)$$

단, $\beta^{(j)} \sim \beta|Y, \mathcal{M}$이며, n는 번인 기간을 제외한 MCMC 시뮬레이션의 크기이다.

식 (7.21)에서 $\pi(\hat{\sigma}^2|\beta^{(j)}, Y, \mathcal{M})$은 σ^2의 완전 조건부 분포를 나타낸다. σ^2의 완전 조건부 분포는 역감마 분포로 알려져 있으므로, 깁스-샘플링을 통해 추출된

$\{\beta^{(j)}, \sigma^{2(j)}\}_{j=1}^{n}$ 을 이용해서 $\pi(\hat{\sigma}^2|\beta^{(j)}, Y, \mathcal{M})$ 을 계산할 수 있다. 이때 식 (7.21)의 계산 시, $\beta^{(j)}$ 만 필요하다고 해서 $\sigma^{2(j)}$ 를 샘플링하지 않고 $\beta^{(j)}$ 만 독립적으로 $\beta|Y, \mathcal{M}$ 로부터 샘플링할 수는 없다는 점에 유의하길 바란다.[4]

$$\pi(\hat{\sigma}^2|\beta^{(j)}, Y, \mathcal{M}) = \text{InverseGamma}(\hat{\sigma}^2|v_1/2, \delta_1/2)$$

단, $v_1 = v_0 + T$ 이며, $\delta_1 = \delta_0 + (Y - X\beta^{(i)})'(Y - X\beta^{(i)})$.

위로 부터 $\pi(\hat{\sigma}^2|Y, \mathcal{M})$ 의 계산과정을 두 단계로 요약할 수 있다.

1 단계: 깁스-샘플링으로 $\{\beta^{(j)}, \sigma^{2(j)}\}_{j=1}^{n}$ 추출하기

2 단계: $\{\beta^{(j)}\}_{j=1}^{n}$ 을 이용해서 식 (7.21)에 따라 $\pi(\hat{\sigma}^2|\beta^{(j)}, Y, \mathcal{M})$ 의 평균계산하기

7.6.3 블록이 세 개인 경우

지금부터는 블록이 세 개일 때 사후 밀도 $\pi(\hat{\theta}|Y, \mathcal{M})$ 의 계산 과정을 설명하고자 한다. 어떤 모형 $\mathcal{M}$ 의 파라미터 집합이 $\theta = (\theta_1, \theta_2, \theta_3)$ 이며, $\hat{\theta}$ 을 θ 의 사후최빈값이라고 하자. $\pi(\hat{\theta}|Y, \mathcal{M})$ 은 아래와 같이 세 개의 밀도함수의 곱으로 나타낼 수 있으며, 각 밀도함수의 계산과정을 순차적으로 설명한다.

$$\pi(\hat{\theta}|Y, \mathcal{M}) = \pi(\hat{\theta}_1, \hat{\theta}_2, \hat{\theta}_3|Y, \mathcal{M})$$
$$= \pi(\hat{\theta}_1|\hat{\theta}_2, \hat{\theta}_3, Y, \mathcal{M})\pi(\hat{\theta}_2|\hat{\theta}_3, Y, \mathcal{M})\pi(\hat{\theta}_3|Y, \mathcal{M})$$

$\pi(\hat{\theta}_1|\hat{\theta}_2, \hat{\theta}_3, Y, \mathcal{M})$ 의 계산

먼저 첫 번째 항 $\pi(\hat{\theta}_1|\hat{\theta}_2, \hat{\theta}_3, Y, \mathcal{M})$ 은 $\theta_1 = \hat{\theta}_1$ 의 완전 조건부 분포가 표준적이므로 해석적으로 계산할 수 있다.

$\pi(\hat{\theta}_3|Y, \mathcal{M})$ 의 계산

다음으로 세 번째 항 $\pi(\hat{\theta}_3|Y, \mathcal{M})$ 은 θ_3 의 주변 사후 밀도값이기 때문에 해석적으로 계산할 수 없으므로 다음과 같이 수치적 근사한다.

$$\pi(\hat{\theta}_3|Y, \mathcal{M}) = \int \pi(\hat{\theta}_3, \theta_1, \theta_2|Y, \mathcal{M})d(\theta_1, \theta_2)$$
$$= \int \pi(\hat{\theta}_3|\theta_1, \theta_2 Y, \mathcal{M})\pi(\theta_1, \theta_2|Y, \mathcal{M})d(\theta_1, \theta_2)$$

---

[4]이 과정에서 $\sigma^{2(j)}$ 는 $\beta^{(j)}$ 의 사후 샘플링하는 과정에서만 사용되며, 식 (7.21)에 따라 σ^2 의 사후 밀도를 계산할 때는 사용되지 않는다.

$$= \frac{1}{n}\sum_{j=1}^{n}\pi(\hat{\theta}_3|\theta_1^{(j)},\theta_2^{(j)},Y,\mathcal{M}) \tag{7.22}$$

단, $\theta_1^{(j)},\theta_2^{(j)} \sim \theta_1,\theta_2|Y,\mathcal{M}$. 블록이 두 개인 경우와 마찬가지로 $\left(\theta_1^{(j)},\theta_2^{(j)}\right)$ 을 $\theta_3^{(j)}$ 와 독립적으로 $\theta_1,\theta_2|Y,\mathcal{M}$ 로부터 추출할 수 없다. 깁스-샘플링으로부터 $\left\{\theta_1^{(j)},\theta_2^{(j)},\theta_3^{(j)}\right\}_{j=1}^{n}$ 을 사후 샘플링한 다음, $\left\{\theta_1^{(j)},\theta_2^{(j)}\right\}_{j=1}^{n}$ 을 이용해서 $\pi(\hat{\theta}_3|\theta_1^{(j)},\theta_2^{(j)},Y,\mathcal{M})$ 을 계산하고 평균을 취하면 $\pi(\hat{\theta}_3|Y,\mathcal{M})$ 이 계산된다.

$\pi(\hat{\theta}_2|\hat{\theta}_3,Y,M)$ 의 계산

두 번째 항 $\pi(\hat{\theta}_2|\hat{\theta}_3,Y,M)$ 또한 근사를 해야 하는데 계산 방법이 기존의 방법보다 조금 더 복잡해진다. 먼저 두 번째 항은 다음과 같이 표현 가능하다.

$$
\begin{aligned}
\pi(\hat{\theta}_2|\hat{\theta}_3,Y,\mathcal{M}) &= \int \pi(\hat{\theta}_2,\theta_1|\hat{\theta}_3,Y,\mathcal{M})d\theta_1 \\
&= \int \pi(\hat{\theta}_2|\hat{\theta}_3,\theta_1,Y,\mathcal{M})\pi(\theta_1|\hat{\theta}_3,Y,\mathcal{M})d\theta_1 \\
&= \frac{1}{n}\sum_{j=1}^{n}\pi(\hat{\theta}_2|\theta_1^{(j)},\hat{\theta}_3,Y,\mathcal{M})
\end{aligned} \tag{7.23}
$$

단, $\theta_1^{(j)} \sim \pi(\theta_1|\hat{\theta}_3,Y,\mathcal{M})$.

우리가 식 (7.23)에서 $\hat{\theta}$ 이 주어져 있을 때, θ_2 의 조건부 밀도값 $\pi(\hat{\theta}_2|\hat{\theta}_3,Y,M)$ 을 계산하려면 n 개의 θ_1 이 필요하다. 그런데 $\pi(\theta_1|\hat{\theta}_3,Y,\mathcal{M})$ 은 θ_3 가 사후최빈값 $\hat{\theta}_3$ 에서 고정되었을 때 θ_1 의 주변 사후 분포를 의미하기 때문에 $\left\{\theta_1^{(j)},\theta_2^{(j)},\theta_3^{(j)}\right\}_{j=1}^{n}$ 에 속한 θ_1 값들을 사용할 수 없다. 대신 θ_3 를 $\hat{\theta}_3$ 으로 고정시키고 다시 깁스 샘플링을 실시하면

$$\theta_1,\theta_2|\hat{\theta}_3,Y,\mathcal{M}$$

에서 추출된 $\left\{\theta_1^{(j)},\theta_2^{(j)}\right\}_{j=1}^{n}$ 을 얻을 수 있다.[5] 여기서 $\left\{\theta_2^{(j)}\right\}_{j=1}^{n}$ 를 제외하고 남은 $\left\{\theta_1^{(j)}\right\}_{j=1}^{n}$ 은

$$\theta_1|\hat{\theta}_3,Y,M$$

에서 추출된 θ_1 의 조건부 주변 사후 분포 샘플에 해당한다. 각각의 $\theta_1^{(j)}$ 에 대해서

$$\pi(\hat{\theta}_2|\theta_1^{(j)},\hat{\theta}_3,Y,\mathcal{M})$$

---

[5]이 과정에서 θ_3 는 $\hat{\theta}_3$ 으로 고정되고 θ_1 과 θ_2 만 반복해서 샘플링된다. 이와 같이 일부 블록을 특정 값에 고정시키고 나머지 블록을 샘플링하는 방법을 (축소된(reduced) MCMC 시뮬레이션)이라고 한다.

을 계산해서 평균을 취하면 $\pi(\hat{\theta}_2|\hat{\theta}_3, Y, \mathcal{M})$가 도출된다.

연습문제 7.2

파라미터의 블록이 네 개인 경우 Chib 기법을 활용한 주변 우도 계산과정을 설명하시오.

7.6.4 모형에 은닉 인자가 존재하는 경우

이번에는 모형 내에 파라미터 집합 θ 외에 은닉 인자(또는 잠재 요인, latent factor)가 존재하는 경우의 주변 우도 계산 방법에 대해 설명하고자 한다. 은닉 인자란 관측 불가능하면서 종속변수의 생성에 영향을 미치는 변수를 말한다. 예를 들면, 6장에서 소개된 오차항이 스튜던트-t 분포인 선형회귀모형에서 $\{\lambda_t\}_{t=1}^{T}$가 은닉 인자에 해당한다. 프라빗 모형에서 β를 추정하기 위해서 샘플링한 $\{z_t\}_{t=1}^{T}$도 은닉 인자이다. 뿐만 아니라, 9장에서 소개될 마코프-스위칭 모형과 상태공간 모형에서도 은닉 인자가 존재한다. 은닉 인자도 파라미터와 같이 확률변수로 취급되며 넓은 의미의 파라미터로 해석되기도 한다. 때문에 사후 분포 시뮬레이션에서 θ 뿐만 아니라 은닉 인자 또한 샘플링 대상이 된다.

기본적으로 주변 우도값을 유도하는 공식은 식 (7.8)과 같다. 다만 주의해야 할 것은 은닉 인자는 일반적으로 종속변수 Y의 결정식에 포함되기 때문에 우도함수 $f(Y|\hat{\theta}, \mathcal{M})$을 계산하려면 은닉 인자의 영향을 적분해서 제거해야 한다.[6] θ의 사전 분포는 사전적으로 은닉 인자와 독립이라고 가정하므로 사전 밀도 $\pi(\hat{\theta}|\mathcal{M})$은 은닉 인자와 무관하게 해석적으로 계산된다.

이제 사후 밀도 $\pi(\hat{\theta}|Y, \mathcal{M})$의 계산에 대해 알아보자. 우선 은닉 인자를 z라고 표기하고, 블록이 두 개인 경우를 예를 들어 설명하고자 한다. 이때 사후 밀도 $\pi(\hat{\theta}|Y, \mathcal{M})$은 다음과 같이 두 개의 밀도함수의 곱으로 나타낼 수 있다.

$$\pi(\hat{\theta}|Y, \mathcal{M}) = \pi(\hat{\theta}_1|\hat{\theta}_2, Y, \mathcal{M})\pi(\hat{\theta}_2|Y, \mathcal{M}) \tag{7.24}$$

식 (7.24)의 첫 번째 항 $\pi(\hat{\theta}_1|\hat{\theta}_2, Y, \mathcal{M})$은 $\hat{\theta}_2$이 주어졌을 때, $\hat{\theta}_1$의 완전 조건부 밀도값이다. 하지만 은닉 인자가 존재하는 경우에는 z가 θ_1의 조건부 관계에 포함되기 때문에 $\hat{\theta}_2$만 가지고는 계산할 수 없다. 다시 말하면 우리에게 주어진 완전 조건부 분포는 $\pi(\hat{\theta}_1|\hat{\theta}_2, z, Y, \mathcal{M})$이며 $\pi(\hat{\theta}_1|\hat{\theta}_2, Y, \mathcal{M})$이 아니기 때문에 다음과 같이 수치적으로

---

[6]예를 들어, 상태공간 모형의 경우 칼만 필터 기법으로 은닉 인자를 적분하여 우도함수를 계산하게 되는데 구체적인 내용은 9장에서 다룰 것이다.

근사해야 한다.

$$\pi(\hat{\theta}_1|\hat{\theta}_2, Y, \mathcal{M}) = \int \pi(\hat{\theta}_1, z|\hat{\theta}_2, Y, \mathcal{M})dz$$

$$= \int \pi(\hat{\theta}_1|\hat{\theta}_2, z, Y, \mathcal{M})\pi(z|\hat{\theta}_2, Y, \mathcal{M})dz$$

$$\approx \frac{1}{n}\sum_{j=1}^{n}\pi(\hat{\theta}_1|\hat{\theta}_2, z^{(j)}, Y, \mathcal{M}) \tag{7.25}$$

단, $z^{(j)} \sim z|\hat{\theta}_2, Y, \mathcal{M}$ 이며 n은 번인 기간을 제외한 MCMC 시뮬레이션의 크기이다. 여기서 $i = 1, 2, \ldots, n$에 대해 $z^{(j)}$는 θ_2를 $\hat{\theta}_2$에 고정시킨 뒤 축소된 깁스 샘플링 또는 M-H 알고리즘으로부터 추출된다. 즉, $\theta_2 = \hat{\theta}_2$ 조건하에서 θ_1과 z를 각각 완전 조건부 분포로부터 샘플링하면 $\{\theta_1^{(j)}, z^{(j)}\}_{j=1}^{n}$ 는

$$z, \theta_1|\hat{\theta}_2, Y, \mathcal{M} \tag{7.26}$$

에서 샘플링된 것과 같고, $\{z^{(j)}\}_{j=1}^{n}$는 주변 사후 분포 $\pi(z|\hat{\theta}_2, Y, \mathcal{M})$에서 샘플링된 것과 같다.

위와 동일한 방법으로 $\pi(\hat{\theta}_2|Y, \mathcal{M})$를 근사하면 다음과 같다.

$$\pi(\hat{\theta}_2|Y, \mathcal{M}) = \int \pi(\hat{\theta}_2, \theta_1, z|Y, \mathcal{M})d(\theta_1, z)$$

$$= \int \pi(\hat{\theta}_2|\theta_1, z, Y, \mathcal{M})\pi(z, \theta_1|Y, \mathcal{M})d(\theta_1, z)$$

$$\approx \frac{1}{n}\sum_{j=1}^{n}\pi(\hat{\theta}_2|\theta_1^{(j)}, z^{(j)}, Y, \mathcal{M}) \tag{7.27}$$

단, $\theta_1^{(j)}, z^{(j)} \sim z, \theta_1|Y, \mathcal{M}$이다. 식 (7.27)은 사후 샘플링에서 추출한 $\{\theta_1^{(j)}, \theta_2^{(j)}, z^{(j)}\}_{j=1}^{n}$ 중에서 $\{\theta_2^{(j)}\}_{j=1}^{n}$을 제외한 $\{\theta_1^{(j)}, z^{(j)}\}_{j=1}^{n}$을 사용해서 $\{\pi(\hat{\theta}_2|\theta_1^{(j)}, z^{(j)}, Y, \mathcal{M})\}_{j=1}^{n}$을 계산하여 평균을 취함으로써 계산된다.

연습문제 7.3

토빗 모형의 주변 우도 계산과정을 설명하시오.

7.7 Metropolis-Hastings 샘플링과 주변 우도

7.6장에서 소개된 주변 우도 계산방법은 깁스 샘플링으로 사후 분포를 추정했을 때 적용가능하다. 이 장에서는 깁스 샘플링이 아닌 Metropolis-Hastings (M-H) 알고리즘으로 사후 분포를 추정해야 하는 경우에 주변 우도를 계산하는 방법을 소개하고자 한다. 주변 우도 계산과정에 대한 독자의 이해를 돕기 위해 단블록 M-H의 경우에 한해서 설명하고자 하며, 다블록 샘플링의 경우는 Chib and Jeliazkov (2001)를 참고하길 바란다.

깁스 샘플링으로 주변 우도를 계산하는 방법과 M-H로 주변 우도를 계산하는 방법의 유일한 차이는 사후 밀도 $\pi(\hat{\theta}|Y, \mathcal{M})$의 계산 방법이다. M-H를 이용한 주변 우도 계산은 추출된 샘플의 모든 조합 $(\theta, \hat{\theta})$에 대해서 가역성 조건이 성립한다는 사실로부터 출발한다.

$$\alpha(\theta, \hat{\theta})\pi(\theta|Y, \mathcal{M})q(\hat{\theta}) = \alpha(\hat{\theta}, \theta)\pi(\hat{\theta}|Y, \mathcal{M})q(\theta)$$

$\hat{\theta}$는 사후최빈값이며, $\hat{\theta}$의 후보 생성 밀도는 θ와 Y 그리고 $\mathcal{M}$이 주어졌을 때의 조건부 밀도이지만 이 장에서는 편의상 $q(\hat{\theta})$라고 간단히 표기하기로 한다. 위 항등식을 θ에 대해서 적분하면

$$\int \alpha(\theta, \hat{\theta})\pi(\theta|Y, \mathcal{M})q(\hat{\theta})d\theta = \int \alpha(\hat{\theta}, \theta)\pi(\hat{\theta}|Y, \mathcal{M})q(\theta)d\theta$$
$$= \pi(\hat{\theta}|Y, \mathcal{M})\int \alpha(\hat{\theta}, \theta)q(\theta)d\theta$$

가 되고, 이를 다시 $\pi(\hat{\theta}|Y, \mathcal{M})$에 대하여 정리하면

$$\pi(\hat{\theta}|Y, \mathcal{M}) = \frac{\int \alpha(\theta, \hat{\theta})q(\hat{\theta})\pi(\theta|Y, \mathcal{M})d\theta}{\int \alpha(\hat{\theta}, \theta)q(\theta)d\theta}$$

로 표현할 수 있다. 위 식의 분자는 사후밀도 $\pi(\theta|Y, \mathcal{M})$의 가중치로 계산한 $\alpha(\theta, \hat{\theta})q(\hat{\theta})$의 기댓값이며, 분모는 후보 생성 밀도 $q(\theta)$을 가중치로 계산한 $\alpha(\hat{\theta}, \theta)$의 기댓값이다.

이때 $\pi(\hat{\theta}|Y, \mathcal{M})$는 분자와 분모를 각각 수치적으로 적분하여 계산할 수 있다.

$$\pi(\hat{\theta}|Y, \mathcal{M}) = \frac{n^{-1}\sum_{g=1}^{n} \alpha(\theta^{(g)}, \hat{\theta})q(\hat{\theta})}{n^{-1}\sum_{j=1}^{n} \alpha(\hat{\theta}, \theta^{(j)})} \tag{7.28}$$

단, n은 시뮬레이션 크기이고, $\theta^{(g)}$는 사후 분포 $\theta|Y, \mathcal{M}$의 샘플이다. 따라서 $\theta^{(g)}$를 다시 샘플링할 필요없이 사후 샘플링의 결과물을 그대로 사용하면 된다. 반면, $\theta^{(j)}$는 후보 생성 분포의 샘플이다.

지금부터는 위 식의 계산에 필요한 $q(\hat{\theta})$, $\alpha(\theta^{(g)}, \hat{\theta})$, $\alpha(\hat{\theta}, \theta^{(j)})$의 계산 방법을 구체

적으로 설명하고자 한다. 우선 $q(\hat{\theta})$은 $\hat{\theta}$의 후보 생성 밀도인데, 예를 들어, Tailored independent M-H의 경우, 후보 생성 밀도는 $St(\hat{\theta}|\hat{\theta}, V, \nu)$이다. $q(\theta^{(g)})$는 $St(\theta^{(g)}|\hat{\theta}, V, \nu)$이다. 임의보행 M-H의 경우에는 $q(\hat{\theta}) = q(\theta^{(g)}) = \text{Normal}(\theta^{(g)}|\hat{\theta}, V)$이다. 다음으로 각 사후 샘플 $\theta^{(g)}$에 대해서 $\alpha(\theta^{(g)}, \hat{\theta})$는

$$\alpha(\theta^{(g)}, \hat{\theta}) = \min\left\{ \frac{f(Y|\hat{\theta}, \mathcal{M})\pi(\hat{\theta}|\mathcal{M})q(\theta^{(g)})}{f(Y|\theta^{(g)}, \mathcal{M})\pi(\theta^{(g)}|\mathcal{M})q(\hat{\theta})}, 1 \right\}$$

로 계산된다. 각 $g(= 1, 2, .., n)$에 대해서 $\alpha(\theta^{(g)}, \hat{\theta}) \times q(\hat{\theta})$을 계산한 다음, 평균을 취하면 식 (7.28)의 분자가 얻어진다.

마지막으로 각 후보 생성 샘플 $\theta^{(j)}$에 대해서 $\alpha(\hat{\theta}, \theta^{(j)})$는

$$\alpha(\hat{\theta}, \theta^{(j)}) = \min\left\{ \frac{f(Y|\theta^{(j)}, \mathcal{M})\pi(\theta^{(j)}|\mathcal{M})q(\hat{\theta})}{f(Y|\hat{\theta}, \mathcal{M})\pi(\hat{\theta}|\mathcal{M})q(\theta^{(j)})}, 1 \right\}$$

이다. 예를 들어, Tailored independent M-H의 경우, $\theta^{(j)}$는 $St(\hat{\theta}, V, \nu)$에서 샘플링된다. 임의보행 M-H의 경우에는 $\theta^{(j)}$는 $\text{Normal}(\hat{\theta}, V)$에서 샘플링되고, $q(\hat{\theta}) = q(\theta^{(j)})$이다.

위와 같이 $\pi(\hat{\theta}|Y, \mathcal{M})$를 시뮬레이션을 통해 수치적으로 계산하고 나면, 로그 주변 우도 $\log f(Y|\mathcal{M}) = \log f(Y|\hat{\theta}, \mathcal{M}) + \log \pi(\hat{\theta}|\mathcal{M}) - \log \pi(\hat{\theta}|Y, \mathcal{M})$이 구해진다.

7.8 Savage-Dickey Density Ratio

Savage-Dickey density ratio(이하, SD ratio)는 비교 대상이 되는 모형들의 주변 우도의 비율, 즉 베이즈 팩터(Bayes factor)를 계산할 때 사용하는 방법이다. 특히 SD ratio는 비교 대상인 두 모형이 각각 제약 및 비제약 관계에 있을 때 쉽게 적용할 수 있는 모형 선택 기법이다. 이 방법은 제약과 비제약 모형의 비교에만 적용 가능해서 사용범위가 제한적이지만, 계산 방법이 매우 간단하다는 장점을 지닌다.

우리의 관심 대상인 모형의 비제약 형태를 $\mathcal{M}_1$이라고 하고 모형의 파라미터 집합 θ는 $\theta = \{\theta_1, \theta_2\}$라고 하자. 이때 특정 파라미터에 제약이 부여된 비교 대상 모형을 $\mathcal{M}_2$라고 하고, 부여된 제약을 $\theta = \{\theta_1, \theta_2 = \bar{\theta}_2\}$라고 하자. 각 파라미터에 부여되는 사전 분포는 상호간에 독립이라고 가정한다. 즉, $\pi(\theta) = \pi(\theta_1)\pi(\theta_2)$이다.

비제약 모형 $\mathcal{M}_1$과 제약모형 $\mathcal{M}_2$의 주변 우도는 각각 다음과 같이 표현될 수 있다.

$$f(Y|\mathcal{M}_1) = \frac{f(Y|\hat{\theta}_1, \bar{\theta}_2, \mathcal{M}_1)\pi(\hat{\theta}_1|\mathcal{M}_1)\pi(\bar{\theta}_2|\mathcal{M}_1)}{\pi(\hat{\theta}_1, \bar{\theta}_2|Y, \mathcal{M}_1)} \tag{7.29}$$

$$f(Y|\bar{\theta}_2, \mathcal{M}_2) = \frac{f(Y|\hat{\theta}_1, \bar{\theta}_2, \mathcal{M}_2)\pi(\hat{\theta}_1|\mathcal{M}_2)}{\pi(\hat{\theta}_1|Y, \bar{\theta}_2, \mathcal{M}_2)}$$

주변 우도는 우변의 θ_1과 θ_2에 어떤 값을 대입하더라도 이론적으로 동일한 값을 가지기 때문에 θ_1에는 사후 모드($=\hat{\theta}_1$)을 대입하고 θ_2에는 $\mathcal{M}_2$에 부여된 제약인 $\bar{\theta}_2$를 대입하였다. 여기서 $\pi(\hat{\theta}_1, \bar{\theta}_2|Y, \mathcal{M}_1) = \pi(\hat{\theta}_1|Y, \bar{\theta}_2, \mathcal{M}_1)\pi(\bar{\theta}_2|Y, \mathcal{M}_1)$이고, 베이즈 팩터는 비교 대상인 두 모형의 주변 우도 비율이기 때문에

$$\frac{f(Y|\mathcal{M}_1)}{f(Y|\bar{\theta}_2, \mathcal{M}_2)} = \left[\frac{f(Y|\hat{\theta}_1, \bar{\theta}_2, \mathcal{M}_1)\pi(\hat{\theta}_1|\mathcal{M}_1)\pi(\bar{\theta}_2|\mathcal{M}_1)}{\pi(\hat{\theta}_1|Y, \bar{\theta}_2, \mathcal{M}_1)\pi(\bar{\theta}_2|Y, \mathcal{M}_1)} \right]$$
$$\div \left[\frac{f(Y|\hat{\theta}_1, \bar{\theta}_2, \mathcal{M}_2)\pi(\hat{\theta}_1|\mathcal{M}_2)}{\pi(\hat{\theta}_1|Y, \bar{\theta}_2, \mathcal{M}_2)} \right]$$

이 된다.

이때, $\mathcal{M}_1$과 $\mathcal{M}_2$는 θ_2에 대한 제약 이외에는 동일하기 때문에 $f(Y|\hat{\theta}_1, \bar{\theta}_2, \mathcal{M}_1) = f(Y|\hat{\theta}_1, \bar{\theta}_2, \mathcal{M}_2)$, $\pi(\hat{\theta}_1|\mathcal{M}_1) = \pi(\hat{\theta}_1|\mathcal{M}_2)$, $\pi(\hat{\theta}_1|Y, \bar{\theta}_2, \mathcal{M}_1) = \pi(\hat{\theta}_1|Y, \bar{\theta}_2, \mathcal{M}_2)$이므로 결국 베이즈 팩터은 모형 $\mathcal{M}_1$ 하에서 $\theta_2 = \bar{\theta}_2$의 사후 밀도와 사전 밀도의 비로 도출된다.

$$\frac{f(Y|\mathcal{M}_1)}{f(Y|\bar{\theta}_2, \mathcal{M}_2)} = \frac{\pi(\bar{\theta}_2|\mathcal{M}_1)}{\pi(\bar{\theta}_2|Y, \mathcal{M}_1)} \tag{7.30}$$

만약 $\theta_2 = \bar{\theta}_2$이 자료의 특성이 반영된 적절한 제약이라면 θ_2의 사후 분포($\theta_2|Y, \mathcal{M}_1$)가 $\bar{\theta}_2$와 가까운 평균을 주위로 뾰족히 솟아 있을 것이다. 때문에 $\theta_2 = \bar{\theta}_2$의 사후 밀도 $\pi(\bar{\theta}_2|Y, \mathcal{M}_1)$가 사전 밀도 $\pi(\bar{\theta}_2|\mathcal{M}_1)$에 비해 큰 값을 가질 것이다. 이런 경우에는 베이즈 팩터 값이 0에 가깝고 상대적으로 제약된 모형이 선호된다. 반대로 $\theta_2 = \bar{\theta}_2$이 자료의 정보와 괴리된 제약이라면 사후 밀도는 사전 밀도에 비해 대단히 작아서 베이즈 팩터는 1보다 훨씬 클 것이며 이는 비제약 모형이 선호됨을 의미한다.

베이즈 팩터 계산을 위해 남은 과제는 θ_2의 사후 밀도, $\pi(\bar{\theta}_2|Y, \mathcal{M}_1)$를 계산하는 것이다. 만약 θ_2의 완전 조건부 분포가 표준적이면 Chib 기법을 적용해서 $\pi(\bar{\theta}_2|Y, \mathcal{M}_1)$을 근사할 수 있다.

$$\pi(\bar{\theta}_2|Y, \mathcal{M}_1) = \int \pi(\theta_1, \bar{\theta}_2|Y, \mathcal{M}_1)d\theta_1$$
$$= \int \pi(\bar{\theta}_2|\theta_1, Y, \mathcal{M}_1)\pi(\theta_1|Y, \mathcal{M}_1)d\theta_1$$
$$\approx \frac{1}{n}\sum_{j=1}^{n} \pi(\bar{\theta}_2|\theta_1^{(j)}, Y, \mathcal{M}_1)$$

단, n은 번인 이후의 시뮬레이션 크기이며 $\{\theta_1^{(j)}, \theta_2^{(j)}\}_{j=1}^{n}$은 모형 $\mathcal{M}_1$로부터 추출된 사후 샘플들이다. 여기서 주의할 점은 위 식을 계산하기 위해서 θ_1 뿐만 아니라 θ_2도 샘플링되어야 한다는 것이다. 그리고 θ_2와 달리 θ_1은 깁스-샘플링이 아닌 일반적인

M-H 알고리즘으로 샘플링되더라도 $\pi(\bar{\theta}_2|Y, \mathcal{M}_1)$을 수치적으로 계산할 수 있다. 하지만 만약 θ_2의 완전 조건부 분포가 표준적이지 않다면 대안으로 라플라스 기법을 사용할 수 있다.

식 (7.30)에서 볼 수 있듯이, SD ratio 기법의 중요한 특징 중 하나는 제약된 모형 $\mathcal{M}_2$를 추정할 필요가 없이 비제약 모형의 추정결과로만 베이즈 팩터를 구할 수 있다는 것이다.

7.9 예: 유가의 우리나라 물가상승률 예측력 검증

지금까지 다뤄왔던 여러 주변 우도 계산 기법을 실제 자료분석에 적용해보자. 분석 대상모형은 2장에서 다뤘던 물가상승률 예측 모형이다. y_t는 t 시점의 전년동기대비 물가상승률이고 x_t는 전년동기대비 유가상승률이다. 표본 기간은 2001년 1월부터 2020년 12월까지이다.

모형 $\mathcal{M}_1$:

$$y_t|\theta \sim \text{Normal}(c + \phi \times y_{t-1} + \rho \times x_{t-1}, \sigma^2),$$

$$\beta = \begin{pmatrix} c \\ \phi \\ \rho \end{pmatrix} \sim \text{Normal}\left(\beta_0 = \begin{bmatrix} 0.5 \\ 0.5 \\ 0 \end{bmatrix}, B_0 = 0.25 \times I_3 \right),$$

$$\sigma^2 \sim \text{InverseGamma}\left(\frac{\alpha_0}{2} = 10, \frac{\delta_0}{2} = 2 \right)$$

단, $\theta = (\beta, \sigma^2)$은 파라미터의 벡터이다. 비교 대상모형 $\mathcal{M}_2$는 모형 $\mathcal{M}_1$에

$$\rho = 0$$

라는 제약을 부여한 모형이다.

모형 $\mathcal{M}_2$:

$$y_t|\theta \sim \text{Normal}(c + \phi \times y_{t-1}, \sigma^2),$$

$$\begin{pmatrix} c \\ \phi \end{pmatrix} \sim \text{Normal}\left(\begin{bmatrix} 0.5 \\ 0.5 \end{bmatrix}, 0.25 \times I_2 \right),$$

$$\sigma^2 \sim \text{InverseGamma}(10, 2)$$

7.9.1 라플라스 기법

먼저 각 모형에 대해 주어진 $\{\theta^{(j)}\}_{j=1,2,\dots,n_1}$ 로부터 사후최빈값 $\hat{\theta} = (\hat{\beta}, \hat{\sigma}^2)$ 을 찾고 식 (7.8)와 (7.9)에 따라 다음과 같이 로그주변 우도함수를 계산한다.

$$\log \pi(Y|\mathcal{M}) = \log f(Y|\hat{\theta}, \mathcal{M}) + \log \pi(\hat{\theta}|\mathcal{M}) - \log \pi(\hat{\theta}|Y, \mathcal{M}) \qquad (7.31)$$

단, $\bar{\theta}$ 와 $\bar{V}$ 는 각각 θ 의 사후 평균과 분산이다.

$$\log f(Y|\hat{\theta}, \mathcal{M}) = \sum_{t=2}^{T} \log \text{Normal}(y_t|\hat{c} + \hat{\phi} \times y_{t-1} + \hat{\rho} \times x_{t-1}, \hat{\sigma}^2),$$

$$\log \pi(\hat{\theta}|\mathcal{M}) = \log \text{Normal}(\hat{\beta}|\beta_0, B_0) + \log \text{InverseGamma}(\hat{\sigma}^2|\alpha_0/2, \delta_0/2),$$

$$\log \pi(\hat{\theta}|Y, \mathcal{M}) = \log \text{Normal}(\hat{\theta}|\bar{\theta}, \bar{V}).$$

7.9.2 Chib 기법

Chib 기법으로 로그주변 우도함수를 계산하는 경우 식 (7.31)에서 우변의 첫 번째 항과 두 번째 항의 계산은 라플라스 기법과 동일하다. 다만, 라플라스 기법에서는 사후 밀도, $\pi(\hat{\theta}|Y, \mathcal{M})$ 을 정규 분포로 근사한 것과 달리 Chib 기법은 각 파라미터들의 완전 조건부 분포를 이용해서 계산한다.

$$\log \pi(\hat{\theta}|Y, \mathcal{M}) = \log \pi(\hat{\beta}|\hat{\sigma}^2, Y, \mathcal{M}) + \log \pi(\hat{\sigma}^2|Y, \mathcal{M}) \qquad (7.32)$$

$$= \log \text{Normal}(\hat{\beta}|B_1 A, B_1) + \log \pi(\hat{\sigma}^2|Y, \mathcal{M})$$

식 (7.32)은 블록이 두 개이므로 우변의 첫 번째 항은 β 의 완전 조건부 분포를 이용해서 계산하고, 두 번째 항은 식 (7.21)에 따라 근사한다.

7.9.3 조화평균 기법

식 (7.15)에 따라 매 반복시행에서 추출된 $\theta^{(j)}$ 를 이용해서

$$\log f(Y|\theta^{(j)}, \mathcal{M}) = \sum_{t=2}^{T} \log \text{Normal}(y_t|c^{(j)} + \phi^{(j)} \times y_{t-1} + \rho^{(j)} \times x_{t-1}, \sigma^{2(j)})$$

을 계산한 다음, $\{f(Y|\theta^{(j)}, \mathcal{M})\}_{j=1}^{n}$ 의 조화평균을 취하면 주변 우도가 추정된다. 단, $\mathcal{M} = \mathcal{M}_2$ 인 경우에는 모든 $j = 1, 2, .., n$ 에 대해서 $\rho^{(j)} = 0$ 이다.

7.9.4 Savage-Dickey density ratio

모형 $\mathcal{M}_1$과 $\mathcal{M}_2$ 사이의 SD ratio는 다음과 같이 추정된다.

$$\text{SD density ratio} = \frac{\pi(\rho=0|\mathcal{M}_1)}{\pi(\rho=0|Y,\mathcal{M}_1)} \tag{7.33}$$

위 식의 분자항 $\pi(\rho=0|\mathcal{M}_1)$은 ρ의 사전 밀도이다. ρ의 사후 밀도, $\pi(\rho=0|Y,\mathcal{M}_1)$은 Chib 기법에서와 동일하게 ρ의 완전 조건부 밀도의 평균으로 근사된다.

$$\pi(\rho=0|Y,\mathcal{M}_1) = \int \pi(\rho=0,c,\phi,\sigma^2|Y,\mathcal{M}_1)d(c,\phi,\sigma^2) \tag{7.34}$$

$$= \int \pi(\rho=0|c,\phi,\sigma^2,Y,\mathcal{M}_1) \times \pi(c,\phi,\sigma^2|Y,\mathcal{M}_1)d(c,\phi,\sigma^2)$$

$$\simeq \frac{1}{n}\sum_{j=1}^{n}\pi(\rho=0|c^{(j)},\phi^{(j)},\sigma^{2(j)},Y,\mathcal{M}_1)$$

단, $(c^{(j)},\phi^{(j)},\sigma^{2(j)}) \sim c,\phi,\sigma^2|Y,\mathcal{M}_1$는 깁스 샘플링으로 추출된 사후 분포의 샘플들이다.

지금부터는 ρ의 완전 조건부 밀도

$$\pi(\rho=0|c^{(j)},\phi^{(j)},\sigma^{2(j)},Y,\mathcal{M}_1)$$

의 계산과정에 대해서 설명하고자 한다. 우선 비제약 모형을 깁스 샘플링으로 추정하게 되면

$$\{c^{(j)},\phi^{(j)},\rho^{(j)},\sigma^{2(j)}\}_{j=1}^{n}$$

가 얻어진다. 이 중에서 $\{\rho^{(j)}\}_{j=1}^{n}$를 제외한 $\{c^{(j)},\phi^{(j)},\sigma^{2(j)}\}_{j=1}^{n}$이 바로 $c,\phi,\sigma^2|Y,\mathcal{M}_1$로부터 추출된 사후 샘플에 해당한다.

다음으로 각각의 주어진 $\sigma^{2(j)}$에 대해서 $(c^{(j)},\phi^{(j)},\rho^{(j)})'$의 완전 조건부 분포는 다변량 정규 분포

$$\begin{pmatrix} c \\ \phi \\ \rho \end{pmatrix} |Y,\sigma^{2(j)},\mathcal{M}_1 \sim \text{Normal}\left(B_1A = \begin{pmatrix} \mu_1 \\ \mu_2 \end{pmatrix}, B_1 = \begin{pmatrix} \Sigma_{11} & \Sigma_{12} \\ \Sigma_{21} & \Sigma_{22} \end{pmatrix}\right)$$

이다. 단, μ_1은 $c,\phi|Y,\sigma^{2(j)},\mathcal{M}_1$의 평균이며, μ_2은 $\rho|Y,\sigma^{2(j)},\mathcal{M}_1$의 평균이다. Σ_{11} : 2×2와 Σ_{22} : 1×1는 각각 (c,ϕ)과 ρ의 분산-공분산이며, Σ_{12} : 2×1는 (c,ϕ)와 ρ의 공분산 행렬이다.

표 7.1: 로그 주변 우도와 로그 베이즈 팩터

	로그 주변 우도 (비제약 모형, A)	로그 주변 우도 (제약 모형, B)	로그 베이즈 팩터 (=A−B)
Chib 기법	-109.89	-118.31	8.43
라플라스 기법	-109.78	-118.24	8.46
조화평균 기법	-101.84	-112.88	11.04
로그 SD density ratio			8.60
	비제약 모형	제약 모형	
BIC	216.69	235.53	

그러면 다변량 정규 분포의 성질로부터 ρ의 완전 조건부 분포가

$$\rho|c^{(j)}, \phi^{(j)}, \sigma^{2^{(j)}}, Y, \mathcal{M}_1 \sim \text{Normal}(\mu_{2|1}, \Sigma_{2|1})$$

으로 도출된다. 여기서, $\mu_{2|1}$ 과 $\Sigma_{2|1}$ 는 각각

$$\mu_{2|1} = \mu_2 + \Sigma_{21}\Sigma_{11}^{-1}\left(\begin{pmatrix} c^{(j)} \\ \phi^{(j)} \end{pmatrix} - \mu_1\right) : 1 \times 1,$$

$$\Sigma_{2|1} = \Sigma_{22} - \Sigma_{21}\Sigma_{11}^{-1}\Sigma_{12} : 1 \times 1$$

이다. 결국 $\rho = 0$의 완전 조건부 밀도는

$$\pi(\rho = 0|c^{(j)}, \phi^{(j)}, \sigma^{2^{(j)}}, Y, \mathcal{M}_1) = \text{Normal}(\rho = 0|\mu_{2|1}, \Sigma_{2|1})$$

이 된다.

7.9.5 주변 우도 추정결과

표 (7.1)은 앞서 설명된 세 가지 방법으로 $\mathcal{M}_1$, $\mathcal{M}_2$의 로그 주변 우도 및 로그 베이즈 팩터를 계산한 결과이다. 더불어 SD ratio를 통해 계산된 로그 베이즈 팩터도 동시에 나타내었다. 우선 Chib 기법과 라플라스 기법으로 계산된 로그 주변 우도값은 비슷한 반면, 조화 평균 기법은 상당한 차이를 보이고 있다. 조화 평균 기법이 대체로 상대적으로 부정확한 추정결과를 나타내는 경우가 많은데, 이는 우도의 역수가 지나치게 영(0)에 가까우면 조화 평균이 수치적으로 정확하게 계산되기 힘들기 때문이다. 로그 베이즈 팩터 $\log\left[f(Y|\mathcal{M}_1)/f(Y|\mathcal{M}_2)\right]$가 8보다 크므로 베이즈 팩터는 $\exp(8)$보다 크다. 따라서 비제약 모형 $\mathcal{M}_1$의 사후 확률은 거의 1에 가깝다. 왜냐하면 모형 $\mathcal{M}_1$의 사후

확률은

$$\frac{f(Y|\mathcal{M}_1)}{f(Y|\mathcal{M}_1) + f(Y|\mathcal{M}_2)} = \frac{f(Y|\mathcal{M}_1)/f(Y|\mathcal{M}_2)}{f(Y|\mathcal{M}_1)/f(Y|\mathcal{M}_2) + 1}$$

으로 계산되기 때문이다. 표 (7.1)에 있는 두 모형의 BIC 계산 결과도 비제약 모형이 제약 모형보다 강하게 선호하는 것을 알 수 있다.

제 8 장

예측

앞서 우리는 주어진 자료를 이용한 파라미터의 사후 분포 도출과 모형선택에 대해 다뤘다. 한편 경제주체의 대부분의 의사결정은 파라미터의 사후 분포나 모형 선택 결과보다는 예측결과에 크게 의존한다. 파라미터의 사후 분포 추정과 모형선택은 예측을 위한 사전단계에 해당한다. 이 장에서는 주어진 자료를 활용해서 베이지안 예측(Bayesian prediction)을 실시하고 예측력을 평가하는 방법에 대해서 설명하고자 한다.

파라미터와 마찬가지로 실현되지 않은 미래의 종속변수 y_f는 확률변수로 취급 된다. 베이지안 접근법에서 y_f를 예측한다는 것은 곧 그것의 분포를 추정하는 것을 의미한다. y_f를 추론하는 데 있어 연구자는 두 가지의 불확실성에 직면한다. 하나는 모형 내 파라미터에 대한 불확실성(Parameter uncertainty)이고 나머지 하나는 모형 자체에 대한 불확실성(Model uncertainty)이다. 우선 파라미터 불확실성은 있지만 모형 불확실성은 없을 때의 예측 방법과 예측력을 평가하는 과정에 대해서 설명한다. 그런 다음, 모형 불확실성과 파라미터 불확실성을 동시에 반영한 베이지안 예측 기법에 대해서 논의하기로 한다.

8.1 모형 확실성하의 예측

8.1.1 사후 예측 분포 시뮬레이션

모형에 대한 불확실성이 없을 때의 사후 예측 분포(Posterior predictive distribution)는 주어진 관측자료와 모형에 대한 미실현 종속변수 y_f의 조건부 분포

$$y_f | Y, \mathcal{M}$$

으로 정의된다. 그리고 y_f 의 사후 예측 밀도(Posterior predictive density), $f(y_f|Y, \mathcal{M})$ 은

$$
\begin{aligned}
f(y_f|Y, \mathcal{M}) &= \int f(y_f, \theta|Y, \mathcal{M})d\theta \\
&= \int f(y_f|\theta, Y, \mathcal{M})\pi(\theta|Y, \mathcal{M})d\theta
\end{aligned}
\tag{8.1}
$$

로 정의된다. 단, θ 는 모형 $\mathcal{M}$ 의 파라미터 집합을 나타낸다. 사후 예측 분포의 중요한 특징은 이 분포가 파라미터에 의존하지 않으며 파라미터의 불확실성을 반영한다는 점이다.

우리가 사후 예측 밀도의 구체적인 형태를 알기 위해서는 식 (8.1)의 적분을 풀어야 한다. 하지만 예외적인 경우를 제외하고 일반적으로 적분이 해석적으로 계산되지 않기 때문에 몬테 까를로 적분이 사용된다. 사후 예측 분포의 시뮬레이션은 정의에 의해서 크게 두 단계로 나눠진다. 첫 번째 단계는 θ 의 사후 분포를 샘플링하는 것이며, 두 번째 단계는 주어진 θ 를 기반으로 y_f 를 샘플링하는 것이다.

알고리즘 8.1: 사후 예측 분포 샘플링

0 단계 : $j = 1$로 설정한다.

1 단계 : 파라미터의 사후 분포 $\theta|Y, \mathcal{M}$ 으로부터 $\theta^{(j)}$ 를 샘플링한다.

2 단계 : $\theta^{(j)}$ 가 주어져 있을 때 조건부 예측 분포 $y_f|\theta^{(j)}, Y, \mathcal{M}$ 에서 $y_f^{(j)}$ 를 샘플링한다.

3 단계 : $j = j + 1$로 설정하고, $j \leq n$ 이면 1 단계로 돌아간다.

위의 알고리즘을 통해서 $y_f|Y, \mathcal{M}$ 로부터 n 개의 사후 예측 분포 샘플, $\left\{y_f^{(j)}\right\}_{j=1}^n$ 이 추출되며, 이를 이용해서 사후 예측 분포의 평균, 표준오차, 신용구간 등을 추론할 수 있다. 독자의 이해를 돕기 위해 1차 자기상관(AR(1)) 모형하에서 사후 예측 분포 샘플링을 예로 설명한다.

$$
\beta = \begin{pmatrix} \mu \\ \phi \end{pmatrix} \sim \text{Normal}(\beta_0, B_0),
$$

$$
\sigma^2 \sim \text{InverseGamma}\left(\frac{\alpha_0}{2}, \frac{\delta_0}{2}\right),
$$

$$
y_t|\mu, \phi, \sigma^2, y_{t-1} \sim \text{Normal}(\mu + \phi y_{t-1}, \sigma^2)
$$

만약 y_t 를 t 시점의 경제 성장률이라고 하면, 우리의 관심은 현재 시점인 T 시점까지의 성장률 관측치 $Y = (y_1, y_2, \ldots, y_T)$ 를 이용해서, 다음 기 성장률 y_{T+1} 의 사후예측 분포를 유도하는 것이다. 먼저 위의 AR(1) 모형은 다음과 같이 선형회귀모형의형태로 표현 가능하다.

$$Y|X, \beta, \sigma^2 \sim \text{Normal}(X\beta, \sigma^2 I_{T-1})$$

단,

$$Y = \begin{pmatrix} y_2 \\ y_3 \\ \vdots \\ y_T \end{pmatrix}, \ X = \begin{pmatrix} 1 & y_1 \\ 1 & y_2 \\ \vdots & \vdots \\ 1 & y_{T-1} \end{pmatrix}$$

먼저, (β, σ^2) 의 사후 분포를 깁스 샘플링으로 추출한 다음, 각각의 $(\beta^{(j)}, \sigma^{2(j)})$ 에대해서 $y_{T+1}^{(j)}$ 를

$$\text{Normal}(\mu^{(j)} + \phi^{(j)} y_T, \sigma^{2(j)})$$

로부터 추출한다. 이렇게 반복추출된 $\left\{ y_{T+1}^{(j)} \right\}_{j=1}^{n}$ 가 바로 사후 예측 분포의 샘플이다.

8.1.2 Mean Squared Error

다음으로 모형의 예측력을 어떻게 평가할 것인지에 대해 알아보자. 예측력을 평가하는가장 간단한 방법 중 하나는 Mean Squared Error(이후, MSE)를 계산하는 것이다. 일단실현된 미래의 종속변수 y_f 값을 y_f^o 라고 표기하자. MSE는 예측 오차의 제곱

$$\left[y_f^o - \mathbb{E}(y_f | Y, \mathcal{M}) \right]^2$$

을 표본 외 자료에 대해서 평균을 취하는 것이다. 예측 오차는 실현치와 y_f 의 사후평균의 차이다. 예를 들어, 총 자료의 수가 150개이고 표본 외 자료가 101번째에서150번째 자료라고 하자. 그러면 MSE는 총 50개 예측 오차 제곱의 평균,

$$MSE = \frac{1}{50} \sum_{t=100}^{149} \left[y_{t+1}^o - \mathbb{E}(y_{t+1} | \mathcal{F}_t, \mathcal{M}) \right]^2$$

으로 계산된다. 단, $\mathcal{F}_t = \{y_i\}_{i=1}^{t}$ 는 t 시점까지의 관측치 집합을 말한다. 기본적으로낮은 MSE를 나타내는 모형이 상대적으로 예측력이 우월하다고 판단된다.

한편, MSE는 y_{t+1} 의 사후 분산을 가중치로 이용해서 계산되기도 하는데 Mean

square weighted deviation(이후 MSWD)으로 불린다.

$$MSWD = \frac{1}{50} \sum_{t=100}^{149} \frac{\left[y_{t+1}^o - \mathbb{E}(y_{t+1}|\mathcal{F}_t, \mathcal{M})\right]^2}{Var(y_{t+1}|\mathcal{F}_t, \mathcal{M})}$$

MSWD는 MSE와 달리 1에 가까울수록 예측력이 높은 결과로 간주된다. 만약 MSWD이 1보다 작다면 예상된 불확실성이 실제 관측치의 산포도(scatter)에 비해서 크다는 뜻이므로 불확실성이 과대추정되었음을 의미한다. 반대로 MSWD이 1보다 크다면 불확실성이 과소추정되었음을 의미한다. MSE와 MSWD는 계산이 간단하다는 장점이 있지만, 예측 분포가 정규 분포가 아니면 적용하는 데 한계가 있다. 예를 들어, 예측 분포의 비대칭성이 심하거나 예측 분포가 쌍봉이라면 MSE 또는 MSWD를 통한 모형 비교가 바람직하지 않을 수 있다.

8.1.3 사후 예측 우도

베이지안 접근법에서는 MSE 또는 MSWD보다는 사후 예측 우도(Posterior predictive likelihood, 이후 PPL)에 기반한 예측력 평가가 훨씬 더 일반적이다. 사후 예측 우도를 이해하기 위해서는 우선 사후 예측 밀도에 대해서 좀 더 살펴볼 필요가 있다. 사후적으로 주어진 y_f^o를 이용해서 사후 예측 밀도, $f(y_f = y_f^o|Y, \mathcal{M})$을 계산할 수 있다.

- 사후 예측 밀도가 큰 경우: 사후 예측 분포는 y_f^o가 관측되기 전에 도출된다. 결과적으로 y_f^o의 사후 예측 밀도가 높다는 것은 y_f^o가 실현될 가능성이 높다는 것이 이미 예상되었고, 실제로 y_f가 y_f^o에서 실현되었으므로 모형의 예측력이 상대적으로 좋다고 판단한다.

- 사후 예측 밀도가 작은 경우: 반대로 y_f^o의 사후 예측 밀도가 작다면 y_f^o가 관측되기 전에 y_f가 y_f^o에서 실현될 가능성이 낮다고 예상한 것이다. 실현 가능성이 낮은 값이 실현되었다면 결국 모형의 예측력이 상대적으로 좋지 않다는 것이다.

그림 8.1에서 파란 실선은 모형 $\mathcal{M}_1$의 사후 예측 분포, 검은 점선은 모형 $\mathcal{M}_2$의 사후 예측 분포를 나타낸다고 하자. 만약 y_f^o가 1의 값을 가지면 모형 $\mathcal{M}_2$의 사후 예측 밀도, $f(y_f = y_f^o|Y, \mathcal{M}_2)$가 모형 $\mathcal{M}_1$의 사후 예측 밀도, $f(y_f = y_f^o|Y, \mathcal{M}_1)$보다 크기 때문에 상대적으로 모형 $\mathcal{M}_1$보다는 모형 $\mathcal{M}_2$가 더 좋은 예측력을 가진다고 할 수 있다. 반면 y_f^o가 -1의 값을 갖는다면 반대로 모형 $\mathcal{M}_1$이 모형 $\mathcal{M}_2$보다 예측력이 우월하다고 판단한다.

그림 8.1: 사후 예측 밀도

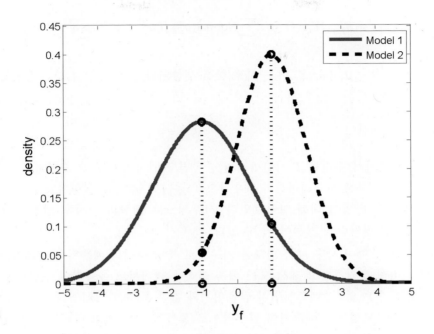

사후 예측 밀도 계산

실제로 $y_f = y_f^o$에서 사후 예측 밀도

$$f(y_f = y_f^o | Y, \mathcal{M}) = \int f(y_f^o | \theta, Y, \mathcal{M}) \pi(\theta | Y, \mathcal{M}) d\theta$$

를 계산하려면 위 식의 적분을 풀어야 하는데 해석적인 방법으로는 대부분 풀리지 않는다. 대신 MoC 기법을 활용하여 사후 예측 밀도를 수치적으로 근사할 수 있다.

$$f(y_f = y_f^o | Y, \mathcal{M}) \approx \frac{1}{n} \sum_{j=1}^{n} f(y_f^o | \theta^{(j)}, Y, \mathcal{M}) \tag{8.2}$$

단, $\theta^{(j)} \sim \theta | Y, \mathcal{M}$은 사후 분포 샘플이다.

간단한 예로 1절에서 설정한 AR(1) 모형하에서 사후 예측 밀도가 어떻게 계산되는지 알아보자. 사후적으로 실현된 y_{T+1}을 y_{T+1}^o라고 하고 T 시점까지의 종속변수 관측자료를 Y라고 하자. 식 (8.2)로부터 y_{T+1}^o에 대응하는 사후 예측 우도값은 다음과 같이 계산된다.

$$f(y_{T+1} = y^o_{T+1}|Y, \mathcal{M}) \approx \frac{1}{n}\sum_{j=1}^{n}\text{Normal}(y^o_{T+1}|\mu^{(j)} + \phi^{(j)}y_T, \sigma^{2(j)})$$

단, $\mu^{(j)}, \phi^{(j)}, \sigma^{2(j)} \sim \mu, \phi, \sigma^2|Y, \mathcal{M}$는 사후 분포 샘플이다.

사후 예측 우도 계산

AR(1) 모형의 예에서 우리는 T 시점까지의 종속변수 관측자료 Y가 주어져 있을 때 y_{T+1}의 사후 예측 분포 시뮬레이션과 사후적으로 y_{T+1}이 y^o_{T+1}로 실현되었을 때 사후 예측 밀도의 계산 방법에 대해 알아보았다. 사후적으로 계산되는 사후 예측 밀도가 모형의 예측력을 평가하는 기준이 될 수 있다.

하지만 어떤 모형이 사후 예측 밀도를 기준으로 특정 시점의 예측력이 상대적으로 다른 모형에 비해 우월하다고 해서 모든 예측 시점에 대해서도 예측력이 우월할 것이라고 일반화할 수는 없다. 예측시점이 금융위기와 같은 특수한 거시경제적 상황이냐 아니냐에 따라서 모형들의 예측력이 일시적으로 좋아질 수도 있고 나빠질 수도 있기 때문이다. 모형의 예측력 우위를 판단하기 위해서는 특정 시점이 아니라 상당한 크기의 표본 외 샘플을 예측기간으로 설정하고, 그 예측기간 동안의 평균적인 예측력을 비교하는 것이 바람직하다.

표본 외 기간 동안의 예측력은 로그 사후 예측 밀도의 합으로 평가된다. 로그 사후 예측 밀도의 합이 클수록 예측력이 높다고 말하며, 로그 사후 예측 밀도의 합을 따로 로그 사후 예측 우도(이후 로그 PPL)라고 한다. 지금부터는 로그 PPL의 계산과정을 설명하고자 한다.

파라미터의 사후 분포 샘플링에 사용되는 표본을 training 샘플이라고 하는데, **training** 샘플 크기를 T_s, 표본 외 예측구간의 크기를 q라고 표기하자. 예를 들어, 총 관측자료의 수가 150이고, $T_s = 100$, $q = 50$이라고 가정하자. (i) 먼저 100 개의 관측치를 사용해서 주어진 모형으로부터 파라미터의 사후 분포를 추출한다. (ii) 식 (8.2)에 따라 y^o_{101}을 사용해서 로그 사후 예측 밀도를 계산하고 저장한다. 이제 $T_s = 101$이라고 두고, 위 두 과정을 거쳐 y^o_{102}의 로그 사후 예측 밀도를 계산하고 저장한다. 이러한 과정을 $T_s = 149$, $y^o_f = y^o_{150}$ 까지 반복한다. 위 반복과정을 완료되면 $q = 50$ 개의 로그 사후 예측 밀도값이 저장되는데, 이 값들의 합이 바로 로그 PPL이다. 로그 PPL을 수식으로 표현하면 다음과 같다.

$$\log PPL^q_{T_s}(\mathcal{M}) = \sum_{t=T_s+1}^{T_s+q} \log f(y^o_t|\mathcal{F}_{t-1}, \mathcal{M}) \tag{8.3}$$

단, $\mathcal{F}_{t-1} = \{y_t\}_{t=1}^{t-1}$는 $t-1$ 시점까지의 정보이다.

만약, $\log PPL_{T_s}^q(\mathcal{M}_1)$이 $\log PPL_{T_s}^q(\mathcal{M}_2)$보다 크다면, 표본 외 기간에 대해서 $\mathcal{M}_1$의 예측력이 $\mathcal{M}_2$보다 우월하다고 판단한다. 특히, 두 모형 사이의 로그 PPL 차이,

$$\log PPL_{T_s}^q(\mathcal{M}_1) - \log PPL_{T_s}^q(\mathcal{M}_2)$$

를 로그 예측 베이즈 팩터(log predictive Bayes factor)라고 한다.

참고로, 만약 $T_s = 0$이면, 로그 PPL은 로그 주변 우도와 같아진다. $T_s = 0$이면 $q = T$이므로 로그 PPL은

$$\log PPL_0^T(\mathcal{M}) = \sum_{t=1}^T \log f(y_t | \mathcal{F}_{t-1}, \mathcal{M})$$

이다. 한편, 로그 주변 우도는 다음과 같이 로그 사후 예측 밀도의 합으로 표현가능하다.

$$\begin{aligned} \log f(Y|\mathcal{M}) &= \log f(y_1, y_2, \ldots, y_T | \mathcal{M}) \\ &= \log f(y_T | \mathcal{F}_{T-1}, \mathcal{M}) + \log f(y_{T-1} | \mathcal{F}_{T-2}, \mathcal{M}) + \cdots + \log f(y_1 | \mathcal{M}) \\ &= \sum_{t=1}^T \log f(y_t | \mathcal{F}_{t-1}, \mathcal{M}) \end{aligned}$$

따라서, $T_s = 0$일 때 로그 PPL은 로그 주변 우도와 같아지므로 로그 주변 우도는 로그 PPL의 특수한 경우에 해당한다.

8.2 모형 불확실성하의 예측

8.2.1 베이지안 모형 평균

우리는 앞절에서 특정 모형하에서 미래 종속변수의 사후 예측 분포

$$y_f | Y, \mathcal{M}$$

을 유도하는 방법과 사후 예측 우도에 기반한 모형의 예측력을 비교, 평가하는 방법에 대해 알아보았다. 위의 사후 예측 분포는 파라미터의 불확실성을 반영하지만 모형 설정에 의존하기 때문에 모형의 불확실성을 반영하지는 않는다. 모형의 불확실성을 반영하는 한 가지 방법은 여러 모형 중에서 가장 높은 로그 사후 예측 우도를 나타내는 모형을 찾는 것이다. 하지만 모형 간 로그 사후 예측 우도값의 차이가 크지 않다면

가장 높은 모형만을 택하고 나머지 모형을 제외하는 것은 모형 불확실성을 적절히 고려했다고 보기 힘들다.

예를 들어, 표본 외 기간이 금융위기 기간을 포함한다면 구조변화를 고려한 모형의 예측력이 구조변화를 고려하지 않는 모형보다 좋을 것이다. 반대로 시계열 자료에 금융위기와 구조변화가 존재하지 않는다면 구조변화를 고려하지 않은 모형의 예측력이 상대적으로 좋다. 구조변화의 존재 여부는 불확실하므로 특정 모형에 기반하는 것보다는 잠재적으로 가능한 모든 모형들을 조합함으로써 모형 불확실성까지 반영한 사후 예측 분포를 도출하는 것이 바람직하다.

이 절에서는 베이지안 접근법에서 파라미터뿐만 아니라 모형의 불확실성까지 반영한 사후 예측 분포 도출 방법을 배워보도록 하자. 본 절의 궁극적인 목적은 관측자료 Y가 주어져 있을 때 모형 불확실성을 반영한 미래의 종속변수 y_f의 사후 예측 분포,

$$y_f|Y$$

를 유도하는 것이다. 일단, D개의 상이한 예측 모형이 고려된다고 하자. MoC에 의해서 사후 예측 밀도 $f(y_f|Y)$는 $f(y_f|Y, \mathcal{M}_d)_{d=1,2,..,D}$의 선형조합으로 표현된다.

$$f(y_f|Y) = \sum_{d=1}^{D} f(y_f|Y, \mathcal{M}_d) p(\mathcal{M}_d|Y) \tag{8.4}$$

단, $d = 1, 2, \ldots, D$에 대해 $f(y_f|Y, \mathcal{M}_d)$는 각 모형 하의 사후 예측 밀도이며 $p(\mathcal{M}_d|Y)$는 각 모형의 사후 확률을 나타낸다. 따라서 모형 불확실성하의 사후 예측 밀도는 각 모형의 사후 확률을 가중치로 사용한 각 모형별 사후 예측 밀도의 가중 평균과 같다.

1절의 식 (8.1)에서와 같은 이유로 식 (8.4)는 해석적으로 풀기 어려우며 풀리더라도 유도된 분포의 형태가 표준적인 분포가 아니면 y_f를 직접적으로 샘플링하기 어렵다. 따라서 다음의 알고리즘에 따라 시뮬레이션을 통해 y_f를 샘플링한다.

알고리즘 8.2: 베이지안 모형 평균

0 단계: $d = 1, 2, \ldots, D$에 대해 $y_f|Y, \mathcal{M}_d$로부터 $\{y_f^{d(j)}\}_{j=1}^{n}$ 샘플링한다.

1 단계: $d = 1, 2, \ldots, D$에 대해 모형의 사후 확률 $p(\mathcal{M}_d|Y)$를 추정한다.

2 단계: 각 $j = 1, 2, .., n$에 대해 $p(\mathcal{M}_d|Y)$의 확률로 $y_f^{d(j)}$를 선택한다.

위의 알고리즘의 2 단계에서 확률적으로 선택된 사후 예측샘플이

$$y_f|Y$$

로부터 추출된 사후 예측샘플이다. 이렇게 모형의 사후 확률을 통해 모형 불확실성을 반영하여 사후 예측 분포를 샘플링하는 과정을 베이지안 모형 평균(Bayesian Model Averaging, 이후 BMA)이라고 한다.

참고로 베이지안 모형 평균과 구별되는 개념으로 베이지안 모형 선택(Bayesian Model Selection, BMS)이 있다. BMS는 파라미터에 대한 추론이나 사후 예측을 위해 여러 모형 중에서 주변 우도 또는 표본 외 예측력이 가장 높은 하나의 모형만을 선택하여 사용하는 것을 말한다. 이론적으로는 BMA가 보다 우월하다고 볼 수 있지만 기존 연구들에 의하면 예측 정확도 측면에서 BMS가 선호되는 경우도 많다. 따라서 일반적으로 둘 중 하나의 방법이 일반적이라거나 표준적이라고 보기는 어렵다. 한편, BMS는 BMA와 혼용하여 사용되기도 한다. 즉, 모형 선택이 어떤 경우에는 BMA를 의미하기도 하고, 어떤 경우에는 BMS를 의미하기도 한다.

연습문제 8.1

아래 식을 증명함으로써 y_f의 사후 예측 평균이 각 모형별 사후 예측 평균의 선형조합이라는 것을 설명하시오.

$$\mathbb{E}(y_f|Y) = \sum_{d=1}^{D} \mathbb{E}(y_f|Y, \mathcal{M}_d)p(\mathcal{M}_d|Y)$$

이해를 돕기 위해 관측자료 $Y = \{y_t\}_{t=1}^{T}$에 대해 AR(1)과 AR(2) 모형이 경쟁한다고 하자. 우리의 관심은 두 모형하에서 BMA를 통해 y_{T+1}의 사후 예측 분포를 유도하는 것이다. 편의상 $\mathcal{M}_1$이 AR(1) 모형, $\mathcal{M}_2$는 AR(2) 모형이라고 하자.

$\mathcal{M}_1$: AR(1)

$$y_t|\mu, \phi_1, \sigma^2, \mathcal{F}_{t-1} \sim \text{Normal}(\mu + \phi_1 y_{t-1}, \sigma^2)$$

$\mathcal{M}_2$: AR(2)

$$y_t|\mu, \phi_1, \phi_2, \sigma^2, \mathcal{F}_{t-1} \sim \text{Normal}(\mu + \phi_1 y_{t-1} + \phi_2 y_{t-2}, \sigma^2)$$

BMA의 첫 번째 단계는 각 모형의 파라미터와 사후 예측 분포를 샘플링하는 것이다. j 번째 반복시행에서 각 모형에 대한 사후 예측 분포, $y_{T+1}|Y, \mathcal{M}_d$에서 y_{T+1}을 샘플링한다. y_{T+1}^d를 모형 $\mathcal{M}_d$하에서 생성된 y_{T+1}의 사후 분포라고 할 때, 모형별

사후 예측 분포의 샘플을 $\left\{y_{T+1}^{1(j)}, y_{T+1}^{2(j)}\right\}_{j=1}^{n}$ 라고 하자. 단,

$$y_{T+1}^{1(j)} \sim \text{Normal}(\mu^{(j)} + \phi_1^{(j)} y_T, \sigma^{2(j)}),$$
$$y_{T+1}^{2(j)} \sim \text{Normal}(\mu^{(j)} + \phi_1^{(j)} y_T + \phi_2^{(j)} y_{T-1}, \sigma^{2(j)})$$

두 번째 단계에서는 $\mathcal{M}_1$ 과 $\mathcal{M}_2$ 의 사후 확률 $\{p(\mathcal{M}_d|Y)\}_{d=1,2}$ 를 계산해야 한다. AR 모형은 깁스 샘플링 방법으로 추정가능하므로 Chib 기법이나 라플라스 기법, 또는 SD ratio에 따라 모형의 사후 확률을 추정할 수 있다. 마지막 단계는 j번째 반복시행에서 $\left(y_{T+1}^{1(j)}, y_{T+1}^{2(j)}\right)$ 중에 $p(\mathcal{M}_d|Y)$의 확률로 $y_{T+1}^{d(j)}$를 선택하는 것이다. 이를 모든 반복시행에서 반복하면 모형 불확실성이 반영된 사후 예측 분포 샘플, $\left\{y_{T+1}^{(j)}\right\}_{j=1}^{n}$ 이 얻어진다.

연습문제 8.2

위의 AR(1)과 AR(2) 모형에서 ϕ_1는 전기의 값 y_{t-1}이 현재 값 y_t에 미치는 영향을 말한다. 일반적으로 모형에 따라 ϕ_1의 사후 평균은 다른 값을 갖는다.

$$\mathbb{E}(\phi_1|Y, \mathcal{M}_1) \neq \mathbb{E}(\phi_1|Y, \mathcal{M}_2)$$

이때 모형 불확실성을 반영한 ϕ_1의 사후 평균 $\mathbb{E}(\phi_1|Y)$이 아래와 같이 유도됨을 보이시오.

$$\mathbb{E}(\phi_1|Y) = \sum_{d=1}^{D} \mathbb{E}(\phi_1|Y, \mathcal{M}_d) p(\mathcal{M}_d|Y)$$

이와 같이 BMA는 예측뿐만 아니라 파라미터 추론에 모형 불확실성을 반영하기 위해서도 사용된다.

8.2.2 사후 예측 우도를 이용한 예측 분포 조합

BMA는 이론적 배경이 존재하고 직관적으로 이해하기 쉬운 예측 방법이지만 실제로 적용하는 데 다소 어려움이 있다. 무엇보다 경쟁 모형의 수가 많은 경우에 각 모형의 주변 우도 계산이 어렵거나 지나치게 긴 계산시간이 요구되기도 한다. BMA에 대한 대안으로 앞서 다뤘던 PPL을 기반으로 모형의 가중치를 계산한 다음, 각 모형의 사후 예측 분포를 조합하는 방법이 있다.

이렇게 상대적인 표본 외 예측력을 가중치로 각 모형별 사후 예측 분포를 조합하여 모형 불확실성을 반영하는 방법을 예측 분포 조합(Predictive density combination)

이라고 한다. 이때, 모형 $\mathcal{M}_d$에 대한 가중치 $w(\mathcal{M}_d)$는

$$weight(\mathcal{M}_d) = \frac{PPL^q_{T_s}(\mathcal{M}_d)}{\sum_{j=1}^{D} PPL^q_{T_s}(\mathcal{M}_j)}$$

로 계산된다. 가중치에 대한 정의상, 모형의 표본 외 예측력이 좋을수록 더 큰 가중치가 부여된다. 여기서 전체 표본 중에 training 샘플 크기 T_s가 작고 표본 외 샘플 크기 q 가 클수록 $weight(\mathcal{M}_d)$의 값은 모형 $\mathcal{M}_d$의 사후 확률에 수렴한다. 예측 분포 조합을 통한 사후 예측 분포 시뮬레이션 알고리즘은 BMA 알고리즘과 비교하여 $p(\mathcal{M}_d|Y)$ 가 $weight(\mathcal{M}_d)$로 대체되는 것 말고는 동일하다. 앞서 언급한 바와 같이, 이 방법은 BMA와 비교해서 주변 우도 계산과정을 거치지 않고도 적용할 수 있다는 장점이 있다. 하지만 training 샘플 또는 표본 외 샘플의 크기에 따라 모형별 가중치가 민감하게 바뀔 수 있다는 한계도 동시에 갖고 있다.

8.2.3 예: 우리나라 물가상승률 예측

2013년 1월부터 2020년 12월까지의 물가상승률 자료를 사용해서 2021년 1월의 물가 상승률을 예측해보고자 한다. 고려 대상 모형은 총 세 개이다.[1]

모형 $\mathcal{M}_1$: AR(1)

$$\beta = \begin{pmatrix} c \\ \phi \end{pmatrix} \sim \text{Normal}(0, I_2),$$

$$\sigma^2 \sim \text{InverseGamma}(10, 2),$$

$$y_t|\theta \sim \text{Normal}(c + \phi \times y_{t-1}, \sigma^2)$$

모형 $\mathcal{M}_2$: AR(1) + 유가

$$\beta = \begin{pmatrix} c \\ \phi \\ \rho \end{pmatrix} \sim \text{Normal}(0, I_3),$$

$$\sigma^2 \sim \text{InverseGamma}(10, 2),$$

$$y_t|\theta \sim \text{Normal}(c + \phi \times y_{t-1} + \rho \times x_{t-1}, \sigma^2)$$

---

[1]2012년 전후 발생한 물가상승률 수준의 구조변화를 고려하여 2012년 이전 자료는 사용하지 않았다. 첫 번째 모형은 AR(1)이고, 두 번째 모형은 AR(1)에 전기 유가상승률을 추가한 것이다. 세 번째 모형은 AR(2)에 전기 유가상승률을 추가한 것이다.

모형 $\mathcal{M}_3$: AR(2) + 유가

$$\beta = \begin{pmatrix} c \\ \phi_1 \\ \phi_2 \\ \rho \end{pmatrix} \sim \text{Normal}\,(0, I_4)\,,$$

$$\sigma^2 \sim \text{InverseGamma}\,(10, 2)\,,$$

$$y_t|\theta \sim \text{Normal}(c + \phi_1 \times y_{t-1} + \phi_2 \times y_{t-2} + \rho \times x_{t-1}, \sigma^2)$$

표본 외 샘플 기간은 2016년 1월부터 2020년 12월까지 최근 5년으로 설정하였다. 각 모형의 로그 PPL과 로그 PPL로 계산된 모형별 가중치는

	$\mathcal{M}_1$ AR(1)	$\mathcal{M}_2$ AR(1)+유가	$\mathcal{M}_3$ AR(2)+유가
log PPL	-32.56	-23.67	-24.77
$weight(\mathcal{M}_d)$	0.0001	0.7503	0.2496

이다. 모형 $\mathcal{M}_2$의 가중치가 0.7503로 가장 높았다. 만약 BMA를 적용하여 10,000개의 사후 예측 샘플을 구하고자 한다고 하자. 그러면 이 중에서 7,503개는 모형 $\mathcal{M}_2$의 사후 예측 샘플이며, 2,496개는 모형 $\mathcal{M}_3$의 사후 예측 샘플이 차지한다. 모형 $\mathcal{M}_2$의 로그 PPL (가중치)이 모형 $\mathcal{M}_3$의 로그 PPL(가중치)보다 크다는 것은 AR(2)항이 반드시 필요한 예측변수라고 보기 힘들다는 것을 의미한다. 반면 $\mathcal{M}_1$의 사후 예측 결과는 거의 반영되지 않는다. 이는 모형 $\mathcal{M}_2$과 비교해서 보면 유가가 반드시 필요한 예측변수라는 것을 뜻한다. 한편 BMS를 적용한다면 모형 $\mathcal{M}_2$에서 추출된 사후 예측 샘플만을 사용하게 된다.

표 8.1: 인플레이션 분포 예측 결과

	평균	표준오차	95% 신용구간
$\mathcal{M}_1$: AR(1)	0.606	0.367	[-0.107 , 1.322]
$\mathcal{M}_2$: AR(1)+유가	0.617	0.336	[-0.045, 1.281]
$\mathcal{M}_3$: AR(2)+유가	0.621	0.336	[-0.042, 1.287]
예측분포조합	0.621	0.337	[-0.048, 1.287]

표 8.1은 모형별로 추정된 2021년 1월 물가상승률의 예측 분포 추정결과이며, 그림 8.2(a)는 모형별 예측분포를 함께 그린 것이다. 추정결과를 보면 AR(1) 모형($\mathcal{M}_1$)의 예측치는 0.606%이고, AR(1)에 유가상승률을 설명변수로 추가한 모형($\mathcal{M}_2$)의 예측치는 0.617%이다. AR(2)과 유가상승률이 설명변수인 모형($\mathcal{M}_3$)의 예측치는 0.621%

이다. 예측력이 가장 좋은 두 모형 간 예측치의 차이가 거의 없다. 모형의 불확실성을 감안하기 위해 로그 PPL로 계산된 가중치를 활용하여 예측 조합을 실시한 결과를 표 8.1의 가장 하단에 나타내었다. 그 결과를 히스토그램으로 나타낸 것이 그림 8.2(b) 이다.

그림 8.2: 우리나라 물가상승률 예측 분포 조합

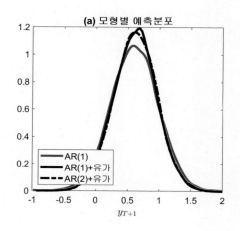 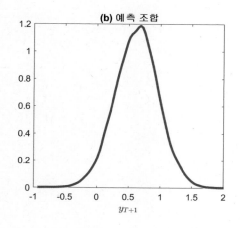

제 9 장

고급 시계열 모형

8장에서 우리는 모형별 사후 예측 분포를 도출하고 사후 예측 우도를 통해 예측력을 평가하는 방법에 대해서 공부하였다. 예측은 기본적으로 모형을 기반으로 이루어지는데, 앞서 소개된 대부분의 모형들은 파라미터들이 시점에 관계없이 일정하다는 가정을 포함하고 있다. 하지만 현실적으로 종속변수와 설명변수간의 관계가 일정하기보다는 시점이나 기간에 따라 둘 간의 관계가 강해지기도 하고 약해질 수도 있다. 이러한 관계 변화가 무시되면 결국 예측의 정확도가 떨어지게 된다. 예측력 향상을 위해 파라미터의 시변성(Time-varying property)을 고려한 대표적인 시계열 모형이 바로 마코프-스위칭(Markov-switching) 모형과 상태공간(State-space) 모형이다. 본 장에서는 이 두 시계열 모형을 소개하고 구체적인 추정과정에 대해서 공부하기로 한다.

9.1 마코프-스위칭 모형

9.1.1 더미 변수 모형

다음과 같은 단순 선형회귀식을 고려해보자.

$$y_t | \beta, \sigma^2 \sim \text{Normal}(x_t \beta, \sigma^2)$$

위 식에서 설명변수의 수는 편의상 한 개라고 하자. 따라서 x_t 와 β 는 스칼라(scalar)이다. β 는 x_t 가 한 단위 증가했을 때, 종속변수 y_t 가 받는 영향의 크기이다. 예를 들어, x_t 가 재정지출 증가율이고 y_t 가 실질 GDP증가율이라면, β 는 외생적인 재정지출 1% 상승이 성장률에 미치는 영향이다. 위 식은 재정정책의 효과가 시점별로 일정하다는 가정을 반영하고 있다. 하지만 불황기의 재정지출 효과는 호황기의 재정지출 효과보다 크기 때문에, 현실적으로 재정지출의 효과가 경제상황에 따라 다를 수 있다. 만약 불황기의 재정지출 효과가 β_1 이고, 호황기의 재정지출 효과가 β_2 이라면 모형은

$$t \text{ 시점이 불황이면,} \quad y_t | \beta_1, \sigma^2 \sim \text{Normal}(x_t \beta_1, \sigma^2) \tag{9.1}$$

$$t \text{ 시점이 호황이면, } \quad y_t|\beta_2, \sigma^2 \sim \text{Normal}(x_t\beta_2, \sigma^2)$$

와 같이 표현할 수 있다.

S_t를 t 시점의 경제 상태(state of economy)를 나타내는 상태변수(state variable)라고 하자. t 시점이 불황이면 $S_t = 1$이라고 하고, t 시점이 호황이면 $S_t = 2$라고 하자. β 가 상태변수 S_t에 의존하므로 β를 β_{S_t}로 다시 표기하면,

$$\beta_{S_t} = \begin{cases} \beta_1, & if\ S_t = 1 \\ \beta_2, & if\ S_t = 2 \end{cases}$$

가 된다. 시점별로 설명변수가 종속변수에 미치는 영향이 다르고, 각 시점이 호황인지 불황인지가 알려져 있으면 흔히 더미변수를 도입하여 아래와 같이 모형을 표현하고 추정한다.

$$y_t|\beta_1, \beta_2, \sigma^2, S_t$$
$$\sim \text{Normal}(x_t\beta_1 \times \mathbf{I}(S_t = 1) + x_t\beta_2 \times \mathbf{I}(S_t = 2), \sigma^2)$$

단, $\mathbf{I}(\cdot)$은 인디케이터(indicator) 함수이다.

만약 경제 상태에 따라 변동성까지 달라진다면 모형은

$$y_t|\beta_1, \beta_2, \sigma^2, S_t \tag{9.2}$$
$$\sim \text{Normal}(x_t\beta_1 \times \mathbf{I}(S_t = 1) + x_t\beta_2 \times \mathbf{I}(S_t = 2), \sigma_1^2 \times \mathbf{I}(S_t = 1) + \sigma_2^2 \times \mathbf{I}(S_t = 2))$$

로 보다 일반적으로 표현된다. 이 경우에는 더미변수를 도입하지 않고, 표본을 $S_t = 1$ 인 시점과 $S_t = 2$인 시점으로 양분하여 (β_1, σ_1^2)과 (β_2, σ_2^2)을 따로 추정하게 된다.

하지만 현실적으로 호황과 불황은 정확하게 관측되지 않는다. 시점별로 불황인지 호황인지가 불확실하여 S_t가 관측되지 않으면 설사 시점별로 β가 다르다는 것이 알려져 있더라도 더미변수를 도입할 수 없으며, 표본을 경제 상황에 따라 구분할 수도 없다.

마코프-스위칭 과정

상태변수 S_t가 관측되지 않을 때, 상태변수의 확률과정(stochastic process), $\{S_t\}_{t=1}^T$ 를 마코프-스위칭 과정으로 가정하여 식 (9.2)에 추가도입한 모형을 마코프-스위칭 (Markov-switching) 모형이라고 한다. 마코프-스위칭 과정은 초기 상태 S_0와 전환확률 행렬 P에 의해서 정의되며, $Markov(S_0, P)$로 표기된다. 초기 상태 S_0가 0 또는 1로 외생적으로 주어지면 마코프-스위칭 확률과정은 전적으로 전환확률 행렬 P에 의해서

결정된다. 상태의 총 수가 두 개일 때, 전환확률(transition probability) 행렬은

$$P = \begin{pmatrix} p_{11} & p_{12} \\ p_{21} & p_{22} \end{pmatrix} : 2 \times 2$$

이다. 단, $p_{ij} = \Pr\left[S_{t+1} = j | S_t = i\right]$는 t 시점의 상태가 $S_t = i$라는 조건하에서, 다음 시점의 상태가 $S_{t+1} = j$로 전환될 확률을 말한다. 예를 들어, p_{12}는 현재 시점의 상태가 1일 때, 다음 시점의 상태가 2가 될 조건부 확률을 말한다. 실현가능한 경제상태의 집합이 $\{1, 2\}$이므로 전환확률의 정의에 의해 $p_{12} = 1 - p_{11}$ 이고 $p_{21} = 1 - p_{22}$ 이 성립한다. 이 과정을 마코프-스위칭 과정이라고 부르는 이유는 S_t의 생성이 S_{t-1}에만 의존하며, $\{S_{t-j}\}_{j=2}^{\infty}$의 영향을 받지 않기 때문이다. 또한 p_{11} 이 1에 가까울수록 경제 상태가 1에 일단 진입하면 이후에 상태 1이 지속될 가능성이 높아진다.

모형 설정

마코프-스위칭 모형에서는 (β_1, σ_1^2)과 (β_2, σ_2^2)와 더불어 전환확률 행렬 P와 상태변수 $\{S_t\}_{t=1}^T$ 도 추정대상이 된다. 모형 내 파라미터의 집합을 $\theta = \{\beta_1, \sigma_1^2, \beta_2, \sigma_2^2, P\}$라고 두자. 그러면 마코프-스위칭 모형은 아래와 같이 표현할 수 있다.

$$\beta_1, \beta_2 \sim \text{Normal}(\beta_0, B_0), \quad \sigma_1^2, \sigma_2^2 \sim \text{InverseGamma}\left(\frac{\alpha_0}{2}, \frac{\delta_0}{2}\right),$$

$$p_{11} \sim \text{Beta}\left(a_{1,0}, b_{1,0}\right), \quad p_{22} \sim \text{Beta}\left(a_{2,0}, b_{2,0}\right),$$

$$\{S_t\}_{t=1}^T \sim Markov(S_0, P),$$

$$y_t | \beta_1, \beta_2, \sigma_1^2, \sigma_2^2, S_t \tag{9.3}$$
$$\sim \text{Normal}(x_t\beta_1 \times \mathbf{I}(S_t = 1) + x_t\beta_2 \times \mathbf{I}(S_t = 2), \sigma_1^2 \times \mathbf{I}(S_t = 1) + \sigma_2^2 \times \mathbf{I}(S_t = 2))$$

P의 사전 분포는 일반적으로 켤레인 베타 분포가 적용된다. 만약 상태의 수가 3개 이상이면 베타 분포를 일반화한 디리클레(Dirichlet) 분포가 사용된다. 디리클레 분포에 대한 자세한 설명은 부록 (A.2.7)장을 참고하길 바란다.

위 모형에는 파라미터의 사전 분포가 상태와 무관하게 동일하다고 가정되었지만, 반드시 그럴 필요는 없다. 경제이론이나 기존 연구에 의해 뒷받침된다면 필요에 따라 상태별로 상이한 사전 분포를 가정해도 무방하다. 또한 경제상태의 수를 두 개 이상으로 가정할 수도 있다.

모형을 이해하는 가장 좋은 방법 중 하나는 종속변수 y_t가 모형으로부터 생성되는 과정을 이해하는 것이다(그림 9.1 참조). 우선 사전 분포로부터 $(\beta_1, \beta_2, \sigma_1^2, \sigma_2^2, P)$가

그림 9.1: 마코프-스위칭 모형하의 자료생성과정

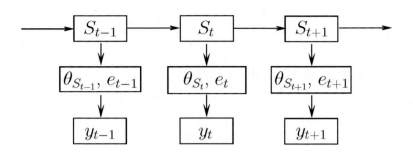

생성된다. 다음으로, $t-1$ 시점의 경제상태 $S_{t-1} = i$가 주어지면, p_{i1}의 확률로 $S_t = 1$, $p_{i2} = 1 - p_{i1}$의 확률로 $S_t = 2$가 된다. S_t가 생성되고 나면 식 (9.3)에 따라서 y_t가 결정된다. S_t가 마코프 과정을 따르고, $(\beta_{S_t}, \sigma^2_{S_t})$가 S_t에 의존하기 때문에 $(\beta_{S_t}, \sigma^2_{S_t})$도 마코프 과정을 따른다.

9.1.2 사후 분포 샘플링

위의 마코프-스위칭 모형에서 우리가 추정해야 할 파라미터들의 집합은

$$\theta = (\beta_1, \sigma^2_1, \beta_2, \sigma^2_2, P)$$

이며, 이에 더해 상태 벡터 $\mathbf{S} = \{S_t\}_{t=1}^{T}$ 또한 추정 대상이 된다. $(\theta, \mathbf{S})$의 사후 밀도는 θ의 사전 밀도($\pi(\theta)$), 상태의 결합 밀도($\pi(S|\theta)$), 완전 우도함수(complete likelihood, $f(Y|\theta, \mathbf{S})$)의 곱에 비례한다.

$$\pi(\theta, \mathbf{S}|Y) \propto f(Y|\theta, \mathbf{S})\pi(\mathbf{S}|\theta)\pi(\theta)$$

완전 우도함수는 파라미터뿐만 아니라 $\mathbf{S}$가 주어졌을 때 Y의 결합 밀도를 말하며, 우도함수 $f(Y|\theta)$와 구별되는 개념이다. $\mathbf{S}$가 주어져 있다면 $\mathbf{S}$를 더미 변수로 사용하거나 자료를 상태별로 양분하여 선형회귀모형에서 다룬 깁스 샘플링 방법으로 θ를 샘플링 할 수 있다. 따라서 지금부터는 $\mathbf{S}$와 P의 사후 분포 샘플링 방법에 대해 중점적으로 설명한다. 본 교과서에 소개된 $\mathbf{S}$와 P의 사후 분포 샘플링 기법은 Kim and Nelson(1999)의 9장의 내용을 정리한 것이다.

> **알고리즘 9.1: 마코프-스위칭 모형**
>
> **0 단계** : $j = 1$로 설정한다. 초기값 $\theta^{(0)}$을 사전 평균으로 설정한다.
>
> **1 단계** : $\mathbf{S}|Y, \theta^{(j-1)}$로부터 $\mathbf{S}^{(j)}$를 샘플링한다.
>
> **2 단계** : $P|\mathbf{S}^{(j)}$로부터 $P^{(j)}$를 샘플링한다.
>
> **3 단계** : $(\beta_1, \beta_2)|Y, \mathbf{S}^{(j)}, \sigma_1^{2(j-1)}, \sigma_2^{2(j-1)}$로부터 $\left(\beta_1^{(j)}, \beta_2^{(j)}\right)$를 샘플링한다.
>
> **4 단계** : $(\sigma_1^2, \sigma_2^2)|Y, \mathbf{S}, \beta_1^{(j)}, \beta_2^{(j)}$로부터 $\left(\sigma_1^{2(j)}, \sigma_2^{2(j)}\right)$를 샘플링한다.
>
> **5 단계** : $j = j + 1$로 설정하고, $j \leq n$이면 1 단계로 돌아간다.

$\{S_t\}_{t=1}^T$ 샘플링

이 단계의 목표는 $\mathbf{S} = \{S_t\}_{t=1}^T$의 완전 조건부 분포로부터 $\mathbf{S}$를 샘플링하는 것이다. 이를 위해 $\mathbf{S}$의 완전 조건부 분포를 유도하여야 한다. 우선 $\mathbf{S}$의 완전 조건부 밀도는 결합 확률의 성질로부터 다음과 같이 표현될 수 있다.

$$
\begin{aligned}
\pi\left(\mathbf{S}|Y, \theta\right) &= \Pr\left(S_1, S_2, S_3, \cdots, S_T|Y, \theta\right) \\
&= \Pr\left(S_T|Y, \theta\right)\Pr\left(S_{T-1}|S_T, Y, \theta\right) \times \Pr\left(S_{T-2}|S_T, S_{T-1}, Y, \theta\right) \\
&\quad \times \cdots \Pr\left(S_1|S_2, S_3, \cdots, S_T, Y, \theta\right)
\end{aligned}
$$

여기서 $S^{t+1} = (S_{t+1}, S_{t+2}, \cdots, S_T)$을 $t+1$시점 이후의 상태변수라고 정의하면 $\mathbf{S}$의 완전 조건부 분포는

$$
\pi\left(\mathbf{S}|Y, \theta\right) = \Pr\left(S_T|Y, \theta\right)\prod_{t=1}^{T-1}\Pr\left(S_t|S^{t+1}, Y, \theta\right)
$$

로 다시 표현할 수 있다.

우선 위 식의 $\Pr\left(S_t|S^{t+1}, Y, \theta\right)$이 $\Pr\left(S_t|S_{t+1}, Y, \theta\right)$로 대체될 수 있음을 보이고자 한다. 이를 위해 S_t가 마코프 과정을 따른다는 사실을 상기할 필요가 있다. 만약 우리가 S_{t+1}는 알고 있고, S_t을 모른다고 하자. 이때 S_{t+1}은 S_t의 추론에 도움되는 정보를 포함하고 있다. 예를 들어, 호황에서 호황일 확률은 90%, 불황에서 불황일 확률도 90%라고 하자. 만약 다음 분기가 호황이라는 사실을 알려져 있다면 현재 분기도 호황일 확률이 높다.

가정을 수정하여 이번에는 S_{t+2}, S_{t+1}을 아는데 S_t를 모른다고 하자. 이 경우 마코프 특성에 의해 S_{t+1} 외에 추가로 S_{t+2}를 아는 것이 S_t의 추론시 추가적인 정보를

주지 않는다. 따라서 S^{t+1} 중에서 $(S_{t+2}, S_{t+3}, \cdots, S_T)$ 의 값들은 S_{t+1} 가 가진 정보 외에 S_t 에 대한 추가적인 정보가 없으므로

$$\Pr\left(S_t | S^{t+1}, Y, \theta\right) = \Pr\left(S_t | S_{t+1}, Y, \theta\right)$$

이다. 따라서 $\pi\left(\mathbf{S} | Y, \theta\right)$ 는

$$\pi\left(\mathbf{S} | Y, \theta\right) = \Pr\left(S_T | Y, \theta\right) \prod_{t=1}^{T-1} \Pr\left(S_t | S_{t+1}, Y, \theta\right) \tag{9.4}$$

로 다시 표현될 수 있다.

　　$Y_t = \{y_i\}_{i=1}^t$ 는 t 시점까지의 관측가능한 정보를 나타낸다고 하자. 이제는 위 식 (9.4)에 있는 $\Pr\left(S_t | S_{t+1}, Y, \theta\right)$ 가 $\Pr\left(S_t | S_{t+1}, Y_t, \theta\right)$ 과 같다는 것을 설명하고자 한다. S_t 는 S_{t+1} 의 결정에 영향을 주고 S_{t+1} 은 y_{t+1} 의 생성에 영향을 준다. 이와 같이 S_t 가 S_{t+1} 를 통해 y_{t+1} 에 간접적인 영향을 주기 때문에 y_{t+1} 에는 S_t 에 대한 정보가 내포되어 있다. 따라서 S_{t+1} 이 알려져 있지 않다면 y_{t+1} 의 정보가 S_t 를 샘플링하는 데 도움이 될 것이다.

　　하지만 S_{t+1} 가 주어져 있다면 S_t 를 추론하는 데 y_{t+1} 은 도움이 되지 않는다. 즉, S_{t+1} 를 모른다면 y_{t+1} 의 정보가 도움되지만 S_{t+1} 를 알고 있다면 y_{t+1} 를 아는 것이 S_t 의 추론에 도움되지 않는다. 반면 S_{t+1} 가 알려져 있더라도 y_t 는 S_t 에 대한 추가적인 정보를 포함한다. 왜냐하면, y_t 는 S_t 에 의존해서 생성이 되기 때문이다. 따라서

$$\Pr\left(S_t | S_{t+1}, Y, \theta\right) = \Pr\left(S_t | S_{t+1}, Y_t, \theta\right)$$

이므로 식 (9.4)를 다시 표현하면 다음과 같다.

$$\pi\left(\mathbf{S} | Y, \theta\right) = \Pr\left(S_T | Y, \theta\right) \prod_{t=1}^{T-1} \Pr\left(S_t | S_{t+1}, Y_t, \theta\right) \tag{9.5}$$

　　식 (9.5)의 의미는 다음과 같다. 먼저, S_T 를 $\Pr\left(S_T | Y, \theta\right)$ 의 확률로 추출한 다음, 주어진 S_T 를 이용해서 S_{T-1} 을 $\Pr\left(S_{T-1} | S_T, Y_{T-1}, \theta\right)$ 의 확률로 추출한다. 마찬가지로, 모든 시점에서 S_t 를 $\Pr\left(S_t | S_{t+1}, Y_t, \theta\right)$ 의 확률로 추출하게 되면

$$\mathbf{S} | Y, \theta$$

로부터 $\mathbf{S}$ 가 샘플링된다.

　　구체적으로, $\mathbf{S}$ 의 샘플링은 두 단계로 구성된다. 첫 번째 단계는 해밀톤 필터 링(Hamilton filtering)을 통해서 필터드 확률(filtered probability, $\Pr\left(S_t | Y_t, \theta\right)$)을 계산하

는 과정이다. 두 번째 단계는 Backward recursion이라고 불리는데, 첫 번째 단계의 결과를 이용해서 $\mathbf{S}$를 S_T로 시작해서 $S_{T-1}, S_{T-2}, .., S_1$의 순으로 역방향으로 샘플링하는 과정이다.

<1단계: 해밀톤 필터> 해밀톤 필터는 $t = 1, 2, \ldots, T$에 대해 필터드 확률 $\Pr(S_t|Y_t, \theta)$를 계산하는 과정이다. S_t는 이산(discrete) 확률변수이므로 $\Pr(S_t = 1|Y_t, \theta)$을 계산하면 $\Pr(S_t = 2|Y_t, \theta) = 1 - \Pr(S_t = 1|Y_t, \theta)$가 자동적으로 계산된다.

먼저 $\Pr(S_t = 1|Y_t, \theta)$는 베이즈 법칙에 의해 다음과 같이 표현 가능하다.

$$
\begin{aligned}
\Pr(S_t = 1|Y_t, \theta) &= \Pr(S_t = 1|y_t, Y_{t-1}, \theta) \\
&= \frac{\Pr(S_t = 1, y_t|Y_{t-1}, \theta)}{f(y_t|Y_{t-1}, \theta)} \\
&= \frac{f(y_t|S_t = 1, Y_{t-1}, \theta) \Pr(S_t = 1|Y_{t-1}, \theta)}{f(y_t|Y_{t-1}, \theta)} \\
&= \frac{f(y_t|S_t = 1, Y_{t-1}, \theta) \Pr(S_t = 1|Y_{t-1}, \theta)}{\sum_{j=1}^{2} f(y_t|S_t = j, Y_{t-1}, \theta) \Pr(S_t = j|Y_{t-1}, \theta)}
\end{aligned}
\tag{9.6}
$$

식 (9.6)에서 $f(y_t|S_t = j, Y_{t-1}, \theta)$는 y_t의 조건부 밀도이며

$$
f(y_t|S_t = j, Y_{t-1}, \theta) = \text{Normal}(y_t|x_t\beta_j, \sigma_j^2)
$$

으로 쉽게 계산된다.

이제 식 (9.6)의 계산을 마무리하기 위해서는 예상확률(predicted probability) $\Pr(S_t|Y_{t-1}, \theta)$을 계산해야 한다. $\Pr(S_t|Y_{t-1}, \theta)$은 MoC에 의해 다음과 같이 얻어진다.

$$
\begin{aligned}
\Pr(S_t = j|Y_{t-1}, \theta) &= \sum_{i=1}^{2} \Pr(S_t = j|S_{t-1} = i, Y_{t-1}, \theta) \Pr(S_{t-1} = i|Y_{t-1}, \theta) \\
&= \sum_{i=1}^{2} \Pr(S_t = j|S_{t-1} = i) \Pr(S_{t-1} = i|Y_{t-1}, \theta) \\
&= \sum_{i=1}^{2} p_{ij} \times \Pr(S_{t-1} = i|Y_{t-1}, \theta)
\end{aligned}
\tag{9.7}
$$

$t = 1$인 경우, 초기의 $\Pr(S_0|Y_0)$가 주어져 있을 때 해밀톤 필터의 첫 번째 단계에서 식 (9.7)에 따라 $\Pr(S_1|Y_0, \theta)$를 계산하고 두 번째 단계에서 식 (9.6)에 따라 $\Pr(S_1|Y_1, \theta)$를 계산한다. $t = 2$가 되면 주어진 $\Pr(S_1|Y_1, \theta)$로부터 다시 식 (9.7)에 따라 $\Pr(S_2|Y_1, \theta)$를 계산하고 식 (9.6)에 따라 $\Pr(S_2|Y_2, \theta)$를 계산한다. 이 과정이 T번 반복되면 $t = 1, 2, \ldots, T$에 대해 $\Pr(S_t|Y_t, \theta)$가 도출된다.

균제-균형 확률　여기서는 초기값으로 사용하게 될 S_0의 비조건부 상태 확률, $\Pr(S_0|Y_0)$의 계산방법을 설명한다. 현재 시점 0의 상태(S_0)가 2라고 하자. S_0가 2로 주어졌으니 전환확률을 이용해서 다음 기의 상태 S_1이 1 또는 2일 확률을 계산할 수 있을 것이다. S_1이 1일 확률은 p_{21}이고 S_1이 2일 확률은 p_{22}이다. 이는 전환 확률 행렬을 이용해서

$$\begin{pmatrix} p_{11} & p_{21} \\ p_{12} & p_{22} \end{pmatrix} \begin{pmatrix} \Pr[S_0 = 1] = 0 \\ \Pr[S_0 = 2] = 1 \end{pmatrix} = \begin{pmatrix} \Pr[S_1 = 1|S_0 = 2] = p_{21} \\ \Pr[S_1 = 2|S_0 = 2] = p_{22} \end{pmatrix}$$

와 같이 계산할 수 있다.

다음으로 S_2가 각각 1과 2일 확률은

$$\begin{pmatrix} p_{11} & p_{21} \\ p_{12} & p_{22} \end{pmatrix} \begin{pmatrix} \Pr[S_1 = 1|S_0 = 2] = p_{21} \\ \Pr[S_1 = 2|S_0 = 2] = p_{22} \end{pmatrix}$$

$$= \begin{pmatrix} p_{11} & p_{21} \\ p_{12} & p_{22} \end{pmatrix}^2 \begin{pmatrix} \Pr[S_0 = 1] = 0 \\ \Pr[S_0 = 2] = 1 \end{pmatrix} = \begin{pmatrix} \Pr[S_2 = 1|S_0 = 2] = p_{11}p_{21} + p_{21}p_{22} \\ \Pr[S_2 = 2|S_0 = 2] = p_{21}p_{12} + p_{22}^2 \end{pmatrix}$$

이다. $S_0 = 2$일때 일반적으로 t기 이후 상태의 분포는

$$\begin{pmatrix} \Pr[S_t = j|S_0 = 2] \\ \Pr[S_t = j|S_0 = 2] \end{pmatrix} = \begin{pmatrix} p_{11} & p_{21} \\ p_{12} & p_{22} \end{pmatrix}^t \begin{pmatrix} \Pr[S_0 = 1] = 0 \\ \Pr[S_0 = 2] = 1 \end{pmatrix}$$

로 계산된다.

만약 t가 무한대로 가면 주어진 무한대 기 이후 각 상태의 예상 확률은

$$\begin{pmatrix} \lim_{t \to \infty} \Pr[S_t = j|S_0 = 2] \\ \lim_{t \to \infty} \Pr[S_t = j|S_0 = 2] \end{pmatrix} = \lim_{t \to \infty} \begin{pmatrix} p_{11} & p_{21} \\ p_{12} & p_{22} \end{pmatrix}^t \begin{pmatrix} \Pr[S_0 = 1] = 0 \\ \Pr[S_0 = 2] = 1 \end{pmatrix}$$

이 될 것이다. 만약 (i) 각 상태의 장기적인 예상확률이 유일하게 존재하고 (ii) 모든 상태의 장기적인 예상확률의 합이 1이고, (iii) 현재 상태 $S_0 = i$와 무관하게 결정된다면 그러한 장기 예상확률을 균제-균형 확률(steady-state probability)이라고 한다. 즉, 상태 j의 균제-균형 확률은

$$\lim_{t \to \infty} \Pr[S_t = j|S_0 = i] = \pi_j \text{ with } \sum_j \pi_j = 1$$

이다.[1]

상태의 수가 2일 때, 균제-균형 확률은 아래 균제-균형 방정식(steady-state equation)의 해와 동일하기 때문에 굳이 $\lim_{t \to \infty} \Pr[S_t = j | S_0 = i]$을 직접적으로 계산할 필요가 없다. 균제-균형 방정식은

$$\begin{pmatrix} p_{11} & p_{21} \\ p_{12} & p_{22} \end{pmatrix} \begin{pmatrix} \pi_1 \\ \pi_2 \end{pmatrix} = \begin{pmatrix} \pi_1 \\ \pi_2 \end{pmatrix},$$

$$\pi_1 + \pi_2 = 1$$

인데, 좌변은 현재 상태의 분포가 다음 기의 상태의 분포와 동일하다는 것을 의미한다. 다시 말해서 현재 상태가 각각 1과 2일 확률은 다음 기의 상태가 각각 1과 2일 확률과 동일하다는 것이다. 이 조건을 만족하는 (π_1, π_2)는 균제-균형 확률과 같다.

균제-균형 방정식을 연립방정식 형태로 다시 나타내면

$$p_{11}\pi_1 + p_{21}\pi_2 = \pi_1,$$

$$p_{12}\pi_1 + p_{22}\pi_2 = \pi_2,$$

$$\pi_1 + \pi_2 = 1$$

이고 이 방정식의 해를 계산하면

$$\pi_1 = \frac{1 - p_{22}}{2 - p_{11} - p_{22}} \text{ and } \pi_2 = \frac{1 - p_{11}}{2 - p_{11} - p_{22}} \tag{9.8}$$

이다. 우리는 균제-균형 확률을 시점 0의 상태가 1 또는 2일 비조건부 상태 확률로 사용한다. 즉,

$$\Pr[S_0 = 1] = \frac{1 - p_{22}}{2 - p_{11} - p_{22}} \text{ and } \Pr[S_0 = 2] = \frac{1 - p_{11}}{2 - p_{11} - p_{22}}$$

이다.

균제-균형 확률은 상태의 수가 세 개 이상일 때도 다음과 같이 일반적으로 유도된

---

[1] 마코프 체인이 irreducible하고 ergodic하면 균제-균형 확률이 존재한다.

다. 우선 상태의 수가 M인 경우의 전환 확률 행렬을

$$P = \begin{pmatrix} p_{11} & p_{12} & \cdots & p_{1M} \\ p_{21} & p_{22} & \cdots & p_{2M} \\ \vdots & \vdots & & \vdots \\ p_{M1} & p_{M2} & \cdots & p_{MM} \end{pmatrix} : M \times M$$

라고 하자. 그러면 균제-균형 방정식은

$$P' \begin{pmatrix} \pi_1 \\ \pi_2 \\ \vdots \\ \pi_M \end{pmatrix} = \begin{pmatrix} \pi_1 \\ \pi_2 \\ \vdots \\ \pi_M \end{pmatrix} \text{ and } (1,1,..,1) \begin{pmatrix} \pi_1 \\ \pi_2 \\ \vdots \\ \pi_M \end{pmatrix} = 1$$

이다.

첫 번째 식의 좌변을 우변으로 넘기면 균제-균형 방정식을

$$(I_M - P') \begin{pmatrix} \pi_1 \\ \pi_2 \\ \vdots \\ \pi_M \end{pmatrix} = \begin{pmatrix} 0 \\ 0 \\ \vdots \\ 0 \end{pmatrix} \text{ and } (1,1,..,1) \begin{pmatrix} \pi_1 \\ \pi_2 \\ \vdots \\ \pi_M \end{pmatrix} = 1$$

으로 다시 표현할 수 있다. I_M는 $M \times M$ 항등행렬이고 $i_M = (1,1,..,1)'$은 $M \times 1$ 벡터라고 하자.

그러면 행렬 A를

$$A = \begin{pmatrix} I_M - P' \\ i'_M \end{pmatrix} : (M+1) \times M$$

로 정의하면 균제-균형 방정식을 하나의 행렬식

$$A \begin{pmatrix} \pi_1 \\ \pi_2 \\ \vdots \\ \pi_M \end{pmatrix} = \begin{pmatrix} 0 \\ 0 \\ \vdots \\ 0 \\ 1 \end{pmatrix} : (M+1) \times 1$$

으로 나타낼 수 있다. A는 정방행렬이 아니므로 역행렬이 존재하지 않기 때문에 양변에 역행렬을 취해서 균제-균형 확률을 바로 계산할 수 없다.

대신 양변에 $(A'A)^{-1}A'$을 곱하면 비조건부 상태 확률이

$$
\begin{pmatrix} \Pr[S_0 = 1] \\ \Pr[S_0 = 2] \\ \vdots \\ \Pr[S_0 = M] \end{pmatrix} = (A'A)^{-1}A' \begin{pmatrix} 0 \\ 0 \\ \vdots \\ 0 \\ 1 \end{pmatrix} : M \times 1
$$

로 계산된다.[2] 위 비조건부 상태 확률의 자세한 유도과정은 **Kim and Nelson (1999)**의 4장에 소개되어 있다.

<2단계: **Backward recursion**>   이 단계는 S_T를 완전 조건부 분포로부터 샘플링하는 것으로 시작한다. S_T의 완전 조건부 확률은 필터드 확률, $\Pr(S_T|Y_T, \theta)$이므로 해밀톤 필터의 결과를 이용해서 S_T를 $\Pr(S_T|Y_T, \theta)$의 확률로 샘플링할 수 있다.

$$
u \sim Unif(0, 1),
$$
$$
S_T = \begin{cases} 1 \text{ if } u < \Pr(S_T = 1|Y_T, \theta) \\ 2 \text{ if } u \geq \Pr(S_T = 1|Y_T, \theta) \end{cases}
$$

이제 우리의 관심은 S_T가 1 또는 2로 주어졌을 때, $t = T-1, T-2, .., 1$에 대해서 S_t의 완전 조건부 분포 $\Pr(S_t|S_{t+1}, Y_t, \theta)$를 계산하는 것이다. $\Pr(S_t = 1|S_{t+1}, Y_t, \theta)$는 베이즈 법칙에 의해 다음과 같이 표현 가능하다.

$$
\begin{aligned}
\Pr(S_t = 1|S_{t+1} = j, Y_t, \theta) &= \frac{\Pr(S_t = 1, S_{t+1} = j|Y_t, \theta)}{\Pr(S_{t+1} = j|Y_t, \theta)} \\
&= \frac{\Pr(S_t = 1|Y_t, \theta) \Pr(S_{t+1} = j|S_t = 1, Y_t, \theta)}{\displaystyle\sum_{i=1}^{2} \Pr(S_t = i, S_{t+1} = j|Y_t, \theta)} \\
&= \frac{\Pr(S_t = 1|Y_t, \theta) \Pr(S_{t+1} = j|S_t = 1)}{\displaystyle\sum_{i=1}^{2} \Pr(S_t = i|Y_t, \theta) \Pr(S_{t+1} = j|S_t = i)}
\end{aligned} \tag{9.9}
$$

단, $j = 1$ 또는 $j = 2$이고, $\Pr(S_{t+1} = j|S_t = 1) = p_{1j}$는 1에서 j로의 전환확률이다.

그러면 S_T의 샘플링 결과를 이용해서 $\Pr(S_{T-1}|S_T, y_t, \theta)$의 확률로 S_{T-1}를 추출할

---

[2]마코프 체인이 irreducible하고 ergodic하면 $A'A$의 역행렬이 존재한다.

수 있다.

$$u \sim Unif(0,1),$$

$$S_{T-1} = \begin{cases} 1 \text{ if } u < \Pr\left(S_{T-1}=1|S_T=j,Y_t,\theta\right) \\ 2 \text{ if } u \geq \Pr\left(S_{T-1}=1|S_T=j,Y_t,\theta\right) \end{cases}$$

그런 다음, 1 또는 2로 추출된 S_{T-1}의 값을 이용해서 $\Pr\left(S_{T-2}|S_{T-1},Y_t,\theta\right)$의 확률로 S_{T-2}를 추출할 수 있다. 이러한 과정을 S_1까지 반복하게 되면 결국 $\mathbf{S} = \{S_t\}_{t=1}^{T}$가 샘플링된다.

매 반복시행마다 추출된 상태변수의 시계열 $\mathbf{S}$를 횡으로 바꾼 다음 저장하면 아래와 같이 $n_1 \times T$ 행렬이 될 것이다. n_1은 번인 이후의 시뮬레이션 크기이다.

$$\begin{pmatrix} 2 & 1 & 2 & 2 & 2 & \cdots & 1 \\ 2 & 1 & 1 & 2 & 2 & \cdots & 1 \\ \vdots & \vdots & \vdots & \vdots & \vdots & \vdots & \vdots \\ 2 & 1 & 1 & 2 & 2 & \cdots & 1 \end{pmatrix} : n_1 \times T$$

이때 위 행렬의 각 열은 시점별 상태변수의 사후 분포가 된다. 예를 들어, 제 1열은 시점 1의 상태 S_1의 사후 분포 샘플들이다. 따라서 1열에서 2가 차지하는 빈도를 계산하면 시점 1의 상태가 2일 사후 확률

$$\Pr(S_1 = 2|Y)$$

가 계산된다. 마찬가지로 t 번째 열에서 2가 차지하는 빈도를 계산하면 시점 t의 상태가 2일 사후 확률

$$\Pr(S_t = 2|Y)$$

가 얻어진다. 결과적으로 각 시점의 상태가 2일 사후 확률의 시계열

$$\{\Pr(S_t = 2|Y)\}_{t=1}^{T}$$

을 계산할 수 있다.

알고리즘 9.2: 해밀톤 필터와 필터드 확률

0 단계 : $t = 1$로 두고, 초기 확률 $\Pr[S_0 = 1|Y_0, \theta] = (1 - p_{22})/(2 - p_{11} - p_{22})$ 을 설정한다.

1 단계 : 예상확률 (predicted probability) $\Pr(S_t = j|Y_{t-1}, \theta)$

$$\Pr(S_t = j|Y_{t-1}, \theta)$$
$$= \sum_{i=1}^{2} p_{ij} \times \Pr(S_{t-1} = i|Y_{t-1}, \theta), \ j = 1, 2$$

를 계산한다.

2 단계 : 필터드 확률 $\Pr(S_t = j|Y_t, \theta)$

$$\Pr(S_t = j|Y_t, \theta)$$
$$= \frac{\text{Normal}(y_t|x_t\beta_j, \sigma_j^2) \times \Pr(S_t = j|Y_{t-1}, \theta)}{\sum_{i=1}^{2} \text{Normal}(y_t|x_t\beta_i, \sigma_i^2) \times \Pr(S_t = i|Y_{t-1}, \theta)}, \ j = 1, 2$$

를 계산한 다음 저장한다.

3 단계 : $t = t + 1$로 설정하고, $t \leq T$이면 1 단계로 돌아간다.

알고리즘 9.3: 상태변수 $\mathbf{S} = \{S_t\}_{t=1}^{T}$ 샘플링

0 단계 : $t = T$로 두고, S_T를 $\Pr(S_T|Y_T, \theta)$의 확률로 샘플링한다.

1 단계 : 주어진 $S_{t+1} = j$을 이용해서 $\Pr(S_t = k|S_{t+1} = j, Y_t, \theta)$을 계산한다.

$$\Pr(S_t = k|S_{t+1} = j, Y_t, \theta) \qquad (9.10)$$
$$= \frac{\Pr(S_t = k|Y_t, \theta) \times p_{kj}}{\sum_{i=1}^{2} \Pr(S_t = i|Y_t, \theta) \times p_{ij}}, \quad k = 1, 2$$

2 단계 : S_t를 $\Pr(S_t|S_{t+1} = j, Y_t, \theta)$의 확률로 샘플링한다.

3 단계 : $t = t - 1$로 설정하고, $t \geq 1$이면 1 단계로 돌아간다.

전환확률 샘플링

이 단계의 목표는 p_{11} 과 p_{22} 를 샘플링하는 것이다. p_{11} 과 p_{22} 가 추정되면 p_{12} 와 p_{21} 은 각각

$$1 - p_{11}, \quad 1 - p_{22}$$

로 즉각적으로 결정된다. 먼저 전환확률 행렬 P 의 사후 분포 샘플링은

$$X = \{x_t\}_{t=1}^T, \ Y = \{y_t\}_{t=1}^T, \ \theta$$

에 관계없이 오직 $\mathbf{S}$ 에만 의존한다. 왜냐하면,

$$f(Y|\theta, \mathbf{S}) = f(Y|\beta_1, \sigma_1^2, \beta_2, \sigma_2^2, \mathbf{S})$$

이고, P 와 여타 파라미터는 사전적으로 독립이기 때문에 P 의 완전 조건부 분포는 $\mathbf{S}$ 의 사전 밀도와 P 의 사전 밀도의 곱에 비례하기 때문이다.

$$\pi(P|Y, \mathbf{S}, \beta, \sigma^2) \propto \pi(\mathbf{S}|P)\pi(P)$$

P 는 $\mathbf{S}$ 의 결정에 영향을 미치고, $\mathbf{S}$ 는 Y, θ 의 결정에 영향을 미친다. 주어진 $\mathbf{S}$ 에는 이미 P 를 사후 샘플링하는 데 필요한 모든 정보가 내포되어 있으며, (Y, β, σ^2) 는 P 에 대한 추가적인 정보를 포함하지 않는다.

예를 들어 $\mathbf{S}$ 가 아래와 같이 주어졌다고 하자.

$$\mathbf{S} = \{S_t\}_{t=1}^T = (1, 1, 2, 1, 1, 1, 2, 2, \ldots, 1)$$

P 의 사전 밀도는 p_{11} 과 p_{22} 의 사전 밀도의 곱에 비례한다.

$$\pi(P) \propto \underbrace{p_{11}^{a_{1,0}-1} \times (1 - p_{11})^{b_{1,0}-1}}_{p_{11}\text{의 사전 밀도}} \times \underbrace{p_{22}^{a_{2,0}-1} \times (1 - p_{22})^{b_{2,0}-1}}_{p_{22}\text{의 사전 밀도}}$$

다음으로, $\mathbf{S}$ 의 결합 밀도 $\pi(\mathbf{S}|P)$ 는 조건부 확률의 곱으로 표현할 수 있다.

$$
\begin{aligned}
\pi(\mathbf{S}|P) &= \Pr(S_1, S_2, S_3, \cdots, S_T|P) \\
&= \Pr(S_T|S_{T-1}, P)\Pr(S_{T-1}|S_{T-2}, P) \cdots \Pr(S_2|S_1, P)\Pr(S_1|P)
\end{aligned}
$$

상태가 1에서 1로 전환된 횟수를 n_{11} 이라고 하고, 1에서 2로 전환된 횟수를 n_{12}, 2에서 1로 전환된 횟수를 n_{21} 2에서 2로 전환된 횟수를 n_{22} 라고 하자. 주어진 S 로부터

이 값들을 계산하게 되면, $\pi(\mathbf{S}|P)$ 는

$$p_{11}^{n_{11}} \times (1 - p_{11})^{n_{12}} \times (1 - p_{22})^{n_{21}} \times p_{22}^{n_{22}}$$

로 계산된다.[3]

따라서 $\pi(\mathbf{S}|P)\pi(P)$ 을 계산해서 정리하면 결국 p_{11} 과 p_{22} 의 사후 밀도는 각각

$$\pi(p_{11}|S) \propto p_{11}^{a_{1,0}+n_{11}-1} \times (1 - p_{11})^{b_{1,0}+n_{12}-1},$$
$$\pi(p_{22}|S) \propto p_{22}^{a_{2,0}+n_{22}-1} \times (1 - p_{22})^{b_{2,0}+n_{21}-1}$$

이므로 p_{11} 과 p_{22} 의 완전 조건부 분포는 아래의 베타 분포이다.

$$p_{11} \sim \text{Beta}\left(a_{1,0} + n_{11}, b_{1,0} + n_{12}\right),$$
$$p_{22} \sim \text{Beta}\left(a_{2,0} + n_{22}, b_{2,0} + n_{21}\right)$$

경제 상태의 수가 세 개이고 (p_{11}, p_{12}, p_{12}) 의 사전 분포가 디리클레 분포

$$\text{Dir}(a_{1,0}, b_{1,0}, c_{1,0})$$

라면, (p_{11}, p_{12}, p_{13}) 는

$$p_{11} + p_{12} + p_{13} = 1, \ p_{11} \geq 0, \ p_{12} \geq 0, \ p_{13} \geq 0$$

라는 제약을 만족하면서

$$\text{Dir}(a_{1,0} + n_{11}, b_{1,0} + n_{12}, c_{1,0} + n_{13})$$

로부터 한번에 샘플링된다. 마찬가지로 (p_{21}, p_{22}, p_{23}) 와 (p_{31}, p_{32}, p_{33}) 은 각각

$$\text{Dir}(a_{2,0} + n_{21}, b_{2,0} + n_{22}, c_{2,0} + n_{23}) \ \text{와}$$

$$\text{Dir}(a_{3,0} + n_{31}, b_{3,0} + n_{32}, c_{3,0} + n_{33})$$

로부터 샘플링된다.

---

[3]깁스-샘플링을 적용하기 위해 $\pi(\mathbf{S}|P)$ 식에서 $\Pr(S_1|P)$ 은 무시한다.

$\{\beta_{S_t}\}_{S_t=1,2}$ 샘플링

Y, $\{\sigma^2_{S_t}\}_{S_t=1,2}$, $\mathbf{S}$가 주어져 있을 때, $\{\beta_{S_t}\}_{S_t=1,2}$를 샘플링하는 과정에 대해 알아보자. 만약, $S_1 = 1$이고, $S_2 = 2$이라면 y_1은 상태 1에서 생성된 것이고, y_2는 상태 2에서 생성된 것이다. 우리의 관심이 β_1을 샘플링하는 것이라면 y_2와 x_2의 정보는 불필요하다. 반대로 β_2에 대한 정보는 y_2에는 있겠지만, y_1에는 존재하지 않는다. 따라서 β_1과 β_2는 양분된 표본으로부터 독립적으로 깁스 샘플링을 통해 추출된다.

우선 상태 1에 해당하는 시점의 종속변수와 설명변수의 벡터를 각각

$$\mathbf{Y}_1 = \{y_t | S_t = 1\},$$
$$\mathbf{X}_1 = \{x_t | S_t = 1\}$$

라고 하자. β_1의 사전 분포가 $\mathrm{Normal}(\beta_0, B_0)$일 때, Normal-Normal 업데이트를 하면 β_1의 완전 조건부 분포는 다음과 같다.

$$\beta_1 | \mathbf{Y}_1, \sigma^2_1, \mathbf{S} \sim \mathrm{Normal}(B_{1,1} A_1, \ B_{1,1})$$

단,

$$B_{1,1} = \left(\sigma^{-2}_1 \mathbf{X}'_1 \mathbf{X}_1 + B^{-1}_0\right)^{-1},$$
$$A_1 = \sigma^{-2}_1 \mathbf{X}'_1 \mathbf{Y}_1 + B^{-1}_0 \beta_0$$

다음으로, β_2을 β_1과 동일한 방법으로 정규 분포

$$\beta_2 | \mathbf{Y}_2, \sigma^2_2, \mathbf{S} \sim \mathrm{Normal}(B_{1,2} A_2, \ B_{1,2})$$

에서 샘플링한다. 단, $\mathbf{Y}_2 = \{y_t | S_t = 2\}$와 $\mathbf{X}_2 = \{x_t | S_t = 2\}$은 각각 상태 2에 해당하는 시점의 종속변수와 설명변수이고,

$$B_{1,2} = \left(\sigma^{-2}_2 \mathbf{X}'_2 \mathbf{X}_2 + B^{-1}_0\right)^{-1},$$
$$A_2 = \sigma^{-2}_2 \mathbf{X}'_2 \mathbf{Y}_2 + B^{-1}_0 \beta_0$$

여기서 주의할 점은 반복시행 중 만약 모든 시점에서 $S_t = 1$로 샘플링되고 $S_t = 2$인 시점이 존재하지 않는다면 상태 2에 해당하는 파라미터 β_2와 σ^2_2은 사전 분포에서 샘플링된다. 사후 샘플링 과정에 이러한 반복시행이 빈번히 반복된다면 (i) 상태의 수가 지나치게 많거나 (ii) 식별 제약이 적절하지 않거나, 또는 (iii) 깁스 샘플링의 초기값이 잘못 설정되었을 가능성을 검토해봐야 한다. 식별 제약에 대한 설명은 9.1.5장을

참조하기 바란다.

연습문제 9.1

$\sigma^2_{S_t}$는 경제 상태에 따라 상이한 값을 갖지만, β는 경제 상태와 무관하게 동일한 값을 가지는 모형(즉, $\beta_1 = \beta_2 = \beta$)에서 β의 완전 조건부 분포를 유도하시오.

$\{\sigma^2_{S_t}\}_{S_t=1,2}$ 샘플링

Y, $\{\beta_{s_t}\}_{s_t=1,2}$, $\mathbf{S}$가 주어져 있을 때 $\{\sigma^2_{S_t}\}_{S_t=1,2}$의 사후샘플링 방법에 대해 알아보자. 이 경우에도 앞서 $\{\beta_{S_t}\}_{S_t=1,2}$를 샘플링한 방법과 같이 전체 표본은 주어진 $\mathbf{S}$로부터 경제 상태 1에 해당하는 표본과 2에 해당하는 표본으로 구분한 다음, 각각 InverseGamma-InverseGamma 업데이트를 하면 된다. 예를 들어, σ^2_1의 사전 분포가 InverseGamma$(\alpha_0/2, \delta_0/2)$이므로, 완전 조건부 분포는

$$\sigma^2_1 | \mathbf{Y}_1, \beta_1, \mathbf{S} \sim \text{InverseGamma}\left(\frac{\alpha_{1,1}}{2}, \frac{\delta_{1,1}}{2}\right)$$

단, T_1은 상태 1에 해당하는 표본의 크기이며,

$$\alpha_{1,1} = \alpha_0 + T_1,$$
$$\delta_{1,1} = \delta_0 + (\mathbf{Y}_1 - \mathbf{X}_1\beta_1)'(\mathbf{Y}_1 - \mathbf{X}_1\beta_1)$$

이다.

연습문제 9.2

β_{S_t}는 경제 상태에 따라 상이한 값을 갖지만, $\sigma^2_{S_t}$는 경제 상태와 무관하게 동일한 값을 가지는 모형(즉, $\sigma^2_1 = \sigma^2_2 = \sigma^2$)에서 σ^2의 완전 조건부 분포를 유도하시오.

9.1.3 우도 함수

마코프-스위칭 모형의 주변 우도를 계산하기 위해서는 우도 함수, $f(Y|\theta)$의 계산이 필수적이다. 우도 함수는 시점별 y_t의 조건부 밀도의 곱,

$$f(Y|\theta) = \prod_{t=1}^{T} f(y_t|Y_{t-1}, \theta).$$

으로 표현될 수 있으며, $f(y_t|Y_{t-1}, \theta)$은 앞서 $\mathbf{S}$의 샘플링을 위해 다뤘던 해밀톤 필터의 결과물로 주어진다.

알고리즘 9.4: 해밀톤 필터와 우도 함수

0 단계 : $t = 1$로 두고, 초기 확률 $\Pr[S_0 = 1|Y_0, \theta] = (1 - p_{22})/(2 - p_{11} - p_{22})$ 을 설정한다.

1 단계 : 예상확률 (predicted probability)

$$\Pr(S_t = j|Y_{t-1}, \theta) = \sum_{i=1}^{2} p_{ij} \times \Pr(S_{t-1} = i|Y_{t-1}, \theta), \; j = 1, 2$$

를 계산한다.

2 단계 : y_t의 조건부 밀도

$$f(y_t|Y_{t-1}, \theta) = \sum_{i=1}^{2} \text{Normal}(y_t|x_t\beta_i, \sigma_i^2) \times \Pr(S_t = j|Y_{t-1}, \theta)$$

를 계산한 다음 저장한다.

3 단계: 필터드 확률

$$\Pr(S_t = j|Y_t, \theta)$$
$$= \frac{\text{Normal}(y_t|x_t\beta_j, \sigma_j^2) \times \Pr(S_t = j|Y_{t-1}, \theta)}{f(y_t|Y_{t-1}, \theta)}, \; j = 1, 2$$

를 계산한다.

4 단계 : $t = t + 1$로 설정하고, $t \le T$이면 1 단계로 돌아간다.

우선, $f(y_t|Y_{t-1}, \theta)$는

$$f(y_t|Y_{t-1}, \theta) = \sum_{j=1}^{2} f(y_t|S_t = j, Y_{t-1}, \theta) \Pr(S_t = j|Y_{t-1}, \theta)$$

로 나타낼 수 있다. 여기서 y_t의 조건부 밀도, $f(y_t|S_t = j, Y_{t-1}, \theta)$는

$$f(y_t|S_t = j, Y_{t-1}, \theta) = \text{Normal}(y_t|x_t\beta_j, \sigma_j^2)$$

이고, $S_t = j$의 예상확률, $\Pr(S_t = j|Y_{t-1}, \theta)$은

$$\Pr(S_t = j|Y_{t-1}, \theta) = \sum_{i=1}^{2} p_{ij} \times \Pr(S_{t-1} = i|Y_{t-1}, \theta)$$

이다.

구체적인 우도 함수 계산과정은 알고리즘 9.4에 설명하였다. $\mathbf{S}$의 샘플링 과정에서 사용한 해밀톤 필터와 우도 함수 계산을 위해 사용한 해밀톤 필터의 유일한 차이점은 매 시점별로 저장되는 값이 전자의 경우는 필터드 확률이고 후자의 경우는 y_t의 조건부 밀도라는 것이다. 참고로, 이렇게 계산된 우도 함수를 θ에 대해서 극대화함으로써 최우추정치를 얻을 수 있다.

9.1.4 사후 예측 분포 샘플링과 사후 예측 밀도

사후 예측 분포 샘플링

마코프 스위칭 모형으로부터 y_{T+1}의 사후 예측 분포

$$y_{T+1}|Y$$

도출 과정과 예측력 평가를 위한 사후 예측 밀도 계산과정을 설명하고자 한다. 우선 사후 예측 밀도

$$f(y_{T+1}|Y) = \int f(y_{T+1}, \theta, S_{T+1}, \mathbf{S}|Y)d(\theta, S_{T+1}, \mathbf{S}) \qquad (9.11)$$

는 $(y_{T+1}, \theta, S_{T+1}, \mathbf{S})$의 결합 사후 예측 밀도를 $(\theta, S_{T+1}, \mathbf{S})$에 대해서 적분함으로써 얻어진다. 위 식은 다시

$$f(y_{T+1}|Y) = \int f(y_{T+1}|Y, \theta, S_{T+1}, \mathbf{S})\pi(\theta, S_{T+1}, \mathbf{S}|Y)d(\theta, S_{T+1}, \mathbf{S})$$

로 표현할 수 있는데, MoC에 의해서 $(\theta, S_{T+1}, \mathbf{S})$의 사후 예측 분포로부터 y_{T+1}의 분포가 샘플링될 수 있음을 의미한다.

위 식은 다시

$$\int f(y_{T+1}|Y, \theta, S_{T+1}, \mathbf{S})p(S_{T+1}|Y, \theta, \mathbf{S})\pi(\mathbf{S}, \theta|Y)d(\theta, S_{T+1}, \mathbf{S})$$

으로 나타낼 수 있다. 이 식을 통해 사후 샘플링된 $(\mathbf{S}, \theta)$을 이용해서 S_{T+1}를 샘플링한 다음, 주어진 $(\mathbf{S}, \theta, S_{T+1})$을 이용해서 y_{T+1}의 예측 분포 생성이 가능하다. 사후 예측

분포 샘플링 과정은 다음의 알고리즘으로 요약된다.

알고리즘 9.5: 마코프 스위칭 모형의 사후 예측 분포 샘플링

1 단계: $\mathbf{S}, \theta | Y$ 로부터 $\{\mathbf{S}^{(j)}, \theta^{(j)}\}_{j=1}^{n}$ 샘플링

2 단계: 주어진 $\{\mathbf{S}^{(j)}, \theta^{(j)}\}_{j=1}^{n}$ 로부터 $\{S_{T+1}^{(j)}\}_{j=1}^{n}$ 샘플링: 각각의 $j = 1, 2, .., n$ 에 대해서 만약 $S_T^{(j)} = 1$ 이면,

$$S_{T+1}^{(j)} = 1 \text{ with } p_{11}^{(j)}, \text{ and } S_{T+1}^{(j)} = 2 \text{ with } 1 - p_{11}^{(j)}$$

만약 $S_T^{(j)} = 2$ 이면,

$$S_{T+1}^{(j)} = 1 \text{ with } 1 - p_{22}^{(j)}, \text{ and } S_{T+1}^{(j)} = 2 \text{ with } p_{22}^{(j)}$$

3 단계: 주어진 $\{S_{T+1}^{(j)}, \theta^{(j)}\}_{j=1}^{n}$ 로부터 $\{y_{T+1}^{(j)}\}_{j=1}^{n}$ 샘플링:

$$y_{T+1} | S_{T+1}^{(j)}, \theta^{(j)} \sim \text{Normal}\left(x_t \beta_{S_{T+1}^{(j)}}, \sigma^2_{S_{T+1}^{(j)}}\right)$$

사후 예측 밀도

다음으로 식 (9.11)에 정의된 사후 예측 밀도를 계산하고자 한다. 식 (9.11)은

$$f(y_{T+1}|Y) = \int f(y_{T+1}|Y, \theta) \pi(\theta|Y) d\theta$$

으로 표현할 수 있으므로 사후 예측 밀도는 수치적으로

$$\frac{1}{n} \sum_{j=1}^{n} f(y_{T+1}|Y, \theta^{(j)})$$

으로 근사된다. 단, $\{\theta^{(j)}\}_{j=1}^{n}$ 은 사후 분포로부터 추출된 샘플이다.

이제 $f(y_{T+1}|Y, \theta)$ 를 계산해야 하는데, 이 값은 각 θ 에 대해서 아래와 같이 해석적으로 얻어진다.

$$f(y_{T+1}|Y, \theta) \tag{9.12}$$
$$= \sum_{i=1}^{2} \left(f(y_{T+1}|Y, \theta, S_{T+1} = i) \times \Pr[S_{T+1} = i|Y, \theta] \right)$$

$$= f(y_{T+1}|Y,\theta,S_{T+1}=1) \times \Pr[S_{T+1}=1|Y,\theta] \qquad (9.13)$$

$$+ f(y_{T+1}|Y,\theta,S_{T+1}=2) \times \Pr[S_{T+1}=2|Y,\theta]$$

$$= \text{Normal}\left(y_{T+1}|x_t\beta_1,\sigma_1^2\right) \times \Pr[S_{T+1}=1|Y,\theta] \qquad (9.14)$$

$$+ \text{Normal}\left(y_{T+1}|x_t\beta_2,\sigma_2^2\right) \times \Pr[S_{T+1}=2|Y,\theta]$$

단,

$$\Pr[S_{T+1}=j|Y,\theta] = \sum_{i=1}^{2} p_{ij} \times \Pr[S_T=i|Y,\theta] \text{ for } j=1,2$$

각각의 $\{\theta^{(j)}\}_{j=1}^n$에 대해서 $f(y_{T+1}|Y,\theta^{(j)})$의 값을 식 (9.12)에 따라 계산한 다음, 평균을 취하면 최종적으로 사후 예측 밀도 계산이 완료된다.

9.1.5 상태의 식별 제약

마코프-스위칭 모형의 파라미터들은 t 시점의 상태에 따라서 상이한 값을 갖는다. 예를 들어, 상태가 1인 시점에서의 오차항의 분산은 σ_1^2이라고 표기하고, 상태가 2인 시점에서 오차항의 분산은 σ_2^2로 표기했다. 여기서 주의할 점은 지금까지 우리는 경제 상태를 1 또는 2와 같이 숫자로만 구분만 했을 뿐이지 각 상태에 대한 특성을 설정하지는 않았다는 것이다. 예를 들어, $\sigma_2^2 > \sigma_1^2$이라면 상태 2는 고변동성 상태 (high volatility state), 상태 1은 저변동성 상태(low volatility state)라고 특정지을 수 있다.

(σ_1^2, σ_2^2)의 샘플링 과정에서 만약

$$\sigma_2^2 > \sigma_1^2 \qquad (9.15)$$

라는 제약을 부여하지 않으면, 어떤 반복시행에서 상태 1의 변동성이 상태 2일 때보다 큰 값으로 생성될 수 있다. 그러면 그 다음 반복시행에서 상태 **S**의 사후샘플이 그 이전의 반복시행과 반대로 추출되면서 상태 1과 상태 2의 특성이 뒤바뀔 수 있다. 그렇게 되면 결과적으로 파라미터와 상태의 사후 분포가 부정확해진다. 이런 경우 우리는 상태가 적절히 식별되지 않았다고 한다. 상태 1과 2를 식별하기 위해서 $\beta_1 > \beta_2$ 혹은 $\sigma_2^2 > \sigma_1^2$와 같이 상태에 의존적인 파라미터에 대소관계를 강제하는 식별 제약을 가장 널리 사용한다.

구체적으로 시뮬레이션 과정에서 식별 제약이 어떻게 적용되는지 알아보자. 예를 들어, 식 (9.15)의 식별 제약을 부여한다고 하자. 매 반복시행 중 σ_1^2을 σ_1^2의 완전 조건부 분포인 InverseGamma 분포에서 하나의 값으로 추출한 다음, 그 값이 $\sigma_2^2 > \sigma_1^2$를 만족하는지를 확인한다. 만약 만족하면 그대로 저장하고, 만족하지 못하면 직전 반복시행에서 저장된 값을 다시 저장한다. 이와 같은 과정을 σ_2^2를 샘플링할 때도

동일하게 적용한다.

9.1.6   구조변화 모형

t 시점의 경제 상태 S_t가 취할 수 있는 값의 집합이 $\{1, 2\}$이고 초기 경제 상태, $s_0 = 1$일 때, 다음과 같은 형태의 전환확률 행렬 P를 고려하자.

$$P = \begin{pmatrix} p_{11} & p_{12} \\ 0 & 1 \end{pmatrix} = \begin{pmatrix} p_{11} & 1 - p_{11} \\ 0 & 1 \end{pmatrix} \tag{9.16}$$

위와 같은 전환확률 행렬하에서 $t = 1$ 시점의 S_1은 p_{11}의 확률로 1 또는 p_{12}의 확률로 2의 값을 취한다. 만약 $S_1 = 2$로 결정되면 $p_{21} = 0$이고 $p_{22} = 1$이므로 이후의 모든 시점 $t = 2, 3, \ldots, T$에 대해 $S_t = 2$로 고정된다. 즉, $t = 1$ 시점에 경제의 어떤 충격으로 인해 상태의 변화가 일어나면 다시는 이전의 상태로는 돌아갈 수 없다. 전환확률에 식 (9.16)과 같은 제약이 부여된 마코프 과정을 구조변화 과정(Change-point process)이라고 한다. 전환확률에 식 (9.16)과 상태변수가 구조변화 과정을 따르기 때문에 경제구조가 과거에 존재하지 않았던 새로운 경제 상태로 전환되는 모형을 구조변화 모형(Change-point model)이라고 한다.

전환확률 행렬에 제약이 부여되지 않은 마코프-스위칭 모형에서는 S_t가 상태 1과 2의 값을 반복적으로 취하며 진행하는 확률과정이었지만, 구조변화 모형에서는 1에서 2로 일단 상태변화가 발생하면 경제가 이전의 상태로 돌아갈 수 없다는 특징이 있다. 경제 상태의 수가 두 개라면 한 번의 구조변화가 발생할 수 있으며, 경제 상태의 수가 세 개라면 두 번의 구조변화가 가능하다. 상태의 수가 세 개일 때의 전환확률 행렬은

$$P = \begin{pmatrix} p_{11} & p_{12} & 0 \\ 0 & p_{22} & p_{23} \\ 0 & 0 & 1 \end{pmatrix} = \begin{pmatrix} p_{11} & 1 - p_{11} & 0 \\ 0 & p_{22} & 1 - p_{22} \\ 0 & 0 & 1 \end{pmatrix} \tag{9.17}$$

이다.

사후 샘플링

구조변화모형의 파라미터의 사후 샘플링은 앞서 설명한 방법들을 거의 동일하게 적용하면 된다. 다만 몇 가지 중요한 차이점이 있는데, 첫 번째 차이점은 구조변화 모형에서는 전환확률에 부여된 제약 자체가 상태의 식별 제약이므로 여타 파라미터에 대한 추가적인 제약은 불필요하다는 것이다.

또한 상태변수와 전환확률의 샘플링에도 일부 차이점이 있다. 우선 상태변수의

샘플링을 위한 해밀톤 필터 단계에서 초기값으로 사용하게 될 $\Pr(S_0|Y_0)$가

$$\Pr[S_0 = 1] = \frac{1 - p_{22}}{2 - p_{11} - p_{22}}$$

대신에

$$\Pr[S_0 = 1] = 1$$

로 대체된다.

구조변화모형에서 초기 시점의 상태는 1이기 때문이다. 매 반복시행마다 사후 샘플링되는 상태의 시계열 $\mathbf{S}$를 횡으로 나타내면

$$(1\ 1\ 1\dots 1\ 2\ 2\ 2\dots 2)$$

이 될 것이다. 상태변수가 일정 시점까지는 1의 값을 갖다가 특정 시점 이후부터는 2의 값을 가진다. 그때 그 특정시점이 바로 구조변화시점의 사후샘플이 된다. 매 반복시행마다 저장된 구조변화시점이 바로 구조변화시점의 사후 분포가 된다.

구조변화시점의 사후 분포를 히스토그램으로 그려보면 구조변화시점의 사후 평균 및 신용구간을 얻을 수 있다. 만약 신용구간의 폭이 넓다면 구조변화가 장시간에 걸쳐 점진적으로 발생했다고 해석할 수 있다. 반대로 신용구간의 폭이 좁다면 구조변화가 급진적으로 발생했다고 해석된다.

구조변화 모형은 마코프 스위칭 모형의 전환확률 행렬에 제약을 부여하였으므로 전환확률의 추정에도 차이가 있다. 예를 들어, 총 상태의 수가 두 개인 구조변화모형에서는 p_{22}이 1로 제약되므로 p_{11}만 추정하면 된다. 마찬가지로 상태의 수가 세 개이면 p_{11}과 p_{22}를 추정하고 $p_{13} = p_{21} = p_{31} = p_{32} = 0$, $p_{33} = 1$은 사전에 0 또는 1에 고정된 값이므로 추정하지 않는다.

연습문제 9.3

구조변화모형에서 y_{T+1}의 사후 예측 분포 샘플링과 사후 예측 밀도 계산 과정을 설명하시오.

9.1.7 β와 σ^2의 레짐 변화시점이 다른 경우

앞서 우리는 모든 파라미터가 하나의 상태변수에 의해서 동시에 결정된다고 가정하였다. 그러나 현실 경제에서 독립변수가 종속변수에 미치는 영향(β)이 변화된 시점과 변동성(σ^2)의 변화 시점이 상이할 가능성이 많다. 즉, β의 값을 결정하는 상태변수와

σ^2의 값을 결정하는 상태변수가 따로 존재할 수 있다. 여기서는 두 파라미터의 변화시점이 다를 가능성이 있을 때 이를 모델링하고 추정하는 방법을 설명하고자 한다.

모형

설명상 편의를 위해 A_t(=1 or 2)가 매 시점 β의 값을 결정하는 상태변수이며 상태수는 2개라고 가정한다. 마찬가지로 σ^2의 상태는 Q_t(=1 or 2)에 의해서 결정된다고 가정한다.

우선 (β_1, β_2)와 (σ_1^2, σ_2^2)의 사전 분포는 앞서와 마찬가지로 각각 정규 분포와 역감마 분포라고 가정한다.

$$\beta_1, \beta_2 \sim \text{Normal}(\beta_0, B_0)$$

$$\sigma_1^2, \sigma_2^2 \sim \text{InverseGamma}\left(\frac{\alpha_0}{2}, \frac{\delta_0}{2}\right)$$

A_t는 전환행렬이

$$P^A = \begin{pmatrix} p_{11}^A & p_{12}^A \\ p_{21}^A & p_{22}^A \end{pmatrix}$$

인 마코프-스위칭 과정, $\{A_t\}_{t=1}^T \sim Markov(A_0, P^A)$을 따르고, Q_t는 전환행렬이

$$P^Q = \begin{pmatrix} p_{11}^Q & p_{12}^Q \\ p_{21}^Q & p_{22}^Q \end{pmatrix}$$

인 마코프-스위칭 과정, $\{Q_t\}_{t=1}^T \sim Markov(Q_0, P^Q)$을 따른다고 가정한다. 또한 두 상태변수는 상호독립을 가정하는데, 이는 β의 변동시점과 σ^2의 변동시점 간에는 상관관계가 없다는 것을 의미한다.

전환확률의 사전 분포는 베타 분포이다.

$$p_{11}^A, \; p_{11}^Q \sim \text{Beta}\left(a_{1,0}, b_{1,0}\right),$$
$$p_{22}^A, \; p_{22}^Q \sim \text{Beta}\left(a_{2,0}, b_{2,0}\right)$$

마지막으로 매 시점 파라미터와 상태변수가 주어지면 종속변수는 아래와 같은 조건부 정규 분포를 따른다.

$$y_t | \beta_1, \beta_2, \sigma_1^2, \sigma_2^2, A_t, Q_t \tag{9.18}$$
$$\sim \text{Normal}(x_t\beta_1 \times \mathbf{I}(A_t = 1) + x_t\beta_2 \times \mathbf{I}(A_t = 2), \sigma_1^2 \times \mathbf{I}(Q_t = 1) + \sigma_2^2 \times \mathbf{I}(Q_t = 2))$$

여기서 설명변수 행렬은

$$
X = \begin{bmatrix} x_1 \times \mathbf{I}(A_1 = 1) & x_1 \times \mathbf{I}(A_1 = 2) \\ x_2 \times \mathbf{I}(A_2 = 1) & x_2 \times \mathbf{I}(A_2 = 2) \\ \vdots & \vdots \\ x_T \times \mathbf{I}(A_T = 1) & x_T \times \mathbf{I}(A_T = 2) \end{bmatrix} : T \times 2
$$

이다.

위 설명변수 행렬과 아래 오차항의 분산-공분산 행렬

$$
\Sigma = diag \begin{bmatrix} \sigma_1^2 \times \mathbf{I}(Q_1 = 1) + \sigma_2^2 \times \mathbf{I}(Q_1 = 2) \\ \sigma_1^2 \times \mathbf{I}(Q_2 = 1) + \sigma_2^2 \times \mathbf{I}(Q_2 = 2) \\ \vdots \\ \sigma_1^2 \times \mathbf{I}(Q_T = 1) + \sigma_2^2 \times \mathbf{I}(Q_T = 2) \end{bmatrix} : T \times T
$$

을 이용해서 식(9.18)을 행렬로 아래와 같이 표현할 수 있다.

$$
Y | \theta, A_t, Q_t \sim \text{Normal} \left(X \begin{bmatrix} \beta_1 \\ \beta_2 \end{bmatrix}, \Sigma \right).
$$

단, $\theta = (\beta_1, \beta_2, \sigma_1^2, \sigma_2^2, P^A, P^Q)$는 모형 파라미터의 벡터이다.

사후 샘플링

지금부터는 위 모형의 사후 샘플링 과정을 설명하고자 한다. 먼저 적절한 상태 식별 제약을 설정한 다음, 이 제약을 만족하는 사전 평균 근처의 값을 θ의 값으로 둔다. 사후 샘플링은 주어진 θ로부터 상태 변수의 시계열, $\mathbf{A} = \{A_t\}_{t=1}^T$과 $\mathbf{Q} = \{Q_t\}_{t=1}^T$를 샘플링하는 것으로 시작한다. A_t와 Q_t는 각각 두 개의 레짐을 가지므로 $\{A_t, Q_t\}$는 표 9.1과 같이 총 4개의 조합을 가진다.

표 9.1: 레짐의 조합

A_t	Q_t	S_t	$(\beta_{A_t}, \sigma_{Q_t}^2)$
1	1	1	(β_1, σ_1^2)
1	2	2	(β_1, σ_2^2)
2	1	3	(β_2, σ_1^2)
2	2	4	(β_2, σ_2^2)

그리고 이 4개의 조합을 위와 같이 총 레짐 인덱스(aggregate regime index) S_t로

나타내면 S_t는 상태가 4개인 마코프-스위칭 과정을 따르며, S_t의 전환확률 P는 P^A 와 P^Q의 크로넥커 곱이 된다.

$$P = \begin{pmatrix} p_{11} & p_{12} & p_{13} & p_{14} \\ p_{21} & p_{22} & p_{23} & p_{24} \\ p_{31} & p_{32} & p_{33} & p_{34} \\ p_{41} & p_{42} & p_{43} & p_{44} \end{pmatrix} = P^A \otimes P^Q$$

예를 들어, S_t가 2에서 3으로 이동한 경우를 생각해보자. 이때 적용되는 전환확률 p_{23}는 $p_{12}^A \times p_{21}^Q$, 즉 β_{A_t}의 상태가 1에서 2로, $\sigma_{Q_t}^2$의 상태가 2에서 1로 이동한 것과 동일하다.

이제 앞서 배운 해밀턴 필터링과 Backward recursion을 4개의 상태로 확장하여 적 용하면 $\mathbf{S} = \{S_t\}_{t=1}^T$가 샘플링된다. $\mathbf{S}$로부터 $\mathbf{A}$와 $\mathbf{Q}$를 간단히 산출할 수 있는데, 예를 들어, t 시점의 S_t가 3이라면 A_t와 Q_t를 각각 $A_t = 2$와 $Q_t = 1$로 저장한다.

다음으로 $\mathbf{A}$와 (p_{11}^A, p_{22}^A)의 사전 분포를 이용해서 (p_{11}^A, p_{22}^A)를 베타 분포인 완전 조건부 분포에서 샘플링한다. 마찬가지로 $\mathbf{Q}$와 (p_{11}^Q, p_{22}^Q)의 사전 분포로부터 (p_{11}^Q, p_{22}^Q) 를 샘플링한다.

(β_1, β_2)은 Normal-Normal 업데이트에 의해서 완전 조건부 분포,

$$\begin{bmatrix} \beta_1 \\ \beta_2 \end{bmatrix} | Y, \sigma_1^2, \sigma_2^2, \mathbf{S} \sim \text{Normal}(\mathbf{B}_1 \mathbf{A}_1, \mathbf{B}_1)$$

로부터 샘플링한다. 여기서

$$\mathbf{B}_1 = \left(X'\Sigma^{-1}X + \begin{bmatrix} B_0 & \\ & B_0 \end{bmatrix}^{-1} \right)^{-1}$$

은 (β_1, β_2)의 완전 조건부 분산-공분산 행렬이고, $\mathbf{A}_1$ 행렬은

$$\mathbf{A}_1 = X'\Sigma^{-1}Y + \begin{bmatrix} B_0 & \\ & B_0 \end{bmatrix}^{-1} \begin{bmatrix} \beta_0 \\ \beta_0 \end{bmatrix}$$

으로 정의된다.

마지막 단계는 (σ_1^2, σ_2^2) 샘플링이다. 기본적으로 σ_1^2은 $Q_t = 1$에 해당하는 시점의 관측자료를 이용하여 샘플링하며, σ_2^2는 $Q_t = 2$에 해당하는 시점의 관측자료를 이용 하여 샘플링한다. 이를 위해 $\mathbf{Y}_1 = \{y_t | Q_t = 1\}$과 $\mathbf{Y}_2 = \{y_t | Q_t = 2\}$은 각각 Q_t가 1과

2에 해당하는 종속변수 벡터라고 하자.

마찬가지로 설명변수 행렬 $\mathbf{X}$ 중에서 $Q_t = 1$에 해당하는 행으로만 구성된 행렬을 $\mathbf{X}_1$, $Q_t = 2$에 해당하는 행으로만 구성된 행렬을 $\mathbf{X}_2$라고 하자. $Q_t = 1(2)$에 해당하는 표본의 크기가 $T_1(T_2)$이라면, $\mathbf{X}_1$은 $T_1 \times 2$ 행렬이고, $\mathbf{X}_2$는 $T_2 \times 2$ 행렬이다. 즉, $\mathbf{X}_1$과 $\mathbf{X}_2$는 각각 Q_t가 1과 2인 시점의 설명변수 행렬이다. Q_t 값에 따라서 분리된 자료를 이용해서 σ_1^2과 σ_2^2를 각각의 완전 조건부 분포인 역감마 분포

$$\sigma_1^2 | \mathbf{Y}_1, \beta_1, \beta_2, \mathbf{A}, \mathbf{Q} \sim \text{InverseGamma}\left(\frac{\alpha_{1,1}}{2}, \frac{\delta_{1,1}}{2}\right),$$

$$\sigma_2^2 | \mathbf{Y}_2, \beta_1, \beta_2, \mathbf{A}, \mathbf{Q} \sim \text{InverseGamma}\left(\frac{\alpha_{1,2}}{2}, \frac{\delta_{1,2}}{2}\right)$$

로부터 샘플링한다.

단, 역감마 분포의 자유도와 스케일 파라미터는

$$\alpha_{1,1} = \alpha_0 + T_1,$$

$$\alpha_{1,2} = \alpha_0 + T_2,$$

$$\delta_{1,1} = \delta_0 + \left(\mathbf{Y}_1 - \mathbf{X}_1 \begin{bmatrix} \beta_1 \\ \beta_2 \end{bmatrix}\right)' \left(\mathbf{Y}_1 - \mathbf{X}_1 \begin{bmatrix} \beta_1 \\ \beta_2 \end{bmatrix}\right),$$

$$\delta_{1,2} = \delta_0 + \left(\mathbf{Y}_2 - \mathbf{X}_2 \begin{bmatrix} \beta_1 \\ \beta_2 \end{bmatrix}\right)' \left(\mathbf{Y}_2 - \mathbf{X}_2 \begin{bmatrix} \beta_1 \\ \beta_2 \end{bmatrix}\right)$$

이다.

9.1.8 예: 마코프-스위칭 변동성 모형

주가수익률의 동태성을 마코프-스위칭 모형을 이용해서 추정해보고자 한다. 오늘의 주가수익률, y_t는 어제의 주가수익률의 영향을 받는다고 가정한다. 또한 주가 변동성을 포함한 모든 파라미터가 마코프-스위칭 과정을 따른다고 가정한다.

$$y_t | c_{S_t}, \phi_{S_t}, y_{t-1}, \sigma_{S_t}^2 \sim \text{Normal}(c_{S_t} + \phi_{S_t} y_{t-1}, \sigma_{S_t}^2),$$

$$p_{11} \sim \text{Beta}(50, 5),$$

$$p_{22} \sim \text{Beta}(50, 5),$$

$$\begin{bmatrix} c_{S_t} \\ \phi_{S_t} \end{bmatrix} \sim \text{Normal}\left(\begin{bmatrix} 0 \\ 0 \end{bmatrix}, 0.1 \times \begin{bmatrix} 1 & 0 \\ 0 & 1 \end{bmatrix}\right),$$

$$\sigma_1^2, \sigma_2^2 \sim \text{InverseGamma}\left(\frac{10}{2}, \frac{5}{2}\right),$$

$$\sigma_2^2 > \sigma_1^2, \ |\phi_{S_t}| < 1$$

상태 식별 제약은 $\sigma_2^2 > \sigma_1^2$로 부여하였다. 따라서 상태 2는 고변동성 상태, 상태 1은 저변동성 상태로 식별된다. 추정에 사용된 자료는 앞선 GARCH 모형 추정에 사용된 자료와 동일하다.

그림 9.2는 각 시점이 고변동성 상태일 사후 확률의 추정치를 주가수익률의 절대값과 함께 나타낸 것이다. 주가수익률의 변동폭이 높은 시점에서 사후 확률도 동시에 상승하는 것을 확인할 수 있다. 표 9.2은 파라미터의 사후 분포를 요약한 것이다. c_{S_t}와 ϕ_{S_t}는 상태별로 큰 차이가 없지만, 변동성 $\sigma_{S_t}^2$은 상태가 2일 때 상태가 1일 때보다 상당히 큰 것으로 추정되었다. 경제 상태의 시점별 변화가 주가 변동성의 변화에서 기인한다고 볼 수 있다. 이 때문에 상태 1을 저변동성 상태, 상태 2를 고변동성 상태로 해석하고 명명할 수 있다. 또한, 전환확률 (p_{11}, p_{22})가 각각 0.981와 0.927으로 1에 가깝게 추정되어, 각각의 상태가 강한 지속성을 갖는 것으로 나타났다. 그림 9.2과 전환확률 추정치를 보면 저변동성 상태가 고변동성 상태에 비해 상대적으로 평균 지속기간이 긴 것을 알 수 있다.

그림 9.2: 상태 **2**의 사후 확률과 주가수익률의 절대값

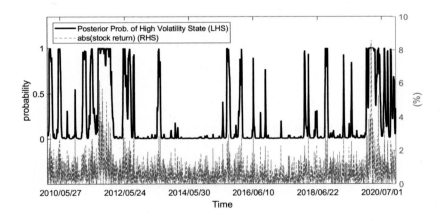

9.1.9   예: 우리나라 물가상승률 구조변화 시점 추정

이 예에서는 2장에서 다루었던 우리나라 물가상승률 자료를 이용해서 물가상승률 동태성에 구조변화가 존재하는지, 존재한다면 구조변화시점이 언제였는지를 추정해 보고자 한다. 추정 모형은 앞 절과 같이 AR(1) 모형의 파라미터에 구조변화가능성을

표 9.2: 파라미터의 추정치, 표준오차: 마코프-스위칭 변동성

	평균	표준오차	비효율성 계수	평균	표준오차	비효율성 계수
	S_t=1 (저변동성 상태)			S_t=2 (고변동성 상태)		
c_{S_t}	0.061	0.017	1.079	-0.120	0.084	1.536
ϕ_{S_t}	-0.014	0.023	1.265	0.005	0.044	0.903
$\sigma^2_{S_t}$	0.510	0.022	3.884	3.332	0.298	3.080
$p_{S_tS_t}$	0.981	0.004	3.024	0.927	0.017	4.750

고려한 것이다.

$$y_t|c_{S_t},\phi_{S_t},y_{t-1},\sigma^2_{S_t} \sim \text{Normal}(c_{S_t}+\phi_{S_t}y_{t-1},\sigma^2_{S_t}),$$

$$p_{11} \sim \text{Beta}\,(200,5)\,,$$

$$p_{22} = 1,$$

$$\begin{bmatrix} c_{S_t} \\ \phi_{S_t} \end{bmatrix} \sim \text{Normal}\left(\begin{bmatrix} 0.5 \\ 0.7 \end{bmatrix}, \begin{bmatrix} 0.09 & 0 \\ 0 & 0.01 \end{bmatrix}\right),$$

$$\sigma^2_1,\sigma^2_2 \sim \text{InverseGamma}\left(\frac{10}{2},\frac{1}{2}\right),\ |\phi_{S_t}|<1$$

일단 물가상승률이 상당한 지속성을 보인다는 점에서 ϕ_{S_t}의 사전 평균은 0.70로 높게 설정하였다. 상수항 c_{S_t}는 구조변화가 없을 때 물가상승률의 비조건부 평균

$$\frac{c_{S_t}}{1-\phi_{S_t}}$$

가 1.67%가 되도록 c_{S_t}의 사전 평균은 0.50으로 설정하였다. 또한 사전 정보가 강하지 않기 때문에 c_{S_t}와 ϕ_{S_t}의 사전 표준편차를 0.3과 0.1로 두었다. 연간 물가상승률 자료의 수치가 크지 않아 오차항의 분산의 사전 평균도 0.1로 설정하였다. 구조변화여부가 관측자료에 의해 결정될 수 있도록 모든 파라미터의 사전 분포는 상태가 1이든 2이든 관계없이 동일하다고 가정하였다.

그림 9.3(a)는 각 시점이 상태 2에 있을 사후 확률과 인플레이션 관측치를 함께 나타낸 것이며, 그림 9.3(b)는 구조변화시점의 사후 확률이다. 구조변화의 사후확률이 가장 높은 시점은 2012년 1월로 추정되었다. 이는 물가상승률이 2011년 12월에 4.2%에 비해서 2012년 1월에는 0.9%p나 하락하여 3.3%를 나타냈고, 그 다음달부터는 지속적으로 3% 미만을 기록하였기 때문이다.

구체적인 구조변화의 요인을 분석하기 위해서는 표 9.3에 있는 파라미터의 사후 분포 추정결과를 볼 필요가 있다. 이 표에서 보는 바와 같이 모든 파라미터가 상태별로

상당한 차이를 나타내고 있다. 특히 상태별 평균 물가상승률을 나타내는 $c_{S_t}/(1-\phi_{S_t})$ 의 값이 3.30%에서 1.10%로 크게 낮아진 것이 주요 원인으로 분석된다. 게다가 구조 변화 이후 ϕ_{S_t} 이 0.873에서 0.798로 낮아진 것으로 봐서 인플레이션의 수준과 함께 지속성도 동시에 줄어들었다. 마지막으로 변동성도 0.159에서 0.116로 줄어들었다. 결과적으로 2012년 이후 우리나라 인플레이션 동태성은 낮은 수준, 줄어든 지속성 그리고 저변동성이라는 새로운 통계적 특성을 갖는다.

표 9.3: 파라미터의 추정치, 표준오차: 물가상승률의 구조변화

	평균	표준오차	비효율성 계수	평균	표준오차	비효율성 계수
	S_t=1 (고인플레이션 상태)			S_t=2 (저인플레이션 상태)		
c_{S_t}	0.415	0.120	3.169	0.218	0.063	1.572
ϕ_{S_t}	0.873	0.035	2.375	0.798	0.048	4.087
$\sigma^2_{S_t}$	0.159	0.020	1.534	0.116	0.016	1.990
$p_{S_t S_t}$	0.985	0.012	1.179			

그림 9.3: 저인플레이션 상태와 구조변화시점의 사후 확률

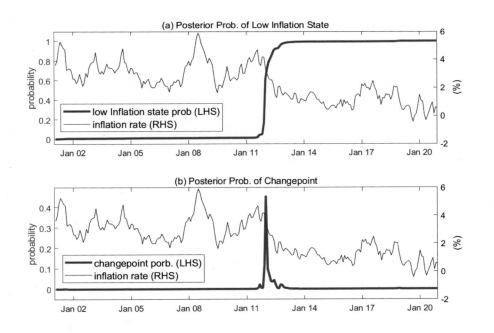

물가상승률의 표본기간을 2024년 6월까지 확장한 다음, 구조변화가 두 번인 모형을 추정하고 그 결과를 제시하시오.

9.2   상태공간 모형

9.2.1   모형 설정

상태공간 모형(state-space model)은 두 개의 조건부 분포로 이루어진다. 첫 번째는 측정식(measurement equation)이라고 하는데, 관측가능한 종속변수 $y_t : N \times 1$와 관측되지 않는 잠재요인 또는 연속적인 상태 변수(continuous state variable)인 $\beta_t : k \times 1$와의 관계를 나타낸 것이다.[4]

$$y_t | H_t, \beta_t, \Sigma \sim \text{Normal}(H_t \beta_t, \Sigma) : \text{측정식} \tag{9.19}$$

H_t와 Σ는 외생변수 또는 파라미터이다. y_t는 조건부로 정규 분포를 따르며, 조건부 평균은 $H_t \beta_t$, 조건부 분산은 Σ이다. 두 번째 분포는 전환식(transition equation)이라고 하는데, 잠재 요인의 동태성을 AR(1)이나 VAR(1) 형태로 표현한 것이다.

$$\beta_t | \mu, G, \beta_{t-1}, \Omega \sim \text{Normal}(\mu + G\beta_{t-1}, \Omega) : \text{전환식} \tag{9.20}$$

그림 9.4는 상태공간 모형하에서의 자료생성과정을 그림으로 그린 것이다. 주어진 β_{t-1}로부터 β_t가 매 시점마다 전환식에 의해 확률적으로 결정되면, y_t는 평균이 $H_t\beta_t$이고 분산이 Σ인 정규분포에서 생성된다.

상태공간 모형의 궁극적인 분석 목적은 관측 불가능한 β_t에 대한 통계적인 추론을 하는 것이다. 구체적인 분석 방법은 다음 절에서 자세히 다루기로 하고, 실제로 상태 공간 모형 어떤 용도로 사용되는지를 세 가지 예를 들어 먼저 설명하고자 한다.

은닉인자모형

시점 t의 로그 실질 GDP를 y_t라고 하자. y_t는 다음과 같이 임의보행과정을 따르는 x_t와 안정과정을 따르는 z_t로 분해된다고 가정하자.

$$y_t = x_t + z_t. \tag{9.21}$$

---

[4]마코프-스위칭 모형의 상태 변수 S_t는 1 또는 2의 값을 갖는 이산(discrete) 확률변수인 반면, 상태공간 모형의 상태 변수는 정규 분포를 따르는 연속 확률변수이다.

그림 9.4: 상태공간 모형하에서의 자료생성과정(**DGP**)

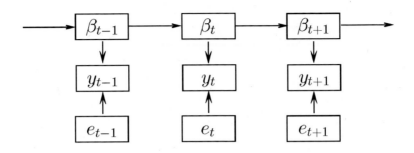

$$x_t = x_{t-1} + \omega_t, \quad \omega_t|\sigma_\omega^2 \sim \text{Normal}(0, \sigma_\omega^2), \tag{9.22}$$

$$z_t = \phi z_{t-1} + \varepsilon_t, \quad \varepsilon_t|\sigma_\varepsilon^2 \sim \text{Normal}(0, \sigma_\varepsilon^2) \tag{9.23}$$

단, $|\phi| < 1$이며, ω_t 와 ε_t 는 독립이다.

　　x_t 는 임의보행과정을 따르므로 충격 ω_t 는 미래의 로그 GDP에 지속적인 영향을 미친다. 반면, 충격 ε_t 는 z_t 가 안정계열이므로 로그 GDP에 대한 효과가 시간이 지나면서 점차 사라진다. 따라서 우리가 경제원론에서 배운 바와 같이, 산출량에 항구적인 변화를 가져오는 ω_t 는 기술진보와 같은 총공급충격, 산출량에 일시적인 변동을 유발하는 ε_t 는 총수요충격에 해당한다.

　　x_t 는 공급충격만으로 이루어진 부분이므로 로그 잠재 GDP라고 할 수 있으며, z_t 는 경기 순환 부분이 된다. 따라서 위 모형으로부터 $\{x_t\}_{t=1}^T$ 를 추정하면 잠재 GDP가 얻어진다. 추정된 $\{z_t\}_{t=1}^T$ 는 경기 순환치이므로 과거 각 시점의 경기 상황을 판단할 수 있다. 기본적으로 x_t 와 z_t 는 관측 불가능하며 관측 가능한 y_t 에 내재되어 있는 변수들이다. 위와 같이, 특정 시계열을 지속성이 강한 시계열 과정과 상대적으로 덜 지속적인 시계열 과정의 합이라고 가정한 모형을 은닉인자(unobserved component) 모형이라고 한다.

　　식 (9.21)-(9.23)로 표현되는 은닉인자 모형을 상태공간 모형의 형태로 변환해보자. 먼저 전환방정식은 다음과 같이 표현 가능하다.

$$\underbrace{\begin{bmatrix} x_t \\ z_t \end{bmatrix}}_{\beta_t} = \underbrace{\begin{bmatrix} 1 & 0 \\ 0 & \phi \end{bmatrix}}_{G} \underbrace{\begin{bmatrix} x_{t-1} \\ z_{t-1} \end{bmatrix}}_{\beta_{t-1}} + \underbrace{\begin{bmatrix} \omega_t \\ \varepsilon_t \end{bmatrix}}_{\nu_t}$$

$$\beta_t = G\beta_{t-1} + \nu_t, \quad \nu_t|\Omega \sim \text{Normal}(0, \Omega) \tag{9.24}$$

단,

$$\Omega = \begin{bmatrix} \sigma_\omega^2 & 0 \\ 0 & \sigma_\varepsilon^2 \end{bmatrix}, \ \mu = 0$$

전환식의 β_t 가 $(x_t, z_t)'$ 로 정의되면 측정식은

$$y_t = \underbrace{\begin{bmatrix} 1 & 1 \end{bmatrix}}_{H_t} \underbrace{\begin{bmatrix} x_t \\ z_t \end{bmatrix}}_{\beta_t}$$

$$y_t = H_t \beta_t \tag{9.25}$$

로 표현된다. 단, $\Sigma = 0$.

동태적 공통요인 모형

동태적 공통요인(dynamic common factor) 모형은 서로 다른 관측 가능한 종속변수들이 관측할 수 없는 동태적 공통요인과 각 종속변수 특유의 요인에 의해 결정되는 모형이다. 예를 들어, 종속변수가 y_{1t} 와 y_{2t} 가 각각 원/달러, 원/엔 환율변화율이라고 하자. 두 변수 모두 기본적으로 원화의 가치를 나타내므로 공통적인 동태성을 나타낼 가능성이 높다.

두 변수가 공유하는 공통요인을 β_t 라고 표기하면 다음과 같은 모형을 고려할 수 있다.

$$y_{1t} = \beta_t + e_{1t} \tag{9.26}$$

$$y_{2t} = \gamma \beta_t + e_{2t} \tag{9.27}$$

단,

$$e_t = \begin{pmatrix} e_{1t} \\ e_{2t} \end{pmatrix} | \Sigma \sim \text{Normal} \left(\begin{bmatrix} 0 \\ 0 \end{bmatrix}, \Sigma = \begin{bmatrix} \sigma_1^2 & 0 \\ 0 & \sigma_2^2 \end{bmatrix} \right)$$

식 (9.26)과 (9.27)에서 y_{1t} 와 y_{2t} 는 공통요인 β_t 뿐만 아니라, 오차항 e_{1t} 와 e_{2t} 에 의해 결정된다. e_{1t} 와 e_{2t} 는 상관관계가 없으므로 $i = 1, 2$ 에 대해 e_{it} 는 오로지 y_{it} 에만 영향을 미친다. 따라서, e_{1t} 와 e_{2t} 는 종속변수 특유의 요인으로 해석된다. y_{1t} 와 y_{2t} 는 서로 공통적으로 공유하는 β_t 에 의해 상관관계가 존재하는데 식 (9.27)에서 만약 $\gamma = 0$ 이라면 y_{1t} 와 y_{2t} 사이의 상관관계는 존재하지 않을 것이다. 즉, 동태적 공통요인 모형에서는 β_t 뿐만아니라 γ 값 또한 추정의 중요한 대상이다. 공통요인 β_t 는 다음과

같이 AR(1) 과정을 따른다고 가정한다.

$$\beta_t = \mu + \phi\beta_{t-1} + \nu_t, \quad \nu_t|\Omega \sim \text{Normal}(0, \Omega = \sigma_\nu^2) \qquad (9.28)$$

단, $|\phi| < 1$이다.

식 (9.26)-(9.28)으로 표현되는 동태적 공통요인 모형을 상태공간 모형으로 변환한다. 먼저 식 (9.26)-(9.27)을 한번에 표현하면 측정식이 된다.

$$\underbrace{\begin{bmatrix} y_{1t} \\ y_{2t} \end{bmatrix}}_{y_t} = \underbrace{\begin{bmatrix} 1 \\ \gamma \end{bmatrix}}_{H_t} \beta_t + e_t,$$

$$y_t = H_t\beta_t + e_t, \quad e_t|\Sigma \sim \text{Normal}\left(0, \Sigma = \begin{bmatrix} \sigma_1^2 & 0 \\ 0 & \sigma_2^2 \end{bmatrix}\right)$$

다음으로, $G = \phi$라고 하면, 식 (9.28)은 전환식이 된다.

$$\beta_t|\mu, G, \beta_{t-1}, \Omega \sim \text{Normal}(\mu + G\beta_{t-1}, \Omega = \sigma_\nu^2)$$

시변계수 모형

시변계수(time-varying parameter) 모형은 기존의 선형회귀모형에서 계수 β가 시점에 관계없이 일정했던 것과 달리 β_t로 시점에 따라 변하는 모형을 의미한다. 계수가 변한다는 것은 시간의 흐름에 따라 설명변수가 종속변수에 미치는 영향이 달라질 가능성을 반영하는 것이다. 다음은 설명변수의 수가 하나인 단순한 형태의 시변계수 모형이다.

$$y_t|x_t, \beta_t, \Sigma \sim \text{Normal}(x_t\beta_t, \Sigma), \qquad (9.29)$$

$$\beta_t|\beta_{t-1}, \Omega \sim \text{Normal}(\beta_{t-1}, \Omega) \qquad (9.30)$$

식 (9.30)에서 β_t의 동태적 움직임은 임의보행 과정을 가정하였는데, 만약 Ω이 0이라면 모든 시점에 대해 $\beta_t = \beta_{t-1}$이므로 계수가 시변하지 않는다는 것을 의미한다. 식 (9.29)과 (9.30)은 각각 측정식과 전환식에 해당하며,

$$H_t = x_t, \ \mu = 0, \ G = 1$$

라는 제약이 부여된 상태공간 모형에 해당한다.

9.2.2 사후 분포 샘플링

식 (9.19)와 (9.20)로 표현되는 상태공간 모형하에서 파라미터들과 $\{\beta_t\}_{t=1}^{T}$ 의 사후 분포 샘플링에 대해 알아보자. 마코프-스위칭 모형의 추정과 마찬가지로 본 장의 내용은 Kim and Nelson(1999)의 8장의 내용을 정리한 것이다. $Y = \{y_t\}_{t=1}^{T}$ 는 관측 자료, $\beta = \{\beta_t\}_{t=1}^{T}$ 는 상태 변수의 시계열, 모든 파라미터들의 집합을 θ 라고 하자. 이때, β 와 θ 를 아래와 같이 블록으로 나누어 순차적으로 샘플링을 진행한다.

$$H|Y,\beta,\Sigma,$$
$$\Sigma|Y,\beta,H,$$
$$\mu, G|\beta,\Omega,$$
$$\Omega|\beta,\mu,G,$$
$$\beta|Y,\theta$$

(H, Σ) 샘플링

H_t 가 은닉인자 모형이나 동태적 공통인자 모형에서와 같이 상수로 취급되는 경우, 즉 $H_t = H$ 이면, 식 (9.19)을 주어진 β 가 설명변수인 선형회귀모형으로 취급한 다음, Normal-Normal 업데이트한다. 시변계수 모형에서와 같이 H_t 가 관측되는 외생변수라면 추정대상이 아니다. 오차항의 분산, Σ 는 InverseGamma-InverseGamma 업데이트를 통해서 샘플링한다. y_t 가 다변수이고 Σ 의 비대각 원소들이 0이 아니면 InverseWishart-InverseWishart 업데이트를 실시한다.

(μ, G, Ω) 샘플링

β_t 가 일변수인 경우에는 AR(1) 모형이므로 선형회귀모형의 깁스 샘플링 방법으로 파라미터들을 샘플링할 수 있다. 다변수인 경우에는 VAR(1) 모형과 같으므로 SUR 모형에 기반한 깁스 샘플링 방법으로 샘플링한다. 다시 말해서, (μ, G) 는 Normal-Normal 업데이트를 통해서 샘플링하며, Ω 는 β_t 가 일변수이면 InverseGamma-InverseGamma 업데이트, 다변수이면 InverseWishart-InverseWishart 업데이트한다.

β 사후 분포 샘플링

마지막으로 $\beta = \{\beta_t\}_{t=1}^{T}$ 의 샘플링 과정을 설명하고자 한다. 먼저 $\beta = \{\beta_t\}_{t=1}^{T}$ 의 완전 조건부 분포, $p(\beta|Y,\theta)$ 를 도출해보자. 결합 확률의 특성에 의해

$$p(\beta|Y,\theta) = p(\beta_T|Y,\theta) \times p(\beta_{T-1}|\beta_T, Y, \theta) \qquad (9.31)$$

$$\times\, p(\beta_{T-2}|\beta_{T-1}, \beta_T, Y, \theta) \times \cdots \times p(\beta_1|\beta_2, \cdots, \beta_T, Y, \theta)$$

$$= p(\beta_T|Y, \theta) \times \prod_{t=1}^{T-1} p(\beta_t|\beta_{t+1}, \cdots, \beta_T, Y, \theta)$$

이다. 단, $Y_t = \{y_i\}_{i=1}^t$ 는 t 시점까지의 정보를 나타낸다. β_t 의 확률과정은 마코프-스위칭 모형에서의 상태 변수와 마찬가지로 마코프 과정을 따른다. 이 때문에 β_{t+1} 가 주어지면 $\{\beta_j\}_{j=t+2}^T$ 에는 β_t 에 대한 추가적인 정보가 없다. 따라서,

$$p(\beta_t|\beta_{t+1}, \cdots, \beta_T, Y, \theta) = p(\beta_t|\beta_{t+1}, Y, \theta)$$

이 성립한다.

또한 β_t 는 y_t 에만 직접적인 영향을 미치므로 $\{y_j\}_{j=t+1}^T$ 에는 β_{t+1} 를 통해 간접적으로만 영향을 미친다. 그래서 일단 β_{t+1} 가 주어지면 $\{y_j\}_{j=t+1}^T$ 에는 β_t 의 추론에 도움될 만한 정보가 존재하지 않는다.

$$p(\beta_t|\beta_{t+1}, Y, \theta) = p(\beta_t|\beta_{t+1}, Y_t, \theta)$$

이므로 완전 조건부 분포, $p(\beta|Y, \theta)$ 은

$$p(\beta|Y, \theta) = p(\beta_T|Y, \theta) \prod_{t=1}^{T-1} p(\beta_t|\beta_{t+1}, Y_t, \theta)$$

로 도출된다.

위 식의 의미를 살펴보자. 우선 β_T 가

$$\beta_T|Y, \theta$$

로부터 추출된다. 그런 다음, 주어진 β_T 를 이용해서 β_{T-1} 을

$$\beta_{T-1}|\beta_T, Y_t, \theta$$

로부터 추출한다. 이제 β_{T-1} 를 이용해서 β_{T-2} 를

$$\beta_{T-2}|\beta_{T-1}, Y_t, \theta$$

에서 추출한다. 이와 같은 과정을 $t = T-3, T-2, .., 1$ 까지 반복하면 β 가 샘플링된다.

이제 β_t의 조건부 분포,

$$\beta_T|Y,\theta \text{과} \beta_t|\beta_{t+1},Y_t,\theta$$

의 유도과정을 설명하고자 한다. 이때 전환식의 β_t는 정규 분포를 따르며, 측정식의 종속변수 y_t는 β_t와 e_t의 선형 결합으로 결정되기 때문에 y_t 또한 정규 분포를 따른다. 따라서, $\beta_t, \beta_{t+1}, y_t$ 모두 정규 분포를 따르기 때문에, 다변량 정규 분포의 특성에 의해

$$\beta_T|Y,\theta \text{과} \beta_t|\beta_{t+1},Y_t,\theta$$

또한 정규 분포이다. 위 분포들이 정규 분포라는 것을 알기 때문에, 이제 우리의 목표는 조건부 기댓값 ($\mathbb{E}(\beta_T|Y,\theta)$, $\mathbb{E}(\beta_t|\beta_{t+1},Y_t,\theta)$)과 조건부 분산($Var(\beta_T|Y,\theta)$, $Var(\beta_t|\beta_{t+1},Y_t,\theta)$)을 구하는 것이다.

위 조건부 기댓값과 분산은 Carter and Kohn 기법(**Carter and Kohn**(1994))을 이용해서 도출할 수 있는데, 마코프-스위칭 모형의 상태 변수 샘플링 기법과 마찬가지로 두 단계로 구성된다. 첫 번째 단계는 칼만 필터(Kalman filter)를 통해서

$$\mathbb{E}(\beta_t|Y_t,\theta) \text{과} Var(\beta_t|Y_t,\theta)$$

를 도출하는 과정이다. 두 번째 단계에서는 칼만 필터의 결과물을 이용하여

$$\mathbb{E}(\beta_T|Y,\theta),\ \mathbb{E}(\beta_t|\beta_{t+1},Y_t,\theta),\ Var(\beta_T|Y,\theta),\ Var(\beta_t|\beta_{t+1},Y_t,\theta)$$

을 계산한 다음, $t = T, T-1, \ldots, 1$에 대해 역순으로 β_t를 샘플링한다.

<1 단계: 칼만 필터> 칼만 필터는 다음과 같이 6개 식으로 구성된다.

$$\mathbb{E}(\beta_t|Y_{t-1},\theta) = \beta_{t|t-1} = \mu + G\beta_{t-1|t-1} \tag{9.32}$$

$$Var(\beta_t|Y_{t-1},\theta) = P_{t|t-1} = GP_{t-1|t-1}G' + \Omega \tag{9.33}$$

$$\mathbb{E}(y_t|Y_{t-1},\theta) = y_{t|t-1} = H_t\beta_{t|t-1} \tag{9.34}$$

$$Var(y_t|Y_{t-1},\theta) = f_{t|t-1} = H_tP_{t|t-1}H_t' + \Sigma \tag{9.35}$$

$$\mathbb{E}(\beta_t|Y_t,\theta) = \beta_{t|t} = \beta_{t|t-1} + P_{t|t-1}H_t'(f_{t|t-1})^{-1}(y_t - y_{t|t-1}) \tag{9.36}$$

$$Var(\beta_t|Y_t,\theta) = P_{t|t} = P_{t|t-1} - P_{t|t-1}H_t'(f_{t|t-1})^{-1}H_tP_{t|t-1} \tag{9.37}$$

식 (9.32)과 (9.33)는 전환식의 양변에 기댓값과 분산을 취함으로써 유도된다. 반면 식 (9.34)과 (9.35)은 측정식으로부터 얻어진다.

NOTE 9.1 조건부 정규 분포

$X = (X_1, X_2)'$이고 X_1과 X_2의 차원이 각각 k_1과 k_2인 확률 변수이다. X의 결합 분포는

$$\begin{pmatrix} X_1 \\ X_2 \end{pmatrix} \sim \text{Normal} \left(\mu = \begin{pmatrix} \mu_1 \\ \mu_2 \end{pmatrix}, \Sigma = \begin{pmatrix} \Sigma_{11} & \Sigma_{12} \\ \Sigma_{21} & \Sigma_{22} \end{pmatrix} \right)$$

인 다변수 정규 분포라고 하자. 이때, $X_2 = x_2$일 때 X_1의 조건부 분포 (즉, $X_1|X_2 = x_2$)는 조건부 기댓값이

$$\mathbb{E}(X_1|X_2 = x_2) = \mu_1 + \Sigma_{12}\Sigma_{22}^{-1}(x_2 - \mu_2)$$

이며, 조건부 분산-공분산은

$$Var(X_1|X_2 = x_2) = \Sigma_{11} - \Sigma_{12}\Sigma_{22}^{-1}\Sigma_{21}$$

인 다변수 정규 분포이다. 즉,

$$X_1|X_2 = x_2 \sim \text{Normal}(\mu_1 + \Sigma_{12}\Sigma_{22}^{-1}(x_2 - \mu_2), \ \Sigma_{11} - \Sigma_{12}\Sigma_{22}^{-1}\Sigma_{21})$$

이다.

마지막으로 식 (9.36)와 (9.37)는 다변수 정규 분포의 특성에 의해 유도된 것으로 다음과 같은 과정에서 도출된다. 먼저 β_t와 y_t의 결합 분포를 생각해보자.

$$\begin{pmatrix} \beta_t \\ y_t \end{pmatrix} |Y_{t-1}, \theta \sim \text{Normal} \left(\begin{pmatrix} \beta_{t|t-1} \\ y_{t|t-1} \end{pmatrix}, \begin{bmatrix} P_{t|t-1} & P_{t|t-1}H_t' \\ H_t P_{t|t-1} & f_{t|t-1} \end{bmatrix} \right) \tag{9.38}$$

단, N은 y_t의 차원이고 β_t와 y_t의 조건부 공분산 행렬은 아래에서 보는 바와 같이 $P_{t|t-1}H_t'$으로 유도된다.

$$Cov(\beta_t, y_t|Y_{t-1}, \theta) = Cov(\beta_t, H_t\beta_t + e_t|Y_{t-1}, \theta) \tag{9.39}$$

$$= P_{t|t-1}H_t' : k \times N \tag{9.40}$$

그러면, β_t의 조건부 분포는 다변수 정규 분포의 성질(위 **Note 9.1** 참조)에 의해 여전히 정규 분포이다.

$$\beta_t|Y_{t-1}, \theta, y_t \equiv \beta_t|Y_t, \theta \sim \text{Normal}(\mathbb{E}(\beta_t|Y_t, \theta), Var(\beta_t|Y_t, \theta)) \tag{9.41}$$

마찬가지로 다변수 정규 분포의 성질에 의해 조건부 기댓값($\mathbb{E}(\beta_t|Y_t, \theta)$)과 조건부 분산-공분산 행렬($Var(\beta_t|Y_t, \theta)$)은 식 (9.36)과 (9.37)으로 유도된다.

▶ 초기값($\beta_{0|0}$와 $P_{0|0}$) 설정

$t = 1$일 때, $\beta_{1|0}$와 $P_{1|0}$를 계산하기 위해서는 $\beta_{0|0}$와 $P_{0|0}$가 필요하다. β_t가 안정계열일 경우에는 β_t의 비조건부 평균과 분산-공분산을 초기값으로 사용한다. 우선 전환식의 양변에 비조건부 기대를 취하면 $\beta_{0|0}$

$$\beta_{0|0} = (I_k - G)^{-1} \times \mu$$

으로 계산된다. 다음으로 전환식의 양변에 비조건부 분산을 취하면

$$P_{0|0} = GP_{0|0}G' + \Omega$$

이고 $vec(ABC) = [C' \otimes A] \times vec(B)$ 라는 성질을 이용하면 위 식은

$$vec(P_{0|0}) = [G \otimes G] \times vec(P_{0|0}) + vec(\Omega)$$

으로 표현되어 좌변을 $vec(P_{0|0})$으로 묶어서 정리할 수 있다.

$$(I_{k^2} - [G \otimes G]) \times vec(P_{0|0}) = vec(\Omega)$$

따라서 β_t의 비조건부 분산-공분산은

$$P_{0|0} = reshape((I_{k^2} - [G \otimes G])^{-1} \times vec(\Omega), k, k)$$

이다.[5] 단, $G \otimes G$은 $k^2 \times k^2$ 행렬이며, $vec(\Omega)$은 행렬 Ω을 벡터화한 것으로 $k^2 \times 1$ 벡터이다. 반면, 은닉인자모형과 같이 β_t가 불안정계열일 경우에는 초기값에 대한 사전 정보가 거의 없으므로 임의로 $\beta_{0|0} = 0$로 두고, 대신 $P_{0|0}$를 $1,000 \times I_k$ 와 같이 큰 값으로 설정한다.

---

[5] $reshape(M, a, b)$은 $a \cdot b$ 차원 벡터 M을 $a \times b$ 행렬로 변환시켜주는 매틀랩 명령어이다.

<2 단계: **Backward Recursion**> T 시점의 상태 변수 β_T는 칼만 필터로 얻어진 $(\beta_{T|T}, P_{T|T})$을 이용해서 평균이 $\beta_{T|T}$이고 분산이 $P_{T|T}$인 정규 분포로부터 샘플링한다.

$$\beta_T \sim \beta_T|Y, \theta \equiv \text{Normal}(\beta_{T|T}, P_{T|T})$$

이제 $t = T-1, T-2,.., 1$에 대해서 β_t를 샘플링하기 위해서 주어진 β_{t+1}를 이용해서 β_t를 샘플링하는 과정을 설명한다. β_t의 샘플링을 위해서는 $\mathbb{E}(\beta_t|\beta_{t+1}, Y_t, \theta)$와 $Var(\beta_t|\beta_{t+1}, Y_t, \theta)$을 계산해야 한다. 칼만 필터의 결과부터 우리는 두 조건부 분포,

$$\beta_t|Y_t, \theta,$$
$$\beta_{t+1}|Y_t, \theta$$

의 평균과 분산을 알고 있다. $\beta_t|Y_t, \theta$의 평균과 분산은 식 (9.36)와 (9.37)이며, $\beta_{t+1}|Y_t, \theta$의 평균과 분산은 식 (9.32)과 (9.33)이다. 따라서 β_t와 β_{t+1}의 결합 조건부 확률 분포는

$$\begin{pmatrix} \beta_t \\ \beta_{t+1} \end{pmatrix}|Y_t, \theta \sim \text{Normal}\left(\begin{pmatrix} \beta_{t|t} \\ \beta_{t+1|t} \end{pmatrix}, \begin{bmatrix} P_{t|t} & P_{t|t}G' \\ GP_{t|t} & P_{t+1|t} \end{bmatrix}\right) \tag{9.42}$$

이다. 단, β_t와 β_{t+1}의 조건부 공분산은

$$Cov(\beta_t, \beta_{t+1}|Y_t, \theta) = Cov(\beta_t, \mu + G\beta_t + v_{t+1}|Y_t, \theta)$$
$$= P_{t|t}G' : k \times k \tag{9.43}$$

이다. 다변량 정규 분포의 성질로부터 $\beta_t|\beta_{t+1}, Y_t, \theta$의 조건부 기댓값과 분산은 각각

$$\mathbb{E}(\beta_t|\beta_{t+1}, Y_t, \theta) = \beta_{t|t} + P_{t|t}G'(P_{t+1|t})^{-1}(\beta_{t+1} - \beta_{t+1|t}) \tag{9.44}$$
$$Var(\beta_t|\beta_{t+1}, Y_t, \theta) = P_{t|t} - P_{t|t}G'(P_{t+1|t})^{-1}GP_{t|t} \tag{9.45}$$

이다. 단, $\beta_{t+1|t} = \mu + G\beta_{t|t}$이고, $P_{t+1|t} = GP_{t|t}G' + \Omega$이다.

마침내 $t = T-1, T-2, \ldots, 1$에 대해서 β_t를 평균이 식 (9.44)이고 분산이 식 (9.45)인 정규 분포에서 샘플링한다.

$$\beta_t|\beta_{t+1}, Y_t, \theta \sim \text{Normal}(\mathbb{E}(\beta_t|\beta_{t+1}, Y_t, \theta), Var(\beta_t|\beta_{t+1}, Y_t, \theta)) \tag{9.46}$$

이로써 상태 변수의 샘플링이 완료된다.

연습문제 9.5

아래와 같이 측정식 (9.19)에 외생적인 설명변수를 추가한 시변 계수 모형을 고려해보자.

$$y_t | H_t, \beta_t, \Sigma \sim \text{Normal}(z_t'\phi + H_t\beta_t, \Sigma) : \text{측정식}$$

$$\beta_t | \mu, G, \beta_{t-1}, \Omega \sim \text{Normal}(\mu + G\beta_{t-1}, \Omega) : \text{전환식}$$

z_t는 외생변수의 벡터이고 ϕ는 z_t가 y_t에 미치는 영향력을 나타내며 시변하지 않는다. 사전 분포는

$$\phi \sim \text{Normal}(\phi_0, B_{\phi,0}),$$

$$\begin{pmatrix} \mu \\ vec(G) \end{pmatrix} \sim \text{Normal}(b_0, B_0),$$

$$\Sigma \sim \text{InverseGamma}(\alpha_0/2, \delta_0/2),$$

$$\Omega \sim \text{InverseWishart}(\nu, R_0)$$

이다. 단, $vec(G) : k^2 \times 1$는 $G : k \times k$을 벡터화한 것이다.

(a) $\phi | \beta, \Sigma, \mu, G, \Omega$의 샘플링 과정을 설명하시오.

(b) $(\mu, G) | \beta, \Sigma, \phi, \Omega$의 샘플링 과정을 설명하시오.

(c) $\Sigma | \beta, \phi, \mu, G, \Omega$의 샘플링 과정을 설명하시오.

(d) $\Omega | \beta, \phi, \mu, G, \Sigma$의 샘플링 과정을 설명하시오.

(e) $\beta | \phi, \mu, G, \Omega, \Sigma$의 샘플링 과정을 설명하시오. 특히 칼만필터 과정과 Backward recursion 알고리즘을 반드시 작성하시오.

9.2.3 예: 동태적 넬슨-시겔 모형

동태적 넬슨-시겔(dynamic Nelson-Siegel) 모형은 채권 수익률의 만기(maturity)별 기간구조(term-structure)와 만기별 수익률 결정에 영향을 미치는 잠재 요인(latent factors)의 관계를 모형화한 대표적인 통계모형으로 수익률 기간구조의 예측 및 분석에서 널리 사용된다. 수익률 기간구조란 특정 시점의 만기와 수익률의 관계를 의미한다. 예를 들어, t 시점의 1, 3, 12 개월물 국채수익률은 $y_t(1)$, $y_t(3)$, $y_t(12)$로 표현하며, 각 만기와 해당 국채 수익률의 관계를 그래프로 그린 것을 수익률의 기간구조 또는 수익률 곡선(yield curve)이라고 부른다.

그림 9.5은 수익률 곡선의 전형적인 형태를 나타낸 것이다. 마치 우리가 시중 은

그림 9.5: 수익률 곡선

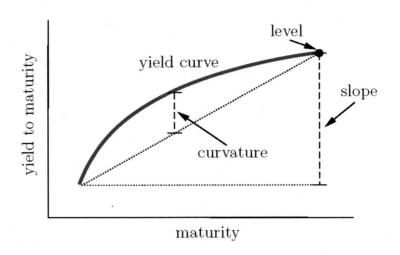

행에 가면 만기가 긴 적금일수록 금리가 높은 것처럼, 국채도 만기가 길수록 국채의
만기 수익률이 높기 때문에 수익률 곡선은 일반적으로 우상향의 형태를 띤다.

수익률 기간구조 분석의 주 관심사 중 하나는 매 시점의 수익률 곡선의 형태가
구체적으로 어떻게 결정되며 시간에 따라 어떻게 변동하느냐이다. 동태적 넬슨-시겔
모형에서는 수익률 곡선의 형태가 눈에 보이지 않는 세 개의 잠재 요인들에 의해
결정된다고 가정한다. 이 잠재 요인들은 각각 수준 요인(level factor), 기울기 요인
(slope factor), 곡률 요인(curvature factor)으로 해석되며 각 요인들은 이름에 맞게 수
익률 곡선의 수준, 기울기, 곡률의 크기를 결정한다(그림 9.5 참조). 이 잠재 요인들은
관측이 되지 않는다. 대신 수준 요인은 장기채 수익률, 기울기 요인은 (단기채 수익률
- 장기채 수익률), 그리고 곡률 요인은 ((단기채 수익률 - 중기채 수익률) - (중기채
수익률 - 장기채 수익률))로 대략적으로 측정되기도 한다.

동태적 넬슨-시겔 모형하에서 잠재 요인들이 VAR(1) 과정을 따르며 시간에 따라
변동한다고 가정한다. 이 때문에 수익률 곡선의 형태도 동태성을 띠게 된다. 결과적
으로 수익률 곡선은 매 시점마다 눈에 보이지 않는 수준, 기울기, 곡률요인에 의해
동태적으로 결정된다. 이러한 관계를 모형화한 것이 동태적 넬슨-시겔 모형이다.

모형 설정

<수익률 곡선의 조건부 분포> t 시점에 만기가 τ인 채권 수익률을 $y_t(\tau)$라고 하고,
시변하는 수준, 기울기, 곡률요인을 각각 L_t, S_t, C_t라고 하자. 잠재요인들로 구성된

벡터

$$\beta_t = \begin{pmatrix} L_t \\ S_t \\ C_t \end{pmatrix}$$

는 다음과 같이 VAR(1) 과정을 따른다고 가정한다.

$$\beta_t | \beta_{t-1}, \theta \sim \text{Normal}(\mu + G\beta_{t-1}, \Omega). \tag{9.47}$$

단, G:3×3은 VAR(1) 계수 행렬이며, $\mu : 3 \times 1$는 절편항이고 Ω는 잠재 요인(또는 상태 변수)들의 조건부 분산-공분산 행렬이다.

매 시점의 수익률 곡선은 β_t에 의해 결정되지만 현실적으로 경제에 충격이 발생하면 수익률 곡선의 모든 변화가 요인들에 의해 완전히 설명되지 못하므로 각 만기별 수익률에 대해 만기 특유의 측정오차를 도입한다. 위의 가정들로부터 $y_t(\tau)$는 β_t와 모형 파라미터들의 집합 θ가 주어져 있을 때, 다음과 같이 정규 분포를 따른다고 가정한다.

$$y_t(\tau) | \beta_t, \theta \sim \text{Normal}(\Lambda(\tau) \times \beta_t, \sigma_\tau^2), \tag{9.48}$$

단, $\lambda = 0.0609$이고,

$$\Lambda(\tau) = \begin{pmatrix} 1 & \frac{1-e^{-\tau\lambda}}{\tau\lambda} & \left(\frac{1-e^{-\tau\lambda}}{\tau\lambda} - e^{-\tau\lambda} \right) \end{pmatrix}$$

이다. 즉, 만기 수익률 $y_t(\tau)$의 조건부 기댓값은 세 잠재 요인과 오차항의 선형 결합으로 결정된다.

$$y_t(\tau) = L_t + \frac{1-e^{-\tau\lambda}}{\tau\lambda}S_t + \left(\frac{1-e^{-\tau\lambda}}{\tau\lambda} - e^{-\tau\lambda} \right) C_t + error$$

L_t, S_t, C_t가 각각 수준, 기울기, 곡률요인으로 해석되는 이유는 $\Lambda(\tau)$의 구조에 있다. 그림 9.6는 만기(τ)의 함수인 요인 계수(factor loadings), $\Lambda(\tau)$를 그린 것이다. $\Lambda(\tau)$는 $y_t(\tau)$와 β_t의 관계를 나타내는데, L_t의 계수는 모든 만기에 대해 항상 1이므로 L_t의 변화는 모든 만기의 수익률에 동일한 영향을 준다. 즉, L_t의 변화는 수익률 곡선의 전체적인 수준에 영향을 주기 때문에 L_t를 수준요인으로 해석한다. 한편, τ가 커질수록, S_t의 계수 $(1-e^{-\tau\lambda})/\tau\lambda$는 1에서 시작해서 빠르게 0으로 수렴한다. 즉, S_t의 계수는 단기 수익률에만 큰 가중치로 영향을 주기 때문에 S_t의 변화는 단기 수익률을 변화시켜 장단기 금리차를 결정한다. 이 때문에 S_t는 기울기 요인으로 해석된다.

마지막으로 C_t의 계수 $((1-e^{-\tau\lambda})/\tau\lambda - e^{-\tau\lambda})$는 0에서 시작해서 τ가 커질수록 빠르게 값이 커지고 다시 τ가 무한대로 커지면 0으로 수렴한다. C_t의 계수는 단기,

장기 수익률보다 중기 수익률에 큰 가중치로 영향을 미치게 되며, C_t의 변화는 중간 만기의 수익률을 변화시켜 수익률 곡선의 곡률에 영향을 주기 때문에 C_t는 곡률요인으로 해석 가능하다.

요인들의 계수를 결정하는 decay 파라미터 λ는 C_t의 계수가 특정 중간 만기에서 극대화되도록 고정시킨다. 예를 들어, 우리에게 주어진 수익률 자료의 중간 만기가 24 개월이라면 C_t 계수의 값이 $\tau = 24$에서 극대화되는 λ를 찾는다.[6] $\lambda = 0.0609$인 경우에는 그림 9.6에 나타나는 바와 같이 만기가 30개월일 때 C_t 계수의 값이 극대화된다.[7]

그림 9.6: τ에 대한 요인들의 계수 변화

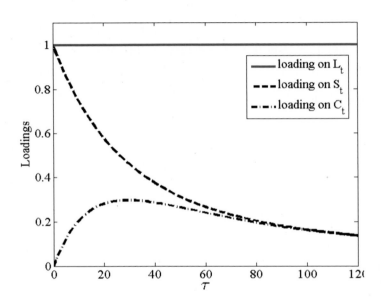

동태적 넬슨-시겔 모형의 상태공간형태

식 (9.47)와 (9.48)로부터 동태적 넬슨-시겔 모형을 상태공간 모형의 행태로 변환한다. 먼저 측정식은 다음과 같다.

$$\mathbf{y}_t|\beta_t, \Sigma \sim \text{Normal}(\Lambda\beta_t, \Sigma) \tag{9.49}$$

---

[6] λ의 역할에 대한 자세한 내용은 Diebold and Li (2006)을 참고.
[7] λ를 반드시 특정 값으로 고정시킬 필요는 없이 추정할 파라미터로 취급하기도 한다.

단,

$$\mathbf{y}_t = \left(\begin{array}{cccc} y_t(\tau_1) & y_t(\tau_2) & \cdots & y_t(\tau_N) \end{array} \right)' : N \times 1,$$

$$\Lambda = \left(\begin{array}{cccc} \Lambda(\tau_1)' & \Lambda(\tau_2)' & \cdots & \Lambda(\tau_N)' \end{array} \right)' : N \times 3$$

N은 주어진 채권 수익률 자료의 만기의 수이며, 측정오차의 분산-공분산행렬 Σ는 대각행렬로 가정한다. 즉, $\Sigma = diag(\sigma^2_{\tau_1}, \sigma^2_{\tau_2}, \ldots, \sigma^2_{\tau_N})$이다. 위 측정식과 식 (9.19)의 측정식과 비교했을 때 유일한 차이점은 Λ가 H_t를 대체한다는 것이다.

전환식은 식 (9.47)로부터 다음과 같이 주어진다.

$$\beta_t | \beta_{t-1}, \mu, G, \Omega \sim \text{Normal}(\mu + G\beta_{t-1}, \Omega) \tag{9.50}$$

사전 분포

식 (9.49)와 (9.50)로 표현되는 동태적 넬슨-시겔 모형에서 추정해야 할 모형 파라미터들은 측정식의 Σ의 대각 원소들과 전환식의 μ, G, Ω이다. Λ는 λ가 특정 값으로 주어져 고정된 값이므로 추정할 필요가 없다는 점에 주의하자. 모형 설정을 완성하기 위해서 각 파라미터들에 대한 사전 분포를 설정해야 한다.

$$\theta = (\mu, G, \Omega, \Sigma)$$

μ, G는 정규 분포를 따른다고 가정한다. 이때, β_t의 확률과정이 안정계열이므로 G에 대해서 안정계열 조건이 만족되도록 제약을 부여한다. 추정의 편의상, G를 대각행렬로 가정하고 대각 원소의 절대값이 1보다 작다는 제약을 부여한다. 그리고 G이 대각 원소로 이루어진 벡터를 g라고 표기한다. Ω에 대해서는 역위샷 분포를 사전 분포로 가정한다. 측정오차의 분산들 즉, $(\sigma^2_{\tau_1}, \sigma^2_{\tau_2}, \ldots, \sigma^2_{\tau_N})$에 대해서는 각각 역감마 분포를 가정한다.

θ에 대한 구체적인 사전 분포들은 다음과 같이 설정한다.

$$\mu \sim \text{Normal}\left(\bar{\mu} = \left(\begin{array}{c} 0.05 \\ -0.02 \\ 0 \end{array} \right), \bar{V}_\mu = 0.1 \times I_3 \right),$$

$$diag(G) = g \sim \text{Normal}\left(\bar{g} = \left(\begin{array}{c} 0.95 \\ 0.95 \\ 0.8 \end{array} \right), \bar{V}_g = 0.1 \times I_3 \right),$$

$$\Omega \sim \text{InverseWishart}(\kappa_0 = 10, R_0 = (0.15 \times I_3)^{-1} \times \kappa_0),$$

$$5,000 \times \sigma_\tau^2 \sim \text{InverseGamma}(20/2, 20/2)$$

사후 분포 샘플링

모형 파라미터들과 $\beta = \{\beta_t\}_{t=1}^T$의 초기값이 주어져 있을 때, 다음과 같이 요약되는 3 단계로 이루어진 MCMC 시뮬레이션을 통해 완전 조건부 분포로부터 사후 샘플링을 실시한다. $\mathbf{Y} = \{\mathbf{y}_t\}_{t=1}^T$은 수익률 곡선의 시계열이고, $\beta = \{\beta_t\}_{t=1}^T$는 상태 변수의 시계열이다.

알고리즘 9.6: 동태적 넬슨-시겔 모형의 사후 분포 샘플링

1 단계: β와 Ω가 주어져 있을 때, $\mu, G|\beta, \Omega$로부터 μ, G를 샘플링한 다음, 샘플링된 μ, G와 β를 조건부로 $\Omega|\beta, \mu, G$에서 Ω를 샘플링한다.

2 단계: $\mathbf{Y}$와 β가 주어져 있을 때, $\Sigma|\mathbf{Y}, \beta$로부터 Σ를 샘플링한다.

3 단계: $\mathbf{Y}$와 θ가 주어져 있을 때, Carter and Kohn 기법에 따라 β를 샘플링한다.

지금부터는 각 단계 별 사후 분포 샘플링 과정에 대해 자세히 알아보자.

(μ, G, Ω) 샘플링

첫 번째 단계에서 β가 주어져 있을 때 전환식의 파라미터 (μ, G, Ω)를 샘플링한다. (μ, G, Ω)를 다시 두 개의 하위 블록으로 나누어 깁스 샘플링으로 각 블록의 파라미터들을 샘플링한다.

$$\mu, G|\beta, \Omega, \quad \Omega|\beta, \mu, G$$

β가 주어져 있을 때, 전환식은 VAR(1) 과정과 같으므로 SUR 모형에 기반한 깁스 샘플링 방법으로 (μ, G, Ω)를 추출한다. 식 (9.50)의 전환식을 SUR 모형으로 변환하면 다음과 같다.

$$\beta_t|z_{t-1}, \Omega, \Sigma \equiv \beta_t|z_{t-1}, \Omega \sim \text{Normal}(z_{t-1} \times \gamma, \Omega) \tag{9.51}$$

단,

$$z_t = \begin{pmatrix} \begin{pmatrix} 1 & L_t \end{pmatrix} & 0_{1\times 2} & 0_{1\times 2} \\ 0_{1\times 2} & \begin{pmatrix} 1 & S_t \end{pmatrix} & 0_{1\times 2} \\ 0_{1\times 2} & 0_{1\times 2} & \begin{pmatrix} 1 & C_t \end{pmatrix} \end{pmatrix} : 3 \times 6,$$

$$\gamma = \begin{pmatrix} \mu_1 & g_1 & \mu_2 & g_2 & \mu_3 & g_3 \end{pmatrix}'$$

식 (9.51)과 같이 표현된 SUR 모형으로부터 Ω가 주어져 있을 때, γ를 샘플링하는 것이 곧 μ, G를 샘플링하는 것이다. γ의 완전 조건부 분포는 Normal-Normal 업데이트를 통해서

$$\gamma|\beta,\Omega,\Sigma \equiv \gamma|\beta,\Omega \sim \text{Normal}\left(\hat{\gamma}, \mathbf{V}_\gamma\right),$$

로 도출된다. 단,

$$\mathbf{V}_\gamma = \left(\bar{V}_\gamma^{-1} + \sum_{t=2}^{T}\left(z_{t-1}'\Omega^{-1}z_{t-1}\right)\right)^{-1} : 6 \times 6,$$

$$\hat{\gamma} = \mathbf{V}_\gamma\left(\bar{V}_\gamma^{-1}\bar{\gamma} + \sum_{t=2}^{T}\left(z_{t-1}'\Omega^{-1}\beta_t\right)\right) : 6 \times 1$$

이며, $\bar{\gamma} : 6 \times 1$와 $\bar{V}_\gamma : 6 \times 6$는 $(\mu,\ G)$의 사전 분포의 평균과 분산으로 구성된 γ의 사전 평균과 분산이다.

안정계열 조건을 충족시키기 위해서 만약 새롭게 샘플링된 G의 특성근(eigenvalue) 중 가장 큰 값이 1보다 크면 추출된 G를 버리고 이전 반복시행에서 제약을 만족한 G를 한 번 더 저장한다.

γ가 샘플링되고 나면, 주어진 γ와 β을 이용해서, 완전 조건부 분포,

$$\Omega|\beta,\gamma,\Sigma \equiv \Omega|\beta,\gamma \sim \text{InverseWishart}(\kappa_1, R_1)$$

로부터 Ω를 샘플링한다. 단, $\kappa_1 = \kappa_0 + T - 1$이며,

$$R_1 = R_0 + \sum_{t=2}^{T}(\beta_t - z_{t-1} \times \gamma)(\beta_t - z_{t-1} \times \gamma)' \tag{9.52}$$

이다.

오차항의 분산 샘플링

β가 주어져 있을 때, Σ의 대각 원소들 즉, 측정오차 분산들의 사후 분포 샘플링 방법에 대해 알아보자. 행렬 형태로 표현된 식 (9.49)을 개별 식으로 풀면 N개의 회귀식이 유도되는데, 측정오차 사이에 상관관계는 없다고 가정하기 때문에 만기별로 InverseGamma-InverseGamma 업데이트함으로써 간단하게 $\{\sigma_{\tau_i}^2\}_{i=1}^N$을 샘플링할 수 있다.

따라서 $i = 1, 2, .., N$에 대해 개별 $\sigma_{\tau_i}^2$의 완전 조건부 분포는 다음과 같다.

$$5,000 \times \sigma_{\tau_i}^2|\mathbf{Y},\beta,\theta \equiv 5,000 \times \sigma_{\tau_i}^2|\mathbf{Y},\beta \sim \text{InverseGamma}(v_1/2, \delta_{1,i}/2) \tag{9.53}$$

단, $v_1 = v_0 + T$ 이며, $e_t(\tau_i) = y_t(\tau_i) - \Lambda(\tau_i) \times \beta_t$ 는 만기별 잔차항이고, $\delta_{1,i} = 5,000 \sum_{t=1}^{T} e_t(\tau_i)^2 + \delta_0$ 는 잔차항의 제곱의 합과 δ_0 의 합이다.

잠재 요인 샘플링

세 번째 단계에서 종속변수 **Y**, 파라미터들 θ 가 주어져 있을 때, 앞서 설명한 Carter and Kohn 기법에 따라 β 를 샘플링한다. 먼저 다음의 칼만 필터를 통해 $t = 1, 2, \ldots, T$ 에 대해 $\beta_{t|t}$ 와 $P_{t|t}$ 를 계산한다.

$$\beta_{t|t-1} = \mu + G\beta_{t-1|t-1},$$
$$P_{t|t-1} = GP_{t-1|t-1}G' + \Omega,$$
$$K_t = P_{t|t-1}\Lambda' \left(\Lambda P_{t|t-1}\Lambda' + \Sigma\right)^{-1},$$
$$\beta_{t|t} = \beta_{t|t-1} + K_t(\mathbf{y}_t - \Lambda\beta_{t|t-1}), \tag{9.54}$$
$$P_{t|t} = (I_3 - K_t\Lambda) P_{t|t-1} \tag{9.55}$$

단, $\beta_{0|0} = \mu \times (I_3 - G)^{-1}$ 는 β_t 의 비조건부 평균이고,

$$P_{0|0} = reshape\left((I_9 - G \otimes G)^{-1} \times vec(\Omega), 3, 3\right)$$

은 β_t 의 비조건부 분산이다.[8]

다음으로 T 시점에 계산된 식 (9.54)와 (9.55)을 이용해서 상태 변수 β_T 를

$$\text{Normal}\left(\beta_{T|T}, P_{T|T}\right)$$

에서 샘플링한다. 그런 다음, $t = T-1, T-2, \ldots, 1$ 에 대해서 다음의 완전 조건부 분포로부터 역으로 샘플링한다.

$$\beta_t|\mathbf{Y}_t, \beta_{t+1}, \theta \sim \text{Normal}\left(\beta_{t|t,\beta_{t+1}}, P_{t|t,\beta_{t+1}}\right)$$

단, $\mathbf{Y}_t = \{\mathbf{y}_t\}_{i=1}^{t}$ 는 t 시점까지의 정보이고,

$$\beta_{t+1|t} = \mu + G\beta_{t|t}, \quad P_{t+1|t} = GP_{t|t}G' + \Omega,$$
$$\beta_{t|t,\beta_{t+1}} = \beta_{t|t} + P_{t|t}G'\left(P_{t+1|t}\right)^{-1}\left(\beta_{t+1} - \beta_{t+1|t}\right),$$
$$P_{t|t,\beta_{t+1}} = P_{t|t} - P_{t|t}G'\left(P_{t+1|t}\right)^{-1}GP_{t|t}$$

---

[8]$reshape(M, a, b)$ 은 $a \cdot b$ 차원 벡터 M 을 $a \times b$ 행렬로 변환시켜주는 매틀랩 명령어이다.

이다.

추정결과

2001년 1월부터 2020년 11월까지 우리나라의 국채 수익률 자료를 동태적 넬슨-시겔 모형으로 추정하고 2020년 12월의 수익률 곡선을 예측해보았다. 만기 집합은 3, 6, 9, 12, 18, 24, 30, 36, 48, 60, 84, 120개월이다.

깁스-샘플링 과정에서 매 반복시행마다 세 잠재 요인의 시계열이 샘플링되는데, 그림 9.7(a)은 각 잠재 요인의 사후 평균을 시계열로 표현한 것이다. 수준 요인은 장기 금리와 비슷한 움직임을 보이고, 기울기 요인은 '단기 금리 - 장기 금리'와 비슷한 동태성을 보이게 된다. 그림 9.7(b)는 2020년 12월 수익률 곡선의 예측 분포와 실현된 수익률 곡선을 함께 나타낸 것이다. 예측 수익률의 중위값이 실현된 값과 아주 근접함을 알 수 있다. 예측의 정확도를 수치화하기 위해서는 사후 예측 밀도를 계산하거나 만기별로 MSE를 계산해볼 수 있다.

> **연습문제 9.6**
>
> 위의 동태적 넬슨-시겔 모형과 2020년 12월까지의 월별자료를 이용해서 사후 샘플링을 실시한 다음,
> (a) 파라미터의 사후 분포 추정결과를 제시하시오.
> (b) 2021년 1월의 사후 예측 밀도를 계산과정을 설명하고 실제로 계산한 결과를 나타내시오.
> (c) 2021년 3월과 6월의 수익률 곡선의 사후 예측 분포 샘플링 과정을 설명하고, 실제로 샘플링한 결과를 그림으로 나타내시오.
> (d) 잠재 요인이 세 개가 아니라 두 개인 경우(수준과 기울기 요인)에도 매틀랩 코드가 실행되도록 코드를 수정하고, 2021년 1월의 사후 예측 밀도를 계산하고 (b)의 계산 결과와 비교하시오.

9.2.4 예: 시변 통화정책 반응함수

모형설정

시점 t의 명목 단기 이자율을 i_t라고 하고, 시점 t의 인플레이션율을 x_t이라고 하자. 모형의 단순화를 위해서 명목 단기 이자율은 전기의 인플레이션과 이자율에 의해서만

그림 9.7: 동태적 넬슨-시겔 모형 추정결과

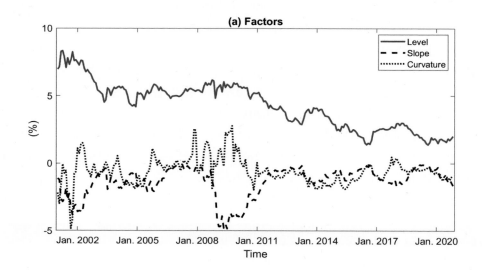

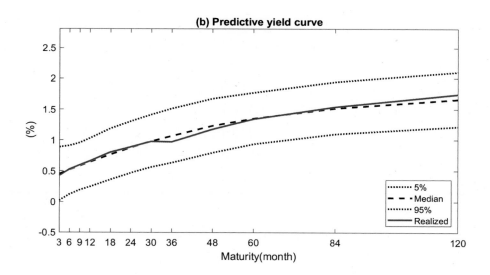

결정된다고 가정한다.

$$i_t | \theta, i_{t-1} \sim \text{Normal}(C + \phi \times i_{t-1} + x_{t-1}\beta_t, \Sigma)$$

$\theta = (C, \phi, \Sigma, \Omega)$는 추정할 파라미터의 집합이다. β_t는 전기 인플레이션에 대한 단기 이자율의 반응정도를 나타내며 임의보행 과정을 따르며 시변한다.

$$\beta_t | \Omega, \beta_{t-1} \sim \text{Normal}(\beta_{t-1}, \Omega)$$

반면, ϕ는 전기 이자율이 현재 이자율에 미치는 영향인데 시변하지 않는다고 가정한다.

  θ에 대한 사전 분포는 다음과 같다.

$$\begin{pmatrix} C \\ \phi \end{pmatrix} \sim \text{Normal}\left(\begin{bmatrix} 0.05 \\ 0.8 \end{bmatrix}, 0.01 \times I_2 \right),$$

$$100 \times \Sigma \sim \text{InverseGamma}(5, 5),$$

$$100 \times \Omega \sim \text{InverseWishart}(5, 5)$$

사후샘플링

이 모형에서 샘플링할 대상은

$$\theta \text{와 } \beta = \{\beta_t\}_{t=1}^{T}$$

이며, 깁스-샘플링으로 추출이 가능하다. 우선 Ω는 β가 주어져 있으면 InverseGamma-InverseGamma 업데이트를 실시하면 된다. (C, ϕ)는 측정식을

$$(i_t - x_{t-1}\beta_t) | \beta, i_{t-1}, \theta \sim \text{Normal}(C + \phi \times i_{t-1}, \Sigma)$$

로 변형한 다음, $(i_t - x_{t-1}\beta_t)$를 종속변수로, 상수항과 i_{t-1}를 설명변수로 하여 Normal-Normal 업데이트하여 추출할 수 있다. Σ 또한 (C, ϕ, β)가 주어지면, InverseGamma-InverseGamma 업데이트로 추출된다.

  마지막으로 β를 샘플링하기 위해서는 측정식을 다시

$$(i_t - C - \phi \times i_{t-1}) | \beta_t, i_{t-1}, \theta \sim \text{Normal}(x_{t-1}\beta_t, \Sigma)$$

로 변형한다. 이제는 $(i_t - C - \phi \times i_{t-1})$를 종속변수, x_{t-1}를 설명변수로 설정한다. 식 (9.19)에서 H_t에 해당되는 부분은 x_{t-1}이다. 그러면 앞서 이미 설명한 Carter and

그림 9.8: 시변 통화정책 반응함수 추정결과

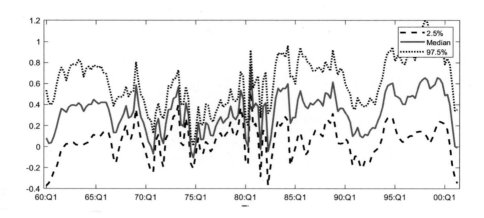

Kohn 기법으로 β를 쉽게 샘플링할 수 있다.

추정 결과

그림 9.8는 이자율의 인플레이션율에 대한 반응인 β의 사후 분포이다. 자료는 앞서 구조 벡터자기회귀 모형 추정에 사용되었던 미국 연방기금금리와 인플레이션율이다. 표본기간은 1960년 1/4분기부터 2001년 3/4분기까지이다. 점선은 95% 신용구간이며 파란 실선은 사후 중위값이다. 그림에서 보는 바와 같이, 중앙은행의 인플레이션에 대한 대응이 시간에 따라 일정하지 않고 강한 시변성(time-varying property)을 갖고 있다. 특히 70년대부터 80년대 초반까지는 인플레이션에 대한 반응이 대단히 불안 정적이었던 반면, 80년대 초 연준의장 교체 이후로는 상대적으로 안정적인 동태성을 보인다. 90년대 초반과 2000년대 초반의 불황기에는 경기부양을 위해 중앙은행이 물가안정에 대한 대응을 일시적으로 약하게 하였던 점도 눈여겨 볼 만하다.

> **연습문제 9.7**
>
> 실제 우리나라 월별 콜금리와 물가상승률 자료를 이용해서 시변 통화정책 반 응함수를 추정하시오.

9.3 확률적 변동성 모형

9.3.1 모형 설정

시점 t 의 주가수익률을 y_t 라고 표기하고 y_t 의 이분산성을 확률적 변동성(stochastic volatility, 이후 SV)으로 추정하고자 한다. 논의를 간단하게 하기 위해서 y_t 의 평균이 0라고 가정한다. 이때, 표준적인 확률적 변동성 모형은 아래와 같이 표현된다.

주가수익률의 조건부 분포

$$
\begin{pmatrix} \varepsilon_t \\ u_t \end{pmatrix} | \sigma^2 \sim \text{Normal} \left(\begin{bmatrix} 0 \\ 0 \end{bmatrix}, \begin{bmatrix} 1 & 0 \\ 0 & \sigma^2 \end{bmatrix} \right)
$$
$$
h_0 | \mu, \phi, \sigma^2 \sim \text{Normal}(\mu/(1-\phi), \sigma^2/(1-\phi^2))
$$
$$
h_t = \mu + \phi h_{t-1} + u_t
$$
$$
y_t = \exp(\frac{h_t}{2}) \varepsilon_t \tag{9.56}
$$

사전 분포

$$
\begin{pmatrix} \mu \\ \phi \end{pmatrix} \sim \text{Normal} \left(\begin{pmatrix} \mu_0 \\ \phi_0 \end{pmatrix}, \begin{pmatrix} V_\mu & 0 \\ 0 & V_\phi \end{pmatrix} \right)
$$
$$
\sigma^2 \sim \text{InverseGamma} \left(\frac{v_0}{2}, \frac{\delta_0}{2} \right)
$$

h_t 는 주가수익률의 변동성을 결정하며 AR(1) 과정을 따른다. h_t 는 시점에 따라서 양의 값뿐만 아니라 음의 값도 가질 수 있다. 그러나 식 (9.56)에서 보는 바와 같이, ε_t 의 분산이 1이기 때문에 주가수익률의 변동성은 $\exp(h_t/2)$ 가 되고, h_t 가 어떤 부호를 가지든 변동성은 양의 값이 된다. h_t 는 매 시점마다 확률적으로 결정되며 그렇게 결정된 h_t 가 $\exp(h_t/2)$ 의 형태로 주가수익률의 변동성을 결정하는 것이다. 결과적으로 y_t 에 매 시점마다 영향을 미치는 충격은 서로 독립인 ε_t 와 u_t 이다. ε_t 는 기본적으로 주가수익률의 하락이냐 또는 상승이냐를 결정한다. 반면 주가 변동성 충격인 u_t 는 주가수익률 등락폭에 영향을 미친다.

한편, GARCH 모형에서 수익률에 미치는 충격은 ε_t 하나밖에 없다. 변동성은 t 시점이 아니라 $t-1$시점에서 미리 결정되기 때문이다. 하지만 확률적 변동성 모형에서는 변동성도 t 시점의 충격의 영향을 받아 확률적으로 결정된다. GARCH 모형에서는 파라미터에 대한 불확실성만 없다면 변동성이 완전히 예측가능하다고 가정되는 반면, 확률적 변동성 모형에서는 변동성에 예상치 못한 충격(u_t)이 발생한다고 가정한다.

그림 9.9: 확률적 변동성 모형의 자료생성과정

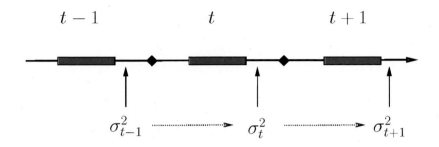

(그림 9.9 참조)

9.3.2   사후 분포 샘플링

모형의 변환

이 모형을 추정하기 위해서는 약간의 변형이 필요하다. 식 (9.56)의 양변을 제곱하고 로그를 취하면 다음과 같이 표현될 수 있다.

$$y_t^* = h_t + \varepsilon_t^* \tag{9.57}$$
$$h_0|\theta \sim \text{Normal}(\mu/(1-\phi), \sigma^2/(1-\phi^2))$$
$$h_t = \mu + \phi h_{t-1} + u_t \tag{9.58}$$

단, $y_t^* = \log y_t^2$ 이고 $\varepsilon_t^* = \log \varepsilon_t^2$ 이다. $\theta = (\mu, \phi, \sigma^2)$ 는 변동성의 확률과정을 결정하는 파라미터들이다. y_t^* 는 관측 가능한 변수이고, h_t 는 관측 불가능한 변수이기 때문에 변형된 모형의 형태는 상태공간 모형, 특히 은닉인자모형과 유사하다. 그러나 상태공간 모형에서는 측정 오차가 정규 분포이지만, 이 모형에서 ε_t^* 는 정규 분포가 아니다. ε_t 는 정규 분포이지만, 이것을 제곱하여 로그 취한 것은 표준적인 분포가 아니다. 이를 해결하기 위해 기존 연구에서 여러 방법들이 제시되어 있으며, 그 중 가장 대표적인 방법 중 하나가 Kim, Shephard, and Chib(1998)이 제시한 방법이다.

이들이 제시한 방법의 핵심은 7개의 정규 분포를 혼합하여 ε_t^* 의 분포를 근사하는 것이다.[9] 이후 Omoria, Chib, Shephard, Nakajimad (2007)는 ε_t^* 의 분포를 좀 더 정확히 근사시킬 수 있는 10개의 정규 분포와 각 분포의 확률을 아래와 같이 제시하였다.

---

[9]이론적으로 어떤 분포든 정규 분포의 혼합(mixture) 분포 형태로 근사할 수 있으며, 다만 복잡한 분포일수록 근사에 필요한 정규 분포의 수가 늘어난다.

$\Pr(s_t)$는 s_t 번째 정규 분포의 확률을 의미하고, m_{s_t} 과 V_{s_t} 는 각각 s_t 번째 정규 분포의 평균과 분산을 의미한다.

q	$\Pr(s_t = q) = p_q$	m_{s_t}	V_{s_t}
1	0.00609	1.92677	0.11265
2	0.04775	1.34744	0.17788
3	0.13057	0.73504	0.26768
4	0.20674	0.02266	0.40611
5	0.22715	-0.85173	0.62699
6	0.18842	-1.97278	0.98583
7	0.12047	-3.46788	1.57469
8	0.05591	-5.55246	2.54498
9	0.01575	-8.68384	4.16591
10	0.00115	-14.65000	7.33342

정규 분포의 혼합이 ε_t^* 의 분포를 얼마나 정확하게 근사하는지를 알아보기 위해서는 우선 $\{1, 2, .., 10\}$ 중에서 $\Pr(s_t)$ 의 확률로 하나의 s_t 를 추출한 다음, 해당되는 정규 분포 $\text{Normal}(m_{s_t}, V_{s_t})$ 에서 하나의 샘플을 추출하여 저장한다. 위 두 단계의 과정을 다수 반복하여 히스토그램을 그려보거나 평균, 분산, 또는 측도 등을 계산할 수 있다. 다음으로 표준 정규 분포에서 충분히 많은 값들을 추출한 다음, 그 값들을 제곱하여 로그를 취해서 히스토그램을 그려보거나 평균, 분산, 측도 등을 계산한다. 위 두 가지 방법으로 계산한 평균, 분산, 측도 등을 비교해보면 정규 분포의 혼합이 상당히 정확하게 ε_t^* 의 분포를 근사한다는 것을 알 수 있다.

결과적으로 정규 분포의 혼합을 이용해서 모형을 다음과 같이 표현할 수 있다.

$$\sigma^2 \sim \text{InverseGamma}\left(\frac{v_0}{2}, \frac{\delta_0}{2}\right),$$

$$\Pr(s_t = q) = p_q,$$

$$\begin{pmatrix} \varepsilon_t^* \\ u_t \end{pmatrix} \Big| s_t, \sigma^2 \sim \text{Normal}\left(\begin{bmatrix} m_{s_t} \\ 0 \end{bmatrix}, \begin{bmatrix} V_{s_t} & 0 \\ 0 & \sigma^2 \end{bmatrix}\right),$$

$$h_0|\theta \sim \text{Normal}(\mu/(1-\phi), \sigma^2/(1-\phi^2))$$

$$h_t = \mu + \phi h_{t-1} + u_t, \tag{9.59}$$

$$y_t^* = h_t + \varepsilon_t^*$$

사후 분포 샘플링 알고리즘

이 모형에서 우리가 추정해야 할 파라미터는 μ, ϕ, σ^2, $\{s_t\}_{t=1}^T$, h_0, $\{h_t\}_{t=1}^T$ 이다. 사후 분포는 아래와 같이 네 개의 블럭으로 나눠서 샘플링된다.

$$(\mu, \phi, \sigma^2), \; \{s_t\}_{t=1}^T, \; \{h_t\}_{t=1}^T, \; h_0$$

먼저 $\theta = (\mu, \phi, \sigma^2)$의 샘플링은 $H = \{h_t\}_{t=0}^T$가 주어지면 식 (9.59)로부터 선형회귀 모형에 적용된 Normal-Normal 업데이트를 이용해서 추출할 수 있다.

다음으로 0 시점의 비관측 인자 h_0를 추출한다. h_0의 완전 조건부 분포는 아래와 같이 주어진다.

$$h_0|h_1, \theta \sim \text{Normal}(\hat{h}_0, V_{h_0})$$
$$\text{단, } \bar{V}_{h_0} = \sigma^2/(1 - \phi^2), \; \bar{h}_0 = \mu/(1 - \phi),$$
$$V_{h_0} = (\bar{V}_{h_0}^{-1} + \phi^2/\sigma^2)^{-1},$$
$$\hat{h}_0 = V_{h_0}(\bar{V}_{h_0}^{-1}\bar{h}_0 + (h_1 - \mu)\phi/\sigma^2)$$

다음 단계로 주어진 $\{h_t\}_{t=1}^T$를 사용해서 $\{s_t\}_{t=1}^T$를 추출한다. 이때 s_t는 독립적 스위칭(Independent switching)을 따르므로 굳이 해밀톤 필터링 방법을 적용하지 않고도 추출할 수 있다. 우선 s_t의 사후 확률, $\pi(s_t|H, Y, \theta)$은

$$\pi(s_t|H, Y, \theta) \propto f(s_t, H, Y, \theta)$$
$$= f(y_t^*|h_t, s_t) \times \text{Pr}(s_t)$$

이므로 $\text{Normal}(y_t^*|h_t + m_{s_t}, V_{s_t}) \times \text{Pr}(s_t)$에 비례한다. 이로부터 s_t가 i일 완전 조건부 확률, $\pi(s_t = i|H, Y, \theta)$은

$$\pi(s_t = i|H, Y, \theta) = \pi(s_t = i|H, Y)$$
$$= \frac{\text{Normal}(y_t^*|h_t + m_i, V_i) \times \text{Pr}(s_t = i)}{\sum_{q=1}^{10} \text{Normal}(y_t^*|h_t + m_q, V_q) \times \text{Pr}(s_t = q)}$$

로 얻어진다. 이를 통해 모든 시점의 s_t를 추출할 수 있다.

마지막으로 앞서 배운 상태공간 모형에서 요인을 추출하는 방식과 동일하게 $\{h_t\}_{t=1}^T$를 추출할 수 있다. 주어진 θ, $\{s_t\}_{t=1}^T$, $h_0(=h_{0|0})$로부터 아래와 같이 모든 시점에 대해서 h_t를 칼만 필터링할 수 있다.

$$h_{t|t-1} = \mu + \phi h_{t-1|t-1}$$

$$P_{t|t-1} = \phi^2 P_{t-1|t-1} + \sigma^2$$

$$y_{t|t-1}^* = h_{t|t-1} + m_{s_t}$$
$$f_{t|t-1} = P_{t|t-1} + V_{s_t}$$

$$h_{t|t} = h_{t|t-1} + P_{t|t-1} f_{t|t-1}^{-1} (y_t^* - y_{t|t-1}^*)$$
$$P_{t|t} = P_{t|t-1} - P_{t|t-1} f_{t|t-1}^{-1} P_{t|t-1}$$

다음으로 T 시점의 칼만 필터링 결과를 이용해서 상태 변수 h_T 를

$$\text{Normal}\left(h_{T|T}, P_{T|T}\right)$$

에서 샘플링한다. 그런 다음, $t = T-1, T-2, .., 1$ 에 대해서 아래 완전 조건부 분포로부터 h_t 를 역순으로 샘플링한다.

$$h_t | \mathbf{Y}_t, h_{t+1}, \theta \sim \text{Normal}\left(h_{t|t,h_{t+1}}, P_{t|t,h_{t+1}}\right)$$

단, 조건부 기대과 분산-공분산은

$$h_{t+1|t} = \mu + \phi h_{t|t}, \ \ P_{t+1|t} = \phi^2 P_{t|t} + \sigma^2,$$
$$h_{t|t,h_{t+1}} = h_{t|t} + P_{t|t} \phi \left(P_{t+1|t}\right)^{-1} \left(h_{t+1} - h_{t+1|t}\right),$$
$$P_{t|t,h_{t+1}} = P_{t|t} - P_{t|t}{}^2 \phi^2 \left(P_{t+1|t}\right)^{-1}$$

으로 계산한다. 여기서 칼만 필터링(forward recursion) 단계와 달리 backward recursion 에서는 $\{s_t\}_{t=1}^T$ 가 사용되지 않는다는 점에 주목하길 바란다.

연습문제 9.8

확률적 변동성 모형의 사후 예측 분포 샘플링과 사후 예측 밀도 계산 과정을 설명하시오.

알고리즘 9.7: 확률적 변동성 모형

0 단계 : 초기값 $\{h_t\}_{t=0}^T$를 결정하고, $j = 1$로 설정한다.

1 단계 : $\{h_t\}_{t=0}^T$가 주어져 있을 때, Normal-Normal 업데이트에 기반해서 (μ, ϕ, σ^2)를 샘플링한 뒤 저장한다.

2 단계 : (μ, ϕ, σ^2)과 $\{h_t\}_{t=1}^T$가 주어져 있을 때, h_0를 샘플링한 뒤 저장한다.

3 단계 : $\{h_t\}_{t=0}^T$가 주어져 있을 때, $\pi(s_t|H,Y)$의 확률로 $\{s_t\}_{t=1}^T$를 샘플링한 뒤 저장한다.

4 단계 : (μ, ϕ, σ^2)과 $\{s_t\}_{t=1}^T$가 주어져 있을 때, Cater and Kohn 방법을 사용하여 $\{h_t\}_{t=1}^T$를 샘플링한 뒤 저장한다.

5 단계 : $j = j + 1$로 설정하고, $j \le n$이면 1 단계로 돌아간다.

지금까지는 주가수익률의 평균이 0이라고 가정하고 추정하였다. 이제는 모형을 보다 일반화하여 평균까지 추정하는 모형을 다루려고 한다. 만약, 평균을 제거하지 않는다면 확률적 변동성 모형하에서 주가수익률의 조건부 분포는 다음과 같이 표현된다.

$$\begin{pmatrix} \varepsilon_t \\ u_t \end{pmatrix} | \sigma^2 \sim \text{Normal} \left(\begin{pmatrix} 0 \\ 0 \end{pmatrix}, \begin{pmatrix} 1 & 0 \\ 0 & \sigma^2 \end{pmatrix} \right)$$

$$h_t = \mu + \phi h_{t-1} + u_t$$

$$y_t = x_t'\beta + \exp(\frac{h_t}{2})\varepsilon_t \tag{9.60}$$

위에서 다룬 모형과 유일한 차이점은 y_t의 조건부 기댓값이 0이 아니라 $x_t'\beta$라는 것이다. 따라서 우리가 추정해야 하는 파라미터들은 기존 SV 모형에서 β가 추가된다. θ, $H = \{h_t\}_{t=1}^T$, $\{s_t\}_{t=1}^T$를 샘플링하는 단계에서 기존의 $y_t^* = \log(y_t^2)$을 $y_t^* = \log((y_t - x_t'\beta)^2)$로 대체하고, 기존 알고리즘에서 β를 샘플링하는 단계만 새롭게 추가하면 이를 추정할 수 있다.

만약 y_t의 결정식 (9.60)에서 h_t가 모든 시점에 0이라면 식 (9.60)은 동분산인 다중선형회귀모형과 같기 때문에 깁스 샘플링으로 쉽게 추정가능하다. 하지만 식 (9.60)은 분산이 $(\exp(h_t/2))^2$인 이분산 모형이다. 이 경우 우리는 식 (9.60)의 양변을 $\exp(h_t/2)$로 나누어 아래와 같이 동분산 모형으로 변환한 다음, Normal-Normal 업데이트를 적

표 9.4: 파라미터의 사후 분포: 확률적 변동성 모형

	평균	표준오차	95% 신용구간	비효율성 계수
μ	-0.066	0.014	[-0.095, -0.039]	13.8
ϕ	0.856	0.019	[0.818, 0.890]	23.4
σ^2	0.264	0.031	[0.209, 0.331]	37.5

용하여 β를 추정한다.

$$\widetilde{y}_t|\beta \sim \text{Normal}(\tilde{x}_t'\beta, 1) \tag{9.61}$$

단, $\widetilde{y}_t = \exp(-h_t/2) \times y_t$ 이고 $\tilde{x}_t = \exp(-h_t/2) \times x_t$ 이다.

9.3.3 예: 주가 변동성 추정과 예측

앞서 GARCH 모형의 추정에 사용됐던 2010년 1월 4일부터 2020년 12월 30일까지의 KOSPI 수익률 자료를 사용해서 확률적 변동성 모형을 추정하였다. 자료의 평균을 제거하여 평균식은 추정하지 않는다. 파라미터의 사전 분포는 아래와 같이 설정하였다.

$$\mu \sim \text{Normal}(-0.2, 0.1), \quad \phi \sim \text{Normal}(0.9, 0.1), \quad \sigma^2 \sim \text{InverseGamma}(12, 2)$$

표 9.4는 각 파라미터의 사후 분포를 요약한 것이다. GARCH 모형 추정결과와 마찬가지로 ϕ가 1에 가깝게 추정되어, 변동성 지속성이 높은 것으로 나타났다. 그림 9.10(a)는 $\{h_t\}_{t=1}^T$ 의 사후 평균을 주가수익률의 절대값을 함께 나타낸 것이다. 그림 9.10(b)는 2020년 12월 30일 주가수익률의 예측 분포를 히스토그램으로 나타낸 것이며, 그림 9.11는 예측 분포의 밀도함수 추정치이다. 12월 30일에 실현된 주가 수익률은 -0.06% 이며 점선은 실현된 주가수익율의 사후 예측 밀도를 나타낸다. 신용구간이 [-1.473, 1.497]으로 추정되었다.

그림 9.10: 주가변동성 추정결과: 확률적 변동성 모형

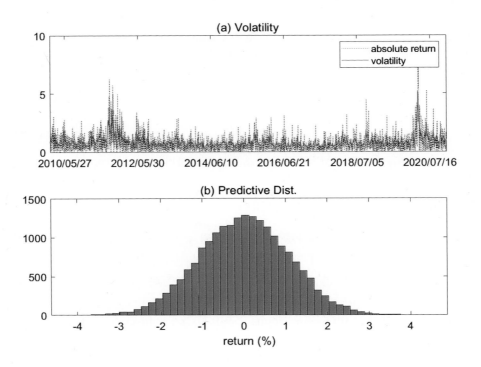

그림 9.11: 주가 수익률 예측 분포와 예측 밀도: 확률적 변동성 모형

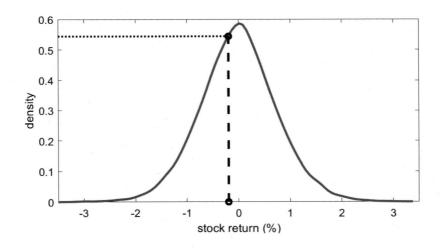

부록 A

확률 분포

A.1 이산확률분포

A.1.1 베르누이 분포 (Bernoulli)

$X \in \{0, 1\}$이고 $0 \leq \theta \leq 1$이라고 하자. 이 조건을 만족하는 확률변수 X의 밀도함수가

$$p(X = x|\theta) = \theta^x (1 - \theta)^{1-x}$$

와 같을 때, 베르누이 분포를 따른다고 한다. 기호로는 $x \sim Be(\theta)$로 나타낼 수 있으며, 이 분포의 평균과 분산은 아래와 같다.

$$\mathbb{E}(X) = \theta,$$
$$Var(X) = \theta(1 - \theta)$$

A.1.2 이항 분포 (Binomial)

$X_i \sim Bi(\theta)$, $i = 1, \ldots, n$가 상호독립이고 $Y \in \{0, 1, \ldots n\}$이라고 하자. 이 조건을 만족하는 확률변수 $Y = \sum_{i=1}^{n} X_i$의 밀도함수가

$$p(Y = y|n, \theta) = \binom{n}{y} \theta^y (1 - \theta)^{n-y}$$

와 같을 때, Y는 이항 분포를 따른다고 한다. 기호로는 $Y \sim Bi(n, \theta)$로 나타낼 수 있으며, 이 분포의 평균과 분산은 아래와 같다.

$$\mathbb{E}(Y) = n\theta,$$
$$Var(Y) = n\theta(1 - \theta)$$

이 분포는 시행의 횟수 n은 정해져 있으며, 각 시행 i에 대해서 X_i를 샘플링한 결과, 1이 나온 총 횟수, Y가 확률변수이다. 특히 $n = 1$인 경우 베르누이 분포가 된다.

A.1.3 음이항 분포 (Negative Binomial)

X_i는 상호독립이고 $p(X_i = 1|\theta) = \theta$이며, $n = r, r+1, \ldots$이라고 하자. 이 조건을 만족하는 확률변수 n의 밀도함수가

$$p(n|r,\theta) = \binom{n-1}{r-1}\theta^r(1-\theta)^{n-r}$$

와 같을 때, n은 음이항 분포를 따른다고 한다. 기호로는 $n \sim NB(r,\theta)$로 나타낼 수 있으며, 이 분포의 평균과 분산은 아래와 같다.

$$\mathbb{E}(n) = \frac{r(1-\theta)}{\theta},$$
$$Var(n) = \frac{r(1-\theta)}{\theta^2}$$

이항 분포와 달리, 이 분포에서는 $X_i = 1$인 경우의 수 Y가 정해지며, $X_i = 1$인 경우가 총 Y개가 될 때까지 시행한 횟수 n이 확률변수가 된다.

A.1.4 다항 분포 (Multinomial)

$X_i \in \{0,1\}$, $i = 1, \ldots, p$, $\sum_{i=1}^{p} x_i = n$이고 $\sum_{i=1}^{p} \theta_i = 1$이라고 하자. 이 조건을 만족하는 확률변수 $x = (x_1, \ldots, x_p)$의 결합 밀도함수가

$$p(x|n;\theta_1, \ldots, \theta_p) = \binom{n}{x_1, \ldots, x_p}\theta_1^{x_1}\theta_2^{x_2}\cdots\theta_p^{x_p}$$

와 같을 때, x는 다항분포를 따른다고 한다. 기호로는 $x \sim MN(n;\theta_1, \ldots, \theta_p)$로 나타낼 수 있으며, 각 x_i의 주변분포는 $Bi(n,\theta_i)$이다.

A.1.5 포아송 분포 (Poisson)

$X \in \{0,1,\ldots\}$이고, $\theta > 0$이라고 하자. 이 조건을 만족하는 확률변수 X의 밀도함수가

$$p(X = x|\theta) = \frac{e^{-\theta}\theta^x}{x!}$$

와 같을 때, X는 포아송 분포를 따른다고 한다. 기호로는 $X \sim P(\theta)$로 나타낼 수 있으며, 이 분포의 평균과 분산은 아래와 같다.

$$\mathbb{E}(X) = \theta,$$
$$Var(X) = \theta$$

A.2　연속확률분포

A.2.1　균일 분포(**Uniform**)

$\beta > \alpha$이고, $\alpha \le X \le \beta$이라고 하자. 이 조건을 만족하는 확률변수 x의 밀도함수가

$$Unif(X = x) = \frac{1}{\beta - \alpha}$$

와 같을 때, X는 균일 분포를 따른다고 한다. 기호로는 $X = x \sim U\inf(\alpha, \beta)$로 나타낼 수 있으며, 이 분포의 평균과 분산은 아래와 같다.

$$\mathbb{E}(X) = \frac{\alpha + \beta}{2},$$
$$Var(X) = \frac{(\beta - \alpha)^2}{12}$$

A.2.2　감마 분포(**Gamma**)

$\alpha, \beta > 0$일 때, 감마 함수 $\Gamma(\alpha, \beta)$는 아래와 같이 정의된다.

$$\int_0^\infty x^{\alpha-1} e^{-\beta x} dx = \frac{\Gamma(\alpha)}{\beta^\alpha}$$

단, $\Gamma(\alpha) \equiv \Gamma(\alpha, 1)$이다. $X \ge 0$을 만족하는 확률변수 X의 밀도함수가

$$\text{Gamma}(X = x | \alpha, \beta) = \frac{\beta^\alpha}{\Gamma(\alpha)} x^{\alpha-1} e^{-\beta x}$$

와 같을 때, x는 감마 분포를 따른다고 한다. 기호로는 $X \sim \text{Gamma}(\alpha, \beta)$로 나타낼 수 있으며, 이 분포의 평균과 분산은 아래와 같다.

$$\mathbb{E}(X) = \frac{\alpha}{\beta},$$
$$Var(X) = \frac{\alpha}{\beta^2}$$

반대로 $\mathbb{E}(X)$와 $Var(X)$를 이용함으로써 α와 β를 아래와 같이 계산할 수 있다.

$$\alpha = \frac{[\mathbb{E}(X)]^2}{Var(X)}, \quad \beta = \frac{\mathbb{E}(X)}{Var(X)}$$

감마 분포는 $\alpha = 1$인 경우에는 지수 분포가 되며, $\alpha = \nu/2$이고 $\beta = 1/2$인 경우에는 자유도가 ν인 카이제곱 분포가 된다.

A.2.3   지수 분포(exponential)

$\beta > 0$이고, $X \geq 0$이라고 하자. 이 조건을 만족하는 확률변수 X의 밀도함수가

$$f(X = x|\beta) = \beta e^{-\beta x}$$

와 같을 때, X는 지수 분포(exponential)를 따른다고 한다. 기호로는 $X \sim Exp(\beta)$로 나타낼 수 있다. 이 분포의 평균과 분산은 아래와 같다.

$$\mathbb{E}(X) = \frac{1}{\beta},$$
$$Var(X) = \frac{1}{\beta^2}$$

A.2.4   카이제곱 분포(Chi-square)

$\nu > 0$이고, $X \geq 0$이라고 하자. 이 조건을 만족하는 확률변수 X의 밀도함수가

$$f(X = x|\nu) = \frac{1}{2^{\nu/2}\Gamma(\nu/2)}x^{\nu/2-1}e^{-x/2}$$

와 같을 때, X는 카이제곱 분포를 따른다고 한다. 기호로는 $X \sim \chi^2_\nu$로 나타낼 수 있다. 이 분포의 평균과 분산은 아래와 같다.

$$\mathbb{E}(X) = \nu,$$
$$Var(X) = 2\nu$$

A.2.5   역감마 분포(Inverted or Inverse Gamma)

$Y = 1/X$이고 $Y > 0$이며, $X \sim \text{Gamma}(\alpha, \beta)$라고 하자. 이 조건을 만족하는 확률변수 y의 밀도함수가

$$\text{InverseGamma}(Y|\alpha, \beta) = \frac{\beta^\alpha}{\Gamma(\alpha)}\frac{1}{y^{\alpha+1}}e^{-\beta/y}$$

와 같을 때, Y는 역감마 분포를 따른다고 한다. 기호로는 $Y \sim \text{InverseGamma}(\alpha, \beta)$로 나타낼 수 있으며, 이 분포의 평균과 분산은 아래와 같다.

$$\mathbb{E}(Y) = \frac{\beta}{\alpha - 1},$$
$$Var(Y) = \frac{\beta^2}{(\alpha - 1)^2 (\alpha - 2)}$$

단, 평균은 $\alpha > 1$, 분산은 $\alpha > 2$경우에만 계산할 수 있다. 반대로 $\mathbb{E}(Y)$와 $Var(Y)$를 이용함으로써 α와 β를 아래와 같이 계산할 수 있다.

$$\alpha = \frac{[\mathbb{E}(Y)]^2}{Var(Y)} + 2,$$
$$\beta = \mathbb{E}(Y) \times \left(\frac{[\mathbb{E}(Y)]^2}{Var(Y)} + 1 \right)$$

A.2.6 베타 분포(**Beta**)

$\alpha, \beta > 0$일 때, 베타 함수 $B(\alpha, \beta)$는 아래와 같이 정의된다.

$$B(\alpha, \beta) = \int_0^1 x^{\alpha - 1} (1 - x)^{\beta - 1} dx$$

그리고 베타함수는 감마함수를 이용하여 아래와 같이 나타낼 수 있다.

$$B(\alpha, \beta) = \frac{\Gamma(\alpha)\Gamma(\beta)}{\Gamma(\alpha + \beta)}$$

$0 \leq X \leq 1$을 만족하는 확률변수 X의 밀도함수가

$$\begin{aligned}
\text{Beta}(X = x | \alpha, \beta) &= \frac{1}{B(\alpha, \beta)} x^{\alpha - 1} (1 - x)^{\beta - 1} \\
&= \frac{\Gamma(\alpha + \beta)}{\Gamma(\alpha)\Gamma(\beta)} x^{\alpha - 1} (1 - x)^{\beta - 1}
\end{aligned}$$

와 같을 때, X는 베타 분포를 따른다고 한다. 기호로는 $X \sim \text{Beta}(\alpha, \beta)$로 나타낼 수 있으며, 이 분포의 평균과 분산은 아래와 같다.

$$\mathbb{E}(X) = \frac{\alpha}{\alpha + \beta},$$
$$Var(X) = \frac{\alpha\beta}{(\alpha + \beta)^2 (\alpha + \beta + 1)}$$

반대로 $\mathbb{E}(X)$와 $Var(X)$를 이용함으로써 α와 β를 아래와 같이 계산할 수 있다.

$$\alpha = \frac{\mathbb{E}(X)\left[\mathbb{E}(X)(1-\mathbb{E}(X)) - Var(X)\right]}{Var(X)},$$

$$\beta = \frac{(1-\mathbb{E}(X))\left[\mathbb{E}(X)(1-\mathbb{E}(X)) - Var(X)\right]}{Var(X)}$$

A.2.7 디리클레 분포(**Dirichlet**)

디리클레 분포는 베타 분포의 일반화된 경우이다. $0 \le x_i \le 1$, $\sum_{i=1}^{p} X_i = 1$, $i = 1, \ldots, p$ 이고 $\alpha_i > 0$이라고 하자. 이 조건을 만족하는 확률변수 $X = (X_1, \ldots, X_p)$의 결합 밀도함수가

$$f(X = (x_1, \ldots, x_p)|\alpha_1, \alpha_2, \ldots, \alpha_p)$$
$$= \frac{\Gamma(\sum_{i=1}^{p} \alpha_i)}{\prod_{i=1}^{p} \Gamma(\alpha_i)} x_1^{\alpha_1 - 1} x_2^{\alpha_2 - 1} \cdots x_p^{\alpha_p - 1}$$

와 같을 때, X는 디리클레 분포를 따른다고 한다. 기호로는 $X \sim \mathrm{Dir}(\alpha_1, \ldots, \alpha_p)$로 나타낼 수 있으며, 각 X_i의 주변분포는 $\mathrm{Beta}(\alpha_i, \sum_{k \ne i} \alpha_k)$이다.

A.2.8 정규 분포 (**Normal or Gaussian**)

확률변수 X의 밀도함수가

$$\mathrm{Normal}(X = x|\mu, \sigma^2) = \frac{1}{\sqrt{2\pi\sigma^2}} \exp\left[-\frac{1}{2\sigma^2}(x-\mu)^2\right]$$

와 같을 때, X는 정규 분포를 따른다고 한다. 기호로는 $X \sim \mathrm{Normal}(\mu, \sigma^2)$로 나타낼 수 있다. 이 분포의 평균과 분산은 아래와 같다.

$$\mathbb{E}(X) = \mu,$$
$$Var(X) = \sigma^2$$

정규 분포에서 $\mu = 0$이고 $\sigma^2 = 1$인 경우 표준 정규 분포(standard normal distribution)라고 하며, 이때 확률밀도함수를 $\phi(x)$, 누적확률밀도함수를 $\Phi(x)$로 나타낸다.

A.2.9 다변수 정규 분포(**Multivariate Normal or Gaussian**)

차원이 $k \times 1$인 확률변수 X의 결합 밀도함수가

$$\text{Normal}(X = x | \mu, \Sigma) = \frac{1}{(2\pi)^{k/2} |\Sigma|^{1/2}} \exp\left[-\frac{1}{2}(x - \mu)' \Sigma^{-1}(x - \mu)\right]$$

와 같을 때, X는 다변수 정규 분포를 따른다고 한다. 기호로는 $X \sim \text{Normal}(\mu, \Sigma)$로 나타낼 수 있다. 이 분포의 평균 벡터는 $\mu : k \times 1$이고, 대칭이며 양정치인 공분산 행렬은 $\Sigma : k \times k$이다. 다변수 정규 분포에서 $\mu = 0_{k \times 1}$이고 $\Sigma = I_k$인 경우 다변수 표준 정규 분포라고 한다.

A.2.10 절단된 정규 분포(**Truncated Normal**)

$X \sim \text{Normal}(\mu, \sigma^2)$이고 X의 범위가 $a \leq X \leq b$로 절단되어 있다고 하자. 이 조건을 만족하는 확률변수 X의 밀도함수가

$$\text{TruncatedNormal}_{(a,b)}(X = x | \mu, \sigma^2)$$
$$= \left(\frac{1}{\Phi(b) - \Phi(a)}\right) \frac{1}{\sqrt{2\pi\sigma^2}} \exp\left[-\frac{1}{2\sigma^2}(x - \mu)^2\right]$$

와 같다면, X는 절단된 정규 분포를 따른다고 한다. 단, $\Phi(z)$는 z에서 계산된 $\text{Normal}(\mu, \sigma^2)$의 누적 확률밀도함수의 값이다. 기호로는

$$X \sim \text{TruncatedNormal}_{(a,b)}(\mu, \sigma^2)$$

로 나타낼 수 있다.

A.2.11 스튜던트-t 분포(**Student's t**)

$\nu, \sigma^2 > 0$을 만족하는 확률변수 X의 밀도함수가

$$St(X = x | \mu, \sigma^2, \nu) = \frac{\Gamma[(\nu + 1)/2]}{(\sigma^2 \nu \pi)^{1/2} \Gamma(\nu/2)} \left(1 + \frac{(x - \mu)^2}{\nu \sigma^2}\right)^{-(\nu+1)/2}$$

와 같을 때, X는 스튜던트-t 분포를 따른다고 한다. 기호로는 $X \sim St(\mu, \sigma^2, \nu)$로 나타낼 수 있으며, 이 분포의 평균과 분산은 아래와 같다.

$$\mathbb{E}(X) = \mu,$$

$$Var(X) = \frac{\nu\sigma^2}{\nu - 2}$$

단, 평균은 $\nu > 1$, 분산은 $\nu > 2$인 경우에만 계산할 수 있다. 스튜던트-t 분포에서 $\mu = 0$이고 $\sigma^2 = 1$인 경우 표준 스튜던트-t 분포라고 한다.

A.2.12   다변수 스튜던트-t 분포(**Multivariate t**)

$p \times 1$인 확률변수 $X = (X_1, \dots, X_p)'$의 결합 밀도함수가

$$St(X = x|\mu, \Sigma, \nu) = \frac{\Gamma[(\nu + p)/2]}{|\Sigma|^{1/2}\,(\nu\pi)^{p/2}\Gamma(\nu/2)} \left(1 + \frac{1}{\nu}(x - \mu)'\Sigma^{-1}(x - \mu)\right)^{-(\nu+p)/2}$$

와 같을 때, x는 다변수 스튜던트-t 분포를 따른다고 한다. 기호로는 $X \sim St(\mu, \Sigma, \nu)$ 로 나타낼 수 있고, $\nu > 0$는 자유도, $\mu : p \times 1$는 이 분포의 평균 벡터이고, $\Sigma : p \times p$ 는 대칭이며 양정치인 공분산 행렬이다. 이 분포의 평균과 분산은 아래와 같다.

$$\mathbb{E}(X) = \mu,$$
$$Var(X) = \frac{\nu}{\nu - 2}\Sigma$$

단, 평균은 $\nu > 1$, 분산은 $\nu > 2$인 경우에만 계산할 수 있다. 이 분포는 일변수 t 분포의 일반화된 경우이다.

A.2.13   위샤트 분포(**Wishart**)

대칭이며 양정치인 $p \times p$ 행렬 $X = \{X_{ij}\}$의 결합 밀도함수가

$$f(X|\nu, R) \propto \frac{|X|^{(\nu-p-1)/2}}{|R|^{\nu/2}} \exp\left[-\frac{1}{2}tr(R^{-1}X)\right]$$

와 같을 때, X는 위샤트 분포를 따른다고 한다. 기호로는 $X \sim \text{Wishart}(\nu, R)$로 나타낼 수 있고, $\nu \geq p$는 자유도이고, R은 대칭이며 양정치인 행렬이다. 이 분포에서 각 원소들의 평균, 분산, 그리고 공분산은

$$\mathbb{E}(X_{ij}) = \nu\sigma_{ij},$$
$$Var(X_{ij}) = \nu(\sigma_{ij}^2 + \sigma_{ii}\sigma_{jj}),$$
$$Cov(X_{ij}, X_{kl}) = \nu(\sigma_{ik}\sigma_{jl} + \sigma_{il}\sigma_{jk})$$

이며, σ_{ij}는 행렬 R의 (i, j) 원소이다. 위샤트 분포에서 $p = 1$인 경우에는 $X \sim$ Gamma$(\nu/2, R^{-1}/2)$가 된다.

A.2.14   역위샤트 분포(**Inverted or Inverse Wishart**)

대칭이며 양정치인 $p \times p$ 행렬 $Y = \{Y_{ij}\}$의 결합 밀도함수가

$$f(Y|\nu, R) \propto \frac{|R|^{\nu/2}}{|Y|^{(\nu+p+1)/2}} \exp\left[-\frac{1}{2}tr(Y^{-1}R)\right]$$

와 같을 때, Y는 역위샤트 분포를 따른다고 한다. 기호로는 $Y \sim$ InverseWishart(ν, R)로 나타낼 수 있고 $\nu \geq p$는 자유도, R은 대칭이며 양정치인 행렬이다. 분포 사이에는 만약 $X \sim$ Wishart(ν, R)이면, $Y = X^{-1} \sim$ InverseWishart$(\nu + p + 1, R^{-1})$라는 중요한 관계가 성립한다. 역위샤트 분포에서 $p = 1$인 경우에는 $Y \sim$ InverseGamma$(\nu/2, R/2)$가 된다.

부록 B

참고문헌

- Bańbura, M., Giannone, D., and Reichlin, L. (2010), "Large Bayesian Vector Auto Regressions," *Journal of Applied Econometrics*, 25(1), 71-92.

- Bańbura, M., Giannone, D., and Lenza, M. (2015), "Conditional forecasts and scenario analysis with vector autoregressions for large cross-sections," *International Journal of Forecasting*, 31(3), 739-756.

- Blanchard, O. J. and D. Quah. (1989), "The dynamic effects of aggregate demand and supply disturbances," *American Economic Review* 79: 655–673.

- Carter, C. and Kohn, R. (1994), "On Gibbs sampling for state space models," *Biometrika*, 81, 541–53.

- Chib, S. (1995), "Marginal likelihood from the Gibbs output," *Journal of the American Statistical Association*, 90, 1313–1321.

- Chib, S. and Jeliazkov, I. (2001), "Marginal Likelihood From the Metropolis–Hastings Output," *Journal of the American Statistical Association*, 96, 270–281.

- Chib, S. (2001), "*Markov chain Monte Carlo methods: computation and inference*," in Handbook of Econometrics, eds. Heckman, J. and Leamer, E., North Holland, Amsterdam, vol. 5, pp. 3569–3649.

- Chib, S. and Greenberg, E. (1995), "Understanding the Metropolis-Hastings algorithm," *American Statistician*, 49, 327–335.

- Gali, J. (1992), "How Well Does the IS-LM Model Fit Postwar Data?," *Quarterly Journal of Economics*, 107, 709–735

- Greenberg, E. (2008), *Introduction to Bayesian Econometrics*, Cambridge.

- Kim, C. and Nelson, C. R. (1999), *State-Space Models with Regime Switching: Classical and Gibbs-Sampling Approaches with Applications*, MIT press.

- Kim, S., Shephard, N., and Chib, S. (1998), "Stochastic volatility: Likelihood inference and comparison with ARCH models," *Review of Economic Studies*, 65, 361–393.

- Koop, G. M. (2013), "Forecasting with Medium and Large Bayesian VARS," *Journal of Applied Econometrics*, 28(2), 177-203.

- Newton, M. and Raftery, A. (1994), "Approximate Bayesian inference with the weighted likelihood bootstrap," *Journal of the Royal Statistical Society B*, 56, 3–48.

- Spiegelhalter, D. J., Best, N. G., Carlin, B. P., and van der Linde, A. (2002), "Bayesian measures of model complexity and fit," *Journal of the Royal Statistical Society B*, 64(4), 583–639.

- Stock, J. H. and Watson, M. W. (2001), "Vector Autoregressions," *Journal of Economic Perspectives*, 15(4), 101–115.

부록 C

찾아보기

저자 약력

강규호

고려대학교 경제학과 교수
e-mail: kyuho@korea.ac.kr

제3판
베이지안 계량경제학

초판발행	2016년 4월 15일
제2판발행	2021년 6월 10일
제3판발행	2024년 8월 20일
지은이	강규호
펴낸이	안종만·안상준
편 집	전채린
기획/마케팅	김한유
표지디자인	Benstory
제 작	고철민·김원표
펴낸곳	(주) 박영사
	서울특별시 금천구 가산디지털2로 53, 210호(가산동, 한라시그마밸리)
	등록 1959. 3. 11. 제300-1959-1호(倫)
전 화	02)733-6771
f a x	02)736-4818
e-mail	pys@pybook.co.kr
homepage	www.pybook.co.kr
ISBN	979-11-303-2117-2 93320

copyright©강규호, 2024, Printed in Korea

정 가   30,000원